合抱之木，起于毫末；九层之台，起于累土；千里之行，始于足下。

——《老子·第六十四章》

北京师范大学刑事法律科学研究院建院五周年志庆

京师刑事法文库
JINGSHI XINGSHIFA WENKU

61

刑法修正案(七)专题研究

XINGFA XIUZHENGAN QI
ZHUANTI YANJIU

➤ 主　编　赵秉志
➤ 副主编　黄晓亮　李山河
➤ 撰　稿（以撰写专题先后为序）
　　林少波　姚　兵　仇芳芳
　　赵秉志　钱小平　杜纤茹
　　方加亮　黄晓亮　李山河
　　苏明月

北京师范大学出版集团
BEIJING NORMAL UNIVERSITY PUBLISHING GROUP
北京师范大学出版社

图书在版编目（CIP）数据

刑法修正案（七）专题研究／赵秉志主编.—北京：北京师
范大学出版社，2011.1
ISBN 978-7-303-11701-7

Ⅰ．①刑…　Ⅱ．①赵…　Ⅲ．①刑法－专题研究－中国
Ⅳ．① D924.334

中国版本图书馆 CIP 数据核字(2010)第 206215 号

营 销 中 心 电 话　　010-58802181 58808006
北师大出版社高等教育分社网　http://gaojiao.bnup.com.cn
电 子 信 箱　　beishida168@126.com

出版发行：北京师范大学出版社 www.bnup.com.cn
　　　　　北京新街口外大街 19 号
　　　　　邮政编码：100875
印　　刷：北京京师印务有限公司
经　　销：全国新华书店
开　　本：155 mm × 235 mm
印　　张：21.75
字　　数：355 千字
版　　次：2011 年 1 月第 1 版
印　　次：2011 年 1 月第 1 次印刷
定　　价：44.00 元

策划编辑：周彩云　　　　责任编辑：李洪波
美术编辑：毛 佳　　　　装帧设计：毛 佳
责任校对：李 菡　　　　责任印制：李 啸

京师刑事法文库

总　序

　　现代化的国家是法治国家。现代文明进步的社会是法治社会。我国依法治国、建设社会主义法治国家之基本治国方略的确立及其贯彻，对社会的发展进步至关重要。而现代刑事法治则在现代化法治国家中扮演着非常重要的角色。改革开放以来，我国的刑事法治已经取得了长足的进步。但是，在新世纪建设社会主义法治国家的进程中，无论是刑事法学理论还是刑事法治实践，都仍需要进一步发展与完善，以更为充分地发挥其应有的作用。

　　北京师范大学刑事法律科学研究院于 2005 年 8 月建立，系专门从事刑事法学研究的、中国刑事法学领域首家且目前唯一的、独立的实体性综合性学术研究机构。研究院以一批中青年专家学者为中坚力量，并聘请了包括老一辈著名刑法学家、中央政法机关专家型领导以及重要国际组织领导人在内的国内外知名刑事法专家、学者担任特聘顾问教授、专家委员会委员、兼职教授(研究员)。研究院的设立，旨在建设全国领先并与国际知名刑事法学机构看齐的新型刑事法学术机构，本着刑事法学一体化的精神，逐步全面发展中外刑法学、国际刑法学、区际刑法学、刑事政策学、犯罪学、刑事执行法学、中外刑事诉讼法学、刑事证据学、刑事司法制度等刑事法的诸多学术领域，培养高级刑事法学专门人才，为中国法学研究和高层次人才培养进行新的探索，力争为中国依法治国、建设社会主义法治国家的伟大事业在刑事法学领域作出更大的贡献。

　　为达此目标，研究院成立伊始即创办"京师刑事法文库"。研究院的主要成员在中国人民大学刑事法律科学研究中心工作时，亦曾设立"刑事法律科学文库"与"国际刑法研究所文库"，并已颇具规模。为获得更为广阔的学术发展空间与学术交流平台，数位专家学者首批加入北京师范大学创立了全国首家实体性的刑事法律科学研究院。学术事业是薪火相传、继承发展的事业，为使刑事法学术事业得到进一步传承和发扬，北京师范大学刑事法律科学研究院遂在我们设立的原"刑事法律科学文库"与"国际刑法研究所文库"的基础上，重新创办两个系列著作项目，并定名为"京师刑事法文库"和"京师国际刑事法文库"。两个文库是分工不同、相辅相成的姊妹项目，前者以国内刑事法著作为范围，后者以国际刑事法著作为范围。两个文库以百年名校北京师范大学深厚的学术积淀、悠久的历史传统和浓郁的文化氛围为依托，凭借北京师范大学坚实宽广的人文社会科学和自然科学的综合实力，并广泛争取和吸纳中外刑事法学界的支持与帮助。"京师刑事法文库"的出版领域主要包括国内刑事法律与刑事法学方面（包括刑法、犯罪学、刑事执行法学、刑事诉讼法学、刑事侦查、刑事物证技术等领域）的有新意、有深度、有分量的著作与译作，也会涉及我国港澳台地区刑法暨中国区际刑事法等领域的科研成果，可以是专题研究、综合研究，也可以是论集、有价值的文献资料等形式。同时，为积极关注刑事法治领域重大现实问题，"京师刑事法文库"还将相关专题的著作予以集中，设立若干系列，并聘请著名刑事法学专家担任总主编。文库的作者以研究院专职、兼职研究人员为主，并向其他专家、学者开放。

　　我们希望通过文库的形式能逐步积累学术成果，繁荣、深化和开拓刑事法领域的学术研究，促进国内外刑事法学界的交流合作，不断提高我国刑事法理论与实践水平，进而有力地促进国家现代法治之昌盛和社会的文明进步。

北京师范大学刑事法律科学研究院院长

赵秉志　教授

谨识于乙酉年初秋

Criminal Law Library of BNU

Preface

A modern country and a modern civilization should be governed by law. The establishment and actualization of the principal guideline of rule by law is crucial for our society to make progress in the efforts of constructing socialism under rule of law. Modern criminal law, playing a very important part in the development of modern society under rule of law, has achieved great progress since 1978 when the reform and o-pening-up policy was carried out. Whereas, further development and reform for both theory and judicial practice of criminal law are required in the process of building socialist legal democracy, so as to bring it in-to full play.

The College for Criminal Jurisprudence Studies of Beijing Normal University, founded in August of 2005, is the first and, at present, the only academic research organ in China specializing in criminal juris-prudence that is independent and comprehensive entity. The College is staffed with a group of famous young and middle-aged criminologists as academic nucleus and a group of criminologists and scholars known home and abroad as specially invited consultative professors, member of experts committee, guest research fellows (professors), including those senior professors, leaders with judicial expertise from the central procuratorial, judicial and public security departments and leaders of some important international academic organizations. The college, ai-ming at turning into a new national leading academic body which can keep pace with international prestigious organs of criminal jurispru-dence, is gradually extending its research fields covering Chinese and foreign criminal jurisprudence, international criminal law, trans-re-gional criminal law, criminal policy science, criminology, criminal ex-ecutive law, Chinese and foreign criminal procedure law, criminal evidence law, criminal judicatory and so on following the spirit of integrated criminal science. Meanwhile, the College trains high-level criminal jurisprudence professionals and makes new exploration into research of jurisprudence and cultivation of high-level professional in China. We are trying our best to make a greater contribution in the field of criminal law science to the great cause of building our socialism under rule of law.

Cherishing this hope, the College initiated the *Criminal Law Library of BNU* as soon as it is founded, with the working experience of *Criminal Jurisprudence Library of Renmin University of China* (RUC) and *International Criminal Jurisprudence Library of RUC* which had been established in the Criminal Jurisprudence Research Center of RUC and in a rather large scale before the main staff's transfer to the College. In order to obtain a broader space for academic research, we six scholars transferred from RUC to BNU and founded this first and the only one independent academic entity in our country—College for Criminal Law Science of BNU. Learning is a continuous business, so the College reestablishes two book-series programs named "*Criminal Law Library of BNU*" and "*International Criminal Law Library of BNU*" based upon the former two libraries so as to further develop our academic cause. The two sisterly programs undertake different missions and supplement each other. The domain of the former focuses on domestic criminal jurisprudence literatures and the latter on international criminal jurisprudence literatures. Depending upon the profound academic deposit, centuries-old historical traditions and full-bodied cultural atmosphere of the prestigious Beijing Normal University and with BNU's comprehensive and powerful integrative strength in both fields of humanity social science and nature science, the two libraries will attract and accept the contributions from the field of criminal jurisprudence home and abroad. The publications of *Criminal Law Library of BNU* cover the creative and profound works and translations on domestic and foreign criminal jurisprudence (criminal law, criminology, criminal execution law, criminal procedure law, criminal investigation and criminal evidence etc.) and those academic and research fruits in the field of extroversive criminal law (including international criminal law, comparative criminal law, foreign criminal law and criminal laws of Hong Kong, Macao and Taiwan). The publications may be of either special topics or general topics or translations of foreign literatures and codifications. Meanwhile, in order to attract active concerns with important realistic issues, publications on the related topics will be collected and affiliated to *Criminal Law Library of BNU* as new bookseries with famous criminal jurisprudence specialists as their chief editor. The authorships of *Criminal Law Library of BNU* are mainly entitled to fulltime and guest research fellows besides other experts and scholars engaged in criminal jurisprudence.

Through these programs of libraries, we seek to help to accumulate academic fruits, to exploit and deepen and thrive the academic researches on criminal jurisprudence, to facilitate exchanges and cooperations between domestic and foreign colleagues engaged in criminal jurisprudence and to gradually improve our theoretical and practical expertise of criminal law so as to accelerate the prosperity of our country under rule of law and the progress of social civilization.

Prof. Zhao Bingzhi

Dean of College for Criminal Law Science

Beijing Normal University

Autumn of 2005

前　言

第十一届全国人大常委会第七次会议于 2009 年 2 月 28 日，通过了《中华人民共和国刑法修正案(七)》(以下简称"《刑法修正案(七)》")。这是我国全国人大常委会自 1999 年 12 月 25 日第一次颁布修正案以来对刑法典的第七次修正。从内容上看，这次立法活动顺应了社会发展和刑事司法实践的需要。在该修正案发布后，全国刑事法界和政法机关都非常重视，及时展开学习，并从司法适用的角度给予了相当的研究。作为专门从事刑事法学研究的学术研究机构，北京师范大学法律科学研究院(以下简称"北师大刑科院")历来重视研究刑法立法的有关问题，对《刑法修正案(七)》的理解与适用问题自然也给予了充分的重视。我们即时组织北师大刑科院的青年教师、博士后研究人员、博士研究生对《刑法修正案(七)》进行全面的研究，并对刑事法学界关于刑法修正案以及此前六个刑法修正案的研究作了较为全面的综述，形成了《刑法修正案最新评释——〈刑法修正案(七)〉理解适用暨历次刑法修正案研究综述》一书，于 2009 年 4 月交由中国法制出版社出版。该书的出版促进了国内刑事法学界对《刑法修正案(七)》的研讨，有助于司法实务界正确地理解和准确地适用该刑法修正案。但是，在当时，国内刑事法学界对《刑法修正案(七)》的研究刚刚开始，刑事司法实务机关尚未适用《刑法修正案(七)》的相关内容，没有积累任何司法经验，加之时间也较为紧张，该书在今天看来显然粗疏，对有关问题的研究缺乏足够的深入，写作过程也存在一定的不尽如人意之处。

在《刑法修正案(七)》颁布以来的一年多时间里，刑事法理论与实务界对《刑法修正案(七)》给予了持续的关注。例如，由中国法学会刑法学研究会主办的 2009 年全国刑法学术年会，将"《刑法修正案(七)》具体罪名的理解和适用"作为重要的实务议题进行研讨，并受到刑法学界的热烈回应，提交了数量可观的学术论文，由中国人民公安大学出版社于 2009 年 8 月出版的 2009 年全国刑法学年会文集《新中国刑法 60 年巡礼下卷：聚焦〈刑法修正案(七)〉》收录了其中学术理论水平较高的数十篇论文。同时，一年多来，在其他学术著作和相关的学术报刊中也陆续发表了专家学者们关于《刑法修正案(七)》中相关具体犯罪司法适用问题的不少著述。可以说，刑法界关于《刑法修正案(七)》的研究已经颇具规模，就该修正案中改动较大或者完全属于新增的具体犯罪从司法适用和立法完善的角度所作的探讨也相当深入,并逐步形成了较为成熟的理论认识。因此,当前很有必要进一步研究总结刑法学界关于《刑法修正案(七)》的理论成果,深化对《刑法修正案(七)》改动较大或者新增的具体犯罪相关问题的研讨,为刑事法实务界准确地适用《刑法修正案(七)》以及立法机关在未来进一步修正和完善刑法典提供理论上的参考。因此,我们决定,在已有研究成果的基础上,尽可能吸收最新的理论研究成果和司法实务经验,侧重从解决司法适用疑难问题的角度深化对《刑法修正案(七)》作较大改动或者新增的具体犯罪进行专题性的研究,以此撰著了这本《〈刑法修正案(七)〉专题研究》。

本书由本人担任主编,从总体上负责组织编写队伍、设计写作提纲、确定写作风格和审定书稿等工作,并约请北师大刑科院青年教师黄晓亮副教授、李山河讲师担任副主编,协助本人进行研究的组织实施、稿件的初审、稿件字句校改等工作。参与本书研究和撰写的人员以及具体分工为:

第一专题——林少波(北京市第一中级人民法院干部,法学硕士);

第二专题——姚　兵(北京社会科学院助理研究员,法学博士);

第三专题——仇芳芳(北京市第一中级人民法院干部,法学硕士);

第四专题——赵秉志(北师大刑科院暨法学院院长,教授,博士生导师);

　　　　　　钱小平(南京审计学院讲师,北师大刑科院博士生);

第五专题——杜纤茹(中国农业银行总行干部,法学硕士);

第六专题——方加亮(河南财经学院讲师,法学博士);

第七专题——黄晓亮(北师大刑科院副教授,法学博士);

第八专题——李山河(北师大刑科院讲师,法学博士);

第九专题——苏明月(北师大刑科院副教授,法学博士)。

本书承蒙北京师范大学出版社有关领导的鼎力支持,编辑周彩云和李洪波为本书顺利并及时地出版付出了辛勤的劳动。在此,衷心致谢。诚望读者对本书批评指正。

北京师范大学刑事法律科学研究院暨法学院院长

赵秉志教授 谨识

2010 年 8 月于北京

目　录

第一专题

未公开证券、期货信息犯罪问题研究

结合金融犯罪的新情况,《刑法修正案(七)》对《刑法》第180条作了较大的修改。首先,修正案增加了内幕交易、泄露内幕信息罪的客观表现形式——在"买入或者卖出该证券,或者从事与该内幕信息有关的期货交易,或者泄露该信息,情节严重"之外,增加"明示、暗示他人从事上述交易活动,情节严重"的行为。其次,针对"老鼠仓"犯罪,修正案在刑法典第180条下增加一款作为第4款,规定了"利用未公开信息交易罪"。通过"利用未公开信息交易罪"的立法模式,实际上是把"老鼠仓"行为定性为一种准内幕交易罪。立法机关没有从正面对"未公开信息"进行界定,而是使用了"内幕信息以外"这样的兜底性表述。立法机关希望通过对该罪的规定不仅仅堵上刑法对基金"老鼠仓"和其他市场"老鼠仓"等严重违法行为无法处罚的漏洞,还能惩治其他类似的利用非公开信息进行市场交易的行为。《刑法修正案(七)》完善了惩治非法证券、期货交易的刑事法网,对金融市场的公平、有序发展起了积极的促进作用。

一、内幕交易、泄露内幕信息罪的 司法适用问题

(一)犯罪构成疑难问题

1. 犯罪主体的认定

本罪的主体是特殊主体,即证券、期货交易内幕信息的知情单位和个人,以及非法获取证券、期货交易内幕信息的单位和个人。

证券、期货交易内幕信息的知情人员,简称内幕人员。根据《证券法》第74条的规定,证券交易内幕信息的知情人员主要包括:(1)发行人的董事、监事、高级管理人员;(2)持有公司5%以上股份的股东及其董事、监事、高级管理人员,公司的实际控制人及其董事、监事、高级管理人员;(3)发行人控股的公司及其董事、监事、高级管理人员;(4)由于所任公司职务可以获取公司有关内幕信息的人员;(5)证券监督管理机构工作人员以及由于法定职责对证券的发行、交易进行管理的其他人员;(6)保荐人、承销的证券公司、证券交易所、证券登记结算机构、证券服务机构的有关人员;(7)国务院证券监督管理机构规定的其他人员。

非法获取证券、期货交易内幕信息的人员,是指上述内幕信息知情人员以外,通过非法手段获取内幕信息的人员。非法手段主要有窃取、骗取、抢夺、收买、套取等。需要注意的是,如果行为人不是通过非法手段获得内幕信息,而是偶然获得或者巧合猜中,即使加以利用或泄露也不属于此处情形。因此,非法获取内幕信息的人员的主观方面必须是故意的,明知自己并非合法的知情人员,仍然积极地以非法手段获取内幕信息。

2. 主观罪过的确定

本罪在主观上表现为故意,但故意的内容因不同行为方式而有所差异。就内幕交易罪而言,其主观方面只能是直接故意,即明知内幕信息而根据该信息买卖证券、期货,并且具有为自己或使他人牟取非法利益(获取利益或者减少损失)的目的。就泄露内幕信息罪而言,其主观方面是故意,包括直接故意和间接故意,即明知自己的行为会泄露内幕信息而希望或放任内幕信息泄露出去。

过失泄露内幕信息的行为是否能够构成犯罪具有一定的争议。有论者认为,过失不能构成泄露内幕信息罪,过失犯罪以法律规定为准,而相应的法律并没有明确规定。因此,过失不是泄露内幕信息罪的主观方面。[①] 另有论者认为,"故意无目的说"最能体现内幕交易罪的主观方面。犯罪的本质是侵犯法益,而与目的的关系不大。[②] 还有论者赞同此观点,指出本罪的内幕交易行为,虽然行为人一般都具有获利或者减少利益损失的目的,但并非本罪的成立要件。[③] 也有论者指出,

---

① 彭颖、伍志坚:《论内幕交易、泄露内幕信息罪的几个问题》,载《湖南科技学院学报》,2006(2)。

② 梁华仁、王洪林:《析证券内幕交易罪》,载《法学杂志》,2001(5)。

③ 程皓:《内幕交易、泄露内幕信息罪若干问题研究》,载《法学评论》,2006(4)。

过失泄露内幕信息的行为没有主观恶性，不具有刑事可罚性，没有必要对其进行定罪量刑。[①] 有论者提出不同的观点，认为泄露内幕信息罪中，行为人有一种明知自己的行为会泄露内幕信息但是仍然持希望或者放任的态度，或者应当预见到自己的行为会泄露内幕信息但是没有预见到，以及预见到但轻信能够避免的心理态度，因此，既可能是故意，也可能是过失。[②] 有论者指出，"非法获取证券、期货内幕信息的人员"构成本罪主观上应当包括故意和非故意两种。有关法条上并非包含了必须是故意的内容，并且非故意地获取内幕信息的人员实施的证券、期货内幕交易、泄露内幕信息行为并不比故意实施这种行为的社会危害性小。[③] 笔者同样认为过失不能构成本罪。其一，过失犯罪有着较高的可罚性标准，应以刑法明文规定为准。刑法典第180条并没有关于过失犯本罪的规定，且从罪状描述看，行为人所持的应是追求犯罪结果发生的故意。其二，本罪的主体是从事证券、期货工作的专业人员，对于内幕交易及其可能造成的后果有明确的认识，很少会有过失泄露内幕信息的行为发生。即使发生，其行为的可罚性要低于故意行为的可罚性，一般也不满足"情节严重"的条件，没有必要动用刑罚手段，可以采用民事或行政处罚手段处理。

3. 犯罪实行行为的理解与认定

本罪在客观上表现为，在涉及证券的发行，证券、期货交易或者其他对证券、期货交易价格有重大影响的信息尚未公开前，买入或者卖出该证券，或者从事与该内幕信息有关的期货交易，或者泄露该信息，或者明示、暗示他人从事上述交易活动，情节严重的行为。本罪的行为方式包括以下方面。

第一，在内幕信息尚未公开前，利用合法获得或非法获取的内幕信息，掌握有利的条件和时机，买入或卖出相关证券、期货合约，以获取利益或减少利益损失。无论行为人处于自己还是他人的利益，只要利用了对证券、期货产品价格有重大影响的内幕信息，从事该类产品的交易即构成本罪。因此，内幕信息知情人员利用他人的身份证、股东卡等，以他人名义买卖证券，应当认定为内幕交易。如果行为人还通过该行为操纵了证券、期货市场，那么，行为人在构成操纵证券、期货市场罪的

①　王昌来：《论证券内幕交易罪》，载《安庆师范学院学报(社会科学版)》，2001(5)。

②　张维新、伍芬艳：《论内幕交易、泄露内幕信息罪》，载《乌鲁木齐成人教育学院学报》，2005(1)。

③　王政勋：《证券、期货内幕交易、泄露内幕信息罪研究》，载《中国刑事法杂事》，2003(4)。

同时，也触犯了内幕交易罪，应该按照想象竞合犯的原则处理。[①]

第二，在内幕信息尚未公开前，泄露该信息使他人利用该信息买入或者卖出该种证券、期货合约。至于行为人泄露传播的范围大小、知悉的人数多少等，均不影响本罪的成立。这里需要分析犯罪的成立是否要求内幕信息知情人员必须将信息内容告知他人？对此，我国刑法学界存在着肯定说和否定说两种不同的主张。[②] 笔者认为，否定说比较妥当，行为人泄露内幕信息，并非都是非常具体、明确地将内幕信息全面地告诉他人，很多时候是悄悄地将有关内容或者购买哪种证券、期货合约的意见告诉他人，因为内幕信息的秘密性和重要性，行为人不会非常详细地告诉他人，而所告诉的人通常也是对此方面比较熟悉的人，能够通过其意见得出重要的结论或者及时采取措施，所以，行为人泄露内幕信息的行为方式并不一定就是公开具体地告知他人。

第三，明示、暗示他人从事证券、期货的交易活动。该行为方式是《刑法修正案（七）》新增加的。在现实生活中，由于行为人职务或者地位的特殊性，使得行为人根本无须说明其提出建议的理由，其亲友也是心领神会，依此建议行事，虽然其亲友不知道内幕信息，但此建议也起到了比告诉他人内幕信息更为直接和关键的作用。[③] 这种行为同泄露内幕信息的行为具有相当的社会危害性，同样破坏了证券、期货交易市场的管理秩序，损害了证券、期货交易活动本身的信用机制，因而，应该给予行为人严厉的惩治。在这种行为方式中，"明示"，是指明确地告诉他人进行某种证券、期货合约交易活动；而"暗示"，则是指对证券、期货交易活动隐讳地提供线索，如某种股票近来表现不错、某种期货价值挺好等。"暗示"的信息能够使得听者得出进行买卖某种证券、期货合约的判断。对此，应该综合各种情况作出分析。当然，该种行为成立犯罪，也要求"情节严重"。

4. 内幕信息范围的确定

所谓内幕信息，是指为证券、期货交易内幕人员知悉的，尚未公开的而对证券、期货交易价格有重大影响的信息。内幕信息不包括运用公开的信息资料，对证券市场作出的预测和分析。一般说来，内幕信息具有以下特征。

---

① 王昌来：《论证券内幕交易罪》，载《安庆师范学院学报（社会科学版）》，2001（5）。
② 刘宪权：《内幕交易、泄露内幕信息罪若干疑难问题探析》，载《犯罪研究》，2003（2）。
③ 陈柱钊：《不作为型内幕交易罪》，载《长春工程学院学报（社会科学版）》，2007（2）；张惠芳：《浅析内幕交易、泄露内幕信息罪的几个问题》，载《河北法学》，2004（9）。

（1）相关性

必须与证券市场交易的公司有关，而且与该公司的经营、财务有关。凡是不涉及公司的信息，对证券价格再有影响，也不属于内幕信息的范畴，如宏观经济形势的好坏，利息率的升、降，重大经济政策的调整，证券交易税费的调整等，都不属于内幕信息的范畴。

（2）重要性

所谓重要的证券信息，应当是对该公司证券价格有重大影响的信息。重大影响，是指如果信息一旦被公布就可能使一些投资者改变其所掌握信息的性质，投资者可能依此重新估算有关证券的价值，改变投资方向，从而很有可能造成证券价格发生较大波动。

（3）真实性

信息真实、准确，是内幕交易与利用谣传的其他证券欺诈行为相区别的根本特征。对"真实、准确"的信息应有一个比较广义的理解，即只要不是谣传，不是凭空想象和凭印象，只要它是关于正在发展中的事物的准确信息，尽管尚未实现，尚未构成事实，都必须考虑进去。例如，在公司兼并过程中，两个公司开始谈判合并事宜这一情况，就构成真实、准确的信息，尽管最后没有合并成功，但合并没有成为事实并不妨碍该信息的真实、准确。

（4）未公开性

尚未公开，是指信息尚未由公司按照一定的程序公开，尚未被社会公众及投资者所知悉而影响其买卖证券。如果股票市场的价格受到有关报纸或媒体通知的影响而波动，但很快趋于稳定，则该稳定的时间可以认为是该通知已公开的时间。内幕交易的实质是投资者利用内幕信息公开前后的时间差谋利，因而内幕交易公开化的时间关系到内幕交易罪的犯罪时间的认定。例如，内幕交易人员利用的内幕信息是该消息公开后引起股票价格波动的唯一因素，从消息公布之日起，到市场消化、分析消息及引起股票变动这一段时间，均应视为信息尚未公开。在此之前，利用内幕信息进行证券交易的行为应当构成内幕交易罪。关于公开性的判断，一般来说，内幕信息已按规定在国家有关部门规定的报刊或者在专项出版的公报上刊登，同时将其置备于公司住所、证券交易所，供公众查阅。但是，鉴于时代的发展，信息的公开不能局限于中国证监会规定的几种报刊的范围，应当包括通过网络对信息公开的形式。[①] 总之，应当综合考虑信息本身的内容和性质、

---

① 梁华仁、王洪林：《析证券内幕交易罪》，载《法学杂志》，2001(5)。

发行公司的规模以及知名度、证券交易的科学研究的活跃程度、通信手段的技术水平和信息抵达普通的投资者的速度、交易场所及交易方式、证券市场对信息的反应等因素。①

我国《证券法》第 75 条规定，证券交易活动中，涉及公司的经营、财务或者对该公司证券的市场价格有重大影响的尚未公开的信息，为内幕信息。下列信息皆属内幕信息：①《证券法》第 67 条第 2 款所列重大事件；②公司分配股利或者增资的计划；③公司股权结构的重大变化；④公司债务担保的重大变更；⑤公司营业用主要资产的抵押、出售或者报废一次超过该资产的 30％；⑥公司的董事、监事、高级管理人员的行为可能依法承担重大损害赔偿责任；⑦上市公司收购的有关方案；⑧国务院证券监督管理机构认定的对证券交易价格有显著影响的其他重要信息。重大事件范围，根据《证券法》第 67 条第 2 款的规定，包括：①公司的经营方针和经营范围的重大变化；②公司的重大投资行为和重大的购置财产的决定；③公司订立重要合同，可能对公司的资产、负债、权益和经营成果产生重要影响；④公司发生重大债务和未能清偿到期重大债务的违约情况；⑤公司发生重大亏损或者重大损失；⑥公司生产经营的外部条件发生的重大变化；⑦公司的董事、三分之一以上监事或者经理发生变动；⑧持有公司 5％以上股份的股东或者实际控制人，其持有股份或者控制公司的情况发生较大变化；⑨公司减资、合并、分立、解散及申请破产的决定；⑩涉及公司的重大诉讼，股东大会、董事会决议被依法撤销或者宣告无效；⑪公司涉嫌犯罪被司法机关立案调查，公司董事、监事、高级管理人员涉嫌犯罪被司法机关采取强制措施；⑫国务院证券监督管理机构规定的其他事项。不过，应该注意，我国《证券法》第 75 条第 2 款以列举的方式规定了内幕信息的内容，其主要是与公司经营、财务、人事和债务等有关的重大事件或者重要信息，但是这种单纯列举的方式会遗漏本该纳入其中的内容，如国家银行宣布减息、国家领导人的职务任免、领导人在非正式场合的讲话等，至于上述"其他的重要信息"，可理解为政府在经济管理和宏观决策方面未公开的重大信息及对证券市场供求关系产生影响的重大的非经济信息。②

从内幕信息在证券、期货交易中所起的作用来看，重大信息无非包括利好与利空两种。所谓利好信息，就是有利于股票投资，对多头

---

① 顾雷：《内幕交易罪的主体结构完善与处罚平衡发展》，载《法学论坛》，2000(6)。

② 陶志翔：《简析内幕交易罪中犯罪主体的认定》，载《黄石理工学院学报》，2005(2)。

有利的信息。利好信息往往导致股价上升。政局稳定、经济从衰退走向繁荣、银行降低利率、发行公司利润大幅增长或者有重大技术改进，或者将更有能力的人进入高级管理层等信息一经传出，发行公司股价会因股票供不应求而上扬。所谓利空信息，就是不利于股票投资，对空头有利的消息。利空信息往往导致股价的下跌。政局动荡、经济衰退、银行提高利率、银根收紧、发行公司业绩不好、成本上升、利润下降等信息一经传出，发行公司股价就会因供过于求而下跌。因此，在认定内幕交易时，首先要认定其交易行为是否与所利用的重大内幕信息的内容相一致。一般来说，内幕交易表现为：当内幕信息为利好时，行为人买进；当内幕信息为利空时，行为人卖出。因为当利好信息公开后，股价势必上扬，交易者才可能以事先低价买进的股票获利；当利空信息公开后，股价势必下跌，交易者才可能因事先高价抛出而避免损失。如果该信息是利好信息，而交易行为表现为卖出，或者该信息是利空信息，而交易行为表现为买进，既不存在获利或者避免损失的基础，也不可能对其他投资者造成损害，则这种行为不构成内幕交易。

5. 其他疑难问题

(1)运用公开的信息资料对股市所作出的分析预测在公开发表之前是否属于"未公开"的内幕信息

例如，某报刊工作人员根据一篇未发表的股评文章所提供的导向，提前依据相关股评进行交易，是不是内幕交易呢？对于这种情况，一种意见认为，该工作人员不是发行人的内幕人员，利用的是根据已经公开的信息资料所作的分析意见，因而对发行人和其他投资者不负有保密义务，不应承担本来不具有的责任。如果将这种行为也认为是内幕交易，那么，预测者在股评文章发表之前，自己到证券市场进行交易，该如何认定呢？很显然，如果认定为内幕交易，未免过于牵强。但是，另一种意见则认为，在法律中明确规定"内幕信息不包括运用公开的信息和资料，对证券市场作出的预测和分析"是不明智的。因为如果某一具体案件符合三个条件，仍可能具有一定的社会危害性。这三个条件分别如下：一是未公开；二是即将公开；三是一向证实该股评非常准确。例如，某报刊根据公开资料对股市走向所作的分析预测通常被证实十分准确。该报社内部一工作人员，违反报社内部的保密规定，在该文章发表的前一天，将股评专栏文章的内容、倾向泄露给他人。像这种情况，如果造成了严重的危害后果，按内幕交易处理也不无道理。因为按照禁止内幕交易的法理依据，之所以禁止内幕交易，就是因为这种行为使有人先于他人利用可能对他人投资决策构成重要影响的信息进行交易。如果预测不公开发表或者可能不发表，就不可能对其他投资者构成影响。如果该预测有时准确，有时不准确，对他人构成影响的可能性也随之不大。反过来说，如果预测未公开，且即将公开，并一向被证实非常准确，就可能使知悉这一预测的人先于他人利用可能对他人投资决策构成重要影响的信息进行交易，同样符合内幕交易的基本特征。①

上述第二种意见存在不妥之处。内幕交易、泄露内幕信息行为使得内幕交易的行为人与普通投资者所进行的交易不是建立在平等的基础上，而是处于"一明一暗"的交易状态，这是与公平交易的原则公然对立的，这也是此类行为为世界各国法律所禁止的根本原因。因为对内幕信息的知悉，内幕交易的行为人对于某种股票价格的走势"心中有数"，而普通投资者则只能借助于一般的技术分析和财务分析甚至仅仅凭借自己简单直白的猜测进行交易。借助没有确切消息的猜测显然是投机行为的特征，而这也正是证券市场行为规范程度差、危机四伏的重要原因之一。而实际上股评文章就其实质而言，也是一种猜测，只不过由于这种猜测是由具有丰富证券专业知识、熟悉证券市场运行规律的证券专家，运用科学的分析手段对公开的信息资料进行分析研究所得出的结论，因而其准确性一般要高于普通人所作出的猜测。但无论这种预测的准确度多高，都改变不了其属于"猜测"的实质。显然，法律不能因为一个人的预言相当准确就剥夺了他发表意见的权利，否则就是公然违背现代法治社会公民享有言论自由。而基于这种猜测进行交易无论所导致的结果如何，这种行为显然是不能冠之以内幕交易、泄露内幕信息罪的。所以，只要这种股评文章没有泄露内幕信息，没有利用内幕信息对投资者提出建议，则根据股评文章进行的交易行为，就不能以内幕交易、泄露内幕信息罪论处。②

(2)有关证券、期货交易的传言是否属于"内幕信息"

有人认为，传言也是一种信息，而且是未经合法渠道公开的信息。当它可能影响股票价格时，就构成了内幕信息。其实不然，传言在被证实其内容的真伪以前，只是传言。而传言者，又有几种不同情况：一是事后证实是虚构事实企图操纵市场，此乃谣言，尽管可能影响股

---

① 白建军：《证券欺诈及对策》，29～30页，北京，中国法制出版社，1996。
② 赵秉志：《破坏金融管理秩序犯罪疑难问题司法对策》，128页，长春，吉林人民出版社，2000。

市市面上价格，但已属于市场操纵问题，不是内幕交易。二是内幕人员泄露重大信息，对泄露信息者和直接的接受消息者来说，认定所利用的信息为内幕信息不成问题。三是某人被告知他不能断定是否为真的消息，按照司法公平性，该消息就不应当认定为"未公开"的内幕信息。易言之，一个人根据不能辨明真伪的消息买卖了证券，其实也需要在自己内心中形成一种猜测、判断，这样就不能认定为他实施了内幕交易。当然，知与不知的证实是个司法上的判断难题，但罪与非罪的界限在这里不能含糊。

(3)内幕信息重要性的判断

对此，证券法理论界有较多研究，很多时候借鉴了国外的某些理论认识。内幕信息对市场的重要性，仅指可能性结果，这也就是说，其一旦公开，可能引起证券市场价格的涨跌，而不是指实际上产生何种结果，也不考虑该信息所涉及的事项是否会真正实现。所以，认定某项信息是否为重大信息，从而构成内幕信息，关键在于衡量该信息一旦公开，是否可能导致证券市场的价格波动。在法律对此有明确规定的情况下判断往往不成问题。但是，也存在难以判断的情形。一项信息是不是"重要信息"，要综合考虑以下几个方面的因素：第一，信息公开后是否对相关股价形成了影响，而不考虑该信息的内容最终是否被付诸实现。第二，判断某项消息是不是"重要信息"，应以该消息公布后市场对投资人的影响为依据。例如，国家开征证券交易税等消息，当然属于"重要信息"。第三，行为人在知悉该信息后，是否从事了与该信息的内容相一致的交易行为。在证券市场中，投资者的每一笔交易都不可能是无缘无故的，绝大多数交易行为都是交易者得知某信息的结果。因此，交易行为是信息的反向说明。当然，从事与内幕信息的内容相一致的交易，并不能排除出自其他原因的可能，但如果知悉内幕信息，一定不会从事与该信息内容相反的交易。对此，我们应将被告的交易行为与其他主客观因素综合起来加以考虑，才能对信息是否重大作出认定。第四，相关公司是否对内幕信息采取保密措施。如果相关公司对某信息采取保密措施，说明该信息对公司意义重大，一旦被披露，势必对股价构成重大影响。上述四个因素必须综合起来考虑，才能作出客观、准确的判断，仅依靠其中一个因素或者几个因素，都无法囊括现实中的所有情况。①

---

①　赵秉志：《破坏金融管理秩序犯罪疑难问题司法对策》，98页，长春，吉林人民出版社，2000。

6. 犯罪客体的界定

本罪侵犯的客体是复杂客体,即国家对证券、期货市场的管理秩序和其他市场参与者的合法权益。我国证券、期货市场不仅发挥了其帮助企业募集发展资金、优化结构、重组资本的功能,而且对国家金融政策调整、外汇管理体制改革、宏观调控政策实施也产生了积极的影响。随着证券、期货市场的日益扩大,内幕交易、泄露内幕信息等严重破坏金融市场秩序的行为愈演愈烈。内幕交易和泄露内幕信息犯罪的社会危害性表现为破坏证券、期货市场的信息管理制度,破坏公平、公开交易原则,进而扰乱了金融市场的正常秩序。信息的获取和判断对于证券、期货市场具有重要意义。西方经济学理论,如随机理论、效率资本市场假设理论、现代证券组合理论均证明了信息与证券、期货市场的内在关联性。就投资者而言,投资效益与获得信息的提前量成正比。在一定意义上,在信息知悉上获得其他投资者所不具备的优势地位,提前判断市场方向,作出买进、卖出或者多头、做空的决策,进而获得差价收益,就是市场投机的全部秘密。公平、公开的市场秩序应当保障所有投资者的平等信息知悉权。因此,制度要求那些因职务、地位而预先得知内幕信息的人员必须负有保密义务直至该信息公诸于众。违反内幕信息保密义务,破坏证券、期货市场"公开、公平、公正"原则,是内幕交易、泄露内幕信息罪区别于其他证券犯罪的本质特征。因而国家对金融市场的管理秩序是内幕交易、泄露内幕信息罪所侵犯的主要客体。而其他投资者的合法权益,显然是破坏证券、期货市场正常秩序造成的必然结果,属于次要客体。①

(二)犯罪界限问题

1. 罪与非罪的界限

在实践中,区分内幕交易、泄露内幕信息罪罪与非罪的界限,需要注意两点。

第一,是否利用了内幕信息。根据《证券法》第76条之规定,证券交易内幕信息的知情人员或者非法获取内幕信息的人,在涉及证券的发行、交易或者其他对证券的价格有重大影响的内幕信息公开前,买入或者卖出该证券,或者泄露该信息,或者建议他人买卖该证券的,都构成内幕交易行为。相反,如果该行为人虽然掌握内幕信息,但是在该内幕信息尚未公开前买入或者卖出的是与该内幕信息无关的证券,

---

① 章惠萍、徐安住:《论内幕交易罪》,载《河北法学》,2002(1)。

则不能构成本罪。①

第二，情节是否严重。如若行为人实施了相关的证券交易行为，但情节轻微，则依据条文规定不能构成犯罪，由证券监督管理机构以违法行为给予行政处罚；只有在情节严重的情况下，该行为才能以"内幕交易、泄露内幕信息"之犯罪行为论处。有论者认为，未遂的情况一般不符合本罪所要求的"情节严重"，因而，可以不认定为犯罪。② 笔者认为，这种看法似有不妥，在行为未完成、未遂的情形下仍然可能存在情节严重的情况，如果有严重情节，那么即便行为未完成、未遂也应当认定为犯罪。

另需强调，在司法实践中还应当正确区分正当交易行为与内幕交易行为。知悉内幕信息的人员所实施的证券交易行为并非皆属内幕交易行为，更非均构成内幕交易罪。对此，我们必须将行为人尤其是内幕人员没有利用内幕信息的正当的交易行为与利用内幕信息进行的内幕交易行为严格地区分开来。根据司法实践，以知悉内幕消息的人员为代表的行为人，其正当交易行为有两种：第一，知悉内幕信息的内幕人员所被允许进行的证券交易行为，且该行为与内幕人员所知悉的内幕信息无关。此类行为中，内幕人员并未利用自己所知悉的内幕信息，其所进行的交易行为是合法的。第二，根据职务可能知悉内幕信息的人员从事的与该内幕信息有关的交易行为。对于第二种情况，只要有证据证明行为人确实不知道内幕信息，就可以符合逻辑地得出结论，很容易将其与内幕交易行为区分开来，此种情况下所进行的证券交易行为根本不属于内幕交易行为。而对于第一种情况，关键在于如何将知悉内幕信息的内幕人员所进行的非内幕交易行为与内幕交易行为加以准确区分。对于这一问题，在我国，有关法规主要是从时间、证券种类等方面作出硬性规定，从而界定出有关内幕人员的交易行为的正当性、合法性。《证券法》第47条第1款规定："上市公司的董事、监事、高级管理人员、持有上市公司股份百分之五以上的股东，将其持有的该公司的股票在买入后六个月内卖出，或者在卖出后六个月内又买入，由此所得收益归该公司所有。"第43条规定，证券从业人员、证券业管理人员和国家规定禁止买卖股票的其他人员，不得直接或者间接持有、买卖股票。第45条规定："为股票发行出具审计报告、资

---

① 孙利：《经济犯罪研究与刑法适用》，281页，北京，中国检察出版社，2001。
② 王政勋：《证券、期货内幕交易、泄露内幕信息罪研究》，载《中国刑事法杂志》，2003(4)。

产评估报告或者法律意见书等文件的证券服务机构和人员,在该股票承销期内或期满后六个月内,不得买卖该种股票。除前款规定外,为上市公司出具审计报告、资产评估报告或者法律意见书等文件的证券服务机构和人员,自接受上市公司委托之日起至上述文件公开后五日内,不得买卖该种股票。"根据以上规定,有关特定人员持有、买卖股票或在法定期限内买卖特定股票,都是违法的、被禁止的。这也就是说,不论他们是否知悉内幕信息,也不论他们是否利用了内幕信息进行股票买卖,他们在上述法定期限内持有、买卖特定股票的行为,都被依法认定为内幕交易行为。可见,根据上述法律的规定,推定这些人员知悉内幕交易信息。

2. 内幕交易、泄露内幕信息罪与故意泄露国家秘密罪、过失泄露国家秘密罪的界限

根据《刑法》第 398 条的规定,故意泄露国家秘密罪、过失泄露国家秘密罪,是指国家机关工作人员违反保守国家秘密法的规定,故意或者过失泄露国家秘密,情节严重的行为。内幕交易、泄露内幕信息罪和故意泄露国家秘密罪、过失泄露国家秘密罪之间有相似之处,如犯罪主体都是一般主体;在客观方面,都可以通过泄密的行为方式表现;在犯罪对象上,其泄露的内容均可以是国家的经济秘密和影响证券、期货发行、交易及相关活动的国家外交、财政、立法等秘密。因此,有必要划清它们的界限。根据刑法的有关规定,上述各罪的不同之处主要表现为以下方面。

(1)主体范围存在差异

内幕交易、泄露内幕信息罪的主体是复杂主体,包括自然人主体和单位主体;而故意泄露国家秘密罪、过失泄露国家秘密罪的主体只能是自然人,不包括单位。

(2)主观罪过形式不同

内幕交易、泄露内幕信息罪在主观方面只能是出于故意,并且在司法实践中,行为人在主观上往往还具有牟取非法利益或避免损失的犯罪目的;而故意泄露国家秘密罪在主观方面是出于故意,过失泄露国家秘密罪在主观上则是出于过失。

(3)客观方面的表现形式差异较大

内幕交易、泄露内幕信息罪在客观方面表现为,在涉及证券、期货的发行、交易或者其他对证券、期货的价格有重大影响的信息尚未公开前,买入或者卖出该证券、期货,或者从事与该内幕信息有关的期货交易,或者泄露该信息,或者明示、暗示他人交易活动,情节严重的行为；而故意泄露国家秘密罪、过失泄露国家秘密罪在客观方面则表现为，违反保守国家秘密法的规定，故意或者过失泄露国家秘密，情节严重的行为。可见，内幕交易、泄露内幕信息罪在客观方面的行为表现形式比较广泛，除泄露以外，还可以表现为利用或者建议行为；而故意泄露国家秘密罪、过失泄露国家秘密罪在客观方面则只能表现为泄露行为。

（4）客体不同

内幕交易、泄露内幕信息罪侵犯的直接客体是复杂客体，包括证券、期货市场中的信息保密制度和证券、期货投资者的合法权益，其中，证券、期货市场中的信息保密制度是主要客体，证券、期货投资者的合法权益是次要客体；而故意泄露国家秘密罪、过失泄露国家秘密罪侵犯的直接客体是国家的保密制度。此外，内幕交易、泄露内幕信息罪侵犯的同类客体是国家的金融管理秩序；而故意泄露国家秘密罪、过失泄露国家秘密罪侵犯的同类客体是国家机关的正常活动。

（5）犯罪对象不同

内幕交易、泄露内幕信息罪的犯罪对象是内幕信息，主要是指证券、期货发行人的重大经营政策、经营状况及重大变更以及政府管理、宏观政策方面的内幕信息；而故意泄露国家秘密罪、过失泄露国家秘密罪的犯罪对象则是事关国家安全和利益的事项，其范围涉及国防、外交、立法、司法、财政、经济、科技等方面。可见，内幕交易、泄露内幕信息罪的犯罪对象的范围相比于故意泄露国家秘密罪、过失泄露国家秘密罪的犯罪对象的范围限缩了，秘密程度也降低了。

此外，如果知悉内幕信息的人为国家机关工作人员，加之其所故意泄露的内幕信息属于国家秘密，在此种情况下行为人的行为构成想象竞合犯，既触犯内幕交易、泄露内幕信息罪，又触犯故意泄露国家秘密罪。根据"从一重罪处断"的处理原则，应对行为人以内幕交易、泄露内幕信息罪定罪量刑。[①]

（三）特殊犯罪形态

1. 犯罪停止形态问题

如前所述，内幕交易、泄露内幕信息罪主要有三种客观行为表现，即行为人自己或者建议他人利用内幕信息进行相关交易，或者泄露内幕信息。因此，行为人在主观上必须出于故意。如果行为人在主观上

---

① 张军：《破坏金融管理秩序罪》，271～272页，北京，中国人民公安大学出版社，2003。

13

误把某种不属于内幕信息的信息当做内幕信息或者将内幕信息误认为不是内幕信息而为上述行为的，则行为人在主观上所认识的内容与客观事实不相符，属于刑法理论上的认识错误。在这种情况下，应根据刑法中的错误理论，对行为人的行为分别情况予以认定：如果行为人误将不属于内幕信息的信息当做内幕信息而为上述行为的，则行为人仍构成内幕交易、泄露内幕信息罪，只不过因其所利用或泄露的信息不属于内幕信息，其犯罪应属未遂；而如果其所泄露的信息不属于证券交易内幕信息而属于国家秘密，则应依法构成泄露国家秘密犯罪；如果行为人将内幕信息误认为是一般信息或误认为不是内幕信息而为上述行为的，则行为人的行为不构成内幕交易罪；若行为人主观上出于过失，符合其他有关条件的，则行为人依法构成玩忽职守罪或过失泄露国家秘密罪；若行为人的行为在客观上未造成实际损害的，则行为人只属于一般违法，对其可依法追究相关行政责任。①

2. 共同犯罪问题

内幕交易、泄露内幕信息罪的共同犯罪主要发生在内幕信息的知情人或者非法获取内幕信息的人员建议他人利用该信息从事相关交易的情形下。如果他人在主观上明知他人告知的信息为内幕信息，且明知利用内幕信息从事相关交易是违法的，则他们构成内幕交易罪共同犯罪，应以共犯论处；如果他人主观上并不明知其所得到的信息为内幕信息或受内幕信息知悉者欺骗不知是内幕信息，则他人在内幕信息知悉者建议下所进行的相关交易行为，即使属于违法，仍不构成内幕交易罪，因为其主观上缺乏故意。在这种情况下，内幕信息知悉者单独构成内幕交易罪。

3. 罪数形态问题

内幕交易、泄露内幕信息罪是选择性罪名。行为人如果同时具有内幕交易或者泄露内幕信息且情节严重的行为，只能以内幕交易、泄露内幕信息罪一罪处罚，不实行数罪并罚。

不知内幕信息的内幕人员或非内幕人员采取非法手段（如行贿）获取内幕信息后，再利用该信息进行相关交易或者建议他人利用该信息进行证券买卖，或将信息故意泄露；或者相反，知道内幕信息的内幕人员或非内幕人员接受或索取贿赂，将内幕信息予以泄露或建议他人利用该信息进行证券买卖的，都存在着数罪问题，即行为

---

① 张军：《破坏金融管理秩序罪》，270～271页，北京，中国人民公安大学出版社，2003。

人不但依法构成内幕交易、泄露内幕信息罪，还依法构成相关的贿赂犯罪。对于构成数罪的，应予以并罚；对于其中符合牵连犯特征的，根据牵连犯择一重罪从重处罚的原则，应以其中的重罪从重论处。[①]

二、"老鼠仓"行为的认定与处理

证券市场的繁荣发展也伴随各种违法犯罪现象的不断出现。2008年以来，证券投资基金行业先后曝出"上投摩根唐建案"、"南方基金王黎敏案"和"融通基金张野案"等一系列基金管理公司从业人员利用掌握的非公开的基金投资信息，购买与基金股票池相同股票获利的案件，引起社会各界的广泛关注。金融业界称之为基金"老鼠仓"事件。基金"老鼠仓"不仅损害了基金投资者的利益，扰乱了证券市场的投资秩序，也损害了基金管理公司的信誉，进而影响投资者对整个基金行业的信心。《刑法修正案（七）》新增利用未公开信息交易罪便是针对资本市场上以证券"老鼠仓"为典型的非法交易行为。笔者认为，对利用未公开信息交易罪的研究不能孤立地进行，而应当在深入剖析"老鼠仓"一类犯罪的性质和表现形式的基础上，正确地理解和适用利用未公开信息交易罪条文。

（一）"老鼠仓"行为概述

1."老鼠仓"的起源和现状

"老鼠仓"并非严谨的法律概念，而是金融业界的通俗用语。即使在金融业界，"老鼠仓"的含义也是广泛而模糊的。大家在各种场合都用，却鲜有人能溯其本源，总结其最本质的特征。"老鼠仓"来源于生活的比喻：老鼠偷偷在谷仓底部挖洞囤粮，当粮食要清仓搬走时，老鼠便纷纷裹挟出逃，以免被捉住。这种比喻被用于描述证券市场上的特定违法行为。从根源上讲，"老鼠仓"行为源于证券市场上的"跟庄"行为。中国证券市场的发展初期被称为"庄股时代"。以券商为首的主力资金控制者，往往通过联合操纵、连续买卖、对敲、冲销等市场操纵手段拉升股票价格，俗称"坐庄"。有的中小投资者闻风悄然跟进，"搭便车"盈利，俗称"跟庄"。"庄家"炒作个股，通常经历"建仓—拉高—出货"三个阶段。跟庄者需要在"建仓"阶段跟进，在"拉高"阶段的中后期及时清仓，否则在庄家"出货"时就有被套牢的风险。"跟庄"的

---

① 张军：《破坏金融管理秩序罪》，272～273 页，北京，中国人民公安大学出版社，2003。

方法多种多样：有的投资者分析个股的交易情况，判断是否有庄家，处在什么阶段；有的投资者通过打听所谓的内幕消息；有的投资者则利用庄家内部的从业人员泄露的投资信息；更有甚者通过影响或改变庄家的投资方向，配合个人仓位盈利。

证券市场上，庄家为顺利坐庄，往往编造各种市场信息，各种数据和消息亦真亦假。因此，在上述"跟庄"方法中，前两种方式风险很大，稍不谨慎即可能掉入庄家的陷阱；而后两种方式以不正当手段准确掌握了庄家的投资信息，能够在价格低位买进建仓，当价格上涨时又能先于庄家出货，毫无风险地"进退自如"，赢取暴利。由于很多时候，庄家的行为本身就涉嫌操纵市场价格等违法犯罪，因而后两种行为有时被人形象地称为"黑吃黑"。

综合上述分析，笔者认为，通常所说的"老鼠仓"有广义和狭义之分。从广义上讲，人们把投资者根据各种来源的消息和判断，"跟庄"所建的仓位和这种行为本身都称为"老鼠仓"。从这个意义上讲，"老鼠仓"并不必然涉嫌违法犯罪，有些只不过是投资者的市场投机行为。从狭义上讲，"老鼠仓"行为是指以不正当手段获得庄家等主力资金确切的投资信息，或者影响、改变主力资金的投资方向，利用主力资金拉升个股的前后差价，攫取无风险或低风险利益的行为。这里的主力资金是指参与证券投资的金融机构自有的或受委托管理的资金。行为人大多是为个人或关系人的账户谋利。但这其中也不乏有金融机构利用受托资金，为自营账户或者机构股东、高管、其他客户谋利。有论者指出，基金公司的公募基金和专户理财业务之间，证券公司的客户资产管理业务和自营业务之间都可能存在"老鼠仓"式的利益输送。[①] 目前，我国司法机关和监管部门重点打击的便是证券市场上狭义的"老鼠仓"行为。

对于"老鼠仓"行为发生的领域，我们可以从两个进路作出分析。从横向的市场领域来看，尽管《刑法》第 180 条第 4 款罗列了包含证券、期货行业机构在内的所有金融机构，但有论者提出期货市场上并不存在"老鼠仓"。首先，我国期货市场没有大宗商品定价权，国内的期货交易信息难以对期货价格产生决定性影响；其次，期货市场实行双向交易制度，投资者既可以做多也可以做空，仅根据一边的交易信息大量建立单边头寸并不能像证券"老鼠仓"那样规避市场风险；最后，期货合约的持仓量理论上是没有限制的，只要有足够的资金和市场预期，

---

① 刘慧玲：《从司法实践看破坏市场经济秩序罪的相关修改》，载《人民检察》，2008(23)。

交割前多头方和空头方都可以从两边不断地建立新头寸，双方都很难成为绝对的主力。① 笔者赞同这种观点。"老鼠仓"行为本质上依存于证券市场"价格优先、时间优先"的集中竞价交易制度和主力资金对于证券价格的拉升作用。所以，笔者认为"老鼠仓"行为主要发生在证券市场上。

从纵向的行业领域来看，"老鼠仓"行为不仅仅存在于基金行业，而且可能存在于所有参与证券投资的行业中。通常将这些使用自有资金或者从分散的公众手中筹集的资金专门进行有价证券投资活动的法人机构称为"机构投资者"。② 机构投资者拥有市场上的主力资金，其内部也最容易滋生"老鼠仓"行为。在过去由证券公司主导的"庄股时代"，"老鼠仓"主要发生于证券公司内部。随着我国证券市场的规范化和公众机构投资者的兴起，证券市场的主力资金逐步呈现出公众化、多元化的趋势。中国股市开始走出了"庄股时代"，进入"基金时代"（也称"主力机构时代"）。目前，中国证券市场上拥有主力资金的机构投资者包括证券投资基金（也称公募基金）、证券公司、保险资金、社保基金、私募基金、QFII和中央汇金投资有限责任公司等③。坊间流传中国股市的潜规则："无庄不成股，有庄即有鼠。"④虽然有点夸张，但不争的事实是，"老鼠仓"行为广泛地存在于证券市场的主力投资机构中。可以说，目前曝光的前述几例基金经理"老鼠仓"事件只是冰山一角。

2. "老鼠仓"典型案例分析

（1）2006年3月，唐建任职上投摩根基金管理公司研究员兼公司管理的阿尔法基金经理助理，在执行职务活动，向有关基金二级股票池和阿尔法基金推荐买入"新疆众和"股票的过程中，使用自己控制的中信建投证券上海福山路营业部"唐金龙"证券账户先于阿尔法基金买入"新疆众和"股票，并在其后连续买卖该股。期间，唐建还利用职务权限，多次查询上投摩根阿尔法基金投资"新疆众和"股票的信息，充分掌握了该基金的投资情况。截至2006年4月6日全部卖出前，"唐金龙"证券账户累计买入"新疆众和"股票60 903股，全部卖出获利28.96万元。此外，2006年4月至5月，唐建还利用"唐金龙"资金账户下挂的"李成军"证券账户、东方证券上海浦东南路营业部"李成军"证券账户连续买卖"新疆众和"股票的机会，为自己及他人非法获利

---

①　江南：《常青："老鼠仓"难在期市中生存》，载《第一财经日报》，2008-08-26。

②　杨德群、杨朝军：《论机构投资者的持股特征》，载《上海管理科学》，2004(4)。

③　范立强：《机构投资者行为研究》，6～9页，华东师范大学2007博士学位论文。

④　张春红：《捕"鼠"治"鼠"高高举起的板子切莫轻轻落下》，载《中国劳动保障报》，2009-11-11。

123.76 万元。中国证监会认为，唐建凭借基金经理助理参与基金财产的投资和管理的职务之便，利用非公开的基金投资信息，先于有关基金买入同一公司股票，为自己及其亲属牟取私利，违背了基金从业人员对受托管理的基金及基金份额持有人应负有的忠实、勤勉义务，是明显的利益冲突的行为，是严重的背信行为。其行为违反了《证券投资基金法》第 18 条有关禁止从事损害基金财产和基金份额持有人利益的证券交易及其他活动的规定，同时也违反了《证券法》第 43 条有关禁止有关人员参与股票交易的规定，中国证监会依据《证券投资基金法》第 97 条、《证券法》第 199 条之规定，取消唐建的基金从业资格，没收其违法所得，并处 50 万元罚款。①

唐建案有两个主要争议点。

第一，唐建是否利用职务便利从事"老鼠仓"行为。唐建在申辩中提出，自己不是基金经理助理，没有控制基金买入某只股票的权限。中国证监会查明，唐建自 2004 年 4 月起担任上投摩根的研究员，2006 年 1 月起兼任阿尔法基金经理助理。根据上投摩根内部管理制度，基金经理助理的职权包括"依据基金经理的授权下达股票交易指令；向该基金的基金经理提出投资参考建议；查询该基金的交易组合情况"。唐建以研究员身份向上投摩根旗下基金建议将"新疆众和"股票列为可投资对象，通过电话向阿尔法基金经理推荐买入"新疆众和"股票以及查询阿尔法基金投资情况等行为均属于利用职务便利的行为。

第二，唐建的"老鼠仓"行为是否损害了基金财产和基金份额持有人利益。中国证监会认为，基金从业人员利用职务便利从事构成利益冲突的证券交易，都将导致或可能导致损害基金财产和基金份额持有人利益。"老鼠仓"行为一方面增加了基金买入某只股票的成本，无形中减少了基金管理人和份额持有人可预期的投资收入；另一方面提高了基金投资的风险，使相关交易受人为因素影响的变数增大，增加了基金份额净值的不确定性。从长远看，唐建的这种背信行为还损害了有关基金及基金管理公司的声誉，损害了投资者对基金行业的信赖和信心，进而对有关基金的长期运作和基金份额持有人利益造成损害。

（2）2007 年至 2009 年 2 月，张野利用任职融通公司基金经理职务上的便利，在参加融通公司投资决策委员会会议、基金晨会、投研例

①　中国证券监督管理委员会：《中国证监会行政处罚决定书(唐建)〔2008〕22 号》，http：//www.csrc.gov.cn/pub/zjhpublic/G00306212/200804/t20080430_23123.htm，2009-11-14。

会、研究月度会、外部券商推介会及与融通公司基金经理、研究员交流的过程中，获取了融通公司旗下基金投资及推荐相关个股的非公开信息，通过网络下单的方式，为朱小民操作朱小民实际控制的红塔证券北京板井路营业部"周蔷"账户从事股票交易，先于包括张野所管理的融通巨潮 100 指数基金在内的融通公司基金买入并卖出或先于融通公司有关基金卖出相关个股，为"周蔷"账户实现盈利 9 398 362 元，收取朱小民感谢费 200 万元。中国证监会在对张野的行政处罚决定书中首次将此类背信行为称为"老鼠仓"行为，认为基金从业人员的"老鼠仓"行为是将自身利益置于基金财产和基金份额持有人的利益之上，在执行职务或办理业务过程中利用所处地位或优势牟取私利的行为。①

张野案与唐建案基本案情相同，但也存在一些差异。不同的是，张野的交易行为涉及他所在融通公司旗下的多个基金，这其中既有张野担任基金经理的"融通巨潮 100 指数基金"，也有非由其直接管理的"融通蓝筹成长基金"等。根据融通基金管理公司对外公布的基金公开说明书②，融通旗下基金的投资决策程序为：

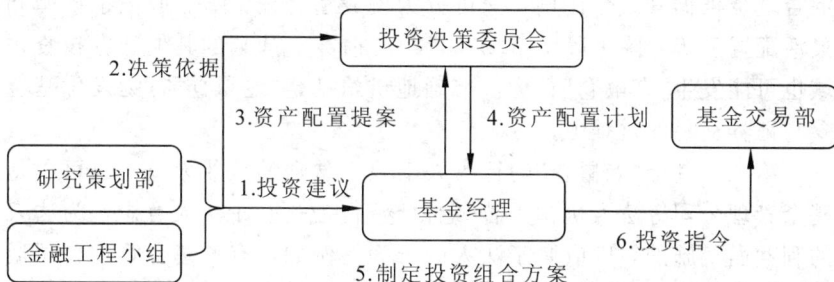

可以看到，在投资决策委员会批准基金经理所提交的宏观的资产配置计划之后，基金经理对于其直接管理的基金的投资有很大的决策和操作权限。张野对于其所管理的"融通巨潮 100 指数基金"的投资具有积极的决策影响和资金运作权限，而通过参与宏观决策会议和私下沟通对其他基金的决策和运作并不能产生积极的影响，属于消极的投资信息获取和利用。这两种行为的主观恶性和客观危害是不一样的。前者在决策和资金运作过程中就已经掺杂了个人利益，有的甚至从业人员甚至是在使用个人账户买入某种证券后，再去建议基金买入同一

---

① 中国证券监督管理委员会：《中国证监会行政处罚决定书（张野）〔2009〕21 号》，http：//www.csrc.gov.cn/pub/zjhpublic/G00306212/200906/t20090622_108003.htm，2009-11-14。

② 融通基金管理有限公司：《融通通利系列证券投资基金公开说明书（2004 年第 1 号）》，http：//www.rtfund.com/info.dohscontentid=170287.htm，2010-04-15。

证券，这大大降低了基金投资决策的科学性和专业性，无形中增加了基金财产的市场风险。笔者认为，在对从业人员"老鼠仓"行为进行定性时必须对这两种行为进行一定的区分。

3. "老鼠仓"行为的定义

由于目前曝光的"老鼠仓"行为基本都发生在基金管理公司内部，刑法理论界大多以基金"老鼠仓"为例定义"老鼠仓"行为。有论者指出，基金"老鼠仓"最典型的定义是，"在基金业，通常是指基金经理或实际控制人在运用公有资金（基金资金）拉升某只股票之前，先用个人资金（包括亲朋好友或本人）在低价位买进股票建仓。等到用公有资金将股价拉升到高位后，个人的仓位会率先卖出获利，而机构（公有）和散户的资金可能会因此而套牢。"①

这种表述虽然较为清楚地解释了基金"老鼠仓"的基本手法，但仍有诸多不准确之处。

第一，基金"老鼠仓"不限于股票市场。基金根据其投资工具的种类可分为：股票基金、债券基金、货币市场基金、混合基金。其中，混合基金根据其组合比例，又可分为偏股型、偏债型、股债平衡型和灵活配置型等。除了股票市场，货币、债券等基金的其他证券投资领域也可能发生"老鼠仓"行为。准确地讲，基金"老鼠仓"行为发生基金参与证券交易的过程中。

第二，基金"老鼠仓"的行为人不限于基金的从业人员，也可以是基金管理公司等法人机构。若"老鼠仓"行为是基于法人意志，为法人的利益而实施的，则应属于法人的行为。例如，有的基金管理公司通过从事"老鼠仓"行为，为公司股东或者其他理财产品的客户输送利益。

第三，基金"老鼠仓"行为人有时并不需要有实际运用基金财产的权限，只要利用参与基金管理公司的投资和决策的职务便利获取非公开的基金投资信息，也能据此进行"低位建仓，高位平仓"的交易。例如，张野即是对于融通公司旗下其他基金进行的消极的获取和利用投资信息的行为。

第四，基金资金拉升证券价格与行为人从事相关证券交易之间并没有绝对的先后顺序。笔者认为，大多数论者所指出的"先于公有资金购买"和"先于公有资金出货"应该以动态的观点来理解。证券交易是一个动态变化的过程，市场上不断地有人在从事买和卖两个方向的交易。特别是，机构投资者一般不会进行短期交易，而是会依据既定的投资

---

① 顾肖荣：《近期证券市场的主要涉罪问题》，载《法学》，2007(6)。

策略从事较为固定的投资，因而这个拉升的过程短的为一个季度，长的甚至一年。行为人只要在基金拉升证券价格的这一段时间里，任意选择一个低点进货，一个高点出仓，都可以达到无风险或低风险谋利的目的。例如，在张野案中，张野控制的"周蔷"账户，有时于融通公司旗下基金之前买入股票，如"2008 年 4 月 28 日至 5 月 22 日，'周蔷'账户交易该股(东方电气)……2008 年 4 月 30 日，融通领先成长基金买入该股"；而有时其交易则是紧随基金之后的，如"2007 年 2 月 9日，融通巨潮 100 基金买入该股(重庆啤酒)；2 月 12 日，'周蔷'账户买入该股"。这种前后关系甚至在同一支股票的不同订单之间都是不固定的。

第五，从"老鼠仓"行为的结果看，不一定是基金资金套牢，个人获利，也可能是基金获大利，个人获小利，也有可能两者都没来得及逃开，造成双亏局面，但行为人一定违背了其对于基金公司和基金份额持有人的忠实义务，积极或消极地损害了基金财产和基金份额持有人利益。

第六，笔者认为，"公有资金"用在此处并不恰当。"公有"一词有其特定的含义，根据罗马法对公有物和私有物的概念，客体的性质决定了权利的归属。只有公共权力主体拥有的，供公共利用或为公共利益而存在的财产，才具有公有性质。而基金财产实际上是特定的基金份额持有人为实现增值或特定目的而共同委托基金管理人进行经营、投资的财产，并不具有公有性质。只有社保基金、住房公积金等为了公共利益而募集设立的资金才能称为公有资金或公众资金。鉴于"老鼠仓"行为所涉资金基本都是参与证券投资的机构自有或受托管理的资金，笔者认为"机构资金"的提法更为妥当。

结合已有的理论分析和基金"老鼠仓"案件的现实表现，笔者认为，基金"老鼠仓"行为是指基金管理人及其从业人员，违背受托义务，以谋利为目的，利用职务便利获取基金的投资信息，或者滥用管理权限影响或改变基金投资决策和运作，利用基金投资某种证券产品前后的价格变化，使用自己或他人账户，或者建议他人从事相关证券交易谋利，损害基金财产和基金份额持有人利益的行为。

基金作为目前我国证券市场上最重要的机构投资方式，其内部法律关系和治理结构是其他参与证券投资的金融机构，如证券经营机构、委托理财机构、公众资金投资管理机构所参照的对象。因此，基金"老鼠仓"的定义基本涵盖了证券"老鼠仓"行为的基本共性。由此，我们可以将基金"老鼠仓"的定义扩大应用于整个证券市场，即证券"老鼠仓"

行为是指参与证券投资的金融机构及其从业人员，违背受托任务，以牟利为目的，利用职务便利获取机构自营或者受托管理资金(下文合称机构资金)的投资信息，或者滥用管理权限影响或改变机构资金的投资方向，利用机构资金投资某种证券产品引起的价格变化，使用自己或他人账户，或者建议他人从事相关证券交易谋利，损害机构财产和委托人利益的行为。

4."老鼠仓"行为的法律性质

对"老鼠仓"行为的入罪方式，论者和立法者众说纷纭。要探寻"老鼠仓"行为犯罪化之正解，首先要理清"老鼠仓"行为的法律性质。为了回答这个问题，我们有必要追究"老鼠仓"行为的本质特征。

首先，"老鼠仓"行为人与利益受损人之间存在信赖关系。信赖关系制度来源于英美法，是以信托关系为原型发展起来的。信赖关系广泛存在，既可能是基于法律、法令产生的，也可能是基于委任、雇佣、承包等合同产生，还可能是基于一定的地位与习惯产生。[①] 在信任关系中，信任与被信任双方当事人的地位通常是不均衡的。信任的一方当事人必须信赖被信任者，且其权利也为被信任者所掌握。[②] 基于信赖关系中客观存在的当事人地位不均衡的事实，有必要对被信任者赋予严格的信赖义务，即被信任者不得利用其地位谋取利益，只能为信任他的一方当事人的利益行事。这种被信任者背负的信赖义务(fiduciary duty)具体包括忠实义务和注意义务。其中，前者时常被称为"专一的受益标准(exclusive benefit rule)"，也就是根据是否为受益人的专一利益而行事的标准来判断被信任者的行为。[③] 以证券投资基金为例，投资者出于对基金管理公司的信任，将资金委托给基金管理公司从事证券投资；基金管理公司受人之托，为基金份额持有人的利益管理、运用基金财产。基金管理人与基金份额持有人之间是一种信托关系。基金管理人及其基金从业人员对基金和基金份额持有人负有忠实义务，必须恪尽职守，履行诚实信用、谨慎勤勉的义务，不得从事利益冲突的行为，不得将自身利益置于基金财产和基金份额持有人的利益之上，更不得在执行职务或办理业务过程中利用所处地位或优势牟取私利。

其次，"老鼠仓"行为人违背信赖义务，导致严重的利益冲突。利

① 张明楷：《关于增设背信罪的探讨》，载《中国法学》，1997(1)。

② 谢哲胜：《受托人的权利及责任》，192页，载《财产法专题研究(三)》，北京，中国人民大学出版社，2004。

③ 高岚：《日本投资信托及投资法人法律制度研究》，77～94页，昆明，云南大学出版社，2007。

益冲突是指委托人的利益与提供专业服务的业者本人或者与其所代表的其他利益之间存在某种形式的对抗。从普遍的意义上讲，利益冲突还可以理解为个人或者法人利用职务所形成的权力为自身谋利的状态。"老鼠仓"行为涉及四种利益冲突，即公司与客户之间、客户与客户之间、公司与从业人员之间、从业人员与客户之间的利益冲突。存在利益冲突本身并不一定是违法的，有些职业和领域的利益冲突是不能避免的。但是，如果这种利益冲突的存在违背行为人所负有的忠实义务，其性质就是一种背信行为。具体可以从如下几个方面理解。

第一，委托理财机构和公众资金投资管理机构利用受托的资金帮助公司及其股东、高级管理人员或者其他客户建立"老鼠仓"的行为涉及公司与客户之间、客户与客户之间的利益冲突。根据《信托法》第25条、《证券投资基金法》第9条，受托从事资产管理的法人机构作为受托人，对委托人和委托财产负有忠实和勤勉义务。《证券法》第136条也规定，证券公司必须实行业务分开，采取有效的隔离措施，防范公司与客户之间、不同客户之间的利益冲突。可见，受托机构的"老鼠仓"行为明显违背其对投资者的忠实义务。

第二，证券自营机构的从业人员利用公司的自营资金帮助个人或关系人建立"老鼠仓"的行为涉及公司与管理人员之间的利益冲突。公司从业人员基于雇佣关系与公司产生信任关系。《公司法》第148条规定，公司董事、监事、高级管理人员对公司负有忠实义务和勤勉义务。证券从业人员的这种"老鼠仓"行为损害了公司利益，违背了其对公司的忠实义务。

第三，受托从事资产管理的法人机构的从业人员利用受托资金帮助个人或关系人建立"老鼠仓"的行为涉及从业人员与客户之间的利益冲突。基金公司等受托人的从业人员与投资者之间没有直接的委托关系。但是，从业人员还可以因职务所处的地位和法律的规定与投资者形成信任关系。根据《证券投资基金法》第18条规定，基金管理公司和托管银行的从业人员不得从事损害基金财产和基金份额持有人利益的活动。从业人员的"老鼠仓"行为是对这种信任关系的破坏，同时违背了其对公司和投资者的忠实义务。

综上所述，忠实义务要求行为人将委托人的利益置于自身利益之上，而"老鼠仓"行为则是将个人或者机构的利益置于其受托管理的资金利益之上的典型行为，在性质上是违背受托义务的背信行为。笔者赞同以背信犯罪的模式对"老鼠仓"行为予以刑法规制。"老鼠仓"行为破坏了信赖关系双方当事人的信任关系，既损害了信任方的财产权益，也破坏了市场经济赖以蓬勃发展的社会诚信基础，扰乱了相关市场的秩序，具备严重的社会危害性。随着公众参与证券市场投资和委托理财业务的发展，证券"老鼠仓"的涉及面和危害将越来越大。正如我国著名刑法学者赵秉志教授所指出的，面对依然严峻的经济犯罪形势，加强和完善对这类型犯罪的惩治与防范，事关我国经济和社会各方面可持续发展的大局[1]。

(二)"老鼠仓"犯罪主体的确定

1. 机构投资者概述

在论述"老鼠仓"犯罪的构成特征之前，有必要对容易发生本罪的证券、期货投资机构及其内部法律关系进行梳理。这有助于我们对本罪主体和客体的分析，也有助于我们对本罪与其他证券、期货犯罪作出区分。根据主力资金的分布，目前资本市场上最容易发生"老鼠仓"犯罪的机构主要有基金管理公司、证券公司的经纪和资产管理业务部门、公众资金投资管理机构等受托管理客户或公众资金的机构，以及证券自营和私募等其他投资机构。

(1)证券投资基金

证券投资基金是"将众多不确定的投资者的资金汇集起来，委托专业的基金管理人进行投资管理，委托专业的基金托管人进行基金资产的托管，基金所得的收益由投资者按出资比例分享的一种投资工具"。[2] 我国《证券投资基金法》通过阐释其运作模式、投资方法等对其作了间接定义："通过公开发售基金份额募集证券投资基金，由基金管理人管理，基金托管人托管，为基金份额持有人的利益，以资产组合方式进行证券投资活动。"对于基金管理人、基金托管人和基金份额持有人三方的关系，我国通说采共同受托人说[3]。三方当事人只构成一个信托关系，基金份额持有人居于委托人的地位，而基金管理公司和托管银行并列为"共同受托人"，共同对份额持有人承担信托义务。

证券投资基金还有一个比较特殊的问题，即基金受托人的从业人员与基金持有人的关系。对此，《信托法》和《证券投资基金法》都没有做出明确的规定。有论者指出，基金从业人员受聘于基金管理公司，经营公司的基金财产，为公司谋取利益，并由公司支付报酬。因此，基金从业人员与基金投资者之间并没有直接的委托关系。基金从业人

---

① 赵秉志：《〈刑法修正案（七）〉的宏观问题研讨》，载《华东政法大学学报》，2009(3)。
② 李曜：《证券投资基金学》（第3版），北京，清华大学出版社，2008。
③ 肖强：《论我国证券投资基金治理结构的缺陷及其完善》，载《法学杂志》，2007(5)。

员的"老鼠仓"行为是其对公司忠实义务的背离，而非对基金投资者忠实义务的背离。① 笔者认为这种观点以偏概全，有所不妥。

首先，证券投资具有较高的专业性和风险性，因此基金信托关系的建立需要基金持有人对基金管理人和托管人专业能力的高度信任，这种信任不仅及于管理人和托管人本身的信誉，更及于受托人的整个管理团队，尤其是基金经理等高级管理人员的专业素养和职业道德。因此，基金从业人员虽然并没有与基金持有人直接签订信托契约，但仍因其职务地位与投资人构成信任关系，负有对基金投资人的忠实义务。其次，《证券投资基金法》第 18 条和第 27 条规定，基金管理人的董事、监事、经理和其他从业人员，以及基金托管人的专门基金托管部门的从业人员不得从事损害基金财产和基金份额持有人利益的证券交易及其他活动。这从侧面肯定了基金从业人员对基金持有人的忠实义务。最后，笔者认为基金从业人员对基金投资人的忠实义务具有相对性。中国证监会 2002 年 12 月制定的《证券投资基金管理公司内部控制指导意见》要求，各基金管理公司对各部门要有明确的授权分工，操作互相独立，各业务部门、分支机构和员工必须在规定授权范围内行使相应的职责。笔者认为，基于权责统一的理念，在同一基金管理公司或托管银行经营多支基金的情况下，基金从业人员只对自己有管理权限的基金的持有人负有忠实义务，这种义务要求并不及于本公司发起的其他基金的持有人。

（2）证券公司相关业务

根据《证券法》第 125 条，证券公司可以经营的业务包括：证券经纪、证券投资咨询、证券交易、投资相关财务顾问、证券承销和保荐、证券自营和证券资产管理等。我国绝大多数的证券公司属于综合性经营机构，同时经营两种以上的业务。"老鼠仓"犯罪体现的是证券交易市场上投资者之间利益冲突。因此，一般说来只有证券交易市场，也就是二级市场，存在"老鼠仓"犯罪。证券公司在二级市场上的一些业务存在潜在的利益冲突，可能涉及"老鼠仓"犯罪。

证券公司自营业务是指，证券公司使用自有资金和依法筹集的资金，以自己的名义，投资股票、债券、权证、证券投资基金等有价证券。证券自营业务是证券公司纯粹自益的一项业务，其收益归于证券公司的法人财产。基于这样的性质，证券公司在证券自营业务中除了面临和其他投资者一样的市场风险外，还存在这两项非市场风险。

---

① 赵运锋、牧晓阳：《关于"老鼠仓"行为的刑法思考》，载《浙江金融》，2009(2)。

第一，内部控制管理风险。证券公司拥有更丰富的专业人才和更雄厚的资金来抵御市场风险，但如果没有良好的内部操作和监督制度的保障，就可能使公司财产因管理风险遭受损失。证券市场早期就普遍存在券商的操盘手在公司自营业务中从事"老鼠仓"行为谋利的现象。因此，证券公司应建立、健全内部的监督机制，对自营业务的操作程序和人员进行严格管理。中国证监会于 2005 年 11 月发布的《证券公司证券自营业务指引》第 13 条要求证券公司建立严密的自营业务操作流程，对投资品种研究、投资组合决策和交易指令执行实行隔离，由不同的人员操作。

第二，违规风险。证券自营业务涉及证券公司自己的利益，其与证券公司的其他受托业务必然构成潜在的利益冲突。例如，证券公司的有些业务部门直接参与上市公司的决策事务，必然会知晓内幕信息，若不加强自营业务的人员管理，就可能涉嫌内幕交易；证券公司作为经纪商和资产管理商还承担为客户买卖、投资证券的受托义务，很容易发生利益冲突，违背受托义务的行为。《证券公司证券自营业务指引》第 15 条要求证券公司要建立防火墙制度，确保自营业务与经纪、资产管理、投资银行等业务在人员、信息、账户、资金、会计核算上严格分离。

证券经纪业务是指，证券公司通过其设立的证券营业部，接受客户委托，按照客户要求，代理客户买卖证券的业务。理论界对于证券公司在证券经纪业务中与客户的关系存在争议，有的认为是代理关系，有的则认为是行纪关系。① 笔者认为，我国《证券法》深受英美法系证券法律制度的影响，对"代理"持广义的理解，并没有严格地对行纪关系和代理关系进行区分。行纪关系实际上是大陆法系就委托人风险承担问题对代理关系的改良，行纪关系只是对委托人和第三人进行隔离，强调受委托人应把委托事项当成自己的事物来处理。因此，代理关系也好，行纪关系也好，不变的是证券公司与委托客户之间形成的是委托合同关系。证券公司对委托人负有忠实、勤勉地执行受托事项的义务，避免与委托人之间的利益冲突。

证券资产管理业务是指，证券经营机构开办的资产委托管理，即委托人将自己的资产交给受托人、由受托人为委托人提供理财服务的行为。根据《证券公司客户资产管理业务试行办法》，证券公司资产管理业务主要有三种：为单一客户办理定向资产管理业务；为多个客户

---

① 付荣：《证券经纪业务中证券公司与客户法律关系的研究》，北京，对外经济贸易大学出版社，2003。

办理集合资产管理业务；为客户办理特定目的的专项资产管理业务。证券资产管理业务中证券公司与委托人的关系不同于证券经纪业务。从广义上讲，二者同属于委托理财业务。广义的委托理财法律关系包括委托代理法律关系和信托法律关系，这取决于委托管理的财产所有权是否转移。①《证券公司客户资产管理业务试行办法》规定证券公司在从事资产管理业务时对客户资产进行管理或者交由托管机构托管。这说明在资产管理业务中委托财产的所有权发生了转移②，也就是说，证券公司与委托人之间形成信托法律关系。证券公司作为受托人对委托人负有忠实和勤勉义务。

（3）其他机构投资者

除了证券投资基金和证券公司，证券市场上其他主要的机构投资者还包括社保基金、保险资金和私募基金。

社保基金（全称全国社会保障基金）是指全国社会保障基金理事会负责管理的用于实施社会保障制度的基金。根据《全国社会保障基金投资管理暂行办法》，社保基金由基金理事会委托具有资质的社保基金投资管理人、托管人进行投资运作和托管。社保基金可投资的范围包括："银行存款、买卖国债和其他具有良好流动性的金融工具，包括上市流通的证券投资基金、股票、信用等级在投资级以上的企业债、金融债等有价证券"。其中，由基金理事会直接运作的社保基金的投资范围仅限于银行存款和国债。和证券投资基金的法律关系一样，社保基金理事会与社保基金管理人、托管人通过订立委托资产管理合同形成信托关系，管理人和托管人对理事会负忠实、勤勉管理受托财产的义务。

根据《保险机构投资者股票投资管理暂行办法》，有资格作为机构投资者使用保险资金投资证券市场的主体有保险公司和保险资产管理公司，投资品种主要是人民币普通股票和可转换公司债券。在第一种情况下，建立了独立的交易部门，具有专业的投资分析系统和风险控制系统的保险公司可以通过与托管人建立托管协议，直接参与证券投资。在第二种情况下，保险公司与保险资产管理公司建立委托协议，

---

① 林月芳：《证券公司客户资产管理业务的法律关系探析》，载《南方金融》，2005(5)。

② 这里的"所有权转移"并非真正的所有权转移。英美法将信托财产的所有权区分为"名义上的所有权"(legal title，即普通法上的所有权)与"实质上的所有权"(equitable ownership)，即衡平法上的所有权(equitable title)。受托人享有名义上的所有权，不能行使所有权能，需依照委托人的利益和意图进行管理；受益人享有实质上的所有权，不享有对财产管理、处分的权能，只想有财产收益的权能。侯宇：《美国公共信托理论的形成与发展》，载《中外法学》，2009(4)。

与托管人建立托管协议，使用保险资金投资证券市场。保险资产管理公司和托管人与保险公司形成委托关系，对保险公司负忠实、勤勉管理受托财产的义务。

私募基金与公募基金(即证券投资基金)一样也是一种集合投资工具。相对于公募基金向社会公开募集资金，私募基金以非公开的方式向少数投资者募集资金、以私下协商的方式进行基金份额的销售和回赎。私募基金的一个重要特点是，基金的发起人和管理者需要以自有资金持有基金份额。基金管理人的收益与基金的运行状况捆绑，有效地克服了公募基金经理人利益约束和激励不足的问题。因此，相比于公募基金，私募基金比较少存在"老鼠仓"行为。

2. 主体范围的确定

"老鼠仓"犯罪的主体为特殊主体，包括参与证券投资的金融机构和相关从业人员。

单位主体，总体上包括所有以自有或者受托管理的资金参与证券投资的金融机构，即与个人投资者相对应的机构投资者。根据机构参与证券投资的目的，笔者将"老鼠仓"犯罪的单位主体分为三类：

(1)证券经营机构，主要是证券公司的自营部门和证券经纪部门。

(2)委托理财机构，主要是基金管理公司及托管银行、证券公司的资产管理部门、保险公司、银行、私募机构等提供大众理财工具的金融机构。

(3)公众资金投资管理机构，主要是受公众资金管理机构委托管理保险资产、社保基金、住房公积金等公众资金的资产管理机构。

自然人主体是指上述投资机构内部的从业人员。从业人员的具体范围，因其行为类型而异。滥用职权型的"老鼠仓"犯罪的主体是上述金融机构内部具有机构资金投资管理权限的从业人员，也就是能对机构资金的投资方向产生实质性影响的人员。例如，公司的投资决策委员会成员、基金经理、研究人员等。对于利用交易信息型"老鼠仓"犯罪的主体，笔者认为，应当参照现有对内幕交易犯罪的研究，将其分为"知悉机构资金交易信息的知情人员"和"非法获取机构资金交易信息的其他人员"两类。因为这两类人员在身份、职位和因职位高低决定的对交易信息掌握的程度存在差异，不加区分地进行定罪量刑是不公正的。[①] 其中，前者是指在履行职务的过程中能够知悉机构资金交易信

---

① 顾雷、王宝杰：《证券市场违规犯罪透视与法律遏制》，124～130页，北京，中国检察出版社，2004。

息的人员，后者是指依法不具有知悉权限，利用职务便利以窃取、交易、刺探等不正当手段获取此类未公开信息的人员。

需要说明的是，由于投资机构的投资决策、资金运作属于其内部业务范畴，因而产生的投资信息也具有商业秘密的性质，一般是不需要对任何监管部门或自律组织公开或上报的。所以，笔者不认为证券监督管理部门和证券行业协会的工作人员能够影响、改变投资机构的投资决策、资金运作或者知悉机构的投资信息。并且，监管部门和行业协会与投资机构及其投资者也不存在信赖关系，因而也就不可能成为"老鼠仓"犯罪的主体。

（三）"老鼠仓"犯罪的主观罪过

"老鼠仓"犯罪的主观方面为故意，行为人明知道自己滥用职权的行为或者利用未公开交易信息从事相关证券交易的行为违背了其作为受托人和管理人员的忠实义务，会发生损害机构资金和投资者利益的结果，并且希望或放任这种危害结果的发生。

从现实角度看，"老鼠仓"行为人的犯罪目的一般是利用受托资金来减少自己投资行为的风险，行为人很少会有希望损害委托人利益的直接目的，而只是想通过"搭便车"盈利。但是，行为人在根据其专业知识和行业职业道德明知自己这种利益冲突行为有可能增加委托人的受损风险，因为资本市场的风险是不可能完全规避的，投资者只能以最大的谨慎将风险降至最低，而行为人的利益冲突行为恰恰与金融信托制度的初衷背道而驰。所以，一般情况下，行为人对于委托人可能受损害的结果持一种放任心态，其主观方面为间接故意。当然，我们也不能完全排除有的行为人出于其他动机，积极追求委托人利益受损的危害后果，构成直接故意。

"老鼠仓"犯罪是构成严重利益冲突的行为，行为人将自己或者第三人的利益置于受托资金和投资人利益之上的行为，因此，行为人主观上必须是有为自己或第三人谋利的目的。

（四）"老鼠仓"犯罪的客观表现

1. 行为模式

（1）从业人员行为模式

可将机构从业人员的"老鼠仓"犯罪的行为概括为两个方面：其一，利用职务便利创造交易条件的行为；其二，利用个人或关联账户进行建仓、平仓等交易行为。后者在不同的案件中，手法相对固定，即业界总结的"低位建仓，高位平仓"。在不同的案件中，利用职务便利创造交易条件的行为则多种多样，如利用职权将目标股票加入股票池中，向决策部门推荐目标股票,查询基金对目标股票的投资情况,获取其他基金的持仓信息等。这些行为可以概括为两类:一是滥用管理职权,影响或改变机构资金的投资方向;二是获取和利用机构资金的投资情况等非公开信息。

由此,我们至少可以总结出两种自然人"老鼠仓"犯罪行为模式:第一种是滥用权限型。具有投资管理权限的从业人员——以个人或关联人谋利为目的——滥用权限影响或改变公有资金投资——从事相关证券交易;第二种是利用交易信息型。知晓公有资金投资方向的从业人员——以个人或关联人谋利为目的——获取公有资金投资信息——从事或者建议他人从事相关证券业务。

(2)单位行为模式

尽管目前尚没有曝光基金管理公司、证券公司等投资管理机构从事"老鼠仓"犯罪的案件,但实际上单位从事"老鼠仓"完全存在其可能性。单位"老鼠仓"是指在机构意志下,为了机构或机构的关联人,如专户理财客户的利益,由机构从业人员实施的"老鼠仓"行为。这是以投资管理机构为中心的利益冲突的体现,即投资管理机构没有尽到其作为受托人的忠实义务,在没有实行冲突隔离的情况下,参与到公司与客户之间、公司不同客户之间的利益竞争中。机构作为委托关系的直接参与者,其从事的"老鼠仓"犯罪是最典型的背信行为,损害了客户的利益或者其中一方客户的利益。

机构作为受托人,具有委托合同所约定的完整的投资管理权限。因此,一般人会认为机构从事"老鼠仓"犯罪肯定只能是上述的滥用权限型的。笔者认为,根据机构行为的先后顺序以及意志的可谴责性,同样可以把机构从事的"老鼠仓"犯罪分为滥用权限型和利用交易信息型。现代资产管理机构往往具有严格的内部治理结构,不同的业务部门一般会设置信息和人员隔离机制。这也就是为什么许多国外投资银行的不同业务"言行不一"的原因。管理机构资金运作有时是投资决策部门的独立意志。当机构对投资范围没有施加影响,或者决策过程不存在恶意时,其利用机构资金投资信息的"老鼠仓"行为属于利用交易信息型。当机构以从事"老鼠仓"犯罪的恶意去引导或影响投资决策的产生,则显然是滥用权限型的"老鼠仓"犯罪。

2. 犯罪类型

根据"老鼠仓"犯罪的行为模式,笔者把"老鼠仓"犯罪区分为滥用职权型和利用交易信息型。

（1）滥用职权型"老鼠仓"犯罪

基金管理公司、证券公司等机构及其从业人员滥用对机构资金的管理职权，影响或改变公有资金的投资方向，利用机构资金拉升证券价格的优势条件，使用个人或关联账户从事相关证券交易的行为，可以概括为"滥用职权型'老鼠仓'犯罪"。

滥用职权型的"老鼠仓"犯罪中，行为人选择自己具有管理职权的资金作为"跟踪对象"。这种"老鼠仓"的针对性最强，也最容易获利。具有管理职权的行为人对于机构资金增减持或买入卖出某支证券具有很强的影响力和决定力，并且获取机构资金的详细的投资情况。在这种情况下，行为人通过对"主力仓"和"老鼠仓"的双向操作，牟取暴利。因此，滥用职权型的"老鼠仓"犯罪危害极大。以基金业为例，现有的基金业相关法规和监管要求已经注意到基金高级管理人员滥用职权的严重危害，要求基金管理公司建立起一整套的投资流程和制度体系。但有论者指出，这些制度能否在实际运作中得到严格、有效的执行，还存在一定问题。根据基金目前的投资决策程序，基金经理应当和前后端的研究员、交易员隔离，即先由研究员独立进行证券投资分析形成股票池，基金经理再根据股票池给终端交易员下单。但是，实践中，很多基金公司为寻求更高的投资决策效率，往往选择简化投资决策程序，这就使得很多基金经理获得添加目标股票甚至整个股票池的职权。[①] 例如，唐建案中，唐建通过电话说服基金经理，就促成阿尔法基金买入"新疆众和"股票。由此可见，基金公司内部监督机制亟待加强。

滥用职权型"老鼠仓"犯罪的实行行为包括两部分：第一，行为人违背忠实、勤勉的准则，在行使机构资金投资管理权限时，基于投资者利益以外的利益，影响或改变共有资金的投资方向；第二，行为人使用个人或关联人账户从事与机构资金投资相关的证券交易，或者明示、暗示他们从事相关交易。

滥用职权型"老鼠仓"犯罪实际上并不是很多人所理解的利用未公开的交易信息的行为。行为人的滥用职权的投资决策与机构资金的交易信息实际上是同时产生的，也就是说行为人本身就是所谓交易信息的创造者。如果说这种类型的"老鼠仓"犯罪是行为人利用未公开的交易信息，那无异于说行为人利用了连自己都没有创造出来的意向，这无疑是个悖论。因此，利用未公开的交易信息这样的表述并不符合滥用职权型"老鼠仓"犯罪的行为特征。它的行为本质是将自己和关联人

[①]　祝文峰、刘银凤：《证券投资基金"老鼠仓"问题研究》，载《经济问题》，2008(7)。

的利益放到客户利益之上来考虑，是把客户的委托财产当成牟取私利的工具。这种行为明显违背了其作为受托人的忠实义务，属于背信行为。

(2)利用交易信息型"老鼠仓"犯罪

笔者将基金管理公司、证券公司等机构及其从业人员利用职务便利，获取机构资金的投资信息，利用机构资金拉升证券价格的优势条件，使用个人或关联账户从事相关证券交易的行为概括为"利用交易信息型'老鼠仓'犯罪"。具体而言，行为人一般通过参与本机构的投资决策会议或者与其他从业人员的交流，获取机构资金的投资情况等非公开信息，并利用这些信息进行相关证券交易。可见，利用交易信息型"老鼠仓"犯罪的实行行为也包括两个部分：第一，行为人利用职务便利获取机构资金的交易信息；第二，行为人利用获取的交易信息，使用个人或关联人账户从事相关证券交易，或者明示或暗示他人从事相关交易。

另外，还需要注意两点：第一，利用交易信息型的"老鼠仓"犯罪选择的"跟踪对象"往往是同一个机构的其他基金。张野案便是典型的利用交易信息型"老鼠仓"犯罪。张野通过参加融通公司投资决策委员会会议、基金晨会、投研例会、研究月度会、外部券商推介会及与融通公司基金经理、研究员交流获取了大量的其他基金的投资信息。其所利用的基金交易信息很大一部分来自并不是他直接管理的基金。那么，利用本人直接管理的基金的交易信息与利用他人管理的基金的交易信息两种行为是否应予区别？两者的差别在哪？笔者认为，前者的行为同时构成了对投资人和公司委托任务的违背，后者仅仅违背了对公司的忠实义务。而且，前者所掌握的信息往往比后者更为确切。因此，两种行为不管是在行为人的主观恶性还是损害后果上都存在一定的差别。笔者认为，两者虽然性质相同，但在量刑时应考虑予以区别。第二，利用交易信息型"老鼠仓"犯罪与内幕交易犯罪既有区别，又有联系。首先，"老鼠仓"所涉及的主力机构投资方向信息与内幕信息存在质的区别，不能混为一谈。有论者根据经典的内幕交易理论指出，内幕信息的性质来源于最核心的股票投资理念，即股票的价值与价格从根本上取决于上市公司的运营状况、发展前景以及公司治理结构等核心问题。二级市场上关于资金投资方向的信息当然也会影响股票价格，但并不是影响股票价值的本质因素。[①] 笔者赞同这种观点。从本

①　林雯、陈科：《唐建"老鼠仓"案》，载中国证券监督管理委员会编：《证券行政处罚案例判解》(第1辑)，北京，法律出版社，2009。

质上说，前一种的"老鼠仓"行为人所获取的投资信息透露的是尚未发生的交易，在交易实际发生前，这种信息都存在不确定性。只有等其所指向的交易行为最终得以实施，拉动证券价格上涨，才能促成"老鼠仓"获利。内幕消息则是已经发生的确定的事实。由于其反映了上市公司本身的基本情况，对其利好或利空的判断，在正常情况下必然影响股票的投资价值和价格。由此，不能简单地把"老鼠仓"与内幕交易混为一谈，在立法时有必要明确区分内幕信息和投资方向信息。其次，利用交易信息型"老鼠仓"犯罪与内幕交易罪存在的类同性，两者的行为逻辑是一样的，即投资信息代表的资金的拉动能力和内幕信息代表的对上市公司价值利好、利空判断都会带来证券价格的变动——行为人获取并利用这一信息从事证券交易——赚取因价格变动而带来的利益。

（3）自益型和他益型

根据获益主体的不同，笔者把"老鼠仓"犯罪分为自益型和他益型。自益型"老鼠仓"犯罪一般是指使用个人账户从事相关交易，如证券公司自营部门的账户或者从业者个人的账户。因为证券业对从业人员从事证券交易进行严格的控制，行为人基本上不会使用自己的实名账户，而是借用近亲属或者他人的账户，但实际操作和承担盈亏的是从业人员本人。因此，对"个人账户"应作实质性理解，即账户由其控制，收益归其所有。例如，"南方基金王黎敏案"中，王黎敏使用的就是其父王法林的同名账户。尽管王在申辩中提出，"王法林"账户属其父所有，与自己无关。但是经过查明，该账户的初始资金系王黎敏所有，并且该账户的实际操作人也是王黎敏。[1]

他益型"老鼠仓"犯罪是指行为人使用他人账户，或者明示、暗示他人从事相关证券交易。例如，证券公司使用专户理财客户的账户从事交易，为客户盈利；或者从业人员向他们透露交易信息，使他人交易盈利。国内有媒体透露，基金资产管理在内部信息治理问题上实际上呈现出"无密可保"的状态，许多基金公司的公募基金业务和专户理财业务没有实行有效的隔离[2]，客观上纵容了"老鼠仓"犯罪的发生。

他益型"老鼠仓"犯罪往往通过这种间接的方式实现犯罪目的。比如，专户理财客户收入增加，证券公司则可以提取更多的酬金；或者

---

① 中国证券监督管理委员会：《证监会行政处罚决定书（王黎敏）[2008]15 号》，http：//www.csrc.gov.cn/pub/zjhpublic/G00306212/200804/t20080430_23128.htm，2009-11-14。

② 王济洲：《内部利益输送："老鼠仓"的翻版》，载《金融时报》，2008-03-25。

获利的人员以"管理费"为名给予行为人好处费。有时，他益型"老鼠仓"犯罪有时候还滋生和伴生其他犯罪。如有的行为人以建议他人购买某支股票，并利用机构资金为其拉升，掩护其出场的方式，实现向他人行贿的犯罪目的。在这种情况下，"老鼠仓"实际上变成了一种行为人用以进行利益输送的工具，用俗语"借花献佛"来形容再贴切不过了。那么，这些被输送利益的人是否构成犯罪？如何认定？这些问题后文在共犯的认定中将会探讨。

（4）直接获益型和间接获益型

根据行为人获得利益的手段，可将"老鼠仓"犯罪分为直接获益型和间接获益型。目前市场上暴露出来的和深入讨论的"老鼠仓"犯罪基本属于直接获益型的"老鼠仓"犯罪。也就是行为人通过直接交易与机构资金投资相同的证券产品来获得利益。

除此之外，随着对"老鼠仓"打击力度的加大，实践中还出现了一种新型的"老鼠仓"获益模式，可以称为间接获益型"老鼠仓"。这种模式国外已经有所研究，但在我国证券市场还少有揭露。证券行业为遏制"老鼠仓"行为，往往严格控制从业人员使用个人和近亲属账户从事证券交易，但对于从业人员购买基金等投资理财产品鲜有控制。有些从业人员利用这一漏洞，通过购买委托理财产品，表面上使自己与资金隔离，实际上暗中操控这些资金的运用。然后，使用自己所管理的基金为该委托理财产品所投资的证券拉升价格，进而间接获益。[1] 有些从业人员甚至通过双向操作，互相建立这种间接"老鼠仓"。

（五）"老鼠仓"犯罪之客体的界定

有论者从基金业角度出发，将"老鼠仓"犯罪的危害总结为四个方面：第一，侵犯了广大基金持有人的权益；第二，威胁基金管理公司甚至整个基金管理行业的发展；第三，严重影响股票市场的管理秩序；第四，具有一定的公共危害性。[2] 由此，有论者认为基金"老鼠仓"犯罪侵犯的客体是"基金管理秩序、基金投资者的合法利益和基金行业信誉以及基金从业人员所在单位的利益"[3]。也有论者提出，"老

---

① 李辉：《借道大宗交易，基金上演新版老鼠仓》，载《中国经营报》，2008-08-18。

② 傅跃建、周国连：《论背信行为的犯罪化问题——以"老鼠仓"的刑法规制为视角》，载赵秉志、陈忠林、齐文远主编：《新中国刑法60年巡礼 下卷：聚焦〈刑法修正案（七）〉》，1078～1087页，北京，中国人民公安大学出版社，2009。

③ 卢勤忠：《基金"老鼠仓"犯罪的认定》，载赵秉志、陈忠林、齐文远主编：《新中国刑法60年巡礼 下卷：聚焦〈刑法修正案（七）〉》，1055～1062页，北京，中国人民公安大学出版社，2009。

鼠仓"犯罪侵犯的法益仅限于"金融市场交易中其他相关投资者的财产权益"①。

笔者认为，"老鼠仓"犯罪的危害性可以分为表层的利益损害和深层的秩序破坏。

从表层上看，"老鼠仓"犯罪损害了机构资金和市场其他投资者的财产利益。第一，"老鼠仓"犯罪增加了机构投资者的投资成本和风险。"老鼠仓"预先于机构投资者在低位建仓，机构投资者买入时股价明显会高于预期。此后，"老鼠仓"在股价到达其预期时，在高位出货，机构投资者因为需要继续提高持仓量选择高位接盘。这两个过程无疑增加了机构投资者的投资成本。此外，"老鼠仓"由于掌握了机构资金的"行程"，以"先进先出"的方式，让机构资金为其"垫后"，实际上完全规避了原本市场资金所共同分担的风险。简单地说，"老鼠仓"把本应归于机构资金的利益转移到个人账户上，把本应分担的市场风险转嫁到机构资金上。因此，尽管机构资金不一定会套牢，其出货的价位不一定会受影响，但是这种成本和风险的提高，无疑给机构资金带来消极的财产损失。第二，"老鼠仓"犯罪也损害了散户投资者的财产权益。"老鼠仓"利用机构资金炒作，必然会引起证券价格的上涨，不明真相的散户投资者往往以为市场利好，跟风进入。但是，"老鼠仓"的出货时机是根据其炒作预期和机构资金出货时间而定的，并非基于可测的市场预期。因此，散户投资者往往在不知情的情况下，因"老鼠仓"的突然出逃，在高位被套牢。散户往往没有机构资金那么雄厚的出货能力，有时损失更为惨重。

从深层上看，"老鼠仓"犯罪破坏了投资业的信任基础，也扰乱了整个交易市场的正常秩序。第一，"老鼠仓"犯罪破坏了委托理财赖以存在的信任关系基础。我国的委托理财行业是近几年随着经济起飞而迅速发展起来的，既是活跃市场的点金石，也是增加国民财产性收入的重要渠道。中国的传统观念排斥这种将自有财产完全交由宗族关系以外的他人来打理的信托关系。② 委托理财业通过法治保障和市场收益，逐渐培养和巩固了投资者对于信托行业的信任。这一点从 2007 年以来国内市场的基金热就可见一斑。"老鼠仓"犯罪的频发使得这种信任关系面临土崩瓦解的危险。中国有俗语，"一朝被蛇咬，十年怕井绳"。更何况，这"蛇"与投资者是有一纸契约以昭示忠实义务的。"老

---

① 缑泽昆：《〈刑法修正案（七）〉中"老鼠仓"犯罪的疑难问题》，载《政治与法律》，2009(12)。

② 盛学军：《中国信托立法缺陷及其对信托功能的消解》，载《现代法学》，2003(6)。

鼠仓"犯罪完全暴露了中国市场欠缺"契约精神"的硬伤，严重破坏了资产管理机构甚至整个委托理财行业很不容易培养起来的商业信誉和市场信任，如不加以严格规制和惩处，必将造成对资本市场的重创。第二，"老鼠仓"犯罪扰乱了证券市场的交易秩序。"老鼠仓"犯罪对于委托人来讲是一种背信弃义，对于市场其他投资者来讲则是一种不公平的交易。正所谓"老鼠过街，人人喊打"。"老鼠仓"犯罪直接挑战了整个市场的公开、公平、公正原则。① 前面讲，"老鼠仓"攫取了本应属于机构的资金和散户投资者的利益，转嫁了本应分担的市场风险，"违背了利益与风险相匹配的市场规律"②。这对于整个市场的参与者来讲是不公平的。此外，"老鼠仓"往往为了个人利益而从事非理性的市场炒作行为，导致市场价格忽高忽低，增加市场的非理性和不稳定因素。中国证券市场管理者超常规发展机构投资者，就是寄希望于机构投资者引导理性投资、稳定市场的作用，"老鼠仓"犯罪则把这种期望和秩序推向深渊。

基于上面的分析，笔者不赞同有的论者所持金融市场监督管理秩序是抽象的概念，而没有实体意义的看法③。该论者在论及"老鼠仓"犯罪的客体时一再强调，基于秩序价值的非物质性，其受损程度是模糊而无法衡量的，只有投资者的财产利益受损才是具体而可测的。笔者认为，金融市场监督管理秩序虽然是无形的，但却具有实际价值，而且这种价值是决定性的，是投资者利益的前提。因为投资者正是基于一个公平、公正、公开的市场秩序，展开竞争赢得利益的。这种秩序价值高于其所能产生的经济利益。该论者在文中也指出，法律虽不能确保所有投资者盈利，但必须保证所有投资者有平等的渠道获得相等的信息。从反面讲，这恰恰证明，不公平交易虽不必然损害投资者的实际利益，但它对市场公平秩序的破坏无论如何都是对法律所保护的利益的践踏。而这正是法益学说的初衷。法益不单是具体实在的利益，更代表了法律所维护的社会关系和道德评价。

综上所述，笔者认为，"老鼠仓"犯罪侵犯的客体为复杂客体，即国家对证券市场的管理秩序、资产管理委托人或者公司的财产权益和其他证券投资者的合法权益。其中，国家对证券市场的管理秩序是主要客体，委托人、公司、其他投资者的财产权益是次要客体。

---

① 陈飞燕：《"老鼠仓"事件简要论述》，载《合作经济与科技》，2008(7)。
② 张维炜：《刑上"老鼠仓"》，载《中国人大》，2009-02-10。
③ 缑泽昆：《〈刑法修正案(七)〉中"老鼠仓"犯罪的疑难问题》，载《政治与法律》，2009(12)。

三、利用未公开信息交易罪与"老鼠仓"犯罪的司法处理

"老鼠仓"犯罪类型多样，而且，"老鼠仓"犯罪本身不是一个严谨的法律概念，其行为构成要件也是有不同类型，有不同的侵犯客体和客观方面。因而有必要针对不同类型的"老鼠仓"犯罪，根据其行为本质，分别认定为不同的犯罪。

(一)利用交易信息型"老鼠仓"犯罪应定为利用未公开信息交易罪

1. 自然人犯罪

从业人员利用交易信息型"老鼠仓"犯罪的行为人利用其职务便利，获取了本机构资金的投资信息，并利用这种信息使用个人或关联账户从事"低位建仓，高位平仓"的交易行为，违背其作为从业人员或知情者对公司和委托人的忠实义务。笔者认为，第180条第4款的利用未公开信息交易罪能够评价这种类型的"老鼠仓"犯罪。

（1）机构从业人员符合利用未公开信息交易罪的主体要求

"老鼠仓"犯罪主要发生在证券领域。期货市场由于我国大宗货物定价权和双向交易制度等特征而几乎不会发生"老鼠仓"犯罪。并且，"老鼠仓"犯罪也主要是发生在证券投资机构内部，因为机构的证券交易信息无须也不会对外公开，一般只有资产管理机构的从业人员才有可能接触到这些交易信息。因此其犯罪主体主要是证券公司、基金管理公司、商业银行等资产管理机构的从业人员。而第180条第4款所规定的主体几乎囊括了证券、期货市场所有金融机构、监管部门和行业协会的从业和工作人员，证券投资机构的从业人员符合其主体要求。

（2）从业人员所利用的机构资金投资信息符合其他未公开信息的特征

第180条第4款把从业或工作人员所利用的信息定义为"内幕信息以外的其他未公开的信息"。也就是说，未公开信息由内幕信息和其他未公开信息组成。"未公开信息"的唯一属性是非公开性，当然这种非公开性可能是处于法律规定的期限内，也可能是没有期限的。根据证券法基本原理，以及我国《证券法》的规定，内幕信息具有两个属性，即对证券价格的重大影响性和非公开性。从我国《证券法》第75条对于内幕信息的倾向性列举可以看出，我国证券法理论认为内幕信息对价格的重大影响性更多源于其对上市公司运营状况等基本面的反映。也就是说，内幕信息应该是能反映上市公司实际价值的信息。由此，笔者似乎可以得出这样一个初步结论：第180条第4款所谓的"其他未公

开信息"是指反映上市公司运营状况以外的信息,对于证券价格有一定影响的未公开的信息。"其他未公开信息"对于证券价格的影响力实际上并不一定比内幕信息来得低。这实际上取决于一个证券市场发展的成熟度。根据证券法理论,在成熟的证券市场中,证券价格应最大程度地体现上市公司的市场价值,这种市场价值源自投资者基于上市公司运营状况而产生的市场期望。因而反映上市公司运营状况的信息对证券价格的影响力应当大于其他信息。而一个不成熟的证券市场往往容易呈现出"消息市"的状态,这里的"消息"就是非反映上市公司运营状况的其他信息。这些消息的炒作有时候带来比上市公司运营状况更高的价格影响力。利用交易信息型"老鼠仓"犯罪所获取和利用的正是机构资金对某些证券的交易信息,它对于证券价格的体现并不是实质性的,但在现实中确实会对其价格产生一定的影响,并且交易信息属于投资者的商业秘密,一般无须也不会公开。所以,笔者认为交易信息属于其他未公开信息的范畴。

有论者列举了几种其他未公开信息:"①证券交易所、期货交易所交易席位的交易信息;②证券公司、期货公司、基金管理公司、保险公司的拟投资或者已经投资但尚未公开的证券、期货持仓信息;③托管或者存管银行、期货保证金安全存管监控机构、登记结算公司的相关证券、资金及交易动向的信息;④正在讨论、审批、核准等行政管理或者自律管理环节涉及相关企业、行业发展的信息。"[1]笔者认为这是有益的尝试,立法、司法机关应当尽快出台相关解释,对其他未公开信息进行列举,以有效指导司法实践。

(3)从业人员从事相关证券交易的行为符合本罪罪状关于"违反规定"的描述

刑法典第180条第4款中的"规定"除了包含国家的法律、行政法规、规章,似乎还可以包含金融机构、监管部门、行业协会内部对于从业和工作人员的准则性要求。因而有论者指出,"违反规定"的行为,不仅包括违反《证券投资基金法》等法律、行政法规从事损害客户利益的交易,也包括违反监管部门、行业协会发布的禁止资产管理机构从业人员从事违背受托义务的交易活动的规定[2]。笔者认为,对这些规定的违反实际上就是对信任关系的违背,构成背信。信任关系"既可能

---

① 赵斌、曹云清:《利用未公开信息交易罪若干问题研究》,载《江西公安专科学校学报》,2009(4)。

② 黄太云:《〈刑法修正案(七)〉解读》,载《人民检察》,2009(6)。

是基于法律、法令产生的，也可能是基于委任雇佣、承包等合同产生的，还可能是基于一定的地位与习惯产生的"①。证券投资机构的从业人员因履行职务或者执行业务，对所在机构和委托客户负有忠实的义务，应当避免利用这些信息从事利益冲突行为，其利用机构资金交易信息从事相关证券交易的行为，是一种背信的行为。

综上，笔者认为利用未公开信息罪立法起于"老鼠仓"，而又不止于"老鼠仓"。它不仅仅能够评价从业人员利用交易信息型"老鼠仓"犯罪，而且能够适用于证券、期货市场上除开内幕交易以外的其他非法利用信息不对称优势的不公平交易行为。

2. 单位犯罪

前面提到，现实中不乏有的证券投资机构在机构资金投资决策阶段没有滥用职权的行为，而在执行阶段利用交易信息从事"老鼠仓"犯罪。这是基于现代法人内部治理结构而发生的，尤其是在强调对存在潜在利益冲突的部门实行有效隔离的金融领域。《刑法》第 180 条第 2 款就将单位规定为内幕交易犯罪的主体，这就从侧面证明单位利用未公开信息从事不公平交易的可能性。但是，目前利用未公开信息交易罪仅设置了自然人主体，机构的这种利用内幕信息以外的未公开信息从事"老鼠仓"犯罪的行为，没有合适的条文予以规制。笔者认为，基于内幕交易罪与利用交易信息型"老鼠仓"犯罪行为逻辑的类同性和内幕信息与其他未公开信息的内在关系，有必要对第 180 条第 4 款利用未公开信息交易罪增设单位犯罪主体，使得第 180 条的体系更为完整，以应对证券市场上单位和个人的利用交易信息型"老鼠仓"犯罪。

(二)滥用职权型"老鼠仓"犯罪应定背信运用受托财产罪

1. 单位犯罪

笔者认为，证券公司、基金管理公司、保险资产管理公司等资金管理机构滥用资金管理职权从事"老鼠仓"犯罪行为可以适用《刑法》第 185 条之一，以"背信运用受托财产罪"定罪量刑。背信运用受托财产罪是指，商业银行、证券交易所、期货交易所、证券公司、期货经纪公司、保险公司或者其他金融机构，违背受托义务，擅自运用客户资金或者其他委托、信托的财产，情节严重的行为。单位滥用职权型"老鼠仓"犯罪的主体是从事资产管理业务的金融机构，其客观方面表现为将自己利益置于委托人利益之上，违背其作为受托人的忠实义务，运用受托资金为自己或关联账户谋利的行为。其行为扰乱了国家对金融

---

① 张明楷：《关于增设背信罪的探讨》，载《中国法学》，1997(1)。

市场管理秩序，具体地说是委托理财业务的有序发展，损害了公众投资者的合法权益，符合背信运用受托财产罪的构成要件，应当适用《刑法》第185条之一第1款定罪处罚。

在《刑法修正案（六）草案》提请讨论的时候，有论者认为，本条规定的构成要件与刑法典中挪用型犯罪基本没什么区别，只不过主体由自然人变成单位。该论者进而质疑：本条是对《刑法》第185条规定的金融领域中挪用资金罪和挪用公款罪的修正，还是新设立的罪名？随着《刑法修正案（六）》的正式公布和"两高"发布罪名补充，这个问题似乎有了答案。笔者注意到第185条原有两款罪名的动词均为"挪用"，而第185条之一两款罪名则为《刑法》几乎从没使用过的"运用"。"运用"与"挪用"有什么联系与区别？第185条和第185条之一所规定的罪名到底是什么关系？笔者认为，这个问题的解决对于"老鼠仓"犯罪的定罪十分重要。

对这个问题，笔者有几点看法。

第一，《刑法》第185条之一第1款实质上是对第185条的修正。《刑法》第185条针对的是在金融机构发生的工作人员挪用单位或者客户资金的犯罪行为，根据金融机构属性的不同，分别构成挪用资金罪和挪用公款罪。《刑法修正案（六）》增设第185条之一的初衷是因为有些金融机构挪用客户资金的行为是由单位决定并实施的，应当追究单位的刑事责任。[①] 此外，从条文表述上看，第185条之一第1款中对金融机构的规定与第185条一模一样。可见，立法者设立这两个罪名的初衷是针对金融领域发生的单位挪用客户资金的行为，实际上就是对第185条所规定的挪用资金罪和挪用公款罪增加单位主体。

第二，第185条之一第2款的规定存在杂糅、冗繁等不合理因素。其一，第185条两款和第185条之一第1款规定的都是金融机构及其从业人员的相关行为，而185条之一第2款规定的"社会保障基金管理机构、住房公积金管理机构等公众资金管理机构"实际上是直属于政府的负责管理公众资金的国有事业单位。一方面，这些机构并非金融机构；另一方面，这些机构违法运用自己所管理的公众资金也不一定会破坏金融管理秩序。这一款规定与上一款明显格格不入。其二，保险公司、保险资产管理公司、证券投资基金管理公司属于第1款所列举

---

① 中国人大网：全国人大常委会法制工作委员会副主任安建在第十届全国人民代表大会常务委员会第十九次会议上所做《关于〈中华人民共和国刑法修正案（六）（草案）〉的说明》，http://www.npc.gov.cn/wxzl/gongbao/2006-07/20/content_5350751.htm，2010-04-06。

的金融机构，第 2 款规定的"违反国家规定运用资金"与第 1 款规定的"违背受托义务，擅自运用客户资金或其他委托、信托的财产"也明显存在包含关系。"国家规定"如此宽泛、模糊的表述，明显包含了金融机构违反其责任、义务的全部行为。因此，笔者认为该款完全不应该放在第 185 条之下，甚至不应该放置在"破坏金融管理秩序罪"一节中。公众资金管理机构违规运用资金按其性质应属于单位渎职犯罪。因而，认为单位"老鼠仓"犯罪可以适用违法运用资金罪的观点不能成立。

第三，第 185 条之一第 1 款的"擅自运用"的范围明显比"挪用"大很多。也就是说，本款除了修正第 185 条之外，还有评价金融机构的其他违规运用资金行为的价值。"挪用"包含两层意思，即挪作他用和公款私用；而"运用"与使用、利用词义相同，范围很广，所有发挥资金效用的行为都是在"运用资金"。很明显，"运用"除了包含"挪用"，还包含原定的范围和利益归属，即在管理权限范围内使用资金的行为。"擅自"一词在《现代汉语词典》中的释义为，"对不在自己的职权范围内的事情自作主张"①。在本条的语境中，有论者认为，"擅自"就是指没有经过委托人的同意。② 笔者认为，"擅自"表现为超出委托合同所规定的范围，也就是超越其作为受托人被赋予的权能。根据信托原理，受托人对受托财产享有的是"形式上的所有权"，并不能行使所有的权能，而必须遵守信托契约，依据受益人的利益和特定目的进行管理。也就是说，受托人不以受益人的利益和信托目的出发对资产进行管理，即为超越职权范围的行为。所以，从广义上来讲，"擅自运用"可指所有不忠实受益人利益、违背受托义务的行为。这一点也契合了背信运用受托财产罪的背信属性。

或许立法者对于第 185 条之一第 1 款的本意并不包含对"老鼠仓"犯罪这种表面上在委托合同范围内运用受托资金，实质上因为对委托人利益的漠视和信任本质的背离而超越其原有权能的危害行为作出反应，只是想就金融机构挪用客户资金的现象做出修正，对原本是自然人犯罪的挪用资金罪、挪用公款罪增加单位主体。但事实上，"违背受托义务，擅自运用"这样的表述确实赋予了该款更多的含义。这样一来，被扩充的行为部分，也就是除了"挪用"以外的其他"运用"受托资金的行为，恰恰又缺少了自然人主体。这使得自然人背信运用受托财

---

① 中国社会科学院语言研究所词典编辑室编：《现代汉语词典》，1103 页，北京，商务印书馆，1983。

② 顾肖荣：《论我国刑法中的背信类犯罪及其立法完善》，载《社会科学》，2008(10)。

产的行为不能适用该款。隐约之中，立法者总是在这种圆与缺之间博弈，这也许就是立法的奇妙之处吧。

2. 自然人犯罪

《刑法修正案(七)》希望能适用利用未公开信息交易罪规制从业人员"老鼠仓"犯罪。但笔者认为，利用未公开信息交易罪并不能恰当地评价从业人员滥用职权型"老鼠仓"犯罪。这种类型的"老鼠仓"犯罪中并不存在行为人"因职务便利获取的内幕信息意外的其他未公开信息"的情况。因为在滥用职权型"老鼠仓"犯罪中，行为人并不是消极地通过获取机构资金的交易信息，并根据这一非公开信息进行相关交易，而是通过积极的职务行为，如建议购买、将股票放入股票池或直接要求交易员下单等，直接或间接地影响和改变机构资金的投资方向。"机构资金的交易信息"和有利于其个人或关联账户的交易条件同时基于其职务行为产生。也就是说，这种未公开信息本身就是职权滥用行为所促生的，不存在利用信息进行交易的行为方式。如果用未公开信息交易罪来评价这种行为，则必然是一种不完整的评价，即从一个"不全知者"的角度观察，因为看不到行为人利用职权影响或改变机构资金投资方向的行为，而只能推断行为人利用了其所能接触到的未公开信息；而如果从一个"全知者"的角度观察，行为人表面上依据权限执行委托事物的行为本身就存在犯罪的故意，促成犯罪目的实现的是以职权行为去为谋利行为创造条件，而不是预先获取信息并加以使用。

从业人员滥用职权型"老鼠仓"犯罪的主体是证券公司、基金管理公司、保险资产管理公司等从事资产管理业务的金融机构的从业人员，金融机构从业人员基于信任关系，对于所属机构的委托人负有忠实义务。其客观方面表现为行为人违背忠实义务，将自己和关联人的利益置于委托人利益之上，利用履行职务的行为影响或改变受托财产的投资方向，为自己和关联人的账户创造交易条件。其行为破坏了国家对金融市场的管理秩序，损害了公众投资者的合法权益。除主体之外，其在构成要件上与单位滥用职权型"老鼠仓"犯罪相同。但是，目前《刑法》第185条之一第1款只规定了单位犯罪，《刑法》尚没有条文能够评价这类犯罪。笔者认为，背信运用受托财产罪能够完整地评价证券投资机构及其从业人员滥用职权型的"老鼠仓"犯罪的主观恶性和行为方式。建议对《刑法》第185条之一第1款进行调整，增设证券投资机构的从业人员为犯罪主体，使背信运用受托财产罪完整地规制滥用职权型的"老鼠仓"犯罪。

第二专题

逃税罪问题研究

一、立法修改的内容

1997 年修订《刑法》第 201 条规定："纳税人采取伪造、变造、隐匿、擅自销毁账簿、记账凭证，在账簿上多列支出或者不列、少列收入，经税务机关通知申报而拒不申报或者进行虚假的纳税申报的手段，不缴或者少缴应纳税款，偷税数额占应纳税额的百分之十以上不满百分之三十并且偷税数额在一万元以上不满十万元的，或者因偷税被税务机关给予二次行政处罚又偷税的，处三年以下有期徒刑或者拘役，并处偷税数额一倍以上五倍以下罚金；偷税数额占应纳税额的百分之三十以上并且偷税数额在十万元以上的，处三年以上七年以下有期徒刑，并处偷税数额一倍以上五倍以下罚金。扣缴义务人采取前款所列手段，不缴或者少缴已扣、已收税款，数额占应缴税额的百分之十以上并且数额在一万元以上的，依照前款的规定处罚。对多次犯有前两款行为，未经处理的，按照累计数额计算。"

2009 年 2 月 28 日，第十一届全国人民代表大会常务委员会第七次会议通过《中华人民共和国刑法修正案（七）》（以下简称"修正案七"），将《刑法》第 201 条修改为："纳税人采取欺骗、隐瞒手段进行虚假纳税申报或者不申报，逃避缴纳税款数额较大并且占应纳税额百分之十以上的，处三年以下有期徒刑或者拘役，并处罚金；数额巨大并且占应纳税额百分之三十以上的，处三年以上七年以下有期徒刑，并处罚金。扣缴义务人采取前款所列手段，不缴或者少缴已扣、已收税款，数额较大的，依照前款的规定处罚。对多次实施前两款行为，未经处理的，按照累计数额计算。有第一款行为，经税务机关依法下达追缴通知后，补缴应纳税款，缴纳滞纳金，已受行政处罚的，不予追究刑事责任；但是，五年内因逃避缴纳税款受过刑事处罚或者被税务机关给予二次以上行政处罚的除外。"

"修正案七"对《刑法》第 201 条的修改力度颇大，具体包括以下五个方面：

①重新定位行为的性质。条文不再使用"偷税"一词，而代之以"逃避缴纳税款"，对这一行为的性质进行了重新定位。相应地，本罪的罪名也由"偷税罪"修改为"逃税罪"。[①]

②犯罪手段的规定进一步完善。修正后的逃税罪不再具体列举犯罪手段，而是采用"纳税人采取欺骗、隐瞒手段进行虚假纳税申报或者不申报"这种概括性表述。

③定罪标准进行了修改。"修正案七"在定罪标准中取消了"因偷税被税务机关给予二次行政处罚又偷税"的规定，使本罪成为纯正的数额犯。同时，在数额犯的规定上维持"数额＋比例"模式，但进行了一些调整：一是将具体数额修改为抽象数额，即用"数额较大、数额巨大"代替了"一万元以上不满十万元、十万元以上"；二是取消了基本罪构成标准中的比例上限，即将"偷税数额占应纳税额的百分之十以上不满百分之三十"修改为"逃避缴纳税款数额占应纳税额百分之十以上"。

④设置了有条件的除罪条款。即只要不是五年内因逃避缴纳税款受过刑事处罚或者被税务机关给予二次以上行政处罚的，那么即便实施了逃税行为，只要经税务机关依法下达追缴通知后，补缴应纳税款，缴纳滞纳金，已受行政处罚的，则不予追究刑事责任。

⑤罚金刑的规定有所调整。"修正案七"将"并处偷税数额一倍以上五倍以下罚金"修改为"并处罚金"，以抽象罚金制代替了倍数罚金制。

二、立法修改的动因

"修正案七"对本罪的修改涉及多个方面，其中调整犯罪手段的表述主要是为了适应实践中逃避缴纳税款可能出现的各种复杂情况，以

---

① 最高人民法院、最高人民检察院 2009 年 10 月 16 日起施行的《关于执行〈中华人民共和国刑法〉确定罪名的补充规定（四）》。

避免列举式规定存在的挂一漏万问题；修改罚金刑的规定有利于司法机关根据经济社会的发展和犯罪的实际情况适时调整具体处罚力度，以更好地贯彻罪刑相适应原则。上述两个方面的调整动因比较简单，至于行为性质的重新定位、除罪条款的设立以及定罪标准的修改，原因则比较复杂，需要详细展开论述。

（一）重新定位行为本质的缘由

1979 年《刑法》和 1997 年《刑法》都将本罪表述为"偷税"，"修正案七"则将其修改为"逃避缴纳税款"。按字面理解，"偷"违反的是禁止性规范，即"不应为而为"，属于刑法中的作为；而"逃"违反的是命令性规范，也就是"应为而不为"，属于刑法中的不作为。长期以来，我国刑法理论通说都认为偷税罪属于不作为犯罪。[①] 此次"修正案七"将本罪罪质从"偷税"改为"逃税"，是还该罪以本来面目，可谓实至名归。

从更深层次考虑，从"偷税"到"逃税"这一字之差，实际表明立法者对不履行纳税义务这一行为社会危害性的重新衡量。我国传统的税制理念割裂了公民财富与国家税收收入之间的关系，税收与公民的财富无关，仅仅是国家的收入。因此，在伦理评价中，将偷税行为理所当然地类同于窃取他人财富的盗窃行为，诸如："盗窃是小偷，偷税是大盗，盗窃是偷人的钱，偷税是偷国家的钱。"以这种伦理评价为基础，对于不履行纳税义务，影响国家税收征管制度，致使国家财政收入受损的行为采用重刑苛责取得了正当性基础。[②] 但是，公民缴纳的税款源于自己的合法收入，国家只是因为提供公共服务才有权征收税款，这笔钱并非天然属于国家所有。早在 1919 年德国《税法通则》就明确提出，纳税人应纳税款属于对国家负担的"税收之债"，双方之间是债权债务关系。此后，英国、法国、美国、瑞士、意大利、日本、韩国、新加坡以及我国的台湾地区，都先后接受了这个理论，并把它写进国家（或地区）的税法中。由此出发，不履行纳税义务与非法占有他人财物之间显然不能直接画等号，逃避税收义务的行为在可责性程度上自然也不能与盗窃行为等同视之。

全国人大常委会法工委刑法室副主任黄太云指出：我国刑法所称"偷税"，在外国称为"逃税"，英文是 Tax Evasion，是指公民逃避履行纳税义务的行为。我们习惯上把这类行为称为"偷税"，主要是传统上

---

① 高铭暄、马克昌主编：《刑法学》，439 页，北京，北京大学出版社、高等教育出版社，2000。

② 毛玲玲：《逃避税收义务刑事责任的修正与方向》，载《法学》，2008(12)。

认为：无论公司还是个人，如果逃避而给国家少缴税，就如同小偷到国库里偷东西一样可恨。但是如果仔细想一想，实际上并非如此。如果说一个人逃税给国家少缴了 1000 元的税，就说他到国库里偷了 1000 元，显然是不妥的，逃税与"偷"毫不相干。纳税是从自己的合法收入里拿出一部分交给国家，履行公民的纳税义务。这其中就涉及个人与国家的利益分配问题，如果自己想多得一些，最简单的途径就是在自己的收入中给国家少交一些，自己就能多留一些，存在这种想法并不奇怪。①

从上述理解可以发现，立法机关在逃税问题上不再将社会个体(包括企业)与国家完全对立起来，而是在尊重个体合法收入的基础上要求行为人依法履行纳税义务，并且充分考虑到社会生活中人的图利本性，对逃避履行纳税义务的行为表现出一定的容忍和宽宥。正如有学者所言，构成税收的财富之初，是受宪法保护的公民的合法财产，如果能够接受这种认识，那么逃避纳税义务的行为有悖德性将得以消减，社会对于逃避纳税义务行为的可容忍度将相应提高。② 立法重新定位本罪的行为性质说明，立法者对实施逃税行为者的主观卑劣性评价显著降低，相应地，对本罪的社会危害性程度认识在整体上也有所下降。这种立法理念和评价的转变正是"偷税"改为"逃税"的根本动因。

(二)除罪条款的制定背景

除罪条款是逃税罪修改的一大亮点，被称为"'修正案七'对偷税罪作出的最重大修改"③。在笔者看来，除罪条款的出台受到立法者重新衡量本罪行为社会危害性的直接影响。正是由于对逃税行为社会危害性的评价发生了转变，立法者才有可能在法律规定中对逃税行为采取不同的处理方式。因此，尽管对不履行纳税义务的行为性质的重新认识只是直接表现为罪质表述的修改，但却为逃税罪除罪条款的出台奠定了坚实的认识基础。当然，重新定位本罪行为性质只是除罪条款出台的认识基础，除此之外还有其他背景性因素必须考虑。

《中华人民共和国宪法》第 56 条规定："中华人民共和国公民有依照法律纳税的义务。"为促使公民积极履行纳税义务，保障国家税收，我国制定了各种税收行政法律、法规，并设置了以罚款为主要内容的行政处罚措施。此外，为了保障税收行政法律、法规的贯彻执行，发

---

① 黄太云：《〈刑法修正案(七)〉解读》，载《人民检察》，2009(6)。
② 毛玲玲：《逃避税收义务刑事责任的修正与方向》，载《法学》，2008(12)。
③ 黄太云：《〈刑法修正案(七)〉解读》，载《人民检察》，2009(6)。

挥刑法作为其他部门法"保障法"的作用，我国前后两部刑法典都将违反纳税义务的行为规定为犯罪。1979 年《刑法》第 121 条规定："违反税收法规，偷税、抗税，情节严重的，除按照税收法规补税并且可以罚款外，对直接责任人员，处三年以下有期徒刑或者拘役。"我们注意到，1979 年《刑法》在对违反纳税义务的行为人规定刑罚的同时，还在特别强调"按照税收法规补税并且可以罚款"，1997 年《刑法》虽然取消了这一规定，但并未排除对偷税行为同时科处刑罚和行政处罚的可能，"修正案七"却直接将"补缴应纳税款，缴纳滞纳金，已受行政处罚"的情形排除出犯罪圈。① 这一立法变动的力度着实不小。就司法实践而言，根据 1997 年刑法典关于偷税罪的规定，只要符合偷税罪的构成要件，理论上行为人都要被定罪处刑；而在"修正案七"设置了除罪条款之后，可以预见，作为社会生活中的理性人，大多数实施逃税行为者都将选择接受行政处罚从而避免牢狱之灾。这样，逃税罪的适用范围将会缩小很多，适用频率也会大大降低。是什么原因导致立法机关下定决心作出如此"剧烈"的立法变动？其背后蕴含着哪些事实和观念上的考量？这是需要我们认真探讨的问题。

1. 破解偷税罪面临的现实困境是除罪条款出台的实践动力

当前，我国税收征收工作面临的客观情况是：企业税负过重，逃税行为普遍存在，由此导致一系列问题，使原有偷税罪的法律规定处于非常尴尬的境地。在笔者看来，如何破解这一尴尬困境是立法者思考修改偷税罪的实践动力。

关于我国税赋轻重的问题，长期以来颇有争议。在 2007 年《福布斯》杂志"全球税赋痛苦指数排行榜"上，中国成为亚洲经济体中税赋最重的国家，全球排名第三。但中国国家税务总局认为，中国的宏观税赋仅为 19％左右，不论是以不包含社会保障缴款的宏观税赋口径，还是以包含社会保障缴款的宏观税赋口径来进行衡量，我国与国际水平相比，都处于较低水平。② 一时间，我国税负的轻重问题似乎成为一桩悬案。但有学者比较客观地指出：国税总局"以数字说话"得出的 20％左右的税负是可信的。但是，这只是预算内的税负。中国百姓还承担着第二重税负，就是预算外税负。2005 年政府财政收入接近 3.2 万亿元，如果加上 1.3 万亿元的预算外收费、土地出让金 5000 亿元、

---

① 当然，根据《刑法修正案（七）》的规定，五年内因逃避缴纳税款受过刑事处罚或者被税务机关给予二次以上行政处罚的除外。

② 窦灏洋：《中国税负究竟高不高》，载《中国证券报》，2007-08-15。

社保 8000 亿元等预算外收入，我们真实的税负已经达到 31％ 至 32％。① 面对偏重的税负，很多企业基于生存压力而选择实施逃税行为。据国家统计局抽样调查，私营个体户偷税面达 80％，集体企业偷税面达 50％，国有企业偷税面也不低于 40％。②

面对当前企业税负偏重且偷税行为普遍存在的客观情况，刑法中原有的偷税罪规定逐渐显得机械僵化而不合时宜，一定程度上成为实践中妥善处理偷税行为的制度障碍。

第一，立法上的严格规定与实践中的宽松处理形成鲜明反差，造成刑法运行紊乱，影响了法律的严肃性。由于 1997 年《刑法》对偷税罪规定的入罪标准较低，偷税数额占应纳税额的百分之十且在一万元以上的，就可以处三年以下有期徒刑或者拘役，并处偷税数额一倍以上五倍以下罚金。实践中企业很容易达到法定标准而"触礁"，如果严格按照法律规定将偷税行为人（通常是企业的负责人）一律定罪判刑，很多企业的经营将陷入困境甚至就此倒闭，这势必影响国家税源的稳固和税收任务的完成，也不利于当地的经济发展和劳动就业。如有学者指出，目前偷税罪规定的副作用大。企业如偷税达到一定数额、比例，不管企业是否积极补缴税款和滞纳金，接受罚款，都可将企业老总定罪，结果企业可能慢慢垮了，国家税收少了税源；企业破产了，工人下岗需要重新安置，给国家和政府增添了新的负担。③ 因此，各地在处理逃税案件时基本上没有按照法律规定的标准掌握，这使刑法的规定形同虚设。由于立法规定的标准实际上已经被司法实践所抛弃，导致各地对逃税案件的处理千差万别，缺乏统一的标准。这不仅造成司法适用上的混乱，严重影响了法律的严肃性，而且为实践中一些国家工作人员在涉税案件中徇私舞弊提供了可乘之机。④

第二，由于实践中逃税行为普遍，税收稽查力量难以完全覆盖，导致刑法无法公平适用，刑罚的预防效果大打折扣。如有全国人大法

---

① 童大焕：《中国的税负有几重？》，载《经济观察报》，2007-08-13。

② 《国有资产流失种种及其防治对策建议》，http://www.minge.gov.cn/txt/2008-10/22/content_2532568.htm。

③ 黄太云：《〈刑法修正案（七）〉内容解读（二）》，载《人民法院报》，2009-04-15。

④ 为解决这一问题，2002 年 12 月 4 日最高人民法院出台《关于审理偷税抗税刑事案件具体应用法律若干问题的解释》，将偷税罪的起刑数额提高至五万元，明确规定"偷税数额在五万元以下，纳税人或者扣缴义务人在公安机关立案侦查以前已经足额补缴应纳税款和滞纳金，犯罪情节轻微，不需要判处刑罚的，可以免予刑事处罚。"这在一定程度上缓解了偷税罪司法认定中的数额标准问题，但这种通过司法解释直接修改立法规定的做法也确有越权之嫌，不值得提倡。

工委的同志指出：税收犯罪是作为主管部门国家税务总局、经济犯罪侦查主管部门公安部刑侦局多次向法工委提出的一种犯罪。打击税收犯罪中出现一系列的问题，其中一个重要的问题是发现实践中偷税行为非常普遍。一些经济发达地区这个现象就特别突出，如广东一些地区，税务机关将辖区内的企业通查一次可能需要 5 年，这样实际上是说明监管是监管不过来的，查到的企业基本都会有偷税行为。从执法质量的角度来讲，并不能够公平的适用法律，简单说来就是查谁谁就构成犯罪，不查谁谁就不构成犯罪，这实际上是个很不公平的现象。①此外，从犯罪预防的角度来说，如果大多数人都选择实施某种犯罪行为，那么对这种行为施以刑罚的预防效果肯定不好。理由在于：从特殊预防来说，当行为人发现大多数人都实施同样的行为而只有自己（及少数人）受到惩罚时，行为人不会感到羞耻和内疚，反而会埋怨自己运气不好乃至愤愤不平。刑罚产生的效果不是抑制行为人再次犯罪而是促使他今后犯罪时选择更加隐蔽和狡猾的手段；就一般预防而言，如果法律的实施只是抓住少数"倒霉蛋"而使大多数犯罪者逍遥法外，那么未被查处的大多数犯罪者会因逃过法网而暗自庆幸甚至洋洋自得，社会公众中潜在的犯罪人也不会从刑罚的实施中感受到心理威慑，刑罚的一般预防功能也就无从谈起。

第三，立法规定与实践操作的脱节，使得税收行政管理陷于两难。要稳固税源、完成税收任务，税务部门就不能将逃税的企业（特别是纳税大户）"查倒"、"查死"，而必须留有一定余地。但是按照法律规定，税务机关工作人员在查处逃税案件时如果发现有达到法定标准的，又必须向司法机关移送，否则将被追究刑事责任，这无疑使税收行政管理陷入两难境地。从实际情况来看，税务机关每年查处大量的涉税违法案件，其中不乏数额巨大、情节严重者，但向公安机关移送的数量却极为有限。例如，温州市在工商部门登记注册的公司有 7500 多家，2003 年税务部门共受理行政案件 5227 起，立案 1316 起，而公安部门同年受理的涉税案件仅 102 起，立案 88 起。② 我们认为，之所以出现这种现象，当然不排除有个别税务工作人员滥用职权、玩忽职守不移交案件的情形，但恐怕多数还是当地税务部门出于确保税收、涵养税

---

① 雷建斌：《〈刑法修正案（七）〉的法条争议及解析》，载京师刑事法治网：http：//www.criminallawbnu.cn/criminal/Info/showpage.asp？showhead＝&ProgramID＝250&pkID＝22284&keyword＝，2009-03-17。

② 王晓敏：《当前温州市涉税犯罪的特点、成因及打防对策》，载《公安学刊——浙江公安高等专科学校学报》，2005(4)。

源的考虑而长期形成的操作习惯。

面对偷税罪的法律规定在实践中遭遇的尴尬境地,立法者必须作出科学及时的反应,以便在确保刑事立法能够顺利贯彻执行的情况下达到法律效果与社会效果的有机统一。是继续发挥刑法的威慑功能通过严格标准或加重刑罚来"堵塞"逃税的空间,还是法律为适应实践情况而适时作出调整另辟蹊径来"疏导"逃税行为,都体现着立法者不同的观念思路和政策选择。

2. 宽严相济刑事政策是除罪条款出台的观念推手

当前,宽严相济刑事政策已经成为我国刑事法治领域的基本刑事政策,刑事立法工作无疑会受到这一基本刑事政策的重大影响。宽严相济刑事政策的主要时代精神集中表现在:在依法治罪的原则下,以是否有利于尽量减少不和谐因素和尽量增加和谐因素为总目标和总标准,合理地运用刑罚及类似方法与犯罪作斗争,以此缓解和减少犯罪人与被害人以及犯罪人与社会之间的冲突和对抗程度,使与犯罪作斗争的活动自觉地成为不断促进社会和谐的重要力量。[1] 在笔者看来,"修正案七"之所以能为逃税罪设置除罪条款,得益于立法者在宽严相济刑事政策指导下在通过刑罚手段预防犯罪这一问题上观念的转变。

犯罪学研究表明,要有效地控制犯罪,不仅不能仅仅依靠或主要依靠国家的刑罚力量,而且必须清醒地认识到刑罚本身的局限性和有害性,从而慎重选择在立法和司法两个层次的犯罪化的范围。[2] 在此基础上,宽严相济刑事政策要求科学、合理地利用刑罚这种对抗性手段处理犯罪,警惕刑罚运用可能带来的负面作用,以最大限度地减少社会矛盾、促进社会和谐。具体到逃税罪的处理,刑罚的运用无非是为了追回流失税款并警戒特定行为人和社会公众应依法履行纳税义务。如果行政处罚等非刑罚手段能够完成上述任务,促使行为人补缴税款并以承担滞纳金和相应罚款的方式提醒和督促公众认真履行纳税义务,那么,在这种情况下就无须刑罚再介入。《中华人民共和国税收征收管理法》第63条规定:"纳税人伪造、变造、隐匿、擅自销毁账簿、记账凭证,或者在账簿上多列支出或者不列、少列收入,或者经税务机关通知申报而拒不申报或者进行虚假的纳税申报,不缴或者少缴应纳税款的,是偷税。对纳税人偷税的,由税务机关追缴其不缴或者少缴的税款、滞纳金,并处不缴或者少缴的税款百分之五十以上五倍以下

---

① 张远煌:《宽严相济刑事政策时代精神解读》,载《江苏警官学院学报》,2008(2)。
② 张远煌:《犯罪学原理》,80页,北京,法律出版社,2001。

的罚款；构成犯罪的，依法追究刑事责任。扣缴义务人采取前款所列手段，不缴或者少缴已扣、已收税款，由税务机关追缴其不缴或者少缴的税款、滞纳金，并处不缴或者少缴的税款百分之五十以上五倍以下的罚款；构成犯罪的，依法追究刑事责任。"第32条规定："纳税人未按照规定期限缴纳税款的，扣缴义务人未按照规定期限解缴税款的，税务机关除责令限期缴纳外，从滞纳税款之日起，按日加收滞纳税款万分之五的滞纳金。"应当说，我国行政法律对偷税行为的处罚是很严厉的，足以对行为人达到警戒效果。从国外的情况来看，也不是一经查出有逃税行为就定罪，而大多采取区别于其他普通犯罪的特别处理方式，即对逃税行为往往查得严，民事罚款重，真正定罪的很少。中外的税收实践已经证明，单凭定罪处罚的威慑力并不能有效解决逃税问题，而加强税收监管并建立可供社会公众查阅的单位和个人的诚信记录档案，对促使公民自觉履行纳税义务能起到更为有效的作用。①

反之，如果在对逃税行为的处理中刑罚手段介入不当，"企业老总因为偷税被判刑投入监狱，等他刑满释放出狱时，不仅需政府帮助重新安置，还有可能因为狱内的交叉感染已经成为一个具备多种犯罪知识的多面手了。很显然，这种处理方式无论对国家、社会、企业和本人都无好处，也不利于构建和谐社会。"②实际上，司法实践中已经意识到这一问题，因而在对偷税罪的处理中非常注意慎重使用刑罚手段。例如，2000年全国检察机关结案的危害税收征管案件11703件，最终法院受理此类案件2938件，判决418件，判刑467人。③可见，绝大部分案件最终并未采取定罪判刑的方法处理。2002年11月5日最高人民法院《关于审理偷税抗税刑事案件具体应用法律若干问题解释》第1条第3款规定："实施本条第一款、第二款规定的行为，偷税数额在五万元以下，纳税人或者扣缴义务人在公安机关立案侦查以前已经足额补缴应纳税款和滞纳金，犯罪情节轻微，不需要判处刑罚的，可以免予刑事处罚。"此外，一些省、市的公、检、法机关更是联合下文，规定如果在公安机关立案侦查以前已经足额补缴应纳税款和滞纳金的，可以不定罪。④

（三）调整定罪标准的原因

"修正案七"对第201条定罪标准的修改主要包括两个方面：一是

---

① 黄太云：《〈刑法修正案（七）〉内容解读（二）》，载《人民法院报》，2009-04-15。
② 黄太云：《〈刑法修正案（七）〉解读》，载《人民检察》，2009（6）。
③ 胡俊青：《涉税犯罪的原因调查及防控对策研究》，载《浙江统计》，2006（3）。
④ 黄太云：《〈刑法修正案（七）〉解读》，载《人民检察》，2009（6）。

取消了"因偷税被税务机关给予二次行政处罚又偷税"的规定,使本罪成为纯正的数额犯;二是在数额犯的规定上维持"数额+比例"模式,但对入罪数额和比例都进行了一些调整。

1979年《刑法》中没有"因偷税被税务机关给予二次行政处罚又偷税"的规定,其是1992年全国人大常委会《关于惩治偷税、抗税犯罪的补充规定》增设的定罪标准,1997年修订《刑法》时,沿用了这一行政责任入罪条款。对此,理论界质疑之声颇多。概括起来主要有两个方面:第一,这一规定过于重视行为人的主观恶性,可能造成将虽然三次偷税但数额不高或某些因过失漏税行为认定为犯罪;第二,这一规定在实践中操作起来比较困难。立法没有明确三次偷税行为之间有无时间限制,也没有规定作出两次行政处罚的主体,导致实践中操作困难。① 为解决上述问题,2002年11月5日最高人民法院《关于审理偷税抗税刑事案件具体应用法律若干问题解释》第4条规定:"两年内因偷税受过二次行政处罚,又偷税且数额在一万元以上的,应当以偷税罪定罪处罚。"

在笔者看来,司法解释明确了三次偷税行为之间的时间限制,将偷税数额限定在一万元以上,使行政责任入罪条款的合理性大为增强,也提高了可操作性,应当说在一定程度上解决了问题。但是,行政责任入罪条款将行为人主观恶性大作为定罪基础,是建立在对偷税行为的强烈伦理谴责和重大危害评价之上的传统税制理念的产物。当立法者对逃避履行纳税义务的行为本质进行重新定位之后,行政责任入罪条款的社会评价基础已经不复存在,立法上取消这一规定也就成为必然。

偷税罪"数额+比例"的定罪标准也是1992年全国人大常委会《关于惩治偷税、抗税犯罪的补充规定》确立的,当时规定了"偷税数额占应纳税额的百分之十以上并且偷税数额在一万元以上"和"偷税数额占应纳税额的百分之三十以上并且偷税数额在十万元以上"两个构成档次。1997年修订《刑法》时对第一档定罪标准进行了微调,增加了比例和数额的上限,改为"偷税数额占应纳税额的百分之十以上不满百分之三十并且偷税数额在一万元以上不满十万元",对第二档定罪标准则保持不变。对于这种规定,刑法学界更是恶评如潮。其中被提及最多也是最有杀伤力的批评是:这一"数额+比例"的定罪标准存在严重缺陷,造成法律漏洞,即偷税数额在1万元以上不满10万元的,偷税比例为

---

① 袁森庚:《偷税罪成立标准的立法缺陷探析》,载《江西社会科学》,2003(1)。

10％不满 30％即可构成犯罪，而偷税比例为 30％以上的却不构成犯罪；偷税比例为 10％以上不满 30％，偷税数额在 1 万元以上不满 10 万元的可构成犯罪，而偷税数额在 10 万元以上的却不构成犯罪。①

对此，有学者主张通过法律解释中的当然解释方法来解决上述问题。偷税额在 1 万元以上、10 万元以下，而偷税数额占应纳税额的 30％以上的，或者偷税额在 10 万元以上，而偷税数额占应纳税额的 10％以上、30％以下的，与偷税数额在 1 万元以上、不满 10 万元且偷税数额占应缴数额 10％以上、不满 30％的法定类型相比较，不仅具有相同的属性，而且性质更加严重。这两种情形已经在符合法定刑适用条件的前提下有多余部分，而非不符合该法定刑的适用条件，因此应当按照"举轻以明重"的原则，适用第一档法定刑。② 2002 年 11 月 5 日最高人民法院《关于审理偷税抗税刑事案件具体应用法律若干问题解释》也重点关注了这一问题，第 1 条第 1 款规定："偷税数额占应纳税额的百分之十以上且偷税数额在一万元以上的，依照刑法第二百零一条第一款的规定定罪处罚。"这一解释实际上取消了基本罪定罪标准中的数额和比例上限，一定程度上消除了前述法律漏洞。

尽管通过法律解释的方法克服"立法漏洞"的观点不无道理，司法解释也进行了合理化调整，但立法规定不明确的问题毕竟存在。为解决这一问题，"修正案七"取消了基本罪构成标准中的比例上限，从立法上彻底解决了这一问题。此外，将具体数额修改为抽象数额，即用"数额较大、数额巨大"代替了"一万元以上不满十万元、十万元以上"，目的是克服具体数额规定的僵化，以适应不同地区、不同时代的具体情况。有学者指出，从司法实践看，我国地域辽阔，各地经济、社会发展很不平衡，加上物价上涨，物价指数时常发生变动等因素，法律规定的具体犯罪数额所体现的对社会危害程度也必然会发生相应的变化。全国一个处罚标准，且已达十几年，司法机关如果不按法律规定办案，显得不严肃；如果按法律规定办案，又不符合实际，也不公平，这个问题给司法造成很大困惑。而司法解释相对比较灵活，由司法机关根据立法精神和当时、当地的情况，经过调查研究，对何谓"数额较

① 吴佩江：《偷税罪刑事责任的数学分析》，载《浙江大学学报（人文社会科学版）》，2002(4)；张杰：《浅谈偷税罪存在的立法缺陷及其完善》，载《人民检察》，2004(10)；刘淑莲：《偷税罪"比例＋数额"的罪刑标准研究》，载《北京工商大学学报（社会科学版）》，2006(1)；郑侠：《对〈刑法〉第 201 条偷税罪立法缺陷的思考》，载《政治与法律》，2007(1)。

② 张明楷：《刑法分则的解释原理》，26 页，北京，中国人民大学出版社，2003；陶阳：《偷税罪数额加比例标准的探疑》，载《法学评论》，2005(5)。

大"、"数额巨大"作出解释，并根据变化情况适时对具体数额进行调整，则体现了原则性与灵活性相结合，是比较切实可行的。[1] 笔者同意这一看法。

至于"数额＋比例"这种定罪标准的基本模式，"修正案七"则给予了保留。一直以来，理论界都有学者主张废除这种二元定罪标准而代之以纯粹的数额标准。主要理由在于：二元标准有违法律的公平原则。按现行标准势必会造成大额纳税人偷税数额巨大但因比例不够而不能定罪，小额纳税人偷税数额不太大但因比例高则被定罪，甚至达到加重量刑的情形。这种将大额纳税人与小额纳税人区别对待的做法违背了法律面前人人平等的原则，对小额纳税人来说是不公平的。[2]

在笔者看来，从公平角度主张取消"数额＋比例"这种定罪模式的观点不能成立。在税收问题上探讨"公平"问题，必须结合税法学的基本原则——税收公平来谈。所谓税收公平，通常是指国家征税应使各个纳税人的税负与其负担能力相适应，并使纳税人之间的负担水平保持平衡。税收公平包括横向公平和纵向公平两个方面。前者是指经济能力或者纳税能力相同的人应当缴纳数额相同的税收，后者是指经济能力或者纳税能力不同的人应当缴纳数额不同的税收。[3] 税收公平是不同纳税人之间税收负担程度的比较，公平是相对于纳税人的课税条件说的，不单是税收本身的绝对负担问题。[4] 如果某人具有较高的经济能力，而且处于比其他人更为有利的位置上，则这个人应支付较高的税收，反之则应支付较少的税收。[5] 这是税收公平的应有之义。对此，在1992年最高人民法院办公厅、最高人民检察院办公厅、公安部办公厅、国家税务局办公室关于印发《第六次联席例会纪要》和《〈关于办理偷税、抗税刑事案件具体应用法律的若干问题的解释〉宣传提纲》的通知中就有所说明："采用这种方法确定起点标准，主要是要对负有纳税义务的单位的偷税和纳税的情况一并考虑。比如，有的单位偷税达10万元，但在同期内已经缴纳该税种应纳税款的90％以上，即可以不追究刑事责任，只作税务行政处罚，以扩大教育面，缩小打击面；又比如，有的单位只偷税1万元，但已占其同期应纳该税种税款总额

① 周道鸾：《〈刑法修正案（七）〉的立法动向探析》，载《华东政法大学学报》，2009(3)。
② 郑侠：《对〈刑法〉第201条偷税罪立法缺陷的思考》，载《政治与法律》，2007(1)。
③ 刘隆亨：《税法学》，53页，北京，中国人民公安大学出版社、人民法院出版社，2003。
④ 徐孟洲：《论税法原则及其功能》，载《中国人民大学学报》，2000(5)。
⑤ 沈开举：《行政征收研究》，22页，北京，人民出版社，2001。

的 40％以上，如不追究刑事责任，就会放纵了犯罪，不利于维护税法。同时，这样规定对资产数量、经营规模不等和纳税总额悬殊的各个单位都能适用，便于在实践中掌握。"

如果不考虑纳税人的经济能力或纳税能力，一律以单纯数额作为定罪标准，这种看似绝对的公正恰恰违背了税收公平原则，最终导致的是实质的不公正。因为这种观点在衡量行为的社会危害性时只关注国家遭受的损失而完全不顾行为人的主观恶性，有客观归罪之嫌。说到底，这种观点还是传统税制理念将"逃税"等同于"偷盗"的产物，在当前立法者的观念更为进步、认识更为理性的情况下，单一数额标准的提法不可能得到采纳。

三、逃税罪的司法适用

（一）扣缴义务人是否适用除罪条款

逃税罪的主体包括纳税人和扣缴义务人。本罪第 4 款明确规定"有第 1 款行为"经税务机关依法下达追缴通知后，补缴应纳税款，缴纳滞纳金，已受行政处罚的，不予追究刑事责任，而第 1 款的主体只是纳税人。那么，第 2 款规定的扣缴义务人能否适用除罪条款的规定呢？

一种观点认为，除罪条款的适用范围不包括扣缴义务人。一方面，从第 4 款条文中所用"补缴"这个专业名词可以看出，逃税初犯不予追究刑事责任的特别规定不适用于扣缴义务人，因为纳税人不缴或者少缴应纳税款，应予以补缴，扣缴义务人不缴或者少缴已扣或者已收的税款，应予以解缴。[①] 另一方面，扣缴义务人不缴、少缴已扣、已收税款，实际上较纳税人逃避缴纳税款而言具有更严重的社会危害性，侵犯了国家的税收征收制度与国家财产权，而后者只侵犯了国家的税收征管制度，这种本质上的差别决定了对扣缴义务人不能够适用初犯免责。另外，如果一旦扣缴义务人可以在采取补救措施后免责，这与其他侵犯财产犯罪后的补救行为，如盗窃后又将赃物返还，只能作为量刑情节而不影响定罪所体现的刑事政策不一致，从而影响刑法总体上刑事政策的协调性、一致性。[②]

另一种观点认为，只要符合相关条件，扣缴义务人也应当适用第

[①]　林雄：《逃避缴纳税款罪的相关问题——兼谈税务机关应如何适应〈刑法修正案（七）〉对偷税罪的修改》，载《税务研究》，2009(12)。

[②]　李翔：《论逃税犯罪中的初犯免责》，载《中国刑事法杂志》，2009(7)。

4 款即逃税初犯不予追究刑事责任的特别规定。理由是：第一，虽然第 4 款规定的是"有第 1 款行为"，扣缴义务人不缴或者少缴已扣、已收税款构成犯罪的规定在第 2 款中，但第 1 款行为是纳税人的逃税犯罪行为，而扣缴义务人不缴或者少缴已扣、已收税款构成犯罪的，以逃税罪定罪处罚，对纳税人和扣缴义务人定罪的目的是一致的，那么在分别满足不予追究刑事责任条件时，均应予以同等对待。第 1、2 款行为在本质上是相同的，根据同等行为同等处理的原则，对同一法条中本质相同的行为的处理作不同理解是不妥当的。第二，第 4 款虽然针对第 1 款的行为，但并未限定主体范围，第 4 款的规定作为一项特别规定，是相对于非逃税初犯而言的，对逃税初犯来说则是一般规定，无论第 1 款纳税人的行为还是第 2 款扣缴义务人的行为，本质上都是逃税行为，其初犯都应当一体适用该特别规定。第三，虽然在行政执法的具体称谓上存在不同，但即使税收征管法，对于纳税人和扣缴义务人的偷税行为，都是"由税务机关追缴其不缴或者少缴的税款、滞纳金，并处不缴或者少缴的税款百分之五十以上五倍以下的罚款；构成犯罪的，依法追究刑事责任。"法律责任是相同的。仅因文字表述形式上的差异而否认其本质的同一性，只会导致司法的不平等，有悖立法原意。①

笔者同意第一种观点，除罪条款的适用范围不包括扣缴义务人。理由在于，首先，立法规定非常明确，除罪条款只针对本罪规定的第 1 款行为，即纳税人采取欺骗、隐瞒手段进行虚假纳税申报或者不申报逃避缴纳税款的行为，而没有涵盖第 2 款扣缴义务人不缴或者少缴已扣、已收税款的行为。其次，逃税行为本质上是拒绝将自己合法收入的一部分依法上缴国家，而扣缴义务人对代扣、代收的税款不享有所有权，这部分税款不是扣缴义务人的合法收入，扣缴义务人必须无条件地将其转交给国家。从这个角度来看，扣缴行为人较逃税行为人具有更大的可谴责性，对其不适用除罪条款具有实质正当性。最后，不能将扣缴义务人不缴或者少缴已扣、已收税款行为的法律性质和法律责任与除罪条款的适用范围问题混为一谈。法律规定扣缴义务人采取第 1 款所列手段，不缴或者少缴已扣、已收税款，数额较大的，依照第 1 款的规定处罚，这解决的是扣缴义务人不缴或者少缴已扣、已收税款行为的法律性质和刑罚后果问题，不能因为扣缴义务人不缴或者少缴已扣、已收税款的行为与纳税人采取欺骗、隐瞒手段进行虚假

---

① 逄锦温：《逃税罪的立法修正与司法适用》，载《法律适用》，2009(12)。

纳税申报或者不申报逃避缴纳税款的行为具有法律规范上的同质性与等价性，就直接推论出只针对第 1 款纳税人设计的除罪条款也要适用于扣缴义务人，这二者之间没有必然联系。

（二）"已受行政处罚"如何理解

在实践中，行为人在接到税务机关的相关处理、处罚文书之后，按期足额地缴纳了应缴税款、滞纳金以及罚款的，适用除罪条款当然没有问题。但也可能会出现以下状况：行为人在税务机关送达相关处理、处罚决定的文书之后，不服行政处理或处罚的决定，提起行政复议或行政诉讼，或者虽然表示愿意接受行政处罚，却以各种理由拖延支付补缴的税款、滞纳金或者罚款。对于这种情况，是否仍然认为行为人"已受行政处罚"继续适用除罪条款？

一种观点认为，"已受行政处罚"是指逃税人已经实际缴纳罚款。全国人大常委会法工委副主任黄太云在解读"修正案七"时指出，草案审议修改的过程中，法律委员会对于逃税的当事人是否可以对税务机关的"行政处罚"（罚款决定）提起行政诉讼问题进行了专门研究，一致认为：由于"修正案七"第 4 款是对已构成犯罪、本应追究刑事责任的逃税人作出宽大处理的特别规定，不存在逃税当事人先补缴税款和滞纳金后，再来与税务机关就所谓行政罚款是否必要、罚款是否合理打行政诉讼官司的问题。因此，最后的法律条文改成"已受行政处罚的"，这不单是指逃税人已经收到了税务机关的行政处罚（主要是行政罚款）决定书，而且更为重要的是，逃税人本人是否已经积极缴纳了罚款，这是判断逃税人对自己已经构成犯罪的行为有无悔改之意的重要判断标准。如果已经构成逃税罪的人拒不积极配合税务机关，满足本条第 4 款规定的不追究刑事责任的三个条件，税务机关就应当将此案件转交公安机关立案侦查进入刑事司法程序，追究当事人的刑事责任。[①]有学者持相同的看法，认为从法条的文字意思来看，对于"应纳税款"和"滞纳金"的表述为"补缴"和"缴纳"，而非"愿意补缴"、"同意补缴"或者"愿意缴纳"、"同意缴纳"；对于行政处罚的表述为"已受行政处罚"，而非"接受行政处罚"或者"愿意接受行政处罚"，从"补缴"和"缴纳"的文义来推理法条对于"已受行政处罚"规定所要达到的效果，同样应当是已经按期足额地缴足了行政处罚的罚款。只有当逃避缴纳税款的行为人表示愿意接受税务机关的行政处罚，并且已经按期、足额地补缴了应纳税款、缴纳了滞纳金和行政处罚罚款的，才能够认为其"已

① 黄太云：《〈刑法修正案（七）〉解读》，载《人民检察》，2009（6）。

受行政处罚"。至于行为人对于行政处罚不服而提起复议或者行政诉讼的情况，同样应当认定为其没有"已受行政处罚"。[1]

另一种观点认为，不应将是否接受行政处罚作为初犯免责的条件，只要税务机关有对初犯的纳税人作出行政处罚，不论纳税人是否接受或者服从处罚，均可以免责。也就是说，即使初犯的纳税人不服行政处罚，提起行政复议或者行政诉讼，也应可以适用免责。理由在于，2008年8月28日全国人大常委会在向社会征求意见的《刑法修正案（七）（草案）》中，对逃税初犯不予追究刑事责任的第三个条件是"接受行政处罚"，但最后通过的法律条文改成"已受行政处罚的"，将"接受"的"接"字予以删除。基于此文字上的变化，修正案删除"接受"的"接"字，是为了防止税务机关的权力滥用，保护初犯的纳税人的正常救济权利。[2]

在笔者看来，以上两种观点各有一定道理，但也均有不尽合理之处。第一种观点认为"已受行政处罚"是指积极缴纳了罚款，这符合立法本意，但据此否定行为人针对税务机关作出的行政决定申请行政复议或提起行政诉讼的权利，却有欠妥当。因为，根据《行政处罚法》第6条的规定："公民、法人或者其他组织对行政处罚不服的，有权依法申请行政复议或者提起行政诉讼。"提起行政复议或行政诉讼是行为人的法定权利，无论如何不应因行为人涉嫌犯罪[3]而被剥夺。而且，如果堵塞行为人的法定救济渠道，税务机关滥用权力的现象也将难以避免。第二种观点认为行为人有权申请行政复议或提起行政诉讼值得肯定，但将"已受行政处罚"只理解为税务机关作出行政处罚，完全不考虑行为人对逃税行为的主动补救和悔改意思，却与立法设置除罪条款的本意相悖。

我们认为，这里的"已受行政处罚"应指行政处罚决定生效或行政复议结果、行政诉讼判决生效后行为人积极主动缴纳罚款。一方面，在税务机关作出行政处罚决定之后，应当为相对人留出申请复议或提起诉讼的法定期间，以维护行为人的法定救济权利；另一方面，如果

---

[1]　毛海荣、黄冬艳：《〈刑法修正案（七）〉对偷税犯罪影响之探析》，载《上海公安高等专科学校学报》，2010(3)。

[2]　林雄：《逃避缴纳税款罪的相关问题——兼谈税务机关应如何适应〈刑法修正案（七）〉对偷税罪的修改》，载《税务研究》，2009(12)。

[3]　需要注意的是，税务机关处理逃税案件时只能确定"涉嫌犯罪"，其没有权力也没有条件确定行为"已构成犯罪"，判定行为是否有罪是审判机关的法定职权。要求税务机关在行政程序对行为的犯罪性质作出终局性判断，既不合法，也不合理。

法定期间内行为人没有申请复议或提起诉讼行政处罚决定生效的，或者虽经复议或诉讼但最终维持原处罚决定的，行为人就应积极主动缴纳罚款。如果拒不履行行政处罚，则应当排除除罪条款的适用，移交公安机关进入刑事程序。这样，既能有效保障相对人的法定权利，又在一定程度上考虑了行为人主动补救和悔改的意思，有利于最大限度地发挥除罪条款的功能，合理限定逃税罪的处罚范围。有学者认为，复议或诉讼将耗时较长，在行为人的行为已构成犯罪的情况下，由于行政处罚决定的效力问题而使刑事诉讼程序长期处于待定状态，将延缓刑事追诉的时间，增加行政诉讼的审理负担，不利于打击逃税犯罪。① 在笔者看来，这是一种典型的"重实体、轻除序"、"重打击、轻除罪"的思维逻辑，既没有领会程序公正的真谛，也误读了除罪条款的本意，实不足取。

(三)行政程序应否前置

除罪条款的设立赋予了行政机关较大的权力，只要在行政程序中"经税务机关下达追缴通知后，补缴应缴纳税款，缴纳滞纳金，已受行政处罚的"，即可不予追究刑事责任，这表明一个逃税行为是否予以追究刑事责任很大程度上取决于行政机关是否做出该款规定的行政行为。那么，这是否要求逃税案件在进入司法程序之前必须经过行政程序的处理呢？

第一种观点认为，行政程序应当作为司法程序的前置程序。根据"修正案七"以及其体现的刑事政策，对偷税、逃税行为是否追究刑事责任将根据违法者是否积极与税务机关配合，补缴税款、缴纳滞纳金、受到税务机关行政处罚为前提。因此，公安机关不能再主动、先行侦查，而应等待税务机关的查处和移送。② 有学者指出，在具体处理行政程序与司法程序的关系时，应当由法律规定将行政程序作为司法程序的前置程序，即对所有符合适用初犯免责条件的案件均先由行政机关下达补缴通知、做出行政处罚，并根据犯罪嫌疑人对以上行政行为的态度来决定是否追究刑事责任。从而通过程序设置保证启动初犯免责的确定性，这样做有利于国家机关各司其职，发挥税务机关专业性强的优势，有利于对逃税行为准确定性，减少执法随意带来的弊端，便于税款追缴入库。在司法实践中至少有以下三个方面好处：一是有

① 逄锦温：《逃税罪的立法修正与司法适用》，载《法律适用》，2009(12)。

② 毛杰、王雄飞：《论偷逃税行为的行政处罚与刑事责任追究之区分与衔接》，载《税务研究》，2009(12)。

利于刑法适用的确定性，保障人权；二是有利于保证刑法适用上的平等；三是不会使初犯免责制度被虚置。①

第二种观点认为，税务机关在查处涉嫌构成逃税罪的案件时，应提请公安机关主动介入，这有利于公安机关对逃税人的备案，可以敦促逃税人自觉补缴应纳税款、滞纳金，主动接受税务机关的相应行政处罚，还可以加强部门之间的监督。② 既然要求公安机关"主动介入"，那就意味着刑事程序的同时启动，因而不要求行政程序前置。

笔者原则上赞同第一种观点。涉税犯罪的行政处罚程序与刑事处罚程序如何有效协调一直是困扰理论和实务界的一个重要问题，理论上素有刑事优先与行政优先之争，司法实践中的做法也不统一。如果说"修正案七"颁布之前刑事程序与行政程序孰先孰后还有争议的话，那么随着"修正案七"增设以行政处理结果作为是否追究刑事责任前提条件的除罪条款，显然行政程序应当成为涉税案件的前置处理程序。只有经过税务行政机关的处理，司法机关才能明确逃税行为人是否具备除罪条款要求的条件，才能据此作出是否追究刑事责任的决定。如果不经行政程序处理而直接进入刑事程序，则意味着逃税行为人享有的通过承担行政责任避免定罪判刑的法定权利遭受剥夺，不符合立法修改的初衷。当然，也应当注意，除罪条款的适用是有条件的，如果行为人五年内因逃避缴纳税款受过刑事处罚或者被税务机关给予二次以上行政处罚的，则不能适用除罪条款的规定。对于这种情形，如果已有充分证据证明行为人五年内因逃避缴纳税款受过刑事处罚或被税务机关给予二次以上行政处罚，则无须再进入行政程序，可由公安机关直接立案处理。

在实践中，逃税罪刑事案件主要有两种来源：一是税务机关发现处理后移送的案件；二是公安机关因单位或公民举报、报案、犯罪人投案以及其他途径获取线索掌握的案件。对于税务机关移送的案件，由于本身是税务机关发现并处理的，自然可以做到行政程序前置；但对于公安机关自行掌握线索的案件，如何做到行政程序前置则需要进一步探讨。在"修正案七"颁布以前，对于公安机关掌握的偷税案件，在处理程序上主要有两种做法：一是"公安—税务—公安"模式。在此

① 李翔：《论逃税犯罪中的初犯免责》，载《中国刑事法杂志》，2009(7)；刘荣：《刍议"逃税罪"案件行政程序与刑事程序的关系》，载《涉外税务》，2010(5)。

② 潘家永、徐东晖：《〈刑法修正案(七)〉第3条之解读》，载赵秉志、陈忠林、齐文远主编：《新中国刑法60年巡礼 下卷：聚焦〈刑法修正案(七)〉》，1144页，北京，中国人民公安大学出版社，2009。

模式下，公安机关接到线索的案件，无论是否涉嫌犯罪，都通报税务机关先行查处，税务机关应在法定期限内做出税务稽查结论，公安机关再开始侦查程序，如湖北省即采取这样的模式。① 二是"公安机关直接立案侦查"模式。公安机关对于公民扭送、报案、控告、举报、犯罪嫌疑人自首，或在其他侦查活动中发现的逃税违法案件线索，立即受理初查，构成刑事犯罪的，依法追缴其税款，同时依照《刑事诉讼法》规定的程序追究刑事责任。未构成刑事犯罪，将违法线索或案件移送税务机关处理，如湖南省常德市即采取这样的模式。②

"修正案七"颁布以后，由于增设了除罪条款，因此要求在处理逃税案件时行政程序前置。有学者认为，对于由公安机关发现的涉嫌构成逃税罪的行为，公安机关在收到线索并决定立案以后，应当通告税务机关，税务行政机关对公安机关的侦查工作应予以支持与配合。侦查终结认为构成犯罪且可以适用初犯免责的，应将案件移送税务行政机关，先由其实施相关的行政行为，此时，税务机关应当依法下达追缴通知、做出行政处罚。对于满足初犯免责的条件的，撤销案件，免予追究刑事责任，同时将案件材料报检察机关备案监督。③ 笔者不赞同这种处理方法。这种方法实际上是以公安机关立案侦查为主的程序选择，在移送税务机关进行行政处理之前公安机关必须立案并侦查终结，这不仅违反了行政程序前置原则，与立法规定除罪条款的初衷相悖，而且无端浪费了大量刑事侦查资源，实在没有必要。

笔者认为，实践中对于公安机关发现的涉嫌逃税犯罪的案件，可以采取先行通知税务机关核查的方式处理。在目前尚无正式法律文书和操作规程的现状下，可以使用公函的形式将获取的逃避缴纳税款的线索和情报等移交税务机关，在税务机关核查后将结果通知公安机关。若行为人在税务机关对其作出处理、处罚决定后，按期足额缴纳应纳税款、滞纳金、罚款的，可不再对其立案侦查；若尚未达到"已受行政处罚"要求的，可对其立案侦查。④ 这样，既有利于保障除罪条款公平、确定适用，也节省了司法资源。

当然，不论是税务机关查处的案件还是公安机关通知核查的案件，

---

① 湖北省公安厅、湖北省国家税务局、湖北省地方税务局《关于办理涉税违法犯罪案件暂行规定》第 2 条。

② 《常德市涉税案件查处协作管理暂行办法》第 7 条。

③ 李翔：《论逃税犯罪中的初犯免责》，载《中国刑事法杂志》，2009(7)。

④ 毛海荣、黄冬艳：《〈刑法修正案(七)〉对偷税犯罪影响之探析》，载《上海公安高等专科学校学报》，2010(3)。

也不管行为人是否达到"补缴应纳税款，缴纳滞纳金，已受行政处罚"的要求，行政程序的终局结果如何，税务行政机关都应当将案件材料及处理结果移送司法机关，由司法机关作出是否追究刑事责任的决定。

（四）除罪条款的适用有无时间限制

司法实践中，如果纳税人在公安机关立案后再补缴应纳税款、缴纳滞纳金，接受行政处罚的，甚至在检察机关起诉后、法院审理过程中再履行行政处理结果的，是否适用除罪条款的规定不予追究刑事责任？也就是说，"修正案七"对偷税罪的初犯不予追究刑事责任的规定是否适用于刑事诉讼过程的不同阶段？有无时间点限制？

一种观点认为，除罪条款只能在刑事立案之前适用。刑法对纳税人的宽大不是无限期的，应有一个权利行使的截止时间点，否则，容易导致权利的滥用，使相关的刑事诉讼程序长期处于一种不稳定状态，甚至到二审终结前，只要纳税人补缴应纳税款、缴纳滞纳金，接受行政处罚，就归于无罪，从而使前面已经过的刑事诉讼程序全部归于无效，这不仅损害了司法尊严，而且浪费了司法资源。鉴于此，必须为纳税人不被追究刑事责任设置一个权利行使的时间截止点。只要纳税人不补缴应纳税款，或者不缴纳滞纳金，或者不接受行政处罚，就意味着纳税人放弃了不被追究刑事责任的权利，而权利一经放弃便归于消灭，因此，税务机关应将案件移送给公安机关，并由此进入刑事诉讼程序。也就是说，公安机关立案后，纳税人再补缴应纳税款、缴纳滞纳金，接受行政处罚，也不能带来不予追究刑事责任的法律后果，其补缴应纳税款、缴纳滞纳金，接受行政处罚的行为只能作为量刑时的一个情节予以考虑。① 按照这种意见，除罪条款只能适用于公安机关立案之前，刑事立案是除罪条款适用的终结点。

另一种观点认为，只要符合刑法的规定，在刑事诉讼任一阶段均可适用除罪条款。在公安机关立案侦查之后，乃至案件移送检察机关审查起诉后，或者移送法院审理时，逃税者积极补缴了全部税款，接受了行政处罚，又符合了"修正案七"要求的全部条件，对其不予追究刑事责任，及时结束司法程序，也是可行的。理由在于：第一，发生在公安机关立案之前还是立案之后，又或者是在检察机关审查起诉阶段等，其罪行程度并没有很大不同，其造成的损害也相当。同样适用不予追究刑事责任的规定，符合宽严相济的刑事政策所要求的罪罚相当。第二，从刑法谦抑的角度，为了以尽可能少的司法资源获得最大

---

① 逄锦温：《逃税罪的立法修正与司法适用》，载《法律适用》，2009(12)。

的社会效果，也应该对其不予追究刑事责任。第三，不予追究刑事责任包括从不立案、不受理，到撤销案件、不起诉、终止审理、宣告无罪六种形式，除罪条款属于《刑事诉讼法》第15条中"其他法律规定免予追究刑事责任"的情形，在审查起诉阶段应对其作不起诉决定。第四，在相当一部分案件中，在公安机关立案侦查以前，偷税者是存在侥幸心理的，一些人妄图逃避行政处罚，或者不愿补缴税款，而一旦案件进入刑事程序（或者公安及时介入立案侦查，或者侦查完毕送检察机关审查起诉，或者移送法院审理），偷税者在面临被追究刑事责任的危险时，情况就完全不同，他们往往愿意补缴应纳税款，接受行政处罚。在这样的情况下，适用除罪条款给初犯者一个改过自新的机会，是既合乎法理又合乎情理的，可以达到"以刑促行"的实践效果。①

　　笔者同意第二种意见。一方面，立法没有限定逃税行为人"补缴应纳税款，缴纳滞纳金，已受行政处罚"的时间期限或诉讼阶段，将除罪条款的适用期间限定在公安机关立案之前，是典型的限制解释，违背了"有利于被告人"的刑法解释原则。另一方面，立法者修改本罪的初衷是希望在逃税案件中尽可能缩小刑罚适用的范围，尽量通过行政程序解决此类案件，刑事程序是对行为人的一种潜在威慑。依此推理，通过司法资源的投入和刑事程序的展开来督促逃税行为人积极履行纳税义务、接受行政处罚，也具有现实合理性，不存在浪费司法资源或损害司法尊严的问题。有学者担心，在立案后再行补税罚款等符合第4款的条件的，无异于将刑事追诉权赋予行为人或税务机关。行为人在发现不能逃避纳税义务时才补税受罚，或者税务机关认为要追究刑事责任时不作出行政处罚，或者相反，在认为不需要追究刑事责任时，不管司法机关已经立案，作出补税罚款决定，都将导致司法的极不严肃。② 在笔者看来，这种担心既无道理，也没有必要。从逃税行为人角度来看，实施逃税行为本身是一种"趋利避害"的举动，在决定是否履行纳税义务时考虑遭受刑罚惩罚的可能性是行为人理性选择的表现。既然我们能够接受逃税行为人的事后补救活动，为什么不能容忍行为人对刑罚必然性的衡量呢？况且，立法既然设置了除罪条款，一定意义上就是将刑事追诉权是否发动或继续的权力交由行为人决定，这无可厚非。从税务机关的角度来看，由于我们主张在逃税案件的处理中

---

① 赵琦：《由"偷税罪"的修改引发的思考》，载《法治论坛》，2010(1)。
② 逄锦温：《逃税罪的立法修正与司法适用》，载《法律适用》，2009(12)。

行政程序前置，税务机关必须先行作出行政处理再移送司法机关，因此不存在司法机关已经立案之后税务机关不作出（或作出）行政处罚的可能。

四、除罪条款的理论定位

尽管"修正案七"对逃税罪设置的除罪条款具有立法上的实践动力和观念支持，但这种除罪条款的规定方式在刑法基础理论中的定位还不明确。具体来说，"补缴应纳税款，缴纳滞纳金，并且接受行政处罚"这种情形"不予追究刑事责任"的理论依据何在？正因为除罪条款存在理论定位上的模糊之处，因此在出台前后遭遇到诸多质疑之声。如有学者在"修正案七"草案征求意见阶段就指出，草案对《刑法》第201条的修改中，规定了对于有偷税行为，"经税务机关依法下达追缴通知后，补缴应纳税款，缴纳滞纳金，并且接受行政处罚的，不予追究刑事责任"。这一修改在用语和行为构成设置方面不规范，造成理解歧义和不可操作性。[①] 这里提到的"行为构成设置不规范"因而造成"理解歧义"，恐怕就是针对除罪条款的理论定位而言的。更有学者明确提出，这一规定以事后的客观表现来决定是否追究刑事责任，与刑法要求的定罪必须要主客观相一致不相符。[②] 在"修正案七"颁布后，有学者评价到，除罪条款的制定缺乏充分的理论依据，模糊了罪与非罪的界限，模糊了刑事违法与行政违法的区别，带来了实践中犯罪认定与追究的困难。[③]

由于"修正案七"颁布时间不长，理论上对该问题的探讨尚未充分展开，目前有一种观点将逃税罪的除罪条款称为"解除刑事责任的事由"，是指某种符合犯罪构成的行为，由于事后的补救措施使已经造成的损害得以消除，刑法因而解除前行为的刑事责任的事由。"修正案七"对逃税罪的这一修改使犯罪行为完成以后的补救措施可以消除责

---

① 黄伟明：《刑法修正向何方？——兼评〈中华人民共和国刑法修正案(七)(草案)〉》，载《山东警察学院学报》，2008(6)。

② 毛玲玲：《逃避税收义务刑事责任的修正与方向》，载《法学》，2008(12)。

③ 蒋苏淮：《〈刑法修正案(七)〉第3条第4款之质疑》，载赵秉志、陈忠林、齐文远主编：《新中国刑法60年巡礼 下卷：聚焦〈刑法修正案(七)〉》，1150页，北京，中国人民公安大学出版社，2009。

任，丰富和发展了我国传统刑法理论，具有开创性意义。[①] 这一观点点明了除罪条款的基本功能——解除刑事责任（不构成犯罪），肯定了除罪条款的积极意义，但没有明确除罪条款的理论定位，没有说明除罪条款解除刑事责任的原因，对于这一规定是如何"丰富和发展我国传统刑法理论"语焉不详。

看来，有必要根据犯罪论的基本原理解释这种在行为已经具备实质犯罪条件的情况下例外针对某种情形给予除罪化的规定。这是我国刑法学理论面对的一个崭新课题。

（一）特殊立功说之否定

我们注意到，早在 1991 年 9 月 4 日全国人大常委会《关于严惩拐卖、绑架妇女、儿童的犯罪分子的决定》（以下简称"决定"）中，就曾经出现了与"修正案七"对逃税罪设置的除罪条款相类似的规定。该"决定"第 3 条是关于惩治收买被拐卖、绑架的妇女、儿童的行为的规定，其第 6 款规定："收买被拐卖、绑架的妇女、儿童，按照被买妇女的意愿，不阻碍其返回原居住地的，对被买儿童没有虐待行为，不阻碍对其进行解救的，可以不追究刑事责任。"1997 年修订刑法典时，第 241 条收买被拐卖的妇女、儿童罪吸纳了"决定"的主要内容，除规定了收买被拐卖妇女、儿童罪的基本罪状等内容外，仍旧在第 6 款规定："收买被拐卖的妇女、儿童，按照被买妇女的意愿，不阻碍其返回原居住地的，对被买儿童没有虐待行为，不阻碍对其进行解救的，可以不追究刑事责任。"言下之意，尽管行为人收买妇女、儿童的行为已经实施完毕，但只要按照被买妇女的意愿，不阻碍其返回原居住地的，或者对被买儿童没有虐待行为，不阻碍对其进行解救的，就可以不承担刑事责任，不作为犯罪处理。

由此可见，逃税罪和收买被拐卖的妇女、儿童罪中设置了基本相同的除罪条款，其表述形式和除罪功能都完全一致，唯一略有不同的是：逃税罪除罪条款的法律效果是"不予追究刑事责任"的硬性规定，而收买被拐卖的妇女、儿童罪除罪条款的法律效果是"可以不追究刑事责任"的选择性规定。在笔者看来，立法者之所以对收买被拐卖的妇女、儿童罪设置除罪条款，是基于事实和政策上的考虑。因为实践中行为人收买被拐卖的妇女、儿童往往是"事出有因"，社会因素在这类

---

① 齐文远、魏汉涛：《"解除刑事责任的事由"之立法价值——从〈刑法修正案（七）〉对偷税罪的修改切入》，载赵秉志、陈忠林、齐文远主编：《新中国刑法 60 年巡礼 下卷：聚焦〈刑法修正案（七）〉》，1088 页、1090 页，北京，中国人民公安大学出版社，2009。

犯罪的生成过程中起着重要作用。仅就收买妇女而言，由于我国当前经济发展并不平衡，某些贫困落后地区的男性客观上存在"娶媳妇难"的问题。① 在这类犯罪中，行为人收买被拐卖的妇女、儿童后，妇女、儿童的人身权利是否继续遭受严重侵犯，尚处于不确定状态。有些行为人可能会强行与被害妇女发生性关系，或者虐待、伤害、侮辱被害妇女或儿童，但有些行为人也可能只是通过言语劝说等方式试图挽留被收买的妇女，有的行为人更是将被收买的儿童视若己出，精心抚养。因此，我们需要在刑事政策上对这些情形给以通盘考虑。相反，如果不规定除罪条款，既不能对实践中收买被拐卖的妇女、儿童的复杂情况做到区别对待，也不利于切实保障被收买的妇女、儿童的人身权益。

对于《刑法》第 241 条第 6 款的除罪条款，有学者认为，收买人的这一行为属于特殊立功情节，与《刑法》第 390 条第 2 款规定的行贿人在被追诉前主动交代行贿行为的，可以减轻处罚或者免除处罚，以及《刑法》第 392 条第 2 款规定的介绍贿赂人在被追诉前主动交代介绍贿赂行为的，可以减轻处罚或者免除处罚，有异曲同工之处。② 笔者不同意这种观点。

一方面，对于《刑法》第 164 条第 3 款、第 390 条第 2 款、第 392 条第 2 款关于行贿人（介绍贿赂人）在被追诉前主动交代行贿行为（介绍贿赂行为）可以减轻处罚或者免除处罚的规定，刑法理论上一般称为"特别自首"③，而不是"特别立功"。原因在于，根据我国《刑法》第 67 条的规定，自首是指犯罪分子犯罪以后自动投案，如实供述自己罪行的行为；根据第 68 条规定，立功是指犯罪分子揭发他人犯罪行为，查证属实，或者提供重要线索，从而得以侦破其他案件等情况的行为。自首与立功都可以表现为向司法机关主动披露犯罪行为，但其区别在

---

① 例如，据《南方周末》报道，贵州某地一个有 2249 人、665 户的山村，竟有 282 条光棍。《贵州牌坊村：282 条光棍的心灵史》，载《南方周末》，2007-08-16。加之我国存在较为严重的男女比例失衡现象，这进一步加剧了男性（特别是贫困地区的男性）通过正常渠道寻找配偶的难度。据 2005 年 1‰人口抽样调查结果显示，中国出生人口男女性别比达到 118.58：100。2007 年人口计生委发展规划司发布的《人口和计划生育统计公报——2006 年全国人口和计划生育抽样调查主要数据公报（2007 年第 2 号）》中指出，1996 年至 2005 年出生婴儿的男女性别比更是达到 127：100。

② 谢锡美：《浅析收买被拐卖的妇女、儿童罪中的几个问题》，载《福建公安高等专科学校学报》，2001(6)。

③ 赵秉志、于志刚：《论我国刑法分则中的特别自首制度》，载《人民检察》，2000(3)；黄友根、杨军平：《浅析刑法分则特别自首制度》，载《检察实践》，2001(6)；张国轩、康诚：《贿赂犯罪特别条款探讨》，载《中国检察官》，2007(6)。

于：自首供述的是"自己"的犯罪行为，立功揭发的是"他人"的犯罪行为。对于上述行贿人（介绍贿赂人）在被追诉前主动交代行贿行为（介绍贿赂行为）的情形，显然应当归于自首的范围，而不属于立功。[①]

另一方面，不论是自首还是立功，都是一种刑罚裁量制度。根据《刑法》第 67 条的规定，对于自首的犯罪分子，可以从轻或者减轻处罚。其中，犯罪较轻的，可以免除处罚。根据第 68 条的规定，犯罪分子有立功表现的，可以从轻或者减轻处罚；有重大立功表现的，可以减轻处罚或者免除处罚。这里，不论是对犯罪较轻的犯罪分子自首适用免除处罚，还是对具有重大立功表现的犯罪分子适用免除处罚，都是人民法院在认定行为人成立犯罪、应当承担刑事责任的基础上，根据行为人的具体犯罪情节、犯罪后的自首或立功表现确定的行为人承担刑事责任的一种方式。相反，根据《刑法》第 241 条第 6 款的规定，收买被拐卖的妇女、儿童，按照被买妇女的意愿，不阻碍其返回原居住地的，对被买儿童没有虐待行为，不阻碍对其进行解救的，可以不追究刑事责任。这里的"不追究刑事责任"，是在不成立犯罪、不承担刑事责任的意义上使用的。因此，刑法分则规定的特别自首制度与《刑法》第 241 条第 6 款的规定存在本质差异：前者是在成立犯罪基础上的一种量刑制度，后者则根本不成立犯罪。

（二）客观处罚条件说之提倡

依笔者之见，《刑法》第 201 条第 4 款和第 241 条第 6 款的除罪规定应当解释为一种客观的处罚条件。众所周知，在德日刑法理论中，占据通说地位的犯罪论体系是构成要件符合性、违法性与有责性三阶层理论体系。构成要件符合性的实质是要求行为符合刑法分则所规定的某种犯罪的基本框架或者模式，违法性的实质是要求行为必须具有客观危害，有责性的实质是要求行为人具有主观恶性。根据通说理论，行为具有构成要件符合性、违法性与有责性时即成立犯罪，原则上就直接发生刑罚权。但是，作为例外，有时即使成立犯罪，对其发生刑

[①]　当然，由于贿赂犯罪属于必要共同犯罪中的"对合犯"，有行贿必然有受贿存在。因此行为人交代自己的行贿行为或介绍贿赂行为，必然会涉及他人的受贿行为，一定意义上也属于揭发他人犯罪行为的情形。但是依笔者之见，对此还是应当认定为特别自首，毕竟行为人是以交代自己的犯罪行为为主。而且根据《最高人民法院关于处理自首和立功具体应用法律若干问题的解释》第 1 条第 2 项第 3 款的规定，共同犯罪案件中的犯罪嫌疑人，除如实供述自己的罪行，还应当供述所知的同案犯，才能认定为自首。所以行为人交代自己的行贿行为或介绍贿赂行为，也必须如实供述受贿人，才能认定为自首。

罚权也需要以其他的事由为条件。这种事由或条件称为客观处罚条件。[①] 换言之，虽然成立犯罪时，原则上就可能对行为人发动刑罚权，但在例外情况下，刑罚权的发动，不仅取决于犯罪事实，而且取决于刑法所规定的其他外部事由或者客观条件。例如，德国《刑法》第 283 条第 6 款规定："行为人仅于停止支付或就其财产宣告破产程序或宣告破产之申请由于程序欠缺而被驳回时，始加以处罚。"据此，行为符合该条前 5 款的规定时，便构成犯罪，但只有符合第 6 款时，才能处罚。这里，第 6 款所规定的便是客观处罚条件。再如，日本《刑法》第 197 条第 2 款规定："将要成为公务员或仲裁人的人，就其将来担任的职务，接受请托，收受、要求或者约定贿赂，事后成为公务员或者仲裁人的，处 5 年以下惩役。"据此，将要成为公务员或仲裁人的人，只要就其将来所担任的职务，接受请托，收受、要求或者约定贿赂的，就成立事前受贿罪。但是，只有在行为人事后成为公务员或仲裁人时，才能处罚。"事后成为公务员或者仲裁人"就是客观处罚条件。

就《刑法》第 201 条第 4 款而言，行为人实施逃税行为后，经税务机关依法下达追缴通知后，补缴应纳税款，缴纳滞纳金，已受行政处罚的，不予追究刑事责任；反过来说，如果经税务机关依法下达追缴通知后，行为人拒绝补缴应纳税款，拒绝缴纳滞纳金，不履行行政处罚的，就应当依照逃税罪追究行为人的刑事责任。同理，对《刑法》第 241 条第 6 款的规定来说，行为人收买被拐卖的妇女、儿童后，如果按照被买妇女的意愿，不阻碍其返回原居住地的，对被买儿童没有虐待行为，不阻碍对其进行解救的，可以不追究刑事责任。反过来说，如果行为人违背被买妇女的意愿，阻碍其返回原居住地的，对被买儿童进行虐待，或者阻碍对其进行解救的，就应当认定行为人的行为构成犯罪，追究其刑事责任。这里，我们看到，刑法规定了逃税罪和收买被拐卖妇女、儿童罪的"客观的不处罚条件"，实际上也就是从反面规定了本罪的客观处罚条件。

需要明确的是，在大陆法系刑法理论中，客观的处罚条件最初是在犯罪成立理论体系之外提出来的，其不属于犯罪的成立条件，不影响犯罪成立，只影响对行为人是否实际发动刑罚权。我国也有学者认为，刑法立法是在两个层面上使用犯罪概念，即刑事立法意义的犯罪与刑事程序意义的犯罪；相应地，刑事责任包括抽象层面上国家对行

---

① ［日］大塚仁：《刑法概说》（总论），冯军译，439 页，北京，中国人民大学出版社，2003。

为人的否定评价与谴责，以及具体层面上表现为行为人对法律后果或负担的承担。除罪条款使刑事立法中的犯罪概念与刑事程序意义的犯罪概念出现了分野，将刑事责任概念抽象层面与具体层面予以阻隔。因此，《刑法》第 201 条第 4 款应界定为客观处罚条件规定，不属于定罪条件。① 笔者不同意这种观点。如前所述，除罪条款的法律后果是"不予追究刑事责任"，也就是不构成犯罪。根据刑法基本理论，是否构成犯罪的问题需要在犯罪构成理论中予以解决。虽然客观的处罚条件并不以具体的构成要件性行为为对象，但将其作为纯粹的处罚条件置于犯罪成立体系之外，显然割裂了犯罪性与可罚性的联系，不利于从刑罚处罚的角度对犯罪的成立范围进行实质的限定，无法在犯罪论体系中充分考虑刑事政策的要求。因此，应当将客观处罚条件纳入犯罪成立体系进行考量。在大陆法系的阶层式犯罪成立理论中，也有学者认为客观的处罚条件是作为犯罪成立第四要件的可罚性的要素之一，应当将其纳入犯罪概念之中。② 当然，客观的处罚条件能否与我国传统的四要件犯罪构成理论相契合，还是需要继续探讨的问题。③

五、逃税罪修改的立法导向

逃税罪除罪条款的制定是否具有更为宏观层面的立法导向意义？笔者以为，这一立法修改可能成为我国刑事立法非犯罪化走向的发轫，并为今后刑法的非犯罪化路径提供了可资借鉴的经验模板。

(一)刑事立法的非犯罪化动向

在笔者看来，"修正案七"在逃税罪中设置的除罪条款，其意义不仅在于合理划定了逃税罪的犯罪圈、为司法实践中将某些逃税行为顺利予以除罪化提供了制度保障，从更宏观的层面而言，除罪条款在我

---

① 杨高峰：《逃税罪立法实施中的疑难问题研究》，载《学术探索》，2009(4)。

② 赵秉志主编：《外国刑法原理》(大陆法系)，173～181 页，北京，中国人民大学出版社，2000。

③ 实际上，我国已经有学者提出应当将德日刑法中的"客观的处罚条件"引入我国刑法理论，以解决某些犯罪的主观罪过、完善犯罪构成，进一步发展和深化刑法理论。陆诗忠：《刍议"客观的处罚条件"之借鉴》，载《郑州大学学报(哲学社会科学版)》，2004(5)；刘士心：《犯罪客观处罚条件刍议》，载《南开学报(哲学社会科学版)》，2004(1)。此外，还有学者通过研究德日刑法理论中的客观的处罚条件和主观的超过要素，提出了"客观的超过要素"概念，这也是试图在本土刑法理论中为客观的处罚条件寻求立足的空间的一种尝试。张明楷：《"客观的超过要素"概念之提倡》，载《法学研究》，1999(3)。

国整个刑事立法进程中也具有特殊的标志性意义——彰显非犯罪化①的立法动向。纵观我国刑事立法 30 年的发展历程，可以发现，整个刑事立法进程中总的立法导向是不断的犯罪化。具体来说，1979 年制定第一部刑法典后，为适应同犯罪作斗争的需要，全国人大常委会先后出台的 24 个单行刑法、在 107 个非刑事法律中设置的附属刑法规范，无一不是增补新罪名、创设新规范的犯罪化表现。1997 年全面修订刑法典时，罪名数量由 130 余个激增为 413 个，虽然也有为适应改革开放形势和经济社会转型而废止投机倒把罪和伪造、倒卖计划供应票证罪的个例，但总体来看刑法的调控范围仍然是以犯罪化为主。新刑法典颁布以后，立法机关依然通过各种形式修改、补充现行刑法典的规定。截止到 2006 年，已经出台《关于惩治骗购外汇、逃汇和非法买卖外汇的决定》和 6 个刑法修正案，近 10 年时间里刑事立法仍然在犯罪化的道路上大踏步前进。

在长时间、大规模的犯罪化进程中，"修正案七"为逃税罪设置的除罪条款着实让人耳目一新。以发展的眼光审视我国刑事立法的整体进程，笔者认为，除罪条款可以视作我国刑事立法萌发非犯罪化动向的重要标志。之所以这样说，是基于刑法改革的国际趋势与我国立法的实际情况两个方面的考虑。

第一，从刑法改革的国际趋势来看，"世界性刑法改革运动存在着显著的、共同的动向，其中非犯罪化就是这种动向之一"②。非犯罪化思想始于第二次世界大战结束之后，其理论依据可以概括为哲学上的自由主义、刑法上的谦抑原则和法益保护主义等。从非犯罪化的实践来看，1957 年英国通过的《关于同性恋和卖淫的沃尔夫登委员会报告》被普遍认为是世界各国开启非犯罪化运动的标志，该报告建议允许成年男子间自愿的同性恋行为。此后，1965 年美国学者舒尔提出了"无被害人犯罪"概念，力主对无被害人犯罪非犯罪化。在这一思想的影响下，西方各国针对道德犯罪、宗教犯罪、违警犯罪以及部分涉毒犯罪开展了一系列非犯罪化的实践活动。进入 20 世纪 80 年代后，非犯罪化运动在欧洲大陆继续走向深入。欧洲委员会犯罪问题委员会于 1980 年发表了著名的《非犯罪化报告》，该报告界定了非犯罪化的概念及其

---

① 刑法理论研究中通常将非犯罪划分为立法上的非犯罪化和司法上的非犯罪化(或者称为法律上的非犯罪化和事实上的非犯罪化)，本文中的"非犯罪化"主要指刑事立法上的非犯罪化。

② ［德］汉斯·海因里希·耶赛克：《世界性刑法改革运动概要》，何天贵译，载《法学译丛》，1988(3)。

与非刑罚化、转处的关系，阐述指导非犯罪化的基本原则、分析了推动和妨碍非犯罪化的各种因素以及非犯罪化以后各种可能性的替代方案等问题。作为欧洲共同体（现为欧盟——引者注，下同）的政策性文件，该报告对欧洲共同体各成员国确立了刑事立法和司法改革的方向，非犯罪化运动在欧洲取得了重要成果。作为这一重要成果典型代表的是荷兰的非犯罪化实践，荷兰不仅将卖淫、同性恋、吸毒等行为非犯罪化了，而且经过长期实践，最终于 2001 年 4 月 10 日，议会上院顺利通过一项法案，将迄今为止仍存在广泛争议的安乐死行为实行了法律上的非犯罪化。①

西方各国通过非犯罪化运动，在收缩犯罪圈的基础上优化刑事资源和整合其他犯罪控制资源，促进社会合理地组织对犯罪的反应，在犯罪治理问题上取得了显著成效。因此，"非犯罪化被视为 20 世纪中叶以来刑事政策影响下的各国刑法最富新意的改革。"②我们注意到，当非犯罪化作为国际社会刑法改革的重要趋势在西方各国轰轰烈烈地开展之时，恰逢我国开始步入刑事法治的正轨，这一时期我国的刑事立法是以制定和完善刑法典为主要内容的犯罪化进程。这是我国的具体国情和法治环境所决定的客观事实。不过在笔者看来，尽管我国以犯罪化为主的刑事立法进程持续了 30 年，但也正是在这 30 年间，中国的经济社会发生了巨大的变化，在经历国际一体化的冲击和洗礼后逐渐融入世界潮流。在这一过程中，作为非犯罪化思想依据的自由主义、刑法谦抑等价值理念同样冲击和影响着中国社会的发展进程，并逐渐在这样一个变革的时代寻找到合适的生存土壤。因此，当代中国已经具备了非犯罪化的思想基础，已经为开展非犯罪化做好了理论准备，这是毋庸置疑的。现在关键的问题是，非犯罪化思想能否在中国的立法实践层面展开还取决于我国的实际情况。

第二，从我国立法的实际情况来看，经过 30 年的不懈努力，我国已经形成比较完备的刑法典，刑法调控的范围逐渐渗透到社会生活的各个领域。在这种情况下，未来的刑事立法将改变犯罪化导向一统天下的局面，逐步展露出非犯罪化的立法动向。一方面，随着经济的持续迅速发展和各项改革的深入进行，以经济关系为主的社会关系日益

---

① 贾学胜：《非犯罪化与中国刑法》，载陈兴良主编：《刑事法评论》（第 21 卷），502～503 页，北京，北京大学出版社，2007。

② 游伟、谢锡美：《非犯罪化思想研究》，载陈兴良主编：《刑事法评论》（第 10 卷），346 页，北京，中国政法大学出版社，2002。

复杂化,刑事立法仍应适应处于转型时期多变的犯罪情势,继续通过刑法手段来规制不断出现的新型的危害社会行为。正如有学者所言,客观的社会情势决定了在较长时期内犯罪化将成为我国刑事立法的基本趋势。① 但另一方面,由于多年来我国的刑事立法一直以服务改革开放和经济建设为宗旨,使得在改革开放初期和社会主义市场经济发展过程中因缺乏商品经济传统和各种成熟的市场交易规则而出现的众多危害市场经济秩序的行为被纳入刑法的规制范畴。这在特定的历史时期和经济条件下是合理有效的,为我国社会主义市场经济的确立和发展提供了法治保障。但也应该看到,随着社会主义市场经济体制的不断完善和各种经济法律、法规的相继出台,主要以经济手段、辅之以必要的行政手段调控宏观经济的整体格局已经成型。在这种情况下,刑法可以考虑逐渐退出某些领域或放弃对某一社会关系中的特定行为的规制,而把这些领域或行为交给相应的管理部门以行政手段进行调整,这在经济犯罪中将会显得尤为突出。基于这种考虑,笔者认为,在今后仍以犯罪化为主要导向的刑事立法进程中,以经济犯罪领域为代表的一系列非犯罪化立法也将逐步展开。可以说,"修正案七"中逃税罪除罪条款的出台具有里程碑式的意义,它不仅开启了我国刑事立法的非犯罪化之门,一定意义上也昭示着未来刑事立法的发展方向。

(二)非犯罪化路径的中国选择

如前所述,发端于西方的非犯罪化运动倡导自由主义、刑法谦抑等价值理念,在各国也广泛开展了各种的立法活动,这些都可以作为我们借鉴和参考。但笔者认为,中国的非犯罪化实践却不可能照搬西方国家的立法模式。理由在于:中国面对的是与西方国家迥然不同的问题。一方面,中国与西方国家面临的非犯罪化空间不同。正如有学者指出的,国外的"非犯罪化"运动一般就是针对违警罪而言的,如德国在1975年进行的刑法改革中就排除了违警罪的刑事犯罪性质,把违警罪只视为一般的违反法规行为。所以,我国不存在进行类似于上述西方国家的"非犯罪化"运动的空间,因为这些国家予以非犯罪化的行为在我国大多数本来就没有规定为犯罪。② 西方国家的刑事立法通常只有定性描述,而对行为的危害程度不做规定。我国刑法则采取立法"定性+定量"的模式,立法上规定的犯罪都有量的要求,只有达到一定的社会危害程度,才能被作为犯罪处理。这也就决定了,我国刑法

---

①② 赵秉志:《我国刑事立法领域的若干重大现实问题探讨》,载《求是学刊》,2009(2)。

上性质轻微、危害不大而有可能实行非犯罪化的行为并不多，因此不需要像西方一些国家那样开展大规模的非犯罪化运动。

　　另一方面，中国与西方国家面临的非犯罪化重点也不相同。例如，像同性恋、兽奸、堕胎、通奸、卖淫以及冒犯皇室行为的非犯罪化问题，在西方曾引发激烈论战，但在我国这些并非突出的现实问题或根本就不是问题。当然，我国也存在一些西方国家长期关注并逐渐予以非犯罪化的无被害人犯罪，如赌博、聚众淫乱等。但这些并非未来我国刑法非犯罪化的重点问题，也不会成为非犯罪化的难点所在。真正需要认真研究并付出极大努力的，是经济领域的一些由于转轨时期规范缺失而导致的危害行为。有学者指出，中国立法往往为了遏制爆发犯罪形势而将这些行为纳入"入罪"机制，但是，随着中国市场经济在国际市场洗礼中的逐步成熟，相关的配套设施和规范也会逐步完善，有关经济方面的不规范行为将能够得到非刑法的其他方面的有效遏制，刑法因而需要退出一些，交给其他法律规范甚至非制度性规范去调整。[①] 但是，在笔者看来，当前我国社会转型的复杂情况与可能出现的反复，决定了刑法在这些领域的退出不可能一蹴而就，而需要分情况、分阶段、分步骤渐进式的将一些行为或某一行为的特定情形调整出刑法的规制范围。

　　具体到分则中的个罪，立法上比较稳妥的做法是，先将考虑比较成熟、得到普遍认可的一些特定情形通过除罪条款的形式予以非犯罪化。这样不仅可以保障立法的延续性和稳定性，也可以通过除罪条款在实践中的运用来检验和评估立法效果，为该罪进一步的非犯罪化提供实践根据和经验支撑。"修正案七"为逃税罪设置的除罪条款正是遵循了这一非犯罪化的"中国路径"，这种立法模式也应当成为今后我国非犯罪化的主要路径选择。此外，即便是像赌博、聚众淫乱等公认的无被害人犯罪，在我国当前的社会环境和法治生态中也很难一步到位地实现非犯罪化。因此，也可以通过上述模式，先对其中的某些特定情形予以非犯罪化。例如，可以先将聚众淫乱罪中成人之间基于自愿且秘密的行为给予非犯罪化处理，而保留公开的聚众淫乱和引诱未成年人参加聚众淫乱作为犯罪。

---

① 钊作俊、刘蓓蕾：《犯罪化与非犯罪化论纲》，载《中国刑事法杂志》，2005(5)。

第三专题

组织、领导传销活动罪疑难问题研究

　　自 20 世纪 90 年代至《刑法修正案（七）》颁布，我国对传销活动的针对性惩治基本以行政法规为主，刑事法律为辅，刑法典条文中并没有针对传销犯罪的专门罪名。近几年来，我国传销活动出现了回潮和蔓延的态势，名目翻新，涉及范围广，社会危害性大，传销入罪的呼声越来越高。经历数年的立法调研和论证，《刑法修正案（七）》将组织、领导传销活动的行为纳入到刑法规制的范围之内。2009 年 2 月 28 日，第十一届全国人大常委会第七次会议审议并通过了《刑法修正案（七）》，其中新增的组织、领导传销活动罪突破原有行政立法中单纯对传销组织进行外观描述的模式，以传销活动为出发角度，由单纯描述传销活动形式转为兼论传销组织中的人员行为的实质，具体表述为："组织、领导以推销商品、提供服务等经营活动为名，要求参与者以缴纳费用或者购买商品、服务等方式获得加入资格，并按照一定顺序组成层级，直接或者间接以发展人员的数量作为计酬或者返利依据，引诱、胁迫参与者继续发展他人参加，骗取财物，扰乱经济社会秩序的传销活动的，处五年以下有期徒刑或者拘役，并处罚金；情节严重的，处五年以上有期徒刑，并处罚金。"

一、组织、领导传销活动罪主体范围的确定

(一)组织者与领导者，参与者与引诱参与者
　　组织、领导传销活动罪以自然人作为一般主体，这是

74

没有争议的。《刑法修正案（七）》将传销犯罪活动的组织者、领导者作为组织、领导传销活动罪的犯罪主体，而将一般的传销参与人员甚至是引诱他人参与传销的人员排除在犯罪圈之外。考虑到传销组织的参与者、引诱他人参与传销的人员，只要他们没有起到组织、领导传销活动的作用，他们就属于一般违法者，可以通过给予行政处罚和教育来处理。而只有传销活动的组织者、领导者，也就是"策划、发起、设立、指挥传销组织，或者对传销组织的活动进行策划、决策、指挥、协调，在传销组织的层级结构中居于最核心的地位、对传销组织的正常运转起关键作用的极少数人员"，才是利用传销活动疯狂敛财的操控者、加害者，应当受到刑法的处断。这样区分处理，既有利于彻底瓦解、摧毁传销组织，防止新的传销组织产生，同时从宽严相济的刑事政策和刑法的谦抑性角度处罚，保证刑法的打击范围不会过大。

但是，结合长期以来我国的行政立法模式——1994 年 8 月 11 日国家工商行政管理局在国务院的指示下发布的《关于制止多层次传销活动中违法行为的通告》，1998 年 4 月 18 日，国务院颁发《关于禁止传销经营活动的通知》（国发[1998]10 号），2000 年 8 月 13 日，国务院办公厅转发工商局等部门《关于严厉打击传销和变相传销等非法经营活动意见的通知》（国办发[2000]第 55 号），都是对传销活动的所有成员不加区分的惩治。2001 年 3 月 29 日最高人民法院发布的《关于情节严重的传销或者变相传销行为如何定性问题的批复》（法释[2001]11 号），迈出了我国法律从刑事角度惩治传销活动的重要一步，这也成为在《刑法修正案（七）》出台之前司法机关惩治传销犯罪的主要依据："对于1998 年 4 月 18 日国务院《关于禁止传销经营活动的通知》发布以后，仍然从事传销或者变相传销活动，扰乱市场秩序，情节严重的，应当依照《刑法》第 225 条第（四）项的规定，以非法经营罪定罪处罚。实施上述犯罪，同时构成刑法规定的其他犯罪的，依照处罚较重的规定定罪处罚。"这种定罪方式是以传销行为为对象的"基础犯罪＋相关犯罪"的定性模式，以非法经营罪为基础犯罪，采取从一重罪处断的原则。这种刑事惩治模式也是将所有的涉传人员作为打击的对象。

《刑法修正案（七）》中对犯罪主体的确定是通过对行为人在传销活动中的传销行为进行认定来完成的，将犯罪主体的划定限于组织者和领导者。这一点通过刑法条文的描述模式即可看出，"组织、领导以推销商品、提供服务等经营活动为名，要求参与者以缴纳费用或者购买商品、服务等方式获得加入资格，并按照一定顺序组成层级，直接或者间接以发展人员的数量作为计酬或者返利依据，引诱、胁迫参与者继续发展他人参加，骗取财物，扰乱经济社会秩序的传销活动的……"这种描述性的立法模式，细致的描述了犯罪人在传销组织中的犯罪行为。刑法条文虽然没有明确的区分传销活动中的数个具体行为，但对传销这种在世界范围内具有非常大共性的犯罪，我们可以参考借鉴国外的相关立法模式。

第一，日本是最早出现传销活动的国家之一，在1967年发生熊本县所谓"第一相互经济研究所""天下一家会"事件之后，传销作为严重的社会问题引起了国家与社会的广泛重视。在此之后，日本迅速的颁布了《无限连锁会防止法》。为了应对新出现的金钱以外的以分红国债为手法的新的非法传销活动，日本政府于1988年4月2日重新修订了《无限连锁会防止法》的部分条款内容，形成了包括债券和有价证券在内的《无限连锁会防止法修正案》，并从同年的8月2日起正式实施，这一法律一直沿用至今。

《无限连锁会防止法》第2条将无限连锁会（老鼠会类传销）界定为："作为以出资（金钱或财物，包括证明财产权的证券和证书）为条件而加入者无限递增之组织，先期加入者成为上位者，并依此连锁逐段以2倍以上的倍率递增，后期加入者分别成为下一个阶段的下位者，然后按加入的先后顺序，上位者从下位者的出资额中领取自己出资的数额或领取超出自己出资数额之分红组织。"该法律不仅禁止"开设、运营无限连锁会，加入无限连锁会、劝诱他人加入无限连锁会或助长这一类行为"，还在第5条中设置了无限连锁会开设、运营罪和第6条作为职业劝诱他人加入无限连锁会罪以及第7条一般劝诱他人加入无限连锁会罪，并分别规定"开设或运营无限连锁会者，处3年以下有期徒刑或300万日元以下罚金（可以并罚）"，"作为职业劝诱他人加入无限连锁会者，处1年以下有期徒刑或30万日元以下罚金"，"一般的劝诱他人加入无限连锁会者，处20万日元以下罚金"。

尽管日本的《无限连锁会防止法》并没有在概念界定中对老鼠会类的传销活动引入经济分析，但其定罪非常细化，包括了组织发起行为、领导运营行为、加入行为、劝诱他人加入行为。由于其犯罪理论体系不同于我国，日本的犯罪概念宽泛，犯罪圈划定较大，所以危害较小的加入行为、劝诱行为也被列归入犯罪圈内。

第二，德国在2004年7月8日开始施行新的《反不正当竞争法》中关于惩治"传销"行为的相关规定。德国的新旧反不正当竞争法中均有关于惩治"传销"行为的规定。旧法并没有对传销行为进行概念界定，只是单纯描述了两种模式，其一是 Progressive Kundenwerbung，即

"级差式顾客招徕"；其二是 Schneeball System，即"雪球系统"。前者是指商号的行为不再以直接出卖商品或提供服务为基础，而是单纯进行顾客招徕活动，并以此作为其常规的直接运作活动。被招徕者如果想加入就必须招徕自己的下位阶顾客，并且必须按层级上交一定数额的款项。这从外观上看，很像是一种类似中介系统的"销售"等级结构；后者意指组织者期望组成庞大的层级递增结构，形成"滚雪球"式的扩充规模。这同我国法律对传销的法律界定基本一致。德国新《反不正当竞争法》将这两种情节统称为"该罚之招徕"，对其刑事法打击也体现在该法法条"处以久达两年的自由刑或罚金"的规定之中。新《反不正当竞争法》第16条的措辞如下："第一项，凡欲在为大范围民众确定的、公开的告示或宣传中造成异常有利的外在表现而以非真表示误导而招徕者，被处以久达两年的自由刑或罚金。第二项，在生意往来中，凡以许诺诸人于导致他人缔结同种生意，而且他人自己应该于此种招徕后为相应招徕后续揽受者而获得此种利益，拟自组织者或自第三方获得异常利益，而导致其接受诸商品、服务或权利者，被处以久达两年的自由刑或罚金。"新《反不正当竞争法》中对这两类行为的定义异常简单，笔者只能大胆猜测，这样规定的出发点可能是意图尽量囊括传销活动的各种模式样态以及可能出现的变异样态，以求充分规制相关行为。但是这样的规定方法非常危险，首先，其特征的条文表述具有很大争议性，"大范围民众"、"异常有利"、"以非真表示误导"等都有非常宽的弹性认定空间。司法过程中如需以此法条认定传销，则需要法官对相关案件进行大量的比较接触，并对传销活动的实质有充分且深刻的自我理解，这两方面都取决于每个法官的自由裁断能力，由此也就很难保证不同法官能够保持相似的认识。单就这一点而言，中国不可能参考这样的法律规制方式，所以描述性的定义方式比较契合中国的司法运用。

值得关注的是德国的立法并不全部惩罚加入这种招徕组织的人，而是以是否获得此种招徕利益，或者打算自己组织，或者从第三方获得异常利益，作为认定其触犯法律的条件，这一认定逻辑值得我国刑法在解释"组织、领导"行为、认定组织、领导传销活动罪的组织者、领导者时予以参考。

此外，尽管在传销活动中只有进行组织行为和领导行为的行为人进入到犯罪圈中，但是这并不意味着有参加行为和引诱参加行为的行为人都是传销犯罪的受害者。我们认为，在传销活动中，只有参加行为而没有其他三种行为的行为人才有可能是受害者，而具备了组织行为、领导行为、引诱参加行为中任一行为的行为人均被排除在受害者之外。传销活动是非法活动，传销人员是违法人员。但是，由于传销活动是一种机制性的层压式诈骗，对一般违法人员，本着教育、挽救大多数的原则，可以由工商行政管理部门根据禁止传销条例的规定予以行政处罚。这样足以起到警戒作用，也较为妥当。

由此，该罪名只处罚组织行为和领导行为，故本罪的个人主体虽为一般主体，但限于行为的主体要求，组织传销活动罪的个人主体为在选择传销模式之后，首次倡导、发起、召集资源，进行传销活动，意图建立传销活动组织的行为人，或者是在既有的传销组织中拥有充足下线资源的行为人与原既有传销组织分裂，从而形成新的独立的传销组织的行为人，组织者对整个独立体系进行统筹。领导传销活动罪的个人主体为其所维系的下线体系足够对整个传销组织的规模产生影响，并在该组织中承担体系管理和维护任务的行为人。

(二)单位参与组织、领导传销活动的行为

组织、领导传销活动罪作为《刑法》第224条之一，根据《刑法》第231条的规定："单位犯本节第二百二十一至第二百三十条规定之罪的，对单位判处罚金，并对直接负责的主管人员和其他直接责任人员，依照本节各依该条的规定处罚。"该罪名应当可以包含单位犯罪形态。

理论上讲，以单位为主体的组织、领导传销活动的行为主要包括以下两种情况：第一，单位的成立目的就是为了组建传销组织或者单位成立之后的主要业务是组织传销活动以及盗用单位名义实施犯罪的情形；第二，单位的合法经营和组织传销活动并存。前者依照我国刑法关于单位犯罪与个人犯罪的区分理论，并不属于单位犯罪，仅仅追究涉案相关人员的个人责任。而后一种情形目前已有所显露，即存在这样的情形，传销组织挂靠在合法的直销企业名下，这样以直销之名行传销之实。这种模式非常隐蔽，传销组织"合法化"，从外观上看没有任何漏洞，但是，套用上文所述的经济界定，就不难发现，这种传销组织仍然是不进行针对基本消费行为的直接销售，更重要的是在传销组织中几乎不存在物流流通。此时完全对直销企业使用该罪名。

二、组织、领导传销活动罪主观罪过的具体形式

组织、领导传销活动罪的主观方面表现为故意，且只能是直接故意，不能是间接故意，并具有获得非法利益的目的。

本罪的主体仅限于组织者和领导者，组织者作为首次倡导、发起、

召集资源，进行传销活动，意图建立传销活动组织的行为人，或者是在既有的传销组织中拥有充足下线资源的行为人与原既有传销组织分裂，从而形成新的独立的传销组织的行为人，必然能够对整个体系的运作模式形成非常清晰明确的认识，也对传销活动的实质有充分的了解。而领导者作为体系的重要管理和维护人，加之其下线也具备了相当的规模，也是在对传销活动有清楚认识的前提下积极行动的。所以这两类行为人都在明知传销活动的实质和危害性的情况下，执意积极实施相关行为。

不过，从实践情况看，也存在一部分传销组织者、领导者对自身行为违法性的错误认识。对此，笔者认为，一方面，在实践中，组织者和领导者的目的是骗取钱财，而这种骗取行为必然是违法行为，即便对传销活动没有充分的法律认知也不妨碍其对自身行为违法性的认识。另一方面，违法性认识的判断应当以社会普识、法令颁布的时间长度和范围影响力为标准。我国自 20 世纪 90 年代以来一直严厉打击传销活动，经历了十几年艰苦卓绝的努力，形成了众多的法律、法规、文件，在此情况下，正常的社会公民应当对传销行为的违法性有充分且全面的了解。

三、逐步犯罪化的传销活动

(一)传销在中国的出现、演变及其危害

"传销"一词属于舶来品，我国法律在很长一段时间内都没有对这一概念进行明确的界定。1998 年国务院颁发《关于禁止传销经营活动的通知》之前，"非法传销"这一概念中的"传销"实际上指的是国际营销学意义上的直销，包括单层次直销和多层次直销。由于当时国内经济开放程度不够，国内大陆地区对传销(直销)的域外发展并没有形成充分的、正确的认识，对传销、直销、"非法传销"与"金字塔销售"、"无限连锁销售"、"滚雪球"等概念的使用非常混乱，对诸多分类概念，如单层次直销、多层次直销、直复营销、自动销售等不加区分，普通民众更是难以理解直销与非法传销的具体内涵，也正是由此致使我国直销行业的发展经历了异常坎坷复杂的过程。

经过十多年对传销犯罪的全面研究，我国立法已经逐渐对传销这一特定概念的内涵有了稳定的界定，仔细研究传销的发展沿革，就不难发现传销活动与直销、多层次直销存在本质上的定位区别。

现代直销起源于美国 20 世纪 40 年代，第二次世界大战以后，由

于战争的刺激，美国的经济有了迅猛的发展，产品日益丰富，品种也日渐齐全，其产品生产效率、传播效率均迅速提高。与此同时，美国的电视、广播等广告媒介的发展也日渐优化，各种信息传播渠道日渐完善，并初步形成了相当的产业规模。科技的进步及大规模生产技术的推广导致市场产品呈现出供大于求的趋势，企业之间竞争激烈。特别是全球性的经济危机带来的"后危机时代"的倦怠影响，传统的产品销售模式已经不能满足大生产时代的需求，形式新颖、流通环节更少的营销方式的应运而生，以实现产品的大批量销售。

在随后近 20 年的发展过程中，"直销"这一概念不断的延伸、变形，在不同的文献中形成了诸多表述，如 Direct selling，Direct marketing，In-home selling，Non-store retailing，Home party selling，People marketing，Multi-level marketing，Multi-level selling。尽管这些词汇外观类似，所涵盖的内容也有所重叠，且在中文文献中都翻译为"直销"，但细究起来，表述的重点各有不同。理论上将广义上的直销分为以下三类：第一，"直接销售"，即 Direct selling，主要包括挨门挨户（家庭或办公室）式推销（Non-store retailing，）和经由自属商店销售（In-Home selling，Home party selling），前者如化妆品品牌"雅芳"，后者如美国早期的缝纫机品牌"胜家"。第二，"直复营销"，多表述为 Direct marketing，包括购货目录营销、邮购营销、电话营销、传媒（电视、电话、杂志、报纸）营销以及最新出现的（电子计算机）网络营销。"直复营销"这一译法最早是由暨南大学何永祺教授提出来的，他认为，Direct marketing 的机制主要是使商户的潜在顾客作出直接反应，即具有 Direct response 的含义，故译成"直复营销"。这种由于未引起足够的反响，已经鲜见于国内的直销理论表述之中。现在将这两种都归称为"单层次直销"，这是目前我国《直销管理条例》中规定经批准允许存在的一种经营模式。第三，"多层次销售"，对应于 Multi-level selling，是指一种由多层的、独立的直销者来销售货品或提供劳务的销售模式，每一个销售者除了可获得产品销售的销售利润外，更重要的是建立由自己推荐或训练新的销售者集合而成的销售网络，透过销售网络进一步获得差额利润，并且这种销售网络的建立是可以不断被复制的。多层次销售的独特之处就在于不断地扩大销售规模，而且往往在既有关系的基础上进行销售网络组建，也就是说利用原有的社会关系网络形成大规模的销售群体。这种构思曾被誉为是销售行业的革命，但也正是由于这个"网络"的独特，使得其被不法商人所觊觎。

到了 20 世纪 60 年代，多层次销售几乎在美国和日本同时出现了变异形态，也就是现在中国语境下的传销。这些变异形态极容易被利用为诈财工具。一些不法商人利用多层次直销的结构原理，设计出一套销售模式，这种模式外观与多层次直销极为类似，但是其目的已经脱离了销售的原有内涵，单纯依靠拉人入伙、赚取抽成，并不倾力于销售，已不具备市场经济的应有功能，实属诈财。同时，这种变异的传销成为国家经济监管中的"黑洞"，传销活动中所有的参与者都是在非营业场所进行直接的现金交易，因此国家的税收监管、经济监管就被架空了。而且这些传销之中的资金流动隐秘，其流动方式是否符合正常的市场流转也存在很大的争议。

这种种的弊端不是多层次直销所固有的，而是少数不法商人将它扭曲了。这些变异形态在美国被称为金字塔销售计划（Pyramid Sales Scheme），在日本则被称为"老鼠会"（Rat Club），分别以美国的"假日魔术公司案"和日本"天下第一会案"为代表。此后，20 世纪 80 年代，我国有些台湾企业又把日本的传销模式带回我国台湾，在我国台湾也引起了以"台家事件"为代表的重大社会问题。而在之后的 80 年代末期，我国台湾地区的企业把这一"计划"引入中国内地。当时正值我国内地市场经济建立伊始，传销用夸张的"致富"理论吸收了大量的社会财富，在当时引起了极坏的社会影响。

由此可见，当代语境下的传销并非不是直销概念中的应然内容，而是一些不法商人恶意利用多层次销售的结构原理设计出的一套变质模式，诚如传销现在多约定俗成的表述为 Multi-level marketing，区别于多层次直销 Multi-level selling，"传销"的"销"更多意味着"营销"（Marketing）之形而根本性的脱离了"销售"（Selling）之实。

当直销和其变种形态传销一并进入内地时，由于当时中国内地市场经济制度极不完备、市场发育程度低，人们的经济概念刚刚开启，经济常识极度匮乏，而追求财富的欲望异常渴切，恶性的传销相较于良性直销业发展更为迅猛，直接导致了中国直销市场的不良发展，而传销则自此成为长期以来影响我国经济发展、社会稳定的一根毒刺，呈现出屡打不绝、愈演愈烈之势。

（二）典型非法传销案件与传销活动经济模式的认定

近几年来，关于传销的新闻屡现报端，恶性案件更是层出不穷：西南地区异地传销近乎泛滥，数个典型"传销城市"屡禁不止；亿霖木业传销案中"亿霖集团"从 2004 年起的两年多时间内，非法经营额达到16 亿元，全国共有 2 万余人上当受骗；"世界通"传销案涉案人数达 13 万余……甚至有业内专家估算，全国约有上千万人参与了传销活动，传销吸收了上千亿元的民间资金。①

目前我国的传销活动每每发案都令人骇然，其中非常重要的一个原因就是原有的行政立法模式具有相当的滞后性。尽管各地对成形的传统传销的认识较为一致，但对于未成形、新变形的传销活动往往不能及时认定。只有在传销形成了相当规模的组织之后才能依据行政法规对其进行认定和处理，而此时传销的社会危害已经达到了相当严重的程度，从外观上看似乎只有当传销已经严重影响到经济秩序的稳定、大范围的危害公民人身财产权益，这些传销案件才会被认定，成为严厉打击的对象，这就使得我们的传销打击工作异常艰辛。另一方面，由于传销人员和作案的方式都非常隐蔽，且日渐趋向职业化，这也使得司法机关在长期的打击斗争中始终处于被动地位。究其根本原因就是我们在认定并打击传销犯罪活动时，对传销活动而非传销组织的本质分析不充分。欲对传销活动进行本质认识，首要的就是要对典型非法传销案件进行经济模式的分析。

1. 亿霖传销案

自 2004 年 4 月起，赵鹏运注册成立了内蒙古亿霖公司，宣称从事所谓"合作托管造林"事业。同年五六月间，赵鹏运等人又成立了内蒙古亿霖公司沈阳分公司、北京亿霖木业有限公司，并指派巩鹏、林明忠及李春林组织其他从事传销的人员组建了内蒙古亿霖公司北京咨询分公司。同年 7 月，赵鹏运在收购阳光森工公司的基础上，成立了内蒙古亿霖公司北京销售分公司，还分别在贵州、辽宁、重庆等地组建了分公司。2005 年 6 月，赵鹏运将各地分公司组成了以北京亿霖木业有限公司为母公司的亿霖木业集团有限公司(简称"亿霖集团")，之后，又在上海、广州、陕西等地成立多家分公司。赵鹏运系亿霖集团的控股股东和实际控制人，为亿霖集团制定了销售策略、宣传纲要及提成比例等，并与屠晓斌等商议完善。赵鹏运等人还伪造了中国技术监督情报协会与《中国质量与品牌杂志社》颁发给亿霖集团的"群众满意荣誉证书"，编造了林业专家关于种植速生杨等树种的经济价值评估的研究成果，以获得购林人的信任。②

赵鹏运等人成立的亿霖集团及多家关联企业，在全国多个省市低价收购林地，有的甚至是荒地、无法养育树苗；有的因无人看护，受

---

① 王小青：《组织、领导传销活动罪解析》，载《中国检察官》，2009(5)。

② 亿霖传销案判决书节选，http://idc81.net/qiyeguwen/wzxw/html/? 528. html，2010-03-20。

虫害等自然灾害影响，已无林木。

根据赵鹏运等人策划，亿霖集团以分公司作为销售主体，分公司下设销售部，各销售部设部长、销售经理等四个等级，采用招聘、社区宣传、媒体广告或亲友间介绍等形式招聘员工、招揽客户。由迟宏刚、谷颜、叶红等人按统一口径对应聘人员或购林人进行"授课"培训，承诺"在亿霖集团投资购林能获得高额回报，合同期满，保证每亩15立方米的出材量，不足部分公司以自有林地予以补偿，公司按市场价格收购，管护费用由银行监管，对购买的林木有保险，所购买的林地有林权证"等。而后，各销售人员以亿霖集团的名义与购林人签订林业绿化工程合同、林业绿化工程管护合同、林业绿化木材收购合同。与此同时，亿霖集团长期招聘，大肆招募人员，形成上下线关系，不断吸引投资者高价购买林地，同时吸引相当部分的投资者加入亿霖集团成为销售人员。

在经营了一段时间后，陆续有购林群众发现"亿霖木业"提出的"长线投资"是一场骗局并向警方报案。2006年6月，赵鹏运等高层落网，公安机关依法扣押、冻结了亿霖集团的部分非法所得和资产，并于2007年2月8日依法查封了亿霖集团在北京的经营场所。"亿霖木业"的内部结构分为7个级别：老总——分公司负责人——销售部长——销售经理——销售主管——销售代表——购林者。所谓老总级别，即赵鹏运、赵代红、屠晓斌3人。普通购林者购10亩林地就有可能成为销售代表，而成为销售代表后再往上爬就需要推销出去的林地满足相应的数量级。在利益分成上，每卖出一亩林地从销售部长往下各提100元，销售部长提140元，真正的大头集中在公司高层手中。①

2009年3月23日上午北京市第二中级人民法院对"亿霖"非法传销案作出一审判决，法院认为，赵鹏运等28人违反国家规定，为获取非法利益，组织、领导传销团队，从事传销活动，其行为严重影响了市场经济的正常运行，扰乱了市场秩序，侵犯了国家对市场的管理制度，情节特别严重，已构成非法经营罪，依法均应惩处。赵鹏运等28名被告人因非法经营罪分别被判处15年至1年不等的有期徒刑。其中主犯赵鹏运被法院依法判处有期徒刑15年、并处罚金人民币3亿零

---

① 张盈：《亿霖敛财内幕——北京迄今为止最大的传销案警示》，载《中国林业产业》，2009(1)。

34万元。① 2009年6月17日，北京高级人民法院作出终审判决，对赵鹏运等其他24名被告人，维持原判，对于张建军等人依法减轻或免予刑事处罚。②

2. 世界通传销案

世界通的广告标榜"在家看广告就能赚钱"，其以高额的利益回报为诱饵，自2008年起，在国内多个省市疯狂宣传其代理模式。世界通公司对外宣称，其软件技术是公司的科研人员花了三年时间，耗资一千万美元研发的。通过这个软件，用户可以同时在电脑或手机每天点看至少30条DV视频广告，每条广告可以收益1角钱至1元钱，一张卡每月最少90元的收益。广告企业给钱被世界通公司定位为第三方埋单，是"世界通"所宣传的广告返利的来源。按照"世界通"的说法，商家每通过"世界通"发送一条广告，要支付两毛钱，一毛作为世界通公司的利润，一毛钱给点击广告的客户，世界通公司宣称这一模式是将营销学当中1P理论用于实践。

在这巨大的诱惑之下，"世界通"在全国大肆发展各级代理商，各级代理商可以以一定的折扣购入一定数量世界通软件卡，取得代理权和销售权。成为公司代理商后，除按级别享受不同的进货折扣外，代理商可以与世界通公司签订代理招商协议，协助进行招商，并在招商中获取各种利益。世界通公司将代理商从低到高分为6个级别，分别是零售代理商、三级代理商、二级代理商、一级代理商、县级代理商和市级代理商。成为代理商，必须要由老代理商介绍，而新加入的代理商则自动成为介绍人的下线，下线继续发展的代理商也均属于介绍人的下线，级别高的代理商可以从比自己级别低的下线的业绩中获得提成。确定代理商级别有两种方式，一种是根据首次购买量确定；另一种是根据代理商发展下线数和销售量逐级晋升。③

经查证，世纪通公司于2007年1月12日在香港注册，公司类别为"私人公司"，据知情人士透露，世界通法人代表施永兵与总裁戴兵实际为同一人——施永兵。而根据深圳工商信息网查询到的是，世界通仅在深圳拥有代表处。推广的软件系统是一款普通即时通信系统，其功能远不及其宣传的神奇，也从未取得过相关行业的认可。鉴定机

---

① http：//news. xinhuanet. com/newscenter/2009-03/23/content_11057040_1. htm，2010-03-20.

② http：//news. xinhuanet. com/fortune/2009-06/17/content_11556029. htm，2010-03-20.

③ 卢志坚、郑检轩：《点广告挣大钱：10亿元传销帝国终覆灭》，载《检察日报》，2009-10-24.

构的结论认为"世界通"的软件并非像公司宣传的那样，具备了尖端科技，在市场的同类产品中，甚至显得过于简单。此外，世界通公司自成立以来并没有如其所宣传的获得任何广告收入，其所推广的系统中播放的广告几乎都是无主广告和试播广告，经调查所涉广告商户均未曾付费。其运行整个"公司"所耗费的用户广告返利资金，全部来自于新加入世界通公司的代理商购买软件卡的钱，公司是以循环滚动方式填补资金空白。

2008 年 8 月 1 日，玉林市工商局认定黄某在苏某的介绍下，于 2008 年 6 月 23 日以 23976 元一次购 30 张世界通 World 软件，取得了世界通三级代理资格。至案发，黄某发展了朱某、温某等 5 人缴纳入门费加入"世界通"，获得了提成 8121.92 元。玉林市工商局认为黄某上述行为已构成了《禁止传销条例》第 7 条规定的传销行为，遂履行告知等相关程序后，依照该条例第 24 条第三款的规定对黄某作出立即改正违法行为并处以 2000 元罚款的处罚决定。黄某不服，遂向一审法院提出行政诉讼，后玉林市工商局提出上诉。2009 年 8 月，玉林市工商局查处"世界通"传销案在玉林市中级人民法院审理终结，玉林市中级人民法院审理后认为，涉案人黄某购买了世界通软件，成为三级代理商或零售经销点，取得了招商资格，得到了世界通公司 8%～10%共 8121.92 元的提成，牟取了非法利益。世界通公司以每天向软件购买者的每张卡发送 30 条短信获得回复后每条短信奖励 0.1 元等方法为利诱，引诱社会公众参加。因此，法院认定黄某与其介绍的下线认购人之间形成了事实上的上下线关系，黄某实际上又已从被其介绍的下线认购商品的款额计算和得到了报酬，其行为已符合《禁止传销条例》第 7 条第(二)、(三)项的规定，从事"世界通"被确认为传销行为，维持玉林市工商局作出的 71 号处罚决定。① 2009 年 7 月，依照公安部、国家工商总局部署，江苏省镇江警方抓获 10 名世界通公司负责领导组织传销的高层人员，施永兵、强科信等主要犯罪嫌疑人被批准逮捕。之后，公安部、国家工商总局又进一步对全国各地的"世界通"残余进行了全面查处。截至案发，"世界通"公司已在全国 20 余个省、市、自治区发展 6 个层次的代理商数万人、销售软件卡 480 余万张、非法敛财 10 亿余元。

3. 云南蒙自"人力资源连锁业"

在 2009 年 10 月 24 日中央电视台第二频道《经济半小时》播出节目

---

① http://www.gx.xinhuanet.com/dtzx/2009-08/18/content_17430315.htm，2010-03-20.

"云南蒙自：十五万大军政府广场上演传销骗局"，节目中介绍了出现在云南蒙自一个传销组织。

在国内通常的传销组织中，往往是采取组织成员集中的方式维系传销组织的长期稳定性，但在这个传销组织中，并不会集中起来吃、住、上课，没有任何人身自由的限制，也不会用暴力手段强迫加入者欺骗自己的亲人朋友。在这个组织中，必须由介绍者负责领入新人，新人可以对组织的常规活动进行参观，期间由介绍者负责吃住，新人在一个月后可以自主决定是否加入组织，加入组织之后上级还会给一笔包装费。在组织中，以国家西部开发等国家宏观调控政策为由，要做这个人力资源连锁项目，每人至少得交 3800 元申购一个资格，其中 3800 元中会返回 1700 元用作生活费用，以后只需发展三个人，每发展一个人，就可以得到直接提成。当名下的份额达到 600 份后，就可以出局，拿到这个行业最诱人的天价月工资。

在蒙自县的一次打击活动中，一名叫张某的连锁业高级经理在被抓获后透露，其从 2004 年开始来到蒙自从事所谓的"人力资源连锁业"，但在发展到 200 份以后，他就再也叫不到人了，在高层领导的授意下，他开始扮演起了假高级的身份。为了尽快出局拿到天价工资，他想方设法买足了经理线，但是"买上去之后，第二月就找他们拿 6 万到 10 万的保底工资，他们跟我讲其实根本没有。没有到 600 份什么事情都不知道，到了 600 份才知道钱都被高级分掉了，知道是骗局却太晚了"。

2009 年 11 月 5 日，云南省蒙自县人民检察院首次以"组织、领导传销活动罪"提起公诉（在此前的案件中，公诉机关均以非法经营罪提起公诉），云南省蒙自县人民法院组成合议庭依法公开开庭审理了王福春组织、领导传销活动一案并当庭宣判，以组织、领导传销活动罪判处其有期徒刑 3 年，并处罚金 25 万元。

法庭审理查明，王福春于 2005 年 9 月经倪淑华介绍到云南省楚雄市，从事传销活动，2006 年转移到蒙自，在蒙自继续开展传销活动。王福春自加入"连锁销售"以来组织发展了王隆昌、周长梅、王福祥等人为其下线，在蒙自县又通过下线分别发展了王福超、唐庆发、付荣春、张娜、于永跃、林洋、慈元荣等人加入，王福春在该传销体系中已达到高级业务员的级别。法庭认为，被告人王福春以谋取非法利益为目的，以发展他人参与"连锁销售"的方式骗取财物，其行为扰乱了社会经济秩序，已构成组织、领导传销活动罪。①

---

① http：//www.szfalv.com/news.php? id=4332，2010-03-20.

(三)传销组织与传销活动的经济模型

通过对上述三个典型传销大案的比较分析，不难发现，这些传销活动的经济运营模式始终以层级结构、返利返酬为轴心。所有的传销参与者都在鼓吹自己的经营模式是如何的与众不同，但是无论他们以什么样的说辞开始，最终的结尾都必定是落脚到提升倍增结构和加快返利返酬机制的运行。仔细观察后不难发现，所有的返利机制都几乎套用同样的数据模式——引进一人作为下线可获得固定的比例的提成额，当自己的下线再发展次下线时，就可以再得到另一比例的提成额，这样，自己以下的子体系越庞大，从其中获得的提成额越高。

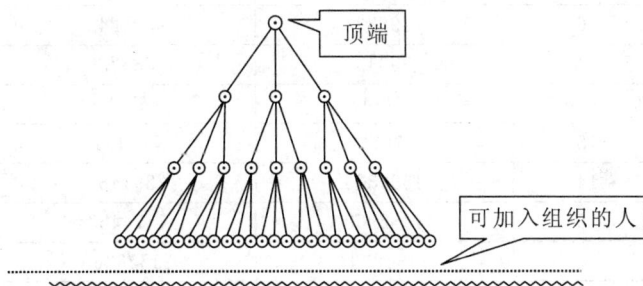

图一

图一就是传销中所宣扬的以几何倍增原理发展下线的一种模拟图，依照"亿霖传销案"和"世界通传销案"的基本模式，这两大案件都存在稳定的顶端，且顶端以合法化为外衣，宣传整个体系是一个"完整、健全的商业运作模式"，其中有"正常"的商品流通，商品可以被销售，所有的盈利都来自于销售所得。

然而，借用网上广泛流传的一个表格(表一)，不难发现，这种多层级结构发展模式发展到第 20 代的时候其总人数就已经远超过中国的既有人口了。也就是说，第 20 代以后就不可能像各传销组织描述的那样"利润来自于销售"，因为消费市场已经不可能存在。

针对这样一个销售网络发展如此迅速的体系，如果是正常的商业运作，那么在整个的销售结构的上游，首先，要有足够量的产品供应，以满足销售网络的及时填充，回顾直销行业的诞生历程，这也正是直销行业能够得以发展的重要契机之一；其次，这些供应产品是可以被市场消费的商品；再次，也是非常容易被忽略的一个方面，那就是要有强大的物流流通保证商品的供应(见图二)。

表一

代	每一代的人数	网络总人数
1	1	1
2	3	4
3	9	13
4	27	40
5	81	121
6	243	364
7	729	1093
8	2187	3280
9	6561	9841
10	19683	29524
11	59049	88573
12	177147	265720
13	531441	797161
14	1594323	2391484
15	4782969	7174453
16	14348907	21523360
17	43046721	64570081
18	129140163	193710244
19	387420489	581130733
20	1162261467	1743392200

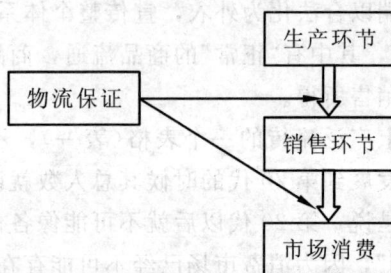

图二

一旦物流流通不能满足销售网络的发展需求，那么就意味着在这一环节实际销售可能性的否定，失去了实际的销售可能性。在此时，为了保持网络存在，网络间的商业行为极易由原来的货物销售代理行为转为一种纯粹销售可能性的移转，也就是买空卖空的行为。而这种销售可能性的移转行为非常危险，由于其中不涉及任何的价值流转，仅仅只是货币的移转。这种移转超前于货物的销售填充，且不能保证销售填充的及时补给，那么，很快体系的所有者和控制者们就会发现，当销售者对物流的关注不够时，将货物抽离出体系是完全可能的，这样既省掉了整个的生产环节，而且减去了货物的移转时间，这样一来货币的移转速度会更加的迅速。一旦体系所有者和控制者的想法付诸实施，生产便被省略了，这个原本良性的商业运作模式就会完全的脱离正常轨道，变得只有货币源源不断的涌入，而没有产品的流出。没有商品就没有市场，所谓的"销售"体系继而跟市场脱离，完全的独立出来，"销售"就成了内部的自我消化，而整个体系也就完全脱离了"经营"的概念，成为彻头彻尾的货币再分配移动。通俗地说，就是相当于钱从多个人的口袋汇总到一个人的口袋，只是单纯的实现了货币的集中，但是绝对不产生任何的价值效益。

　　当一个"销售"体系开始自我消化时，危机的爆发就不远了。体系的自我消化会不断迫使体系扩大以满足消化需要，为了维系这个体系继续存在，就要设计一整套的机制，一方面诱惑更多的人加入到体系之中以供消化；另一方面也需要稳定已有部分，使得体系保持现有规模，不要分裂。这样的一套机制最行之有效的就是层级返利返酬，体系的所有者和控制者不停地宣传这种层级返利返酬的快速致富效应，同时也会真实的拿出一部分货币稳定高层，避免体系分裂。

　　体系的分裂就是云南蒙自"人力资源连锁业"中所描述的"出局"。诚如那位张姓经理所言，不可能存在真正意义上的安全出局，要么就是净身出局，彻底放弃前期投入，要么就只可能是分裂，自己在完全了解传销组织的运行方式之后，以自己为新的顶端，独立于原有的组织而形成新的传销组织，使新加入的货币流向归于自己。质言之，假使真的存在高层安全出局，那么在一个高层出局之后他之下的体系如何继续存在？传销组织的组成看似庞大，实则为简单叠加，根本没有预设这种无高层的下限管理，那么所谓高层出局最大地可能性就是高层将自己的下线体系与原有体系分裂开来，自己从原来的体系领导者成为新的体系中的"顶端"。

　　传销的组织者就是看准了这样运行机制的可利用性，要么虚化上游产品，如"世界通传销案"中的商品，借助数字资源复制的便利与无成本，用近乎免费的无用资源作为整个网络流通的借口，这种商品从一开始就不需要抽离，因为其根本没有任何的价值可言，成本也几乎可以忽略不计；要么就故意选择不需要进行物流流通的商品，如"亿霖传销案"中的林业资源，林业由于其自身的特点，在投资之初是不可能进行实体商品流通的，实际上在流转的只是一张张"林业证"，这些"林业证"的成本，也不过是一张纸而已；要么就直接模糊产品，编造如云南蒙自的"人力资源连锁业"一样的虚无名词，将产品说成是国家的宏观建设返利。其实后者的经营宣传已经非常弱化，接近了集资诈骗的边缘。

传销的组织者从来不强调市场，因为他们很清楚，市场对于传销而言是没有意义的，也是不可能存在的。他们在整个的体系描述中偷换概念，将正常的商业运行流程完全弱化生产环节与市场消化环节(即实际销售给最终消费者的环节)，仅仅强调销售环节。销售环节固然重要，但是在失去了生产、消费之后，诚如前文所述的 Direct Selling 与 Direct Marketing 的本质区别，脱离了 Selling(销售)，单纯的 Marketing(营销)是不可能独立成为一种市场运作模式，也就是说，传销不可能成为一种商业运作模式。

(四)传销行为的特征

在《禁止传销条例》的基础上，《刑法修正案(七)》对传销犯罪进行了明确的犯罪圈划定，也由此厘清了传销犯罪区别于其他犯罪及一般违法行为的基本特征。结合前文对传销犯罪的经济分析，将传销犯罪活动的特征归纳如下。

1. 违背正常的商业规律，不属于经营行为

传销经历了长时间的发展，其手段、方法不断更新演变，其巧立的名目不断推陈出新。随着网络的迅猛发展，新型网络传销也骤然兴起。这些都是不法分子为了引诱参与者，利用信息不对称而编造的新的传销载体。无论这些载体的形式如何变化，其本质定位是不变的，即载体在经济上不具有价值，或是价值很小不足以同投入相对称，或是价值不可能实现。同时这些载体的生产环节被省略，并且不可能实现最终消费市场的产品消化。一个载体如果几乎没有生产过程，也几乎没有价值，且载体流通被置空，那么这个载体就不可能存在正常的商业流转，也就不可能依托这个载体形成经营行为。

传销者不断地宣扬层级销售、承诺高额回报，但却不公开产品的生产和最终销售信息(最终销售是指销售给消费该产品的消费者的最后一次销售行为)，仅仅强调所谓"销售"环节。传销者并不以销售为目的，而是希望借助载体吸纳资金进入传销组织之中。而且整个的资金移动只是简单层级的汇加，其中不包含任何的价值创造，资本也没有经过正常"资本—产品—新生资本"的经济流通过程，违背正常的商业规律，并不是商业运作模式，不属于经营行为。

2. 欺骗贯穿整个传销行为

传销活动普遍带有欺骗性，整个过程都贯穿着欺骗和邪恶。从组织结构策定伊始，就形成经营的虚假外观，然后用欺诈进行邀约，普遍依靠欺诈既有关系来发展人员，继而对被骗人员进行"洗脑"、"攻心"，这些都是传销活动中惯用的欺诈手段。

传销组织往往先套用"直销"、"连锁销售"等现代营销理念，假造根本不存在的"重大产业"。常常以"介绍工作"、"做生意"等名义，以高额回报为诱饵将亲朋好友诱至外地。接着，他们采用虚构事实、隐瞒真相的方法，开始不断地宣传"诱惑"，鼓吹各种迅速致富的"捷径"。传销组织的基本欺诈形态就是利用种种宣传、诱惑，极尽可能地激发人内心的最原始的贪欲，迅速改变人的思维方式、道德观念、行为方式。在高强度、高频率的诱惑刺激之下，参与者对传销这种严重背离经济规律的行为模式会丧失识别和分析能力，完全相信传销所宣扬的快速带来巨额经济利益的"致富神话"，从而为了尽快取得高额的回报而自愿地缴出"会员费"、"入门费"等费用，并积极主动的发展下线。①传销的经营模式违背正常的商业规律，其实质就是大量参与者的财富汇集到少量组织者、领导者的手中。

为了保持财富的规模既需要不断的欺骗新的参与者，还要稳定既有的传销组织内的成员，这种维护的过程也是欺骗的过程。层级计酬的复杂设计就是以"拖"赢得入门费与返利、返酬时间差，在时间差之内尽量多的发展参与者，以实现财富的迅速汇集。同时，以晋级为诱饵，诱使传销组织内的成员不断地吸收发展新的成员以扩张传销组织的规模。

3. 以诈取钱财为目的

传销发展近 70 年，经历了形式多变的"推陈出新"，无论怎样变化，有一点是不变的，那就是其发展新成员必然要求新成员向传销组织带入资金。无论是以缴纳入门费用，还是要求购买商品或服务等获得入门资格，其最终的目的就是资金的带入，发展传销规模也不过是让资金带入的更多、更快。快速的非法敛财是传销活动在我国迅速蔓延开来的主要原因，也是该行为社会危害表现最为突出的一个方面，通过传销活动来牟取非法经济利益也是参与传销人员的根本目的。

---

① 董文蕙：《论组织、领导传销活动罪——兼解读〈刑法修正案（七）〉第四条》，载《宁夏大学学报》，2009(4)。

4. 层级明显，涉众广泛

尽管每一个传销组织所采取的层级计算方式和层级名称略有不同，但是这种层级结构和基本的返利、返酬原理都是一致的。层级结构在整个传销活动的运作过程中起着非常重要的作用。一方面，组织者通过层级结构涉及利诱机制，吸引参与者为了高额的晋级返利、返酬而加入到传销组织中来；另一方面，领导者经由层级结构对整个传销体系进行管理、维系，对传销体系进行人员控制，以保证传销组织的规模。

涉众型经济犯罪是指在经济运行领域，以高额回报等虚假信息为诱饵，以众多不特定公众为侵害对象，非法牟取巨额财产，破坏市场经济秩序，并危及社会稳定，依照刑法应受刑罚处罚的行为。①传销组织的几何倍增模式会在较短的时间内吸收相当规模的参与者，往往涉案金额较大，范围较广，属于涉众型经济犯罪。当涉及人数达到一定的程度，极易引发受害人群体性事件，甚至爆发恶性案件，对当地的经济秩序、社会秩序都造成相当恶劣的影响。

现阶段传销活动已经发展得相当复杂、综合，"拉人头"、"收入门费"、层级返利、返酬等传销形式往往交叉存在，但是不难发现，传销活动之所以区别于其他的活动，始终是以进行经营性活动为名，采用层级增长模式，并用高额的返利、返酬机制引诱新的参与者加入，意图骗取财物。整个传销活动不具备充足的实质性的生产，也不进行针对基本消费行为的直接销售，几乎不存在物流流通，仅仅存在"营销"团队的自我扩充，而这种自我扩充始终是重复的空白签约行为，只是作为资本的一种引入途径。传销活动的资本来源完全依赖于新参与者的资本带入，资本仅在传销体系内部通过返利机制进行简单的转移。

传销活动中，个体的行为分为组织行为、领导行为、参加行为、引诱参加行为。这四种行为不存在主体同一性的互斥，但存在主体同一与时间同一性的互斥，即同一主体可以在不同时间分别进行四种行为的一种，但是同一主体不可能在同一时间同时进行其中的两种行为。

四、组织、领导传销活动罪的客观方面

《刑法修正案（七）》对组织、领导传销活动的行为特征做了简单的外部特征描述，而没有对传销行为的本质进行抽离概括，这样的描述

---

① 孟庆丰：《涉众型经济犯罪问题探讨》，载《公安研究》，2007(11)。

与以往立法的习惯不同，用的不是比较概括抽象的表述，而是描述性语言。对于组织、领导传销活动罪的客观方面，需要注意以下几个方面的问题。

(一)关于传销犯罪的形式

传销活动都有一定的组织形式，一般以公司名义，对外以生产销售商品或提供服务等经营性活动为名，披上"经营"的外衣，对参加传销活动的人员进行洗脑，使参加人信以为真，最后层层套取参加人的"入门费"或提成。① 传销行为的整个过程都始终贯穿着欺骗。整个传销组织在构架伊始就笼罩在"经营性活动"的虚假表象之下。在前文的描述中已经提到，尽管传销组织不可能进行正常的、符合市场运作基本规律的经营活动，但是传销组织仍会用各种骗辞来保持其"经营活动"的外观样态，这是传销组织借以吸引人员的扩张和资本的转移式汇总的重要基础，也是传销组织区别于其他犯罪行为的一个方面。

在传销组织的体系维系过程中，一方面，传销组织会强调整个传销活动会进行具体的经营性活动，并且这种经营会带来巨额的"经营性收益"，这是传销组织诱骗参与者加入传销的诱饵，进而骗使参与者进行"经营性投资"；另一方面，为了维系庞大的传销网络，传销组织还要继续以进行"经营性活动"的名义对参与者进行管理。对此，我们需要透过传销的本质，进而认定传销犯罪的刑事责任。

(二)关于传销的层级返利机制及资本模式

《刑法修正案(七)》将传销组织的层级返利机制和资本模式描述为："要求参与者以缴纳费用或者购买商品、服务等方式获得加入资格，并按照一定顺序组成层级，直接或间接以发展人员的数量作为计酬或者返利依据……"层级发展模式以及复额的返利机制是促使传销组织迅速增长的核心，也是判定一个组织形式是否涉嫌传销的决定性条件。这些都是最直观的外观特征，有利于迅速判断。

至于资本模式的认定则需要将整个组织的活动套入传销活动的行为界定之中予以验证，如果整个活动在标榜销售的同时，缺乏实质性的生产环节和针对基本消费行为的直接销售环节，在经营理念中刻意弱化商品物流流通，几乎将全部的发展力都集中于销售层级扩大和返利追求，除新参与者的资本带入外很难查找到有依据的资本来源，那

---

① 张凌、黄福涛：《组织、领导传销罪的刑法认定与司法处理》，载赵秉志、陈忠林、齐文远主编：《新中国刑法60年巡礼 下卷：聚焦〈刑法修正案(七)〉》，1153页，北京，中国人民公安大学出版社，2009。

么这种资本模式就可以认定为传销式资本模式,即整个组织的资本来源于每一个参与者的原始带入,就整个组织而言,不存在资本的经营流转,只存在资本由多部分人向小部分人的简单转移。

(三)关于"组织"、"领导"的具体含义

在一般的集团类型的犯罪中,通常都可以比较容易的根据犯罪人员的分工确定犯罪活动中实施组织、领导行为的组织者和领导者,究其原因大多因为这些犯罪组织相对独立,且往往成员不多,组织内部的人员角色容易确定,组织中人员的定位也比较容易辨认,由此其中的组织者与领导者容易判断。然而,基于传销活动中人员自我定义的复杂性以及其"金字塔"型的销售模式,对犯罪分子的组织、领导行为的确定一直是司法实践中的难点。根据对组织、领导行为的传统理解,在传销组织中似乎除了最底层的销售人员,其他层级的传销人员都存在或广或狭的组织和领导行为,有时候的领导可能只是下线的三个人甚至是一个人。但是我国的犯罪圈划定不同于大陆法系的国家,刑法不可能对这些仅仅存在参与行为的涉传人员都进行犯罪化打击。对于那些有引诱参加行为的行为人,刑事立法的立意也不是要打击这些在传销组织中出于盲从地位的传销人员,因此正确理解传销活动中的组织、领导行为尤其重要。

诚如前文所述,传销活动中,个体的行为分为组织行为、领导行为、参加行为、引诱参加行为。这四种行为不存在主体同一性的互斥,但存在主体同一与时间同一性的互斥,即同一主体可以在不同时间分别进行四种行为的一种,但是同一主体不可能在同一时间同时进行其中的两种行为。

我国刑法并没有将参加行为与引诱参加行为作为犯罪处理,也是体现了刑法对传销犯罪的谦抑性处理。近年来查处的传销案例所涉人数惊人,其中绝大多数为普通参与者,他们的行为基本局限于参加行为和简单的引诱参加行为,而且这些参与者只有作为一个整体时才对传销组织的行为产生作用,如果单就某一个参与者而言,其只是为传销组织带来资本或扩展新的资本源,并不可能影响传销组织的整体运行。而且,由于传销组织的细化领导模式,这些处于同一位阶的参与者不可能形成联合整体。此外这些人由于层级较低,尚未拿回投入资本,也就不可能侵犯他人的财产利益,只是成为了传销组织中的牺牲品,这些普通参与者往往是最终的受害者。由此可见,这些只能进行参与行为和引诱参与行为的底层级参与者,不可能对刑法所保护的客体产生直接的危害,故刑法也没有必要对这些参与者定罪处罚。

由前文不断强调的经济运行模式不难发现，整个传销组织、传销活动的机制运行和体系维持都依靠传销组织中的组织行为与领导行为。整个的庞大的传销体系的维系框架就是组织行为与领导行为，组织者与领导者始终处于主动地位，组织者统筹整个体系的发展、运行，而领导者则保证体系的组织维系。

具体而言，组织行为是指行为人在选择传销模式之后，首次倡导、发起、召集资源，进行传销活动，并意图建立传销活动组织的行为，或者是在既有的传销组织中拥有充足下线资源的行为人与原既有传销组织分裂，从而形成新的独立的传销组织的行为。这两种方式形成的传销组织都是独立的传销组织，该组织具有自己独立的组织体系。[①]

传销活动中的领导行为主要是指对传销体系整体的维系行为。这种维系，是对现有规模的保持和再发展的较高层次的领导，也就是说只有当领导者的下线资源维系是关系到整个组织的基本规模时，这种领导行为才是刑法规制意义之下的领导行为。因为这种意义下的领导行为就是为了维系体系而服务的，其管理方式综合了不断地利益引诱和一定的暴力手段。更低层次的带领行为其实应当属于引诱参加行为，因为其中仅仅包含利益引诱，极少涉及暴力手段。暴力手段主要是为了维持人员数目的稳定和保护组织的隐蔽性对企图脱离传销组织的成员实施的，其严重程度不一，但是都侵犯了相关成员的正常生活秩序，对社会的稳定造成很恶劣的影响。这就对刑法所保护的客体产生了直接的危害。

（四）关于行为的立法模式

1. 行为犯模式

从组织、领导传销活动罪的刑法表述来看，本罪规制的指向是组织、领导传销活动，也就是说只要实施了组织、领导传销活动的行为，就构成了该罪，而不论组织、领导传销活动是否已经形成有规模的组织。此外，行为人组织、领导的传销活动是否大规模开展，是否造成严重结果，均不影响本罪的成立。对此，我国著名刑法学家赵秉志教授曾在一次访谈中充分肯定确立这一罪名的意义，"在犯罪形态上，本罪为行为犯，只要行为人实施了对传销活动的组织、领导行为，即可构成犯罪。将该罪设置为行为犯有利于惩治该罪的预备犯，体现了立法对传销行为的严厉打击态度"。

[①]　李明：《关于组织领导非法传销罪的几个疑难问题分析》，载《湖北社会科学》，2009(7)。

2. 不作为构成犯罪的问题

不作为犯罪是与作为犯罪相对应的另一种形式危害行为，是指有实施某种行为的特定义务的行为人，在能够履行特定义务的情况下不履行而造成危害的行为。一般来说，某一犯罪是否可以以不作为的方式构成，关键在于能否认定行为人负有特定的法律义务。只有当明确行为人负有实施某种行为的义务并且能够实施，同时却没有实施时，才能称为不作为犯罪。鉴于直销与传销的特殊联系，直销网络的经营者往往非常容易在非法传销活动中扮演重要角色，因而有些国家十分强调直销网络经营者在预防和打击传销犯罪中的积极作用，而对直销网络经营者规定了一定的作为义务，如加拿大《竞争法》第55条规定："一个多层次传销网络的经营者应该担保：该多层次传销组织中的任何参与者和经营者向未来可能参与者描述其多层次传销网络参与者收益时，要公正合理适中，是描述人所掌握的事实。经营者违反上述义务，如果证明自己坚持谨慎的态度并努力采取行动贯彻了以下两点，他将无罪。他努力使该多层次传销网络中的参与者，或他的代理人，不做有关该多层次网络中参与者收益的描述。他努力使该多层次传销网络中的参与者，或他的代理人，做有关多层次传销网络中参与者的收益描述时，要公正合理适中，是描述人掌握的事实。"上述规定实际上设定了直销网络经营者担保的法定义务。这就有了不作为构成传销犯罪的前提。就我国刑法而言，当前法律并未规定有关人员诸如上述担保等义务，同时也没有有关行业规定等其他方面的特定义务存在。如前所述，不作为行为成立必须以行为人负有特定的义务为前提，而我国非法传销组织者经营者在法律和事实上并不负有如此的义务，因此就目前而言，传销犯罪不包括不作为犯罪的形态。

分析组织、领导传销活动罪法条描述的行为方式，可以看出，我们规定的组织、领导行为属于一种积极的行为状态，行为人必须采取积极主动的实施方式方可完成发展下线或收取入门费等非法传销行为，因此该种行为只能由作为的行为构成，不作为行为不能构成非法传销行为。

五、组织、领导传销活动罪客体的理解与把握

目前针对本罪客体的观点比较一致，即认为本罪属复杂客体，但对主要客体、次要客体的界定存在争议。本罪不仅涉及财产的集中，也涉及人员的高密度汇集，这显然既侵犯了社会主义市场经济秩序，

又危害了社会管理秩序，同时还侵犯了参与者的财产权益。

在现今中国的刑法体系下，《刑法修正案（七）》将组织、领导传销活动罪设置于《刑法》扰乱市场经济秩序罪一章中，可见该类犯罪行为首先危害到的就是社会正常的市场经济秩序，并且这种对市场经济秩序的影响是普遍的、严重的，这在条文"扰乱经济社会秩序"的表述明确了社会主义市场经济秩序这一客体作为主要客体的应然之意。①

而从传销活动本身的行为特点出发，尽管传销活动本身不属于商业运作，但是其具备经营性活动的外观，并且其在活动过程中始终强调其经营性和高利润回报，凭借巨额的回报引诱，大量吸收社会资金，严重影响正常的融资行为，妨害社会经济环境的良性发展；此外，传销组织还汇集了高密度的人员，这些人员来自于社会经济的各个领域，因为传销组织而汇集到一起，因为传销活动不包含任何的经营性活动，这些人员也就脱离了原来的经济岗位，一方面，造成了原有经济发展的阻碍；另一方面，这些人员在传销活动期间不可能创造价值，这就造成了相当数量的人力资源浪费。

传销组织为了实现自身的利益需要，违背正常的社会道德，不断鼓动参与人员拉拢各自原有的社会关系。传销组织的人员体系的确很庞大，但这个体系的关系形式却很简单，正如各个传销组织在其宣传材料中所宣扬的"平等理念"，每个人进入体系后都是一样的，彼此之间原有的关系都会变成单纯的组织关系。这就破坏了原有的正常社会公共秩序。要维系这种体系庞大、人员堆叠简单的系统，依靠传统的人员管理来建立一个新秩序根本不可能实现。传销活动中的领导行为就是为了维系体系而服务的，其管理方式非常简单，就是不断地利益引诱和一定的暴力手段。暴力手段主要是为了维持人员数目的稳定和保护组织的隐蔽性对企图脱离传销组织的成员实施的，其严重程度不一，但是都侵犯了相关成员的正常生活秩序，对社会的稳定造成很恶劣的影响。此外，大量的人员密集，加之缺乏合理管理，这就给当地的社会稳定带来了隐患，而这个脆弱的体系一旦崩溃，人员失控必然会导致社会秩序的大幅度动荡。因此，正常、稳定的社会公共秩序也是本罪的客体之一，但是相较于经济秩序而言，传销活动对公共秩序的威胁更多的体现为隐性破坏或者是潜在隐患。

故此，组织、领导传销活动罪的主要客体为社会主义市场经济秩序，社会公共秩序和参与者的财产利益属于该罪的次要客体。

---

① 赵桂平：《非法传销罪研究》，11 页，中国政法大学 2009 年硕士学位论文。

六、"情节严重"的司法认定

实践中何为情节严重，主要应从行为人组织、领导传销活动涉案财物金额，诱骗、发展参与传销人员数量，给他人造成财产损失的数额或者造成其他后果的情况，传销活动影响社会秩序的程度等方面考虑。组织、领导传销活动，敛取财物数额特别巨大的，或者所组织、领导传销组织的参与人员数量特别众多的，或者所组织、领导的传销活动造成大量人员倾家荡产、生活无着的，造成参与者自杀等严重后果的，或者所组织、领导的传销组织聚集大量人员，发生冲击执法机关等群体性事件，严重影响社会秩序和稳定的等情形都属于"情节严重"。①

具体就传销组织的外观而言具有以下特点。

一是网络营销层级和人数。作为一种"金字塔"型的销售模式，如果只有"塔顶"的人活动，是谈不上情节严重的，至少应当形成了四级以上级别的销售网络，形成了50人以上的传销组织，才可以称为情节严重。因为达到了四级以上级别的销售网络和50人以上的传销组织，该传销组织就达到一定规模，在一定的地区或人群之中形成了相当的社会危害性。

二是使用手段的危害性。往往仅仅使用高额回报、赚钱快等欺骗性手段不容易将相当数额的人群固定在既有传销网络之中，为了维系网络的持久性，传销组织往往会简单粗暴的使用了胁迫、拘禁或殴打等暴力手段以吸引或留下参与人员，如果此类暴力手段造成了参与人重伤或死亡的危害后果则可以认定为情节严重。因为这些手段的使用，充分展示了组织、领导者的主观恶性，应当予以严惩。

三是涉案金额。组织、领导传销活动罪属于以牟取非法利益为目的的扰乱市场秩序的犯罪，其重要的危害性就是带来了受害人经济上的损失，涉传数额的大小直接反映出传销犯罪对社会危害的程度，因此犯罪情节的轻重与数额的大小有着直接的关系。由于组织、领导传销活动罪与集资诈骗罪的犯罪性质及其社会危害性比较类似，其量刑幅度也大体相同。因此，在情节是否严重上可以参考集资诈骗罪的相关标准。根据有关司法解释，个人进行集资诈骗数额在20万元以上的，属于数额巨大；个人进行集资诈骗数额在100万元以上的，属于

---

① 雷建斌：《组织、领导传销活动罪的理解与适用》，载《法制建设》，2009(6)。

数额特别巨大。那么，作为组织、领导传销活动罪，只要数额达到 20 万元以上的，就可以归于情节严重的情形，如果是达到 100 万元以上，就应当属于情节特别严重的情形，虽然刑法修正案并没有在条文里做具体规定"情节特别严重"的量刑幅度，但在量刑上却可以做不同的区分。除此之外，如果因传销行为受过两次以上行政处罚的，或者造成极其恶劣的社会影响的传销行为，也可以视为情节严重。

总之，情节是否严重，除了一些特定的情节外，还应当综合考虑，考虑上述各种因素，根据社会危害性的大小来确定情节是否严重。①

七、组织、领导传销活动罪的犯罪界限

(一)组织、领导传销活动罪与一般违法行为的界限

长期以来，我国对传销行为的法律调整都是以行政手段为主，且积累了一定的处理经验，虽然《刑法修正案(七)》的出台为传销活动的惩治提供了刑法保障，但基于刑法谦抑性的法治精神，国务院的行政条例还会继续在处理传销活动方面发挥相当重要的作用。行政法规与刑法所调整的内容不尽相同，二者并不矛盾。

自 20 世纪 90 年代至《刑法修正案(七)》颁布，我国对传销活动的针对性惩治基本以行政法规为主，刑事法律为辅，《刑法》条文中并没有针对传销犯罪的专门罪名。

1994 年 8 月 11 日国家工商行政管理局在国务院的指示下发布了《关于制止多层次传销活动中违法行为的通告》，坚决查处多层次直销行为中的违法行为。然而相当一段时期内，行政法规仅仅针对的是所谓的传销活动中的违法行为，并没有对传销活动进行法律概念表述或行为特征描述。

1998 年 4 月 18 日，国务院颁发《关于禁止传销经营活动的通知》(国发[1998]10 号)，首次涉及传销行为的特点——"组织上的封闭性、交易上的隐蔽性、传销人员的分散性等"，并列举了"双赢制、电脑排网、框架营销等"传销形式，以"骗取入会费、加盟费、许可费、培训费"为目的的传销模式，强调"利用传销进行价格欺诈、骗取钱财，推销假冒伪劣产品、走私产品，牟取暴利，偷逃税收"等行为"严重损害消费者的利益，干扰正常的经济秩序"。虽然这对传销活动的描述并不全面，但是已经开始了对传销活动所侵犯的法律客体的尝试性描述，

---

① 李明：《关于组织领导非法传销罪的几个疑难问题分析》，载《湖北社会科学》，2009(7)。

即消费者的利益和正常的经济秩序。相较于现在传销复杂化、多样化的态势，这种表述显然有失偏颇，但是仅就当时的传销活动现状而言，依然具有相当重要的理论意义。

2000 年 8 月 13 日，国务院办公厅转发工商局等部门《关于严厉打击传销和变相传销等非法经营活动意见的通知》（国办发［2000］第 55 号），对传销行为有了比较系统的表述："（一）经营者通过发展人员、组织网络从事无店铺经营活动，参与者之间上线从下线的营销业绩中提取报酬的；（二）参与者通过交纳入门费或以认购商品（含服务，下同）等变相交纳入门费的方式，取得加入、介绍或发展他人加入的资格，并以此获取回报的；（三）先参与者从发展的下线成员所交纳费用中获取收益，且收益数额由其加入的先后顺序决定的；（四）组织者的收益主要来自参与者交纳的入门费或以认购商品等方式变相交纳的费用的；（五）组织者利用后参与者所交付的部分费用支付先参与者的报酬维持运作的；（六）其他通过发展人员、组织网络或以高额回报为诱饵招揽人员从事变相传销活动的。"上述六条比较系统的描述了传销活动的网络组织特征、返利机制、拉人头与交入门费的基本运作模式，概括准确，但是出于行政便利的需要，该规定以行政打击为基本出发点，惩治重点是捣毁传销组织，并未设定对其中所涉传销人员的处理方式，故对传销的认定只是局限在组织形式、组织行为等组织整体的外部特征上，将经营者、参与者作为两个方面，将上线、下线进行简单划分，并不对组织内部的经济运行机制进行详细分析，也不对传销活动的本质运行进行抽离。这就为以后应对变种传销、复杂传销的认定和整治带来了难度。

2001 年 3 月 29 日最高人民法院发布了《关于情节严重的传销或者变相传销行为如何定性问题的批复》（法释［2001］11 号），迈出了我国法律从刑事角度惩治传销活动的重要一步，这也成为在《刑法修正案（七）》出台之前司法机关惩治传销犯罪的主要依据："对于 1998 年 4 月 18 日国务院《关于禁止传销经营活动的通知》发布以后，仍然从事传销或者变相传销活动，扰乱市场秩序，情节严重的，应当依照《刑法》第 225 条第（四）项的规定，以非法经营罪定罪处罚。实施上述犯罪，同时构成刑法规定的其他犯罪的，依照处罚较重的规定定罪处罚。"这种定罪方式是以传销行为为对象的"基础犯罪＋相关犯罪"的定性模式，以非法经营罪为基础犯罪，采取从一重罪处断的原则。但是，最高人民检察院于 2003 年 3 月 21 日出台了另外一个解释，即《关于 1998 年 4 月 18 日以前的传销或者变相传销行为如何处理的答复》，规定："对

1998 年 4 月 18 日国务院发布《关于禁止传销经营活动的通知》以前的传销或者变相传销行为，不宜以非法经营罪追究刑事责任。行为人在传销或者变相传销活动中实施销售假冒伪劣产品、诈骗、非法集资、虚报注册资本、偷税等行为，构成犯罪的，应当依照刑法的相关规定追究刑事责任。"二者虽然主要涉及溯及力问题，但其相左的处理逻辑引起了理论界的广泛讨论，尤其是对于最高人民法院将传销行为定性为非法经营行为这一做法，理论界颇具微词，认为非法经营罪并不符合传销犯罪的本质，这在实践认定中必然会造成误差和冲突。归结其定性不准的原因，仍然是将传销的特征局限于传销活动、传销组织的"销售"外观，在界定"传销"概念时并没有对传销活动进行充分的经济分析与理论抽离。

即便是打击传销组织、传销活动最重要的行政文本依据，即 2005 年 11 月 1 号实施的《禁止传销条例》以及 2005 年 12 月实施的《直销管理条例》也是如此。我国在《禁止传销条例》中规定："本条例所称传销，是指组织者或者经营者发展人员，通过对被发展人员以其直接或者间接发展的人员数量或者销售业绩为依据计算和给付报酬，或者要求被发展人员以交纳一定费用为条件取得加入资格等方式牟取非法利益，扰乱经济秩序，影响社会稳定的行为。"这虽然明确的表述了"传销"在中国的法定概念，强调传销活动的人头的返利机制和交入门费的牟利模式，仍然没有走出行政立法的局限性。在第 7 条中以列举的方式说明传销行为的基本模式："（一）组织者或者经营者通过发展人员，要求被发展人员发展其他人员加入，对发展的人员以其直接或者间接滚动发展的人员数量为依据计算和给付报酬（包括物质奖励和其他经济利益，下同），牟取非法利益的；（二）组织者或者经营者通过发展人员，要求被发展人员交纳费用或者以认购商品等方式变相交纳费用，取得加入或者发展其他人员加入的资格，牟取非法利益的；（三）组织者或者经营者通过发展人员，要求被发展人员发展其他人员加入，形成上下线关系，并以下线的销售业绩为依据计算和给付上线报酬，牟取非法利益的。"这亦仅仅是在原有的 2000 年 8 月 13 日国务院办公厅转发工商局等部门《关于严厉打击传销和变相传销等非法经营活动意见的通知》基础上的再整理。由此，长期以来学界都将传销行为分为"拉人头"、"收取入门费"和"团队计酬"三种类型。但随着传销活动的不断演变，这三种行为类型往往在同一传销组织、同一传销活动中均有所体现，很难明显区分。

2009 年 2 月 28 日，第十一届全国人大常委会第七次会议审议并通过了《刑法修正案（七）》，其中新增的组织、领导传销活动罪突破原有行政立法中单纯对传销组织进行外观描述的模式，以传销活动为出发角度，由单纯描述传销活动形式转为兼论传销组织中的人员行为的实质："组织、领导以推销商品、提供服务等经营活动为名，要求参与者以缴纳费用或者购买商品、服务等方式获得加入资格，并按照一定顺序组成层级，直接或者间接以发展人员的数量作为计酬或者返利依据，引诱、胁迫参与者继续发展他人参加，骗取财物，扰乱经济社会秩序的传销活动的，处五年以下有期徒刑或者拘役，并处罚金；情节严重的，处五年以上有期徒刑，并处罚金。"其中的前半部分对传销组织的基本描述仍然沿用既有模式，但后段强调引诱、胁迫行为及骗取财物行为，这都是针对组织中行为人的具体行为展开的有区分的实质性描述。此举明确了传销立法概念界定的新方向，即多角度分析传销，突破原有的仅对传销组织进行描述的概念界定方式，在概念的表述中既包括传销组织的外观形式，也包括传销活动的整体模式，这是认定传销的基础，还包括传销犯罪所涉人员的不同行为。当然，介于当下的研究局限，对传销活动进行高度概括的理论抽离还存在相当的难度，目前仍需采用描述性定义方式。

根据刑法修正案对组织、领导非法传销罪的规定，除了立法本意是打击组织、领导者以外，还要求构成此罪中的传销行为必须具备几个方面的条件，如果不具备这几个条件的就只能是一般违法的传销行为，刑法对这种一般违法的传销行为中的组织、领导者并不全部追究其刑事责任。其一是以进行经营性活动为名，采用层级增长模式，并用高额的返利、返酬机制引诱新的参与者加入，意图骗取财物。参与者被设置了加入条件，要求缴纳一定数量的费用，这种费用以什么样的名义收取则在所不论，或者要求参与者购买产品或服务才能参加，这是传销组织比较典型的特征。其二是整个传销活动不具备充足的实质性的生产，也不进行针对基本消费行为的直接销售，几乎不存在物流流通，仅仅存在"营销"团队的自我扩充，而这种自我扩充始终是重复的空白签约行为，只是作为资本的一种引入途径。其三是传销活动的资本来源完全依赖于新参与者的资本带入，资本仅在传销体系内部通过返利机制进行简单的转移。对参加传销的人员是以直接或间接以发展人员的数量作为计酬或者返利的依据，这也是刑法上传销行为的构成条件。其四是层级。刑法中所说的传销按层级计酬的"层级"，其实不是一般传销模式的层级，而是指那种金字塔式的"层级"。金字塔式的"层级"的形成是通过引诱、胁迫与欺诈等手段而形成的，这就是刑法要严厉打击的传销。而有的多层级传销是一种销售产品的组织结构，如果这种多层次销售只按销售产品的业绩计酬，就不是刑法上的层级传销行为，当然它属于国务院禁止的传销行为。因此，从上述分析来看，只有具备上述三个方面的条件才可能构成犯罪，如果只有其中一个条件或两个条件具备，就只能是违法行为，而非犯罪行为。

如果按照《禁止传销条例》对"传销"的定义，直销企业即使是销售产品，只要发现有多层次销售，就是涉嫌传销。而《刑法修正案（七）》只把以发展人员的数量进行计酬或返利作为传销条件，实际上是对追究刑事责任范围有所限制，对于不以传销"人头"计算报酬的多层次传销行为，则只能按一般违法行为处理而非犯罪行为进行打击。

本罪的行为犯模式并不意味着不考虑案件的实际影响程度，如果案件确属情节显著轻微，所组织、领导的传销活动尚未达到扰乱社会经济秩序的程度，也未对社会秩序造成影响，涉案金额不大，且组织、领导者能够积极赔偿受害人的经济损失，可以根据行政法规作为一般违法行为处理。

在传销活动中的参加行为、引诱参加行为均不构成犯罪。如果仅仅具备这两种行为，而没有组织领导行为，则属于刑事案件的受害者，即本条对参与者和引诱他人参与者没有刑法效力。

（二）组织、领导传销活动罪与其他犯罪的界限

1. 与非法经营罪的区分

非法经营罪，是指未经许可经营专营、专卖物品或其他限制买卖的物品，买卖进出口许可证、进出口原产地证明以及其他法律、行政法规规定的经营许可证或者批准文件，以及从事其他非法经营活动，扰乱市场秩序，情节严重的行为。最高人民法院2001年4月10日《关于情节严重的传销或者变相传销行为如何定性问题的批复》规定，对于1998年4月18日国务院《关于禁止传销经营活动的通知》发布以后，仍然从事传销或变相传销活动，情节严重的，依《刑法》第225条（四）项非法经营定罪处罚。

以非法经营罪规制传销行为是我国在相关立法缺失时的权宜之举，首先应当肯定其历史意义，但同时也应当看到非法经营行为与组织、领导传销行为二者有本质的区别。非法经营罪在我国的刑法罪名中有"口袋罪"的性质，尽管如此，其涉及的行为也都是具备基本市场规律特征的商业行为。但是传销活动大多是"传而不销"，依靠人员累加、资本汇集谋取暴利，不涉及生产及最终销售环节，所以没有经营行为。尤其随着法律对传销活动认识的逐步深化，传销活动的性质更多地倾

向于欺诈性活动，这与非法经营罪的立法目的相去甚远。在《刑法修正案（七）》出台之后，非法经营罪扩张以规制传销犯罪的这一"历史任务"也便终结了。

2. 组织、领导传销活动罪与集资诈骗罪

集资诈骗罪是指以非法占有为目的，使用诈骗方法非法集资，数额较大的行为。集资诈骗罪与组织、领导传销活动罪存在相似的地方，它们都属于骗财类的犯罪，并且往往有些传销组织也利用"集资"的名号行"传销"之实。

从客体上看，集资诈骗罪侵犯的是金融管理秩序和公私财产所有权，而传销罪侵犯的是社会经济秩序、社会管理秩序和公民的财产所有权。

从客观行为上看，集资诈骗罪行为人往往要求他人以资金投入而承诺以利息、红利、利润等形式定期返还巨额利益，一般没有或者很少有货物经营行为，且以本人作为枢纽，与所有受害人直接联系。组织、领导传销活动罪一般以销售产品或提供服务为幌子，相当复杂、综合，"拉人头"、"收入门费"、层级返利、返酬等传销形式往往交叉存在，以进行经营性活动为名，采用层级增长模式，并用高额的返利、返酬机制引诱新的参与者加入，意图骗取财物。整个传销活动不具备充足的实质性的生产，也不进行针对基本消费行为的直接销售，几乎不存在物流流通，仅仅存在"营销"团队的自我扩充，而这种自我扩充始终是重复的空白签约行为，只是作为资本的一种引入途径。传销活动的资本来源完全依赖于新参与者的资本带入，资本仅在传销体系内部通过返利机制进行简单的转移。传销利益主要靠传销人自己亲自发展下线来获取，没有下线就没有获利。

从主观方面来看，集资诈骗罪需以非法占有为目的；而传销罪行为人在主观上具有非法牟利的动机，该牟利行为主要不是通过直接非法占有经营中所接触的他人财物来实现，而是通过所谓"经营活动"来间接实现。从危害后果看，集资诈骗的结果往往是几个主要责任人骗取大量非法资金，受害人众多。而传销往往是给最底层、最后发展的下线、加盟者造成损失，受害人数和金额都较集资诈骗要少。因此，集资诈骗的危害后果比传销的要严重很多。

但是，对于行为人利用传销手段进行集资诈骗的，应根据最高人民法院《关于情节严重的传销或者变相传销行为如何定性问题的批复》（法释［2001］11 号）的规定："实施上述犯罪，同时构成刑法规定的其他犯罪的，依照处罚较重的规定定罪处罚"。如行为人通过传销手段非法筹集巨额资金，用于大肆挥霍、赠与、行贿；或者抽逃、转移、隐匿；或者搞假破产、假倒闭逃避返还资金；或者携带筹集款潜逃等，给投资人造成巨大损失，造成金融管理秩序混乱和社会动荡，应以集资诈骗罪予以认定。

简而言之，组织、领导传销活动罪是商业性经济犯罪，属于破坏市场管理秩序犯罪；而非法集资罪则是金融性经济犯罪，属于危害金融安全和管理秩序的犯罪。①

八、共同犯罪问题

对于非法传销罪的共犯的处罚存在着两个层次的问题，一是对法律没有规定应当处罚的涉传人员应如何处理的问题，即对传销活动组织者、领导者以外的其他参与者和引诱参与者的处理问题；二是对法律规定了应当处罚的共同犯罪人如何适用法律的问题，也就是对传销活动组织者、领导者能否适用刑法总则关于共同犯罪的规定。

对于第一个问题，虽然我国刑法规定在非法传销犯罪中只追究组织者、领导者的刑事责任，但是这种规定并没有否定非法传销罪存在"不纯正的必要共犯"。所谓不纯正的必要共犯是指一些必要的共同犯罪中，法律没有明文规定要处罚的那部分必要的共同犯罪参与人。具体到组织、领导传销活动罪中指的就是传销活动的组织者、领导者之外的参与者与引诱参与者。对于不纯正的必要共犯如何处理，刑法理论界大多数学者认为不纯正的必要共犯虽然是必要的共同犯罪参与人，只要法律没有规定应当对其处罚，在司法实践中就不得对其进行刑事处罚。具体到组织、领导传销活动罪中，就是刑法既然规定只追究传销活动的组织者、领导者的刑事责任，那么，在司法实践中就绝对不能对其他参与者和引诱参与者处以刑罚。

第二个问题实际涉及刑法理论界两种截然不同的观点。一种观点认为，既然必要的共同犯罪是一种共同犯罪，就应当可以适用刑法总则关于共同犯罪的规定；另一种则是主流观点或者称通说，即认为对必要的共同犯罪无需适用刑法总则关于共同犯罪的原则，只要直接适用刑法分则关于必要的共同犯罪人的刑事责任的规定即可。② 对于非法传销的组织者、领导者的处理，我们赞同通说，即直接适用《刑法》

---

① 詹庆：《"传销罪"罪名法定化之研究》，载《政治与法律》，2009(2)。

② 马克昌主编：《犯罪通论》，503页，武汉，武汉大学出版社，2001。

第 224 条的相关规定处罚，不适用刑法总则关于共同犯罪的规定。这是因为，刑法总则中关于共同犯罪的一般规定主要针对任意的共同犯罪，刑法分则各罪除有明确规定之外均以个人单独犯罪为标准，刑事立法在总则中对任意共同犯罪作了通泛的规定以去繁，为处理共同犯罪案件提供可资援引的法律依据。因此，对于作为必要的共同犯罪的非法传销罪的处理当然不能适用对于任意的共同犯罪的处理原则。

第四专题

绑架罪争议问题研究

　　我国 1979 年刑法典没有规定有关绑架人质的犯罪。1991 年 9 月 4 日全国人大常委会颁布了《关于严惩拐卖、绑架妇女儿童的犯罪分子的决定》，在第 2 条第 1 款和第 3 款中分别规定了绑架妇女儿童罪和绑架勒索罪。1997 年刑法典吸收了该《决定》中的内容，并新增加了"绑架他人作为人质"的规定，同时在第 239 条第 2 款规定"以勒索财物为目的偷盗婴幼儿的，依照前款的规定处罚"。作为一种严重侵害人身权利的犯罪，1997 年刑法典为其配置了绝对死刑的法定最高刑和 10 年以上有期徒刑的法定最低刑。这种重罪罪刑模式对强化刑罚形成威慑效应，实现刑罚预防犯罪的目的尤其是一般预防，具有积极作用，在一定程度上适应了在社会经济体制转型初期严厉打击危害十分严重的绑架犯罪的需要。然而，在 1997 年刑法典颁布后，绑架罪在司法适用中出现了罚过其罪、罪责刑不相适应的问题，其过窄的量刑空间，既不便于实务操作，也不利于保护人质安全。为解决以上问题及充分贯彻宽严相济的基本刑事政策，2009 年 2 月 28 日第十一届全国人民代表大会常务委员会第七次会议上通过的《刑法修正案（七）》第 6 条对绑架罪进行了两个方面的修正：一是在刑法典第 239 条第 1 款后段增加了减轻构成："情节较轻的，处五年以上十年以下有期徒刑，并处罚金。"二是将刑法典第 239 条第 1 款后段的"犯前款罪，致使被绑架人死亡或者杀害被绑架人的，判处死刑，并处没收财产。"另设为刑法典第 239 条第 2 款。《刑法修正案（七）》通过增加减轻构成的罪刑单位，形成重中有轻、严中有宽的罪刑结构，实现了对绑架犯罪的理性区别对待，较好地贯彻了宽严相济的基本刑事政策，同时也有助于促成犯罪行为人及时中止犯罪、放弃犯罪，防止对被害人进一步侵害，从而体现刑法的人权保障和秩序维护的基本机能。① 《刑法修正案（七）》关于绑架罪的立法规定及立法理念，有助于实际解决绑架罪既存的一些争议问题并有助于拓宽对绑架罪的研究思路。为此，本文在结合《刑法修正案（七）》第 6 条规定的基础上，对绑架罪的一系列争议问题进行重新检视，以期能进一步深化对绑架罪的研究。

一、绑架罪主体的刑事责任年龄问题

我国刑法根据犯罪主体年龄的不同，将犯罪人划分为完全刑事责任能力人、相对刑事责任能力人以及无刑事责任能力人三种类型，并在刑法典第 17 条第 2 款明确规定了相对刑事责任能力人负刑事责任的特定犯罪的范围，即已满 14 周岁不满 16 周岁的人，犯故意杀人、故意伤害致人重伤或死亡、强奸、抢劫、贩卖毒品、放火、爆炸、投毒罪的，应当负刑事责任。这一立法规定主要是基于犯罪的严重性以及已满 14 周岁不满 16 周岁人辨认控制能力具体状况的考虑（这一年龄阶段的人虽然对较轻的犯罪行为缺乏辨认控制能力，但对严重犯罪行为已具有辨认控制能力②）。由于《刑法》第 17 条第 2 款未将绑架罪纳入相对刑事责任能力人负刑事责任的特定犯罪的范围，因而，对于已满 14 周岁不满 16 周岁人单纯实施绑架行为的，不应承担刑事责任，但是，绑架行为中往往包含了暴力成分，这一年龄阶段的行为人在绑架过程中很可能会因使用暴力故意杀死被绑架人或过失导致被绑架人死亡。此时，行为人是否要承担刑事责任以及如何承担刑事责任？这一问题在理论上引发了激烈争论。

（一）已满 14 周岁不满 16 周岁的人绑架故意杀害被绑架人的刑事责任

对于已满 14 周岁不满 16 周岁的人在绑架中故意杀害被绑架人的，是否要承担刑事责任，有两种不同观点。第一种观点为"刑事责任否定说"。该观点认为，已满 14 周岁不满 16 周岁的人绑架人质并杀害被绑架人，行为人不负刑事责任。其主要理由在于：已满 14 周岁不满 16

---

① 赵秉志主编：《刑法修正案最新理解和适用》，95 页，北京，中国法制出版社，2009。
② 高铭暄、马克昌主编：《刑法学》，175 页，北京，中国法制出版社，1999。

周岁的人绑架并杀害被绑架人的行为属于《刑法》第 239 条规定的绑架罪，但是，《刑法》第 17 条第 2 款关于已满 14 周岁不满 16 周岁的人负刑事责任的范围的规定不包括绑架罪，因而根据罪刑法定原则，行为人不负刑事责任。既然作为主行为的绑架行为不能构成绑架罪，又有何种理由认为能够将作为绑架罪一个情节的在绑架过程中杀害被绑架人的从属行为确定为故意杀人罪？"皮之不存，毛将焉附"？[①] 第二种观点为"刑事责任肯定说"。该观点主张，已满 14 周岁不满 16 周岁的人绑架并杀害被绑架人的，应适用《刑法》第 232 条以故意杀人罪定罪处罚。其主要理由在于："《刑法》第 17 条第 2 款中的故意杀人泛指一种犯罪行为，而不是特指《刑法》第 232 条故意杀人罪这一具体罪名"，"如果将其理解为仅限于《刑法》第 232 条规定的故意杀人罪，而不包括杀害被绑架人的犯罪行为，对已满 14 周岁不满 16 周岁的人故意杀人的，要负刑事责任，而绑架杀人、劫持航空器杀人等不负刑事责任，显然有悖立法本意。"[②]

(二)已满 14 周岁不满 16 周岁的人绑架致被绑架人死亡的刑事责任

在对已满 14 周岁不满 16 周岁的人绑架故意杀人如何承担刑事责任理论分歧的基础上，有论者进一步提出，对已满 14 周岁不满 16 周岁的人，在绑架中致使被绑架人死亡的刑事责任承担问题，应区分情况加以处理：①若被绑架人的死亡是绑架过程之中故意重伤的进一步结果，此时，可以仿照绑架杀人的场合，以故意重伤致人死亡追究行为人的刑事责任；②被绑架人的死亡，并不限于绑架过程之中故意重伤的进一步结果，而可能是出于其他原因，如完全基于行为人过失而引起死亡，被绑架人自身的过失而死亡，或者被害人因不堪忍受折磨自杀身亡的；此时，由于行为人对于被绑架人并没有伤害和杀人的故意，故不但无法在《刑法》第 17 条第 2 款中找到相应的犯罪罪名，也无法在其中找到相应的犯罪行为，从而不能追究行为人刑事责任。但是，由于毕竟也造成了被绑架人死亡的严重后果，所以在具体的量刑过程中，应作为一个从重处罚的酌定情节。[③]

---

① 孟庆华：《关于绑架罪的几个问题》，载《法学论坛》，2000(1)。

② 《最高人民法院刑事审判第一庭审判长会议关于已满 14 周岁不满 16 周岁的人绑架并杀害被绑架人的行为如何适用法律问题的研究意见》，载姜伟主编：《刑事审判参考》，43 页，北京，法律出版社，2001。

③ 付立庆：《已满十四周岁不满十六周岁的人绑架致使被绑架人死亡之法律适用》，载《人民检察》，2007(9)。

(三)刑法典第 17 条第 2 款立法正当性的反思

上述理论争议及分析都反映了在坚守刑法典第 17 条第 2 款立法规定的基础之上寻求合理解释的过程，但这些解释与论证并未能抓住问题产生的根源，缺乏对立法正当性的深入分析，难以从根本上解决问题。我们认为，无论从刑法理论及司法实践来看，刑法典第 17 条第 2 款的立法正当性均值得商榷。

首先，从社会危害性角度看，绑架犯罪与刑法典第 17 条第 2 款规定的 8 种犯罪的社会危害性相当，甚至在某种程度上还超过后者，立法将绑架犯罪排除在 8 种犯罪之外，其合理性值得质疑。其次，从刑事责任能力角度看，已满 14 周岁未满 16 周岁的未成年人的犯罪能力和刑罚适应能力虽然不及成年人，但已具备了一定的辨别大是大非和控制自己重大行为的能力，即对严重危害社会的某些犯罪行为具备一定的认识和控制能力。既然立法者推定上述年龄段的人对故意杀人等行为有所认识和控制，那又有何理由排除这一年龄段的未成年人对具有同样严重危害社会性的绑架行为的认识与控制能力？在犯罪年龄低龄化的形势下，上述未成年人既然敢于杀人、抢劫，那么参与绑架活动是完全可能的，其对绑架一概不负刑事责任，不符合刑事政策和预防犯罪的要求。[①] 再次，从罪刑关系上看，尽管《刑法修正案(七)》将绑架罪的法定最低刑降至 5 年有期徒刑，但仍要高于故意杀人罪 3 年有期徒刑的法定最低刑，在已满 14 周岁不满 16 周岁相对刑事责任能力人负刑事责任的特定犯罪的范围上，忽视各罪之间的罪刑逻辑关系，不能不说是立法上的一大缺陷。最后，在刑法理论上也会产生难以克服的障碍。2002 年 7 月 24 日全国人大常委会法工委《关于已满十四岁不满十六岁的人承担刑事责任范围问题的答复意见》规定，"《刑法》第 17 条第二款规定的八种犯罪，是指具体犯罪行为而不是具体罪名。" 2005 年 12 月 12 日由最高人民法院审判委员会第 1373 次会议通过的《最高人民法院关于审理未成年人刑事案件具体应用法律若干问题的解释》第 5 条对此进一步确认，规定："已满十四岁不满十六岁的人实施《刑法》第 17 条第二款规定以外的行为，如果同时触犯了《刑法》第 17 条第 2 款规定的，应当依照《刑法》第 17 条第 2 款的规定确定罪名，定罪处罚。"根据以上解释，相对刑事责任年龄人在绑架过程中故意杀死被绑架人或故意伤害致人重伤、死亡的，符合刑法典第 17 条的规定，可以单独定故意杀人罪或故意伤害罪。尽管这一处理方式试图从

---

① 王作富主编：《刑法分则实务研究》(上)，943 页，北京，中国方正出版社，2001。

刑法解释学角度寻求突破，但却有违反罪刑法定原则之嫌，并且使已满 14 周岁不满 16 周岁的未成年人的刑事责任范围有扩大化的危险，违背了严格限制未成年人刑事责任范围和对未成年人从宽处罚的立法精神。①

为彻底解决以上问题，建议应将刑法典第 17 条第 2 款的规定理解为 8 种罪名而非 8 种犯罪行为，并在其中增加绑架罪的规定，从而将绑架罪的犯罪主体明确规定为已满 14 周岁的未成年人。当然，如果将绑架罪增加进来，基于未成年人不能判处死刑的考虑，同时也需要修改绑架罪中关于绝对死刑的规定。

二、绑架罪的犯罪目的问题

绑架罪属于故意犯罪，且以勒索财物或获取其他非法利益为目的。绑架罪中的罪过形式表现为：明知是非法剥夺他人的人身自由，而故意为之。对此，刑法学界没有太多争议，但对于绑架罪中的犯罪目的则一直是理论研究中所重点关注的问题。

(一)绑架罪目的的内容

我国刑法上将绑架罪划分为两种基本类型：一为勒索型绑架；二为人质型绑架。对于前一种类型绑架罪犯罪目的的内容，通常理解为"勒索财物"；而后一种类型绑架罪犯罪目的，则存有不同观点："非法目的说"认为，人质型绑架是出于政治性目的、逃避追捕或者要求司法机关释放犯罪等其他目的，② 或为了"满足其他不法要求为目的"③；"目的无限说"则强调，行为人劫持人质所提出的要求无需非法，即行为人为了获得其应得到的合法权益以劫持人质的方法向有关部门、人员施加压力的，也构成绑架罪，其理由在于，绑架罪是一种严重侵犯公民人身权利的犯罪，不得被用作实现合法权益的手段，即，合法权益的实现只能通过合法的途径解决，不能以侵犯人身权利的方法获取。因此，尽管行为人的要求是合法的，也不能阻却其绑架行为的犯罪性质。④ 我们认为，无论从法理还是情理角度，"非法目的说"似更为合理。在勒索型绑架中，行为人具有勒索财物的目的，显然，这里的勒

---

① 赵秉志：《当代刑法学》，117 页，北京，中国政法大学出版社，2009。
② 周道鸾、张军：《刑法罪名精释》(第 2 版)，376 页，北京，人民法院出版社，2003。
③ 张明楷：《刑法学》(第 3 版)，666 页，北京，法律出版社，2007。
④ 王作富：《刑法学》，368 页，北京，中国人民大学出版社，1999。

索财物是非法的，而且行为人与被害人之间不存在合法的债权债务关系。如果是索要合法债务，因其目的具有合法性，则不构成绑架罪。即使是索要非法债务，因事出有因，为缩小打击面，司法解释规定也不构成绑架罪。同样，人质型绑架的目的也应限定为"非法目的"，否则就会与勒索型绑架不相适应，不仅会扩大打击面，而且也会导致社会矛盾的激化。司法实践中，对于诸如因无知、愚昧、一时冲动扣留岳母要求媳妇回家、扣押女友的父母迫使女友同意继续谈恋爱等，一般情形下都不被认定为绑架罪，而认定为相对较轻的非法拘禁罪。[①]此外，从《刑法修正案（七）》中所体现出的宽缓化立法政策角度出发，对人质型绑架中的犯罪目的亦应采用"非法目的说"。

（二）绑架罪目的的层次

对于绑架罪目的的层次有"双重目的说"和"单一目的说"之争。"双重目的说"认为，绑架罪具有双重目的，即，"以绑架他人为目的"是本罪"主观构成要件的犯罪目的"（一般目的）；"以勒索财物（或其他非法利益）"是超出故意内容所能包含的范围并独立于故意内容之外的主观构成要件之外的犯罪目的（特殊目的）。[②]"单一目的说"的观点则认为，"绑架他人"是《刑法》第239条规定的客观要件行为，只有通过"绑架他人"所要达到的目的，即勒索财物或其他不法利益，才是作为主观要件的犯罪目的。如果把某罪的基本行为说成是犯罪目的，这就不仅混淆了客观要件与主观要件的界限，而且几乎所有的故意犯罪都可以说包含有双重目的。[③]我们认为，"单一目的说"更为合理。作为犯罪构成要件的犯罪目的，一般是与行为人实施犯罪行为所追求的结果内容相重合的。在绑架罪中，行为人通过自己的犯罪行为所希望达到的结果有两个：一个是使用实力控制他人；另一个是勒索财物或实现其他不法利益。但是，作为该罪主观方面构成要件的仅是后一目的，即勒索财物或实现其他不法利益。这是绑架罪与其他侵犯人身自由犯罪相区

---

① 司法实践中已有相关判例支持"非法目的说"。如，在付志军绑架罪一案中，付志军为了和女友保持恋爱关系，将女友的父亲作为人质，法院认为，"人民检察院指控被告人的犯罪事实成立，予以支持，但被告人付志军系因其女友禹利英与自己分手而心怀不满，其主观动机是威胁禹的家人以达到与禹利英继续恋爱的目的，客观方面虽然实施了捆绑行为，但未勒索财物或提出其他非法要求，其行为不符合绑架罪的构成要件，故公诉机关指控的罪名不能成立，应予变更。被告人以非法拘禁的方法剥夺他人人身自由，其行为已构成非法拘禁罪。"最高人民法院中国应用法学研究所编：《人民法院案例选》（2004年刑事专辑），239～240页，北京，人民法院出版社，2005。

② 王宗光：《论绑架罪的认定》，载《法律适用》，2000（5）。

③ 王作富：《刑法分则实务研究》（第3版），927页，北京，中国方正出版社，2007。

别的本质特征，如果行为人不是出于这一目的，虽然使用实力控制他人，也不构成绑架罪。此外，在绑架罪中"勒索财物或实现其他不法利益"和"绑架行为"之间实质上仍存在目的与手段的关系，即行为人通过绑架方式以达到勒索财物或其他非法目的。绑架他人仅是一种实现目的的手段行为，并不能被理解为目的本身，显然，"双重目的说"对绑架他人的性质理解有误，也违背了"在一个犯罪构成中，犯罪目的只能有一个"的刑法基本理论。

(三)绑架罪目的的程度

在绑架罪目的的程度上，有观点从目的解释角度提出立法者之所以对绑架罪规定严厉处罚，是针对社会生活中发生的以勒索巨额赎金或者重大不法要求为目的的绑架犯罪类型的，很难想象立法者对于绑架人质索要几千元钱或者其他微不足道条件的犯罪行为有必要规定最低处 10 年以上有期徒刑的刑罚。因而为了与绑架罪的处罚相称，在绑架罪的目的上应有所限制，即对于勒索的不法要求适当限制在"重大"的范围内，如以勒索"巨额"赎金或者其他"重大"不法要求为目的。① 然而，随着《刑法修正案(七)》的颁布，绑架罪的最低法定刑已经降至 5 年有期徒刑，以上观点的理论基础已经基本消失。事实上，实践中存在很多行为人勒索的数额与所提要求在一般人看来并不巨大或者重大，但行为人本人认为至关重要，并因被绑架人的近亲属或者其他利害关系人未能及时满足而对被绑架人施以毒手的情况，因此，绑架罪的犯罪目的不应有程度的限制，只要具有勒索他人财物或者满足其他不法要求的目的即可。

(四)绑架罪目的的产生时间

对于司法实践中所出现的，出于其他动机或目的控制他人后，才产生勒索财物目的，或者收买被拐卖、绑架的妇女、儿童后，为防止其逃跑对其施行非法拘禁，继而进行勒索财物的行为，是否应以绑架罪追究刑事责任，在理论上存在分歧：一种观点认为，必须是先有以绑架方法勒索财物或获取其他不法利益的目的，而后实施绑架行为的，才能构成绑架罪。如果行为人本无绑架勒索之意，而是由于其他原因对他人的身体实行控制，经他人出面调解，行为人向被害人提出交付财物的要求，作为了结争端的条件，不能以绑架罪论处。② 另一种观点则以事前无通谋的共同犯罪中共同故意存在于实行行为过程的某一

---

① 阮齐林：《绑架罪的法定刑对绑架罪认定的制约》，载《法学研究》，2002(2)。
② 高铭暄、马克昌：《刑法学》(下)，839 页，北京，中国法制出版社，1998。

阶段这一特征，来说明索财目的并不要求存在于整个实行过程中，即使该目的仅在实行行为的勒索阶段才出现的，也不视为绑架罪。此时，上述行为实际上是一种转化犯罪，即行为人开始实施的是非法拘禁行为，但在非法拘禁过程中，行为人产生勒索财物目的，并要求被害人的近亲属或其他人交付财物，从而由单纯的非法拘禁罪转化为绑架罪。①

综观两种观点，第一种观点的论证基础是正确的，但在论证理由和结论上还需加强；第二种观点从转化犯罪角度进行论证，有一定的合理性，但转化犯具有法定性特征，② 即在刑法有明确规定的情况下才能进行转化，但刑法并没有对上述情况下的转化进行任何规定，因此，转化犯的解释难以成立。我们认为，犯罪目的是犯罪人希望通过实施犯罪行为达到某种危害社会结果的心理态度，犯罪目的对犯罪行为具有一定的支配作用，绑架罪作为目的犯，其特殊的目的就是在于通过绑架行为获取非法利益，因而绑架罪中的非法目的必然产生于绑架行为之前。在上述情况下，在非法控制他人人身自由之后，行为人产生了勒索财物的目的，在这一目的的支配下，行为人并非没有行为，只是这一行为表现方式比较特殊，即是一种对先前非法拘禁状态的利用行为，具体表现为继续利用非法限制他人人身自由的客观条件，这种利用行为应属于绑架罪客观方面所规定的"其他方法"。至此，行为人产生了新的犯意，并在此犯意的支配下实施了具体的犯罪行为，应构成绑架罪。

三、绑架罪客观行为的疑难问题

绑架罪的客观行为历来是绑架罪理论研究的重点，该领域不仅涉及对绑架罪成立、既遂、未遂等犯罪形态的正确认定，也涉及罪刑结构设置的合理性、罪与罪之间的区分等系列问题，下文即选取其中最为重要的两个问题进行研析。

(一)绑架行为的单复问题

1. 理论争议

在绑架行为的单复问题上存在"复合行为说"与"单一行为说"之争。

---

① 张明楷：《论绑架勒索罪》，载《法商研究》，1996(1)。
② 转化犯，也称追并犯，乃原罪依法律之特别规定，因与犯罪后之行为合并，变成他罪。参见陈朴生：《刑法总论》，168页，中国台北，正中书局，1969。

"复合行为说"认为，绑架行为与勒索行为均为绑架罪的客观实行行为，两者缺一不可，如果仅绑架被害人，而没有勒令交付财物赎人的行为，则一般属非法拘禁罪。① 该说代表性的观点有：第一，虽然《刑法》第239条未将勒索财物的行为加以描述，而是将其作为犯罪目的之内容，但根据主客观相统一的原理，勒索财物的目的决定了与之相适应的勒索财物行为的存在。第二，如果将绑架勒索罪的客观方面的行为理解为单一行为，那就意味着只要实施了绑架他人的行为就构成犯罪既遂，至于行为人是否实施了勒索财物的行为对犯罪既遂的成立没有影响。如此，对于本罪犯罪中止以及共同犯罪的认定问题就得不到正确、合理的解决。行为人一经实施绑架行为便构成既遂，即使醒悟，自动放弃实施勒索财物的行为，也不能认定为犯罪中止，与刑法鼓励犯罪人自动放弃本可以继续实施的犯罪的立法精神不符，同时还会使犯罪分子一不做、二不休，将犯罪实施到底，对社会造成更大的危害。② 第三，从解释论角度，绑架罪被归入侵犯公民人身权利和民主权利的罪章，比较其与故意杀人罪、抢劫罪的法定刑配置，只有将绑架罪的客观方面解释为复合行为，才可与抢劫罪衡平。第四，犯罪既遂形态的设定，主要取决于具体犯罪案发时的常见状态，依据犯罪既遂形态的常规标准，应把绑架罪的既遂形态设定为过程行为犯(含劫持、勒索或提出其他不法要求等两个行为)。第五，若将绑架罪的客观方面界定为单一行为，以劫持到人质为标准认定本罪的既遂形态，则明显存在过度压缩本罪之未完成形态的存在空间，容易造成罪刑失衡的问题。③

"单一行为说"认为，绑架罪在客观方面仅由绑架他人的行为构成，无须具备勒索财物的行为要件。其理由在于：第一，绑架罪保护的客体是公民的人身自由权利，立法上强调绑架罪的勒索目的，其落脚点仍在于"绑架他人"的行为，并未规定必须将勒索的目的转化为勒索的行为才构成绑架罪。④ 第二，认为行为人绑架他人后又放弃勒索财物要求，就不能认定行为人是自动中止，从而不利于鼓励行为人自动中止犯罪的观点，并不符合绑架罪的立法本意。一方面，"单一行为说"并未断绝行为人自动中止犯罪的希望之路；另一方面，犯罪的既遂形态标准只能出自于刑法的明确规定，而不能根据犯罪评价的具体需要

① 马克昌等：《刑法学全书》，363页，上海，上海科学技术文献出版社，1993。
② 孙光骏、李希慧：《论绑架勒索罪的几个问题》，载《法学评论》，1998(1)。
③ 黄祥青：《绑架罪的既遂标准及认定思路》，载《人民法院报》，2008-02-20。
④ 王作富：《刑法分则实务研究》(上)，1064页，北京，中国方正出版社，2003。

加以任意确定。① 第三，根据我国刑法理论上的犯罪既遂标准，只有具备了刑法所规定的全部构成要件要素的，才能构成犯罪既遂。勒索目的只是绑架罪的一个主观要件，只是存在于行为人内心的一个主观目的而已，绑架罪的犯罪构成在客观上只需要具备绑架行为，而不要求行为人实际实施了勒索行为。从刑法设立绑架罪所意欲保护的客体角度可以有力地说明这一点。第四，犯罪客体是行为成立该罪"必须"侵犯的法益，绑架犯罪虽然较多地表现为同时侵犯人身权利与财产权利的情形，但不侵犯财产权利而仅仅侵犯人身权利的情形是客观存在的，财产权利只是绑架罪的随机客体，并不是其必要客体。第五，绑架罪是继续犯，继续犯在达到既遂以后，其犯罪行为仍然处于继续中，此时加入的，仍可以和实施先前犯罪行为的行为人成立共同犯罪，因而将绑架罪的客观方面理解为单一的绑架行为在理论上并无缺陷。②

2.《刑法修正案(七)》第 6 条对绑架行为单复理论的影响

本文认为，无论是从我国刑法理论上犯罪客体、既遂标准、还是从处罚合理性的角度，"单一行为说"都具有实质合理性，其理由上文已详细阐述，不再赘述。但需要强调的是，刑法理论界之所以在绑架行为的个数上产生激烈争议，其重要原因在于《刑法修正案(七)》颁布之前，绑架罪的制刑过重，违反罪责刑相适应原则，容易导致司法实践的量刑不公。我国刑法典第 5 条规定了罪责刑相适应原则，即"刑罚的轻重，应当与犯罪分子所犯罪行和承担的刑事责任相适应。"罪责刑相适应原则在立法上体现为制刑均衡、同罪同刑，也即法定刑的配置应与犯罪的客观社会危害性相适应；社会危害性相当的犯罪，配置的法定刑应大致相当。绑架罪作为一种严重侵害他人人身权利的犯罪，其社会危害性与故意杀人罪、抢劫罪等严重暴力性犯罪基本相当，但故意杀人罪、抢劫罪的法定最低刑均为 3 年有期徒刑，而绑架罪的法定最低刑却高达 10 年有期徒刑。此外，故意杀人罪、抢劫罪的法定最高刑虽然也是死刑，但属于相对确定的法定刑，而绑架罪的法定最高刑却为无选择的绝对确定死刑。因此，绑架罪在制刑上远重于故意杀人罪和抢劫罪。在行为社会危害性相当的前提下，同样的犯罪未遂，适用不同的罪名在量刑上会有较大的差异。正是基于此重要原因，促使一些学者寄望于通过"复合行为说"扩大绑架罪未完成形态的存在空间，以期在绑架罪的罪责刑关系上获得更为合理的解释。然而，《刑法

---

① 王作富：《刑法分则实务研究》(第 3 版)，926 页，北京，中国方正出版社，2007。

② 赵秉志：《犯罪未遂形态研究》(第 2 版)，314 页，北京，中国人民大学出版社，2008。

修正案（七）》第 6 条增加了减轻构成的罪刑单位，将绑架罪的法定最低刑降至 5 年有期徒刑，基本实现了绑架罪与其他社会危害性相当的罪名之间的罪刑均衡关系，从而消除了"复合行为说"的立论基础，进一步强化了"单一行为说"的合理性。

（二）绑架行为的内涵问题

1. 对绑架罪中"暴力"的理解

最高人民法院、最高人民检察院《关于执行〈全国人民代表大会常务委员会关于严惩拐卖、绑架妇女、儿童的犯罪分子的决定〉的若干问题的解答》（1992 年 12 月 11 日）曾对绑架罪（1997 年刑法典修订之前称为绑架勒索罪）作过明确界定："绑架勒索罪，是指以勒索财物为目的，使用暴力、胁迫或者麻醉方法，劫持他人的行为。"然而，在 1997 年刑法典颁行后，将绑架罪的行为方式理解为暴力、胁迫以及其他方法，逐渐成为刑法理论与实务界所共同接受的观点，而如何正确理解行为方式的内涵也成为理论与实践争议的重要问题。

（1）关于绑架罪中"暴力"的程度

"暴力"是侵害人身权利犯罪中常见的行为方式，但不同犯罪对暴力程度的要求也有所不同。如何理解绑架罪中的暴力程度？对此，刑法学界有三种观点。第一种观点认为，绑架罪中的暴力主要是指行为人通过对被绑架人实施捆绑、殴打、推拉、伤害、强行架走等方式，抑制被绑架人的反抗，达到实际控制被害人的目的。在绑架罪中，暴力程度一般都是没有限制的，可以是出于直接故意的重伤行为，也可以是出于放任甚至希望死亡结果发生的杀害行为。[①] 第二种观点认为，绑架罪在暴力的程度上，可以是造成伤害，包括轻伤、重伤或者杀害被绑架人，也可以只是一般性的身体强制，而没有造成任何损害结果；在暴力的基本特征上，绑架罪中的暴力具有直接性和强制性。[②] 第三种观点认为，绑架罪的基本行为（绑架行为）是不可能包含故意杀人行为的。[③] 在绑架人质阶段，行为人使用暴力等手段压制被害人的反抗，以达到控制被害人人身自由的目的时，其暴力可以表现为故意致被害人轻伤、重伤，但不可能达到故意杀人的程度。其理由在于，绑架罪的实质是行为人通过暴力控制被害人的人身，利用其亲属或其他利害

[①] 赵秉志：《刑法相邻罪名界定与适用》（上），731～732 页，长春，吉林人民出版社，2000。

[②] 何俊：《关于绑架罪认定的几个问题》，载《广西警官高等专科学院学报》，2007(2)。

[③] 张明楷：《绑架罪中"杀害被绑架人"研究》，载《法学评论》，2006(3)。

关系人对人质安危的忧虑以达到勒索财物的目的或满足其他不法要求。而绑架人质阶段的故意杀人行为则是一种使他人生命丧失的行为，这与绑架行为的本质显然不相吻合。如果行为人在绑架人质阶段就针对人质实施杀人行为，所谓的"以实力控制被害人的人身"以及利用人质的亲属或其他利害关系人对人质安危的忧虑以勒索财物或实现其他不法要求便无从谈起。①

我们认为，绑架罪中的暴力程度应当是没有限制的。在绑架过程中实施暴力行为的目的是为了控制被害人的人身自由，这就决定了控制手段的多样性和突发性，完全可能出现为排除被绑架人的反抗而在绑架过程中故意杀害被绑架人的情况。绑架过程中的杀人行为是行为人控制被绑架人最为极端的手段，但在被害人死亡之前，行为人事实上已经能够完全控制被告人的人身自由，尽管这种控制维持的时间并不长，甚至是转瞬间的，但已经表明行为符合了绑架罪的构成要件。此时，将故意杀人解释为暴力行为，适用绑架罪的加重构成，既不违反犯罪构成理论，也不违背罪责刑相适应原则。反之，将故意杀人行为排除在暴力行为之外，则会出现司法适用上的两难境地：若认定尸体不能被绑架而将此种情况视为绑架罪未遂，则无法有效解决故意杀人的刑事责任问题，而若以故意杀人罪处理，则又无法体现出绑架行为的罪质特征。

（2）关于绑架罪中"暴力"侵害对象的范围

绑架罪暴力手段的侵害对象，通常是被绑架人的人身，行为人为顺利劫持被绑架人，而对绑架现场被绑架人的监护人、保护人以及其他人使用暴力以排除其阻碍的，是否属于绑架罪行为手段之一的"暴力"？对此，有论者提出，行为人为顺利劫持人质而对人质以外的人施加暴力的行为，一般不具有独立意义，其本质上仍属于绑架罪行为手段中的"暴力"方法，这如同抢劫罪中的"暴力"不限于直接针对财物所有人或管理人一样，绑架罪中的暴力也不应限于直接针对被绑架人本人。因此，在一般情况下，行为人为顺利劫持人质而对人质以外的人施加暴力的行为，只需以绑架罪一罪论处，而不实行数罪并罚。但在为排除阻碍而故意伤害人质以外的人并致使其伤残或死亡，以及杀害人质以外的人的情况下，则此类行为具有独立意义，并已经超出作为绑架罪行为手段的"暴力"所能包容的范围。因为刑法典第239条仅将"致被绑架人死亡"或"杀害被绑架人"作为适用死刑的条件，这样就实

---

① 王志祥：《绑架罪中"杀害被绑架人"新论》，载《法商研究》，2008(2)。

际上排除了绑架罪中可适用死刑的其他情形。因此，行为人为排除阻碍而故意致人质以外的第三人重伤或死亡以及故意杀害人质以外的第三人的情形，如果仍将上述情形作为绑架罪的"暴力"手段，并依刑法典第 239 条论处，那么法定最高刑为无期徒刑；而普通伤害下，故意伤害罪和故意杀人罪的法定最高刑均为死刑。两相对照，仅以绑架罪一罪论处明显有违罪责刑相适应原则。[1]

本文认为，上述观点是正确的。从刑法理论上看，若以暴力侵害第三人的方式实施绑架行为，由于对象主体并非被绑架人，则会产生新的侵害行为。从行为关系上看，暴力侵害行为与绑架行为之间存在牵连关系，即暴力侵害行为是绑架行为的手段行为，绑架行为是暴力行为的目的行为，符合牵连犯的构造。对于牵连犯的处罚，是从一重罪处断，还是数罪并罚，需要具体分析。当手段行为仅是对第三人进行故意伤害且程度在重伤以下的，行为人的主观恶性和客观危害性较之普通数罪为小，故对其处罚应轻于普通数罪，而绑架罪的处罚要重于故意伤害罪，此时，采用以一重罪处断并不违反罪责刑相一致原则。但是，若是暴力行为导致第三人重伤或死亡或故意杀害第三人的，重伤或杀人行为所造成的客体侵害程度要等于或重于绑架罪，重伤或杀人行为就无法被评价在绑架行为之中，否则将违反罪数理论和罪责刑相一致原则，此时，有必要独立评价重伤或杀人行为，实施数罪并罚。

2. 对绑架罪中"胁迫"的理解

胁迫是绑架的行为方法之一。一般认为，作为绑架手段的胁迫，是通过对被绑架人实施精神强制的方法实施的。但是，对于绑架罪"胁迫"的手段是否可以包括采用揭发隐私、毁坏名誉等"软胁迫"方式，却有不同的意见。一种观点认为，绑架罪的胁迫只限于以暴力作后盾的威胁，即以加害被绑架人或者其亲属的人身健康或者生命安全为内容，行为人以语言或者行动直接告诉被绑架人，如果其不服从，将立即受到暴力侵害，而不是以其他间接方式转达或者要求被害人在一段时间以后屈从。[2] 另一种观点认为，绑架罪最根本的特征在于违背被害人意志，使其身体被迫置于行为人的实力控制之下，因此，无论是采用揭发隐私、毁坏名誉或者其他方式实施精神强制，只要结果实现了对

---

[1] 邓定远：《我国刑法中的绑架罪的概念与特征研究》，32 页，中国政法大学 2004 年法学硕士毕业论文。

[2] 赵秉志：《疑难刑事问题司法对策》，363 页，长春，吉林人民出版社，1999。

被绑架人身体的控制，并以此勒索财物，就构成绑架罪的胁迫。[①] 我们认为，后一种观点似更为合理。绑架罪首先侵害的是被害人的人身自由，而对人身自由的侵害是通过对被害人人身自由的控制实现的，暴力、胁迫等方式仅是实现控制被绑架人人身自由的必要手段。换言之，绑架罪中真正的主要侵害行为是控制被绑架人人身自由的行为，而暴力、胁迫等方式仅是辅助行为，因此，对于采用何种手段控制被害人的人身自由，没有必要细究。更何况，绑架罪本身也规定可以通过"其他手段"实施，这实际上完全可以包含揭发隐私、毁坏名誉等"软胁迫"方式。既然如此，又何必要对胁迫进行限制性解释，将其限制在以暴力为后盾的"硬胁迫"，而将"软胁迫"放入"其他手段"之中？此外，在一般情况下，"软胁迫"对被绑架人精神强制的程度要远弱于暴力胁迫，在被"软胁迫"时，被绑架人仍有意思自由，可以自由做出行为选择，但这并非意味着只有暴力内容的胁迫，才能达到使被绑架人产生精神恐惧不敢反抗的程度；不同的被害人对胁迫内容的反应程度是不同的，并不能排除"软胁迫"也会导致某些被绑架人因精神恐惧而不敢反抗的情形。因此，在绑架罪中，宜对"胁迫"做广义解释。

3. 对绑架罪中"其他手段"的理解

绑架罪中的"其他手段"应当是除了暴力、胁迫以外的其他能够控制被害人人身自由的方法，最为典型的是麻醉方法。对于行为人通过欺骗、利诱等方法使被害人离开原来的生活场所，并置于行为人实力支配之下是否属于"其他手段"？刑法学界有不同的理解。一种观点认为，绑架的实质在于将他掳走并置于自己的控制之下，使其失去人身自由，至于使用什么样的方法，则不应严格限制，绑架人质通常是使用暴力、胁迫或麻醉方法，但实际上可供使用的方法远不止这些。绑架罪的核心要素是劫持他人，控制他人人身自由的手段包括暴力性手段与非暴力性手段。其中，非暴力性手段包括欺骗和诱惑，欺骗是指虚构事实使被绑架者产生错误，诱惑是指以语言、物品引诱被绑架人使其失去正常判断能力。趁精神病人没有辨别能力或者不能反抗之机，将其控制在行为人或者第三者之下的，也属于绑架行为。[②] 从实践来看，有的犯罪分子使用欺骗方法将他人骗到一定场所后将其关押起来，然后向其近亲属等人员勒索财物，这种行为无疑应定为绑架罪。[③] 另

---

① 王作富：《刑法分则实务研究》(第3版)，924页，北京，中国方正出版社，2007。

② 曲新久：《刑法学》，397页，北京，中国政法大学出版社，2008。

③ 赵秉志：《中国刑法案例与学理研究·分则篇(三)》，155页，北京，法律出版社，2001。

一种观点则主张，使用欺骗、利诱等方法使被害人离开原来的生活场所，并将其置于行为人实力支配下，或者利用被害人自身不知、不能抗拒的状态将其掳走，并将其置于行为人的实力支配下，本身就是使用"暴力"绑架他人，而不是暴力、胁迫、麻醉以外的"其他方法"。其主要理由在于：一是暴力的核心是行使有形力量，绑架罪中的暴力应该是"对人的身体行使有形力量并达到足以压制对方抗拒的程度"，而将不知、不能抗拒的人掳走并将其置于行为人的实力支配下的行为，符合此种暴力的要求。二是绑架是一种持续行为，认定行为是否属于暴力、胁迫，应当从整个过程来分析，使用欺骗、利诱等方法使被害人离开原来的生活场所并将其置于行为人的实力支配下的行为，就使被害人离开原来的生活场所而言，似乎没有暴力、胁迫，但行为人在此后却将被害人置于自己的实力支配下，拘禁于一定的场所，而拘禁本身又是一种暴力，它使被害人不能或无法逃走，因而，仍属于暴力方法。①

本文认为，后一种观点似不当理解了"暴力"的内涵和发生空间。绑架罪在客观方面分为两个阶段：实现控制人质的阶段（绑架人质阶段）和维持控制人质的阶段（拘禁人质阶段）。在绑架犯罪过程中的前一阶段，即实现控制人质的阶段，行为人采用暴力、胁迫等各种手段接近被害人并实现对被害人人身的控制，这一阶段从行为人着手实行绑架行为到绑架行为既遂为止。绑架罪中的暴力即发生在控制人质的阶段，是为了实现控制被害人人身自由而采用的一种手段方式。暴力行为与被害人人身自由受到控制之间是手段和目的的关系，因此，不能将被害人置于行为人控制之下，特别是通过拘禁方式的控制，理解为是一种暴力。如若这样，所有绑架行为的后一阶段，即维持控制人质阶段，都会存在拘禁的方式，是否意味着这些都属于暴力？那么，立法上对绑架行为区分暴力、胁迫或其他方式又有何意义？因此，绑架罪中的"其他手段"应当是指除了暴力、胁迫以外的其他能够控制被害人人身自由的一切方法。

此外，与上述问题相关联的一个问题是，是否要求被害人认识到自己被剥夺人身自由的事实。如，甲设置圈套让乙在自己家里打电子游戏，供给其一日三餐，使乙乐此不疲，对其事实上已不能够或回家一事茫然不知。在这一期间，甲告诉乙的家人乙遭绑架，并勒索钱财30万元。本案中，尽管乙没有认识到自己被剥夺人身自由，但人身自

---

① 张明楷：《论绑架勒赎罪》，载《法商研究》，1996(1)。

由被剥夺的事实已经客观发生，此时甲是否构成绑架罪？对此，有肯定说和否定说之争。我们认为，从绑架罪犯罪构成要件上看，既不需要考察被害人的认识因素，也无需考虑被害人的认识因素对犯罪成立的阻却作用。因为，犯罪行为对客体的侵害是客观存在的，是不以被害人意志为转移的，某一行为是否构成犯罪，是就行为本身而言的，至于被害人实际上是否认识到，并不影响该行为的性质。

四、绑架罪的犯罪停止形态问题

绑架罪犯罪停止形态的认定与绑架行为的单复理论直接相关，采用不同的理论标准所得到的结果也不相同。在前文论证"单一行为说"合理性的前提下，需要对绑架罪的犯罪停止形态进一步进行梳理与说明。

(一)绑架罪犯罪既遂的问题

1. 绑架罪犯罪既遂的理论争议

犯罪既遂，应当是指行为人所故意实施的行为已经齐备了具体犯罪构成要件之全部要素。刑法理论界对于绑架罪既遂形态的认定存在"绑架行为完成说"、"勒索行为完成说"与"勒索结果发生说"的争论。"绑架行为完成说"认为，绑架勒索罪是由绑架与勒索二个行为结合而成的，绑架罪的既遂应以行为人以勒索财物为目的，实施了绑架他人的行为，将被害人掳走，限制其自由，或将他人的婴幼儿偷到手，而置于行为人的控制之下为标准。至于行为人以杀害、重伤被害人，威胁被害人家属，迫使其交付赎金，是否取得了财物，都不影响本罪既遂的成立。如果行为人着手实施绑架他人的行为，由于遭到被害人的反抗，未将其掳走或偷盗婴幼儿被当场抓获的，可视为未遂。[1] "勒索行为完成说"认为，除绑架他人外，还要实施勒索财物，或者提出不法要求的行为才成立犯罪既遂。[2] "勒索结果发生说"认为，从绑架罪的结构看，绑架行为与勒索行为是不可分离的，缺一不能成立本罪。如果只考虑到绑架而不考虑勒索财物与否作为其既遂的界限，实质上是将一个统一绑架勒索行为肢解开来对待，从主观方面来看，犯罪人的最终目的是勒索财物，绑架人质只是手段，没有达到其目的便不能认为即达到了既遂状态，因而在绑架人质之后，没有实施勒索行为或者

---

① 赵秉志、肖中华：《绑架罪适用中的疑难问题(上)：既遂与未遂的区分》，载《检察日报》，2002-01-15。

② 肖中华：《侵犯公民人身权利罪》，226 页，北京，中国人民公安大学出版社，1998。

实施了勒索行为而没有实际勒索到都不能认为是既遂。①

　　上述三种观点中，"绑架行为完成说"建立在"单一行为说"基础上，而后两种学说都是建立在"复合行为说"基础上的。我们认为，"复合行为说"无法清晰地凸显绑架罪的客体，并不可取。根据我国刑法上的犯罪客体理论，绑架罪的主要客体是他人的人身自由权利，行为人一旦完成了绑架行为，则严重侵犯了被害人的人身权利，构成犯罪既遂，无需在客观方面再加上勒索等行为作为实行行为。勒索行为属犯罪客观方面中实行行为之外的超过要素，在客观方面不需要具有勒索财物的行为，更不需要实际获取财物。"勒索财物"只要作为一种主观要素存在于行为人的内心即可，其实施与否不影响绑架罪的成立与既遂，只能作为量刑情节。② 犯罪客体在犯罪构成中起到统领作用，对犯罪停止形态的认定也具有关键作用，因此，从犯罪客体角度，"单一行为说"更具有理论优势，对绑架罪的既遂形态认定应采用"绑架行为完成说"，即以被害人处于行为人的控制之下作为绑架罪既遂的标准。

　　2. 绑架罪犯罪既遂的司法认定

　　司法实践中对绑架罪犯罪既遂认定所需要注意的问题是，如何判断被害人已经处于行为人的控制之下？对此，应当注意以下三个问题：第一，被害人处于行为人的控制之下应当持续一定的时间。在被害人瞬间被控制的情况下，由于尚未达到对被害人人身自由侵害的程度，不构成绑架罪的犯罪既遂（以故意杀人方式制服被害人的除外）。至于控制持续多长时间可达到绑架罪的既遂？除可参考非法拘禁罪的标准外，还可以根据被害人是否具有脱逃能力、是否具有脱逃可能性、是否敢于脱逃等因素综合判断。第二，被害人被控制不以地理位置转移为条件。被害人被控制是其人身自由受到限制的一种客观状态，即使在自己的房屋内，也可能出现人身自由受到控制的情形，此时也构成绑架罪的既遂。第三，尽管被害人受到人身控制不以被害人认识作为条件，但要求被害人发觉后也缺乏自由行动的条件。比如，行为人以虚构事实，制造假象的方法将某小学生骗至某网吧上网，然后向其家长勒索财物，此时行为人对被害人未能施以有效控制，仅是在远处监视，被害人的人身自由并未受到实际限制，有行动的自由，因此，上述行为不构成绑架罪，更不存在绑架罪的既遂问题。反之，若将小学

---

　　① 杨旺年：《试论绑架勒索罪》，载《法律学习与研究》，1992(3)。

　　② 赵秉志、肖中华：《绑架罪适用中的疑难问题（上）：既遂与未遂的区分》，载《检察日报》，2002-01-15。

生骗至自己家中上网,尽管被害人不知晓,但已存在侵害人身自由的客观事实,此时,构成绑架罪的既遂。

(二)绑架罪犯罪未遂的问题

1. 绑架罪犯罪未遂的理论争议

绑架罪的犯罪未遂,是指行为人在着手实施犯罪后,因意志以外的原因未能控制被害人人身自由的犯罪停止状态。绑架罪的既遂与未遂的区分标准,是绑架罪认定中最为复杂、争论最激烈的问题。对绑架罪客观行为是单一行为还是复合行为的不同认识,将在绑架罪既遂形态与未遂形态的区分标准上产生不同的结论。

在"复合行为说"的基础上,绑架罪的客观行为被认为由绑架行为(或偷盗婴幼儿的行为)与勒索财产或者提出不法要求行为两个方面组成;若行为人在着手实施犯罪后,因意志以外的原因未能实施勒索财产或提出不法要求行为的,即构成绑架罪的未遂。根据"复合行为说",行为人只有既实施了绑架行为,又使勒索财物或提出的其他非法要求得到满足才能构成犯罪既遂。但该理论不能自圆其说的地方在于:若犯罪分子实施了绑架行为,并致使被绑架人死亡或杀害被绑架人,此后自动放弃实施勒索或提出其他非法要求的行为而逃窜的,就应依法认定犯罪分子具有犯罪中止这一法定的应当减轻情节,但这与绑架杀人中"处死刑,并处没收财产"的法定单一刑种相抵触。[①] 无论是对行为人处死刑还是减轻处罚,都会违反罪刑法定原则,这是"复合行为说"最难解决的问题。在"单一行为说"的基础上,行为人一旦完成了绑架行为,则严重侵犯了被害人的人身自由,构成犯罪既遂;若自动放弃提出勒索等非法要求或者非法要求未得到满足的,仍是犯罪既遂,不存在犯罪中止与未遂问题,当然也不存在与刑法规定相矛盾的情况。从此角度看,"单一行为说"可以解决绑架罪犯罪停止形态中的诸多问题,不至于在理论和实践上得出矛盾结论,显然更为合理。

2. 绑架罪犯罪未遂的司法认定

在绑架罪未遂的司法认定上,应当注意两个问题:一是如何认定绑架罪的"着手"?在刑法理论上,着手是指行为人已经开始实施刑法分则规定的犯罪构成客观方面的行为。犯罪实行行为的着手是主观与客观的统一。在主观上,行为人实行犯罪的意志通过客观实行行为的开始充分表现出来,而不同于在此之前预备实行犯罪的意志;在客观上,行为人

---

① 方益权:《论绑架罪罪名确定及其构成要件》,载《温州师范学院学报(哲学社会科学版)》,1998(4)。

已开始直接实施具体犯罪构成客观方面的行为，这种行为已不再属于为犯罪的实行创造便利条件的预备犯罪的性质，而是实行犯罪的性质，即已使刑法所保护的具体客体初步受到危害或面临实际存在的威胁。就绑架罪而言，着手是指行为人在绑架他人意图的支配下已经开始实施暴力、胁迫或麻醉等其他方法非法剥夺他人人身自由的行为。在主观上，行为人已经产生绑架被害人的决意，在客观上，行为人已经开始实施直接指向被害人的绑架行为，开始对被害人实施暴力或以语言等方式相威胁。

需要注意的是对"其他方法"着手的认定。比如，行为人以带被害人旅游为借口，将其骗上自己的面包车，在高速公路上高速行驶并打电话给被害人的父母要求交付赎金，此时，如何认定着手？此案是以诱骗方式实施的绑架犯罪，仍可以按照着手的一般原理处理，即当行为人的行为直接指向被害人，若不出现行为人意志以外原因的阻碍或行为人的自动中止犯罪，这种行为就会继续进行下去，直到犯罪的完成即既遂的达到，此时，行为人的行为即为着手。该案例中，行为人准备面包车的行为属于犯罪预备，而向被害人发出上车邀请时则属于绑架罪的着手，至于被害人进入面包车后，车门锁上时，行为人就已经实际控制了被害人的人身自由，即构成绑架罪的既遂。

二是对"未得逞"的认定。犯罪未得逞，是指犯罪未达既遂状态而停止下来。绑架罪的未得逞，是指绑架罪犯罪构成所包含的作为犯罪完成标志的客观要件尚不具备，即行为人在着手实施绑架行为后未能有效地控制被害人的人身自由。作为继续犯，绑架罪和非法拘禁罪一样，需要侵害行为在一定时间内处于持续状态，使他人在一定时间内失去身体自由。尽管刑法分则未能对此作明确的规定，但仍可以通过具体犯罪的手段、后果和危害程度等因素综合进行分析。比如，被害人一直处于挣扎之中而无法实现对其的有效控制或者是行为人尽管瞬间控制了被害人，但其又旋即挣脱，这些都不构成绑架罪的既遂。但是，在有效控制被害人之后，被害人寻找机会及时脱逃，导致行为人未能最终控制被害人的情况下，仍然成立绑架罪的既遂。

(三)绑架罪犯罪中止的问题

1. 绑架罪犯罪中止的理论争议

绑架罪的犯罪中止，是在绑架犯罪未达既遂状态的过程中，行为人自动放弃犯罪或有效地防止犯罪结果发生的犯罪停止状态。与犯罪未遂问题一样，绑架罪的犯罪中止也与客观行为的单复数有直接关系。"复合行为说"对"单一行为说"最强烈的反驳就在于：如果将绑架勒索罪的客观方面的行为理解为单一行为，那就意味着只要实施了绑架他人的行为就构成犯罪既遂，无形中大大压缩了给予行为人中止犯罪的空间，同时也减少了未遂的几率，容易刺激行为人的犯罪动机，不利于保障被害人的人身安全。对此，"单一行为说"给予的回应是：以行为人完成绑架行为作为绑架罪的既遂标准，并未断绝行为人自动终止犯罪的希望之路，在行为人在绑架行为完成之前，完全是可以中止犯罪的。至于行为人在绑架完成后，不存在成立犯罪中止的余地，这与其他犯罪既遂以后不发生犯罪中止问题没有什么两样，如行为人盗窃后返还财物的，仍然成立既遂形态，而不是犯罪中止，但这也并不排斥对行为人在处罚上作适当从宽处理。①

对绑架罪犯罪中止的理论争议，实质也是源于《刑法修正案（七）》颁布之前绑架罪过高的起刑点。法律作为一种行为规范，具有积极引导公民行为的功能，起刑点过高不利于发挥法律规范的积极引导功能。绑架行为带有明显的强制性特征，行为本身具有引发加重结果的危险。在绑架行为既遂后，过高的起刑点会刺激犯罪行为人继续铤而走险，如勒索财物不成或者担心被记住相貌特征而杀害人质，增加了人质被害的风险。此外，绑架罪虽然是严重侵害他人人身权利的犯罪，但并不是所有的绑架罪中犯罪行为人的行为性质都如张子强案中那般恶劣②，有的犯罪分子在控制被害人以后良心发现，主动将被害人放回并且资助其路费，或者在控制被害人后因对被害人同情而悉心照料其饮食起居等，如发生在云南呈贡的余有绑架案。③ 根据单一行为说，即使在这类案件中犯罪分子主观恶性不深、行为的社会危害性也不大，但其行为仍构成绑架罪的既遂形态，除非有法定的减轻处罚情节，否则司法机关仍应判处 10 年以上有期徒刑。这不仅不符合罪责刑相适应原则，也不利于发挥刑法规范对犯罪中止的积极引导功能。基于以上原因，《刑法修正案（七）》将绑架罪的法定最低刑降至 5 年有期徒刑。这有助于缓解犯罪行为人的心理压力，促成犯罪行为人及时放弃犯罪或与公安、司法机关妥协，防止其对被害人进一步侵害，从而实现刑法的人权保障和秩序维护的基本机能，此外，还在理论上进一步消除了"复合行为说"的理论基础，巩固了"单一行为说"的合理性。

---

① 王作富：《刑法分则实务研究》（上），1064 页，北京，中国方正出版社，2003。
② 本案发生在 20 世纪 90 年代末，张子强等人在我国广东省汕头等地非法买卖枪支、弹药、爆炸物，走私至香港，多次实施抢劫、绑架等犯罪行为，其中绑架香港富商李某、郭某等，勒索赎金高达十几亿港元，广东省高级人民法院以张子强犯绑架罪终审判处其死刑。赵秉志、彭新林：《中国刑法 30 年（下）——以典型案例为视角》，载《民主与法制》，2008(16)。
③ 雷成：《"善良"绑匪，被判 6 年引争议》，载《中国青年报》，2007-06-06。

2. 绑架罪犯罪中止的司法认定

绑架罪的犯罪中止包括两种情况：一是犯罪预备阶段的中止，其时空范围起始于犯罪预备活动的实施，终止于绑架行为着手实施之前；二是绑架行为未实行终了的中止，其时空范围起始于绑架行为着手实施之后，终止于绑架行为完成之前，即对被绑架人有效控制之前。

在绑架罪实行阶段的中止形态中，需要注意的是犯罪中止的有效性。根据刑法的基本理论，行为人不仅要消极地停止绑架行为，更要采取积极措施阻止对被绑架人有效控制的既遂犯罪结果的发生。绑架犯罪多采用共同犯罪形式，若在共同犯罪中行为人虽采取了防止既遂结果发生的积极措施，但实际未能阻止其他行为人继续实施绑架行为的，则仍然不能成立犯罪中止。此外，犯罪中止的有效性并非意味着没有发生任何结果，只是未能发生行为人已实施犯罪的既遂状态所要求的结果，若在犯罪中止过程中，造成被绑架人人身伤害或财产损失的，虽对犯罪中止的成立没有影响，但可作为量刑的考察情节。

绑架行为完成后，即构成既遂，不再存在成立中止的可能性。这包括在绑架行为实施后，犯罪行为人未提出勒索或其他非法要求主动释放人质的行为，以及提出勒索或其他非法请求后主动释放人质的行为。在上述情况下，犯罪行为人的行为已经构成了犯罪既遂，释放人质的行为仅仅表明行为人主观恶性的下降，属于犯罪既遂后的悔罪表现，应当作为绑架罪中的"情节较轻"予以处理。

五、绑架罪的加重构成问题

《刑法修正案（七）》将绑架罪中"致使被绑架人死亡或者杀害被绑架人的，处死刑，并处没收财产"另设为第 2 款，与基本构成和减轻构成相区别，更便于理解和适用，显现了立法技术的逐步成熟，但这一立法技术层面的调整未能彻底解决绑架罪加重构成中的既存问题，为此，仍有进一步研究的必要。

（一）对"致使被绑架人死亡"的理解与适用

"致使被绑架人死亡"，是指绑架人的绑架行为与被绑架人的死亡必须有直接因果联系。罪过形式仅限于故意伤害致死和过失致人死亡的情况。[①] "致使被绑架人死亡"主要包括以下几种情形：①在实施暴力劫持过程中，因用力过猛伤及要害部位，或堵嘴捂鼻引起窒息等原

---

① 高铭暄主编：《新编中国刑法学》，711 页，北京，中国人民大学出版社，1998。

因，过失致被害人死亡；②在关押过程中，因被害人哭闹、挣扎，对其堵嘴捂鼻或者为其注射麻醉剂原因过失引起死亡；③对被绑架人残酷殴打、折磨致使在关押期间因重伤死亡；④被绑架人因不堪忍受折磨自杀死亡，等等。不包括被绑架人亲属因精神受到打击而死亡或自杀死亡。绑架行为和被绑架人死亡之间要有直接因果关系，若在被绑架期间，被绑架人死亡，经查明与其死亡结果与绑架行为没有直接因果关系的，行为人对死亡不能承担刑事责任，如房屋倒塌将被害人砸死，被害人吸烟引起火灾致其被烧死，等等。①

需要讨论的一个问题是，"致使被绑架人死亡"是否包括绑架行为完成后，在行为人无故意伤害行为的情况下，被害人因性情刚烈等原因自杀的情形？有观点认为，在这种情况下，行为人主观上没有罪过，被绑架人出于自己内心原因自杀，有时出乎行为人的意料，如果单纯以死亡结果追究刑事责任，难免有结果责任之嫌。② 我们认为，这一观点的结论基本正确，但理由还需要进一步论证。在被绑架人出于自身原因而自杀的情况下，绑架行为和死亡结果之间无直接因果联系，在犯罪既遂的情况下，刑法已经评价了一次绑架行为，若再将绑架行为作为引发被绑架人自杀的原因行为，则违反了禁止重复评价原则。因此，在这种情况下，行为人不承担绑架罪的加重刑事责任，但被绑架人死亡的事实可作为量刑情节适当考虑。

（二）对"杀害被绑架人"的理解与适用

1."杀害被绑架人"的罪数性质判定

关于"杀害被绑架人"的罪数性质，刑法理论上有较大争议：第一种观点认为是结果加重犯。"杀害被绑架人"与"致使被绑架人死亡"显然都是作为结果加重犯来规定的，因而"杀害被绑架人"应属于结果加重犯。③ 第二种观点认为是包容犯。包容犯是指行为人在实施某一犯罪的过程中又实施了另一犯罪，但刑法明文规定将后一犯罪作为前一犯罪的加重处罚情节而不实行数罪并罚的情况。刑法明文规定不以绑架罪与故意杀人罪实行数罪并罚，而是将故意杀人罪作为绑架罪的加重处罚情节，直接以绑架罪论处，即绑架罪包含了故意杀人罪。④ 第三种观点认为是牵连犯。这主要是由于行为人的目的得不到实现或因

---

① 王作富主编：《刑法分则实务研究》（第3版），929页，北京，中国方正出版社，2007。
② 杜国强：《绑架罪若干问题研究》，载《河北法学》，2001（6）。
③ 王作富：《刑法分则实务研究》（上），930页，北京，中国方正出版社，2007。
④ 初炳东等：《论新刑法中的包容犯与转化犯》，载《法学》，1998（6）。

其他原因，故意实施杀人行为，剥夺被绑架人的生命。① 第四种观点认为是结合犯。结合犯应包括两种基本的形式：其一，甲罪＋乙罪＝甲罪（或乙罪）；其二，甲罪＋乙罪＝丙罪（或甲乙罪）。据此，"杀害被绑架人"属于结合犯。② 不仅如此，有论者还进一步分析了绑架杀人不属于结果加重犯的原因在于，结果加重犯的加重结果必须由基本行为造成。一种情形是单一的基本行为导致加重结果；另一种情形是在复合行为中，由手段行为或者目的行为导致加重结果。如果加重结果不是由基本行为造成，则不能认定为结果加重犯。由于绑架行为表现为将被绑架人置于行为人或第三者的实力支配下，又由于绑架行为违反被绑架人的意志，行为人为了控制被绑架人，通常对被绑架人实施拘禁或其他暴力、胁迫等行为。如果能够认定绑架行为的暴力、胁迫行为致人死亡，则可以称为结果加重犯，但对于绑架行为之外的独立的杀害被害人的行为，无论如何也不能评价为绑架的基本行为。③ 此外，在包容犯基础上还衍生出包容加重犯、兼容犯、合并犯等类似观点。

在我们看来，对"杀害被绑架人"性质的认定，应当考虑到立法的实际情况和司法操作的便利性。以上观点的不足之处在于：第一，绑架行为与杀害被绑架人的行为之间并不存在不可分离的牵连关系，不存在认定牵连犯的基础，故牵连犯理论不可取。第二，结合犯是指数个各自独立的犯罪行为，根据刑法的明文规定结合而成为另一个独立的新罪的犯罪形态。④ 我国刑法中的绑架杀人仍然成立绑架罪，没有成立另一新罪，不属于结合犯。结合犯理论面临着现实的立法障碍，难以成立。第三，包容犯的问题在于其结论的合理性值得斟酌。有观点认为，只有在包容之罪与被包容之罪均达到既遂状态的情况下，才能够认为包容犯达到既遂状态。在包容之罪与被包容之罪中只要有一罪处在未遂状态，即使其他犯罪达到既遂，也只能认为"包容犯"处在未遂状态。由此得出的实际结论是，在绑架杀人未遂的情况下，应适用刑法典第 239 条"杀害被绑架人，处死刑"的规定，同时适用刑法关

---

① 林亚刚、贾宇：《关于绑架及相关犯罪的几点探讨》，载《国家检察官学院学报》，1997(4)。

② 刘宪权、桂亚胜：《论我国刑法中的结合犯》，载《法学》，2000(8)。

③ 张明楷：《绑架罪中"杀害被绑架人"研究》，载《法学评论》，2006(3)。

④ 高铭暄、马克昌主编：《刑法学》，195 页，北京，北京大学出版社、高等教育出版社，2000。

于未遂犯从轻、减轻处罚的规定。① 但这一结论却与绝对死刑的规定不符，有悖于罪刑法定原则。

基于上述分析，本文认为，结果加重犯的观点是恰当的。尽管有不少学者对结果加重犯的观点进行批评，认为结果加重犯的加重结果必须由基本行为造成，在绑架行为之外故意杀害被绑架人的，不能认定为结果加重犯。但是，应当注意的是，绑架罪是继续犯，在行为达到既遂状态以后，其犯罪行为仍然处于继续中，既然承认在绑架行为实施之中实施暴力导致被绑架人死亡能构成结果加重犯，那么，为什么在绑架行为处于继续状态中的故意杀人行为就不能构成结果加重犯？绑架是一种对人身权利具有高度侵害可能性的行为，行为本身具有引发加重结果的高度危险，而这种侵害的危险不会随着绑架罪犯罪既遂状态的形成而逐步降低，相反，在完全控制被绑架人以后，这种侵害危险反而得以增大，在这种情况下，绑架行为的继续状态中为什么不能包括具有故意杀人的加重结果？此外，从规范内容关系上看，"杀害被绑架人"的评价重点在于被绑架人的死亡状态，这与"致使被绑架人死亡"在客观方面并无本质区别，为什么后者属于结果加重犯无太大争议，而前者却受饱受诟病？也许最大的争议来自于传统刑法理论上认为结果加重犯的典型模式是"故意基本犯＋过失重结果"，行为人对加重结果只能是过失。但从我国刑法典的规定看，有一些犯罪中加重结果的罪过形式恰恰并不限定于过失，比如在抢劫致人重伤、死亡的情形中、在强奸致人重伤的情形中、在放火致人重伤、死亡的情形中，行为人对于加重结果的发生都可能是故意，而这些情况下的结果加重犯都是"故意基本犯＋故意重结果"。因此，无论是从绑架罪的继续犯性质，还是从结果加重犯的基本模式上看，将"杀害被绑架人"作为结果加重犯处理都无不妥之处。

2."杀害被绑架人"的成立条件

"杀害被绑架人"的成立条件实际是指杀害被绑架人的时空问题。对此，有"广义说"和"限定说"两类观点。

"广义说"认为，"杀害被绑架人"可以涵括在实施整个绑架犯罪过程中所实施的所有杀人行为。具体而言，可分为以下情况：一是先故意杀害人质，然后隐瞒被绑架人已死亡的事实并向有关人员勒索财物或者要挟；二是在勒索不成或非法要求得不到实现的情况下杀害人质，即所谓"撕票"；三是被绑架人逃跑、反抗而招致被杀害或者行为人在

---

① 王志祥：《绑架罪中杀害被绑架人新论》，载《法商研究》，2008(2)。

逃避追捕过程中故意杀害人质；① 四是行为人在遇被害人激烈反抗、发现勒索财物的目的绝对不可能达到时，为杀人灭口而将被绑架人故意杀害的行为；五是行为人在绑架他人勒索到财物后，发现被勒索的财物已在自己的控制范围之内，出于灭口或防止人质向侦查机关提供破案线索而杀害人质的。② 如果是在绑架行为已经结束，将被害人释放以后，因为其他原因而将被害人杀死的，应另行独立构成故意杀人罪，实行数罪并罚。③

"限定说"认为，应将"杀害被绑架人"限定于一定的主客观条件之下。其中，又分为"主观限定说"和"客观限定说"两种基本类型。"主观限定说"认为，应对"杀害被绑架人"的认定做主观条件的限定，只有行为人未勒索到财物或其他不法要求得不到满足时杀害被绑架人的，才属于《刑法》第239条所规定的"杀害被绑架人"。④ "客观限定说"认为，行为人是否勒索到财物或其他不法要求是否得到满足，不应当影响"杀害被绑架人"的认定，行为人无论是在不法要求提出以前、不法要求未得逞的情况下将被害人杀死，还是在不法要求已经实现的情况下将被绑架人杀死，都只是"杀害被绑架人"的不同具体表现形式而已。对于"杀害被绑架人"的认定，关键是要符合时空条件的要求，只要发生于绑架行为完成之后的行为，均存在成立的可能。⑤

本文认为，在将"杀害被绑架人"定位为结果加重犯的前提下，杀害行为是绑架行为的加重行为，故而杀害行为应当发生在绑架过程中。所谓绑架过程，是指在绑架行为着手到行为人收到赎金的一系列过程，具体可分为三个阶段：一是着手实施绑架至控制人质阶段；二是控制人质至提出勒索阶段；三是提出勒索至收到赎金阶段。"主观限定说"实际将"杀害被绑架人"的时空范围限制在第三个阶段，排除了行为人未提出勒索即杀害人质的情况，范围过窄，并不合理。"客观限定说"将"杀害被绑架人"的时空范围限定在第二个、第三个阶段，排除了绑架行为实施过程中的杀害行为。"客观限定说"认为绑架罪的实质是一种将他人置于暴力支配之下、使他人丧失人身自由的行为，而绑架人质阶段的故意杀人行为则是一种使他人生命丧失的行为，这与绑架行

---

① 林亚刚、贾宇：《关于绑架及相关犯罪的几点探讨》，载《国家检察官学院学报》，1997(4)。

② 王志祥：《绑架罪中杀害被绑架人新论》，载《法商研究》，2008(2)。

③ 王作富：《刑法分则实务研究》(第3版)，930页，北京，中国方正出版社，2007。

④ 陈立、李兰英：《刑法分则的理论与实务》，191页，北京，科学出版社，2006。

⑤ 张明楷：《刑法学》(第3版)，667页，北京，法律出版社，2007。

为的本质显然不相吻合。① 这一观点虽看到了绑架的本质特征，但过于将其绝对化，也有失偏颇。如前文所述，绑架罪中的暴力程度可高至杀死被绑架人，杀人行为实际是行为人控制被绑架人的一种手段，只是这种对被绑架"人"的控制时间是非常短暂的，仅发生在被绑架人生命消失之前，但却是非常有效的，且完全符合绑架罪既遂的要求，在此基础上出现被绑架人死亡的结果，当然符合结果加重犯的特征。此外，刑法理论界对于"致被绑架人死亡"可以发生在绑架行为实施过程中几乎没有争议，同为结果加重犯的"故意杀害被绑架人"为何不能发生在相同阶段？对此，"客观限定说"无法给出令人信服的解释。相较而言，"广义说"的观点比较合理，但该观点将行为人在绑架他人勒索到财物后，出于灭口目的而杀人的情况也包括在内，按照绑架罪一罪处理，却是值得商榷的。从行为特征上看，从着手实施绑架行为到取得赎金或非法目的得以满足为止，已是绑架的全部过程，至于取得赎金或非法目的全部满足之后行为人所实施的行为，应不属于常态下的绑架行为。对此，司法实务部门也有观点认为，根据刑法典第239条的规定，在绑架过程中，致被绑架人轻伤、重伤或死亡的，定绑架罪无异议，但对绑架勒索行为实施完毕后，即勒索到钱财后，杀害被绑架人灭口的，应同时定绑架罪和故意杀人罪。这是因为刑法典第239条中所指的"杀害被绑架人"，仅包括以勒索财物为目的的杀害，不包括其他目的的杀害。行为人在勒索到钱财后，为灭口而将被害人杀害，应定绑架罪和故意杀人罪。② 此时，行为人实际上是另起犯意，且在新的犯意支配下实施了新的犯罪行为，显然属于数罪。虽然前罪与后罪之间有一定的关联性，但并不存在目的和手段或原因与结果的关系，不能按照牵连犯进行处断，只能按照数罪并罚处置。最高人民法院2001年5月23日颁布的《关于抢劫过程中故意杀人案件如何定罪问题的批复》中规定："行为人实施抢劫后，为灭口而故意杀人的，以抢劫罪和故意杀人罪定罪，实行数罪并罚。"该司法解释也可为绑架取得赎金后的故意杀人行为如何处置，提供参照。

3."杀害被绑架人未遂"的刑事处罚

刑法典第239条规定"致使被绑架人死亡或者杀害被绑架人的，处死刑，并处没收财产"。在"致使被绑架人死亡"或者"杀害了被绑架人"

---

① 张明楷：《刑法学》（第3版），667页，北京，法律出版社，2007。

② 最高人民法院中国应用法学研究所编：《人民法院案例选》（2004年刑事专辑），251页，北京，人民法院出版社，2005。

的情况下，对行为人适用死刑并无任何法律适用上的障碍，但是，在"杀害被绑架人"未遂的情况下，如何对犯罪人适用刑罚，则是司法实践中必须认真面对的疑难问题。

对此，刑法学界有两种观点。第一种观点为"死刑适用否定说"。该说认为，这里的"杀害被绑架人"是绑架罪的加重结果，即只能是故意将被害人杀死的，方得适用死刑。据此观点，在绑架人故意杀害被绑架人而未致被害人死亡的场合，就不能适用死刑（包括死缓）。"死刑适用否定说"的代表性表述是："虽然条文上未写明'杀死被绑架人'，但是，与其前面的'致使被绑架人死亡'并列规定，显然都是作为结果加重犯来规定，即都是以实际死亡结果为必要条件，因此，不能适用于杀人未遂和预备行为。"①第二种观点为"死刑适用肯定说"。该观点主张，根据罪责均衡原则，"杀害被绑架人"是加重情节而不是加重结果，只要行为人实施了故意杀害被绑架人的行为，即可对之适用死刑。在"死刑适用肯定说"中又具体存在两种观点：一为对于故意杀害被绑架人未遂的，依然适用《刑法》第 239 条"杀害被绑架人"的规定，而不适用刑法关于未遂犯从轻、减轻处罚的规定。其主要理由在于：故意杀人未遂的社会危害性重于过失致人死亡罪；同样，绑架故意杀人未遂的社会危害性也必然重于绑架过失致人死亡；既然后者的法定刑为绝对的死刑，那么，前者更应适用绝对的死刑。② 二为对于杀害被绑架人未遂的，应在适用刑法典第 239 条"杀害被绑架人，处死刑"规定的同时，适用刑法关于未遂犯从轻、减轻处罚的规定。其主要理由在于：在非法控制人质阶段，行为人对被绑架人实施杀害行为而由于意志以外的原因被绑架人未死亡的，同样可以成立"包容加重犯"的未遂。在犯罪行为处于未完成形态时，以刑法分则既遂犯的规定为基础进行处理，并不意味着一定要原封不动地照搬既遂犯的法定刑，而是要将刑法分则具体犯罪的法定刑与刑法总则关于未完成形态的一般处罚原则结合起来，根据行为的具体社会危害性决定宣告刑。刑法总则规定未完成形态的一般处罚原则，就是为了将其与刑法分则中的既遂区别开来，以在具体犯罪处理中实现罪刑均衡的目标。③

"死刑适用肯定说"尽管有一定的合理性，但是违反了刑法典第 239 条关于绝对死刑的规定，有悖罪刑法定原则。此外，该观点是在

---

① 王作富：《刑法分则实务研究》，1069 页，北京，中国方正出版社，2003。
② 曾亚杰：《如何理解"杀害被绑架人"》，载《人民法院报》，2004-09-20。
③ 王志祥：《绑架罪中"杀害被绑架人"新论》，载《法商研究》，2008(2)。

将"杀害被绑架人"的性质设定为结合犯或包容犯的前提下所得出的结论，前文对结合犯或包容犯的欠缺合理性已经进行了评述，不再赘述。相较而言，"死刑适用否定说"显得更为合理。除了结果加重犯的理由外，基于限制死刑适用的要求，也有必要将"杀害被绑架人"理解为实际上杀死了被绑架人。根据罪刑法定原则，在杀害被绑架人的刑罚为绝对确定死刑的前提下，不存在从轻、减轻处罚的理由；而在被绑架人未死亡的情况下，适用死刑会导致轻罪重判，并且与我国刑法典第48条"死刑只适用于罪行极其严重的犯罪分子"规定中限制死刑的基本政策不相符合，因此，只有将"杀害被绑架人"理解为杀死被绑架人才能解决这个问题。对于绑架他人后，故意杀害被绑架人未遂的，仍应按照绑架罪的基本犯罪构成处理，此时，杀害被绑架人应作为从严的酌定量刑情节限制未遂犯从轻、减轻处罚的适用，即在基本犯罪构成的法定刑幅度内，不仅不考虑对行为人从宽处罚，甚至还要从严处罚，从而充分体现罪责刑相一致原则。

六、绑架罪的减轻构成问题

《刑法修正案(七)》在绑架罪中增加了减轻构成的罪刑单位，即"情节较轻的，处五年以上十年以下有期徒刑，并处罚金"。这一规定使得绑架罪的罪刑结构变得较为合理，同时扩宽了量刑空间，有利于司法实务操作。但对于"情节较轻"构成的性质、内涵和具体适用，仍需要进一步研究。

(一)"情节较轻"的性质

根据作用不同，犯罪情节可分为定罪情节和量刑情节。前者是指犯罪构成共同要件以外的、影响行为的社会危害性程度因而对定罪具有决定意义的事实；后者是指不具有犯罪构成事实意义，却与犯罪构成事实的主客观方面具有密切联系，能够反映犯罪行为的社会危害性程度或者行为人主观恶性的各种事实情况。[1] 量刑情节可分为法定量刑情节和酌定量刑情节，前者由刑法明文规定的情节，如中止犯、未遂犯、自首、立功等；后者是根据立法精神和刑事政策总结出来的，在司法裁量中需要考虑的情况，如犯罪动机、犯罪手段、犯罪后的态度等。

对于绑架罪中"情节较轻"的性质，目前有两种观点：一种观点认

---

[1] 赵秉志：《当代刑法学》，298页、349页，北京，中国政法大学出版社，2009。

为，绑架罪中的"情节较轻"是指作为犯罪主客观要件的基本事实以及基本事实以外能够影响绑架行为危害程度的事实。前者如绑架的暴力程度较轻，绑架行为未造成现实的后果；后者如绑架的手段较为平和，实施绑架犯罪的动机不属特别恶劣、未将老、弱、病、残、孕妇等特殊对象作为人质，主动归案，积极认罪，悔罪态度明显等。① 第二种观点认为，若将法定从宽情节作为认定"情节较轻"的依据，则意味着对法定从宽量刑情节的重复使用，违反了禁止重复评价的原则，因而法定从宽量刑情节本身，不属于"情节较轻"的内容。②

上述两种观点虽然存在一定的差别，但本质上都未能区分定罪情节与量刑情节的关系，错误地将量刑情节包含于"情节较轻"的范围之内。我们认为，绑架罪中的"情节较轻"应属于定罪情节，而不是量刑情节。原因在于，定罪情节并非只是具有区分罪与非罪的功能，还包括区分重罪与轻罪的作用。③ 对基本犯而言，减轻情节当然不是定罪情节，因为没有减轻情节，犯罪依然能够成立；但对情节减轻犯，缺少了减轻罪质的情节，便会影响到情节减轻犯的成立，此时减轻情节当然属于定罪情节。换言之，绑架罪中的"情节较轻"作为定罪情节是针对减轻情节犯，而非基本犯；而量刑情节既可以适用于基本犯，也可以适用于减轻情节犯。此外，将"情节较轻"认定为定罪情节，并不与量刑情节相矛盾，也即在出现特定的减轻情节之后，仍可以继续适用相关的量刑情节。这样处理不仅不会破坏现有的量刑体系，而且可有效排除量刑情节对情节减轻犯适用上的干扰，更便于司法实践操作。

(二)"情节较轻"的判断标准

在《刑法修正案(七)》通过之后，"两高"还没有对"情节较轻"作出司法解释，可能引发司法实践中法律适用不统一、量刑不均衡等司法适用的困惑。对此，有学者认为，绑架罪中的"情节较轻"可能包括：①绑架之后，主动释放被绑架人的；②绑架之后实际控制被绑架人时间较短就被查获的；③绑架之后没有对被绑架人进行严重的殴打、虐待，甚至对被绑架人较为优待的；④绑架之后勒索的财物数额不大的；⑤其他的表明行为人人身危险性不大、对于被害人的人身安全的侵害也不严重的情节。④ 也有学者从两个方面对"情节较轻"进行了概括：

---

① 刘飞、甄西波：《〈刑法修正案(七)〉绑架罪"情节较轻"如何认定》，载《检察日报》，2009-04-27。

② 谭京生、肖江峰：《对绑架罪"情节较轻"的理解和适用》，载《人民法院报》，2009-05-27。

③ 赵秉志：《当代刑法学》，300 页，北京，中国政法大学出版社，2009。

④ 付立庆：《论绑架罪的修正构成的解释与运用》，载《法学家》，2009(3)。

①掳人未取赎而主动、安全释放人质的，或者取赎后主动、安全释放人质而取赎数额不大，且没有其他严重情节的；②"事出有因"（即"情有可原"）的绑架行为，且该行为与非法拘禁、敲诈勒索等行为相互交织，又没有对人质进行人身损害的。① 毫无疑问，上述的概括、总结和提炼基本上确定了绑架罪中"情节较轻"的认定方向，也为司法实践准确、科学地认定提供了某种思路。同时应看到，由于现实生活的复杂性，这样的一些概括和总结缺乏一个明确的标准，难以应对现实生活中复杂的、各种各样的绑架罪类型。因此，在认定是否属于"情节较轻"的绑架罪时，需要在复杂的情况中抽象出一个统一标准，为司法认定提供明确的指导。

我们认为，对"情节较轻"的判断标准，应从犯罪客体的角度进行考察。正如有论者所言，刑法之所以对绑架罪增设情节较轻的条款，是因为一些特殊情形下发生的绑架行为对客体（法益）的侵害程度较低，与原来绑架罪设定的十年以上有期徒刑的起刑点不相适应。因此，是否属于情节较轻，首先要看绑架行为对客体（法益）侵害的严重程度。② 在绑架犯罪中，绑架行为所侵害的客体必然包括人身自由权，财产权利仅是一个随机客体。因而"情节较轻"主要判断标准是对人身自由侵害的减弱乃至消除，特别是行为人释放了被绑架人。此外，绑架行为也可能侵害到包括生命、健康权，妇女、儿童身心健康权，人格权，财产权在内的其他客体。在侵害人身自由的基础上，若在绑架过程中侵害到其他类型的客体，表明行为所产生的社会危害性增大，则不属于"情节较轻"的情况。当然，在"情节较轻"的判断上，必须考虑到对新增客体的侵害程度，如果尚未达到犯罪的标准，则也不应排除适用"情节较轻"的可能性，比如，被绑架人激烈反抗，行为人在与其纠缠过程中过失将其打成轻伤，后产生怜悯，将被绑架人送回原处的，此种情况下也应当属于"情节较轻"。

（三）"情节较轻"的司法适用

根据上述判断标准，对"情节较轻"的理解可具体参照以下情况。

第一，实施绑架行为后主动释放被绑架人，未对被绑架人人身造成新的侵害，也未提出勒索或其他不法请求的。这种情况虽然侵害了被绑架人的人身自由，但由于没有新增侵害其他客体，并且最终恢复了被绑架人的自由，客体侵害的程度最低，应属于"情节较轻"。

① 郑金火：《评析修正后的绑架罪》，载《中国刑事法杂志》，2009(6)。
② 谭京生、肖江峰：《对绑架罪"情节较轻"的理解和适用》，载《人民法院报》，2009-05-27。

第二，实施绑架行为后主动释放被绑架人，虽对被绑架人人身造成一定侵害，但未达到犯罪标准，也未提出勒索或其他不法请求的。在这种情况下，客体侵害的程度较之前者有所加深，但新增客体侵害毕竟没有达到刑法所必须要保护的程度，为保障被绑架人的生命、身体安全，鼓励犯罪人及时放弃犯罪，也应将此类情形作为"情节较轻"处理。

第三，绑架后提出勒索或其他不法请求，但未能实现，后主动释放被绑架人，并未对被绑架人人身造成新的侵害的。这种情况下，尽管行为人已经实施了目的行为，但在目的未能实现的情况下，相关客体并未被实际受到侵害；而行为人释放人质，也足以表明其人身危险性的下降。因此，也应当作为"情节较轻"处理。

上述三种情况均是在绑架罪既遂以后，未产生新的客体侵害的前提下，给予行为人的一种从宽待遇。若在绑架之后行为人虽没有对被绑架人进行严重的殴打、虐待，甚至对被绑架人较为优待的，但其勒索财物目的已经实现或不法要求已经满足的，都被认为产生了新的客体侵害，不能适用绑架罪的减轻构成，而只能按照绑架罪的基本构成处理，但其善待被绑架人的行为可以作为酌定量刑情节考虑。这样严格限制"情节较轻"的范围，其作用在于一方面积极敦促行为人释放被绑架人，有效保障被绑架人的人身安全；另一方面在于防止行为人利用保障被绑架人人身安全的立法动因寻找立法漏洞，而将绑架目的未实现作为适用犯罪减轻构成的必要条件，可保留刑罚的威慑力，遏制绑架行为的发生。

需要注意的是，绑架罪的减轻构成针对的是绑架既遂以后的特定情节，因而不可能同时适用犯罪未完成形态的量刑情节，否则不但可能违反了禁止重复评价的原则，而且本身也存在逻辑上的混乱。比如，在实施绑架过程中，行为人为了控制和支配被害人，虽然将被害人砍成重伤，或者砍伤了多个被害人，但最后由于各种原因，事实上还是没有完全支配或者控制被害人，或者由于自己意志的原因而自动停止绑架行为，虽然可以认定为绑架罪未遂、中止，但也不宜认定为"情节较轻"的绑架罪，而是应该认定为普通的绑架罪，然后再根据刑法总则中关于犯罪未遂、中止的规定从轻或者减轻处罚。[①] 也就是说，在绑架罪的减轻构成中，应当剔除犯罪未完成形态的因素，仅根据犯罪本身的情节予以认定。在《刑法修正案（七）》颁布后，实践中出现的一些

---

① 吴情树：《绑架罪的停止形态与情节较轻之关系》，载《检察日报》，2009-07-20。

新案件在适用绑架罪的减轻构成和未完成形态处罚上存在着不清与混淆，比如，被称为"北京首起适用刑法新规的绑架案"即存在这一问题。被告人郑丽刚和柴彦军为了勒索财物，预谋绑架饭店老板王某。为此，两人准备了刀、枪状打火机、假车牌、胶带、迷彩服、口罩、手套及车辆等一系列作案工具。之后，连续 4 天对王某进行跟踪，可始终没有下手，直到因形迹可疑遭到警察的盘查而被抓获。被抓后，两人如实供述了预谋绑架的事实，最终被检察机关以绑架罪提起公诉。审理此案的法官介绍说："这两名被告人都是初次犯罪，跟踪了王某 4 天没有动手，并不是因为没有机会，而是因为害怕而迟迟没有实施绑架行为。而且，两人因为形迹可疑遭到警方盘问后，主动交代了他们要实施绑架的事实。从这些情况来判断，两人虽然实施了犯罪预备的行为，已经构成了绑架罪，可主观恶性程度还不是那么深，应该符合《刑法修正案（七）》中所说的'情节较轻'的情形。"2009 年 3 月 16 日，昌平区人民法院一审宣判，两名被告人因犯罪情节轻微，分别以绑架罪被判处有期徒刑 10 个月和 1 年，同时各处罚金人民币 2000 元。[①] 事实上，这是将绑架罪的预备行为在当作"情节较轻"适用减轻构成的同时，又将其作为犯罪预备再一次从宽处罚，违反了禁止重复评价原则，其判决的合理性值得推敲。"情节较轻"是减轻构成的定罪情节，与基本构成的量刑并无关联。本案即使是在"10 年以上有期徒刑或者无期徒刑"的法定刑幅度内，通过适用犯罪预备的处罚规定，也未必不能获得轻判。此时，若按照预备犯减轻处罚的话，其量刑的跨度区间可以从 6 个月至 10 年，法官完全可以根据行为人的主观恶性、其他案情等因素，按照罪责刑相一致原则进行公正裁量。

七、绑架罪的立法完善问题

《刑法修正案（七）》对于绑架罪的修订，是中国社会进入经济转型深化期后，为缓解社会紧张关系，推动刑事立法宽缓化的一次重要尝试，反映了立法的时代性特征，其积极价值应予以充分肯定。但也毋庸讳言，绑架罪中仍然还有以下一些问题没有得到解决，有待今后立法进一步完善。

---

① 李松、黄洁：《北京首起适用刑法新规审判绑架案受关注，法官讲轻判缘由》，载《法制日报》，2009-03-19。

(一)绝对确定死刑的规定有悖科学，亟待取消

我国 1979 年刑法典中并未规定绝对确定的死刑，但是在以后的一些单行刑法中出现了绝对适用死刑的规定，例如，1992 年全国人大常委会《关于惩治劫持航空器的犯罪分子的决定》规定，以暴力、胁迫或者其他方法劫持航空器的，处 10 年以上有期徒刑或者无期徒刑；致人重伤、死亡或者使航空器遭受严重破坏或者情节特别严重的，处死刑。1997 年刑法典对此类问题未能进行修正，仍然在包括绑架罪在内的 7 个罪名中规定了绝对确定的死刑。在这种绝对确定的死刑情况下，只要出现符合法条规定的情节，司法人员便毫无自由裁量的空间，实际上扩大了死刑的适用范围，不符合我国"少杀"、"慎杀"的死刑政策及刑法典第 48 条规定的"死刑只适用于罪行极其严重的犯罪分子"之立法精神。《刑法修正案(七)》的最大缺憾表现在未对绑架罪中绝对确定死刑的规定进行修正，仍然保留了两种结果加重犯的绝对死刑，使得这两种情况下的死刑量刑绝对化，难以适应复杂的司法实践，容易导致量刑不公的现象。比如，若行为人对被绑架人采取残忍暴力和虐待行为致使被害人死亡，这种犯罪的社会危害性极大，罪行极其严重，应当判处死刑；但若行为人只是采取轻微的暴力行为，被绑架人因体质较差或者患有某种疾病，在轻微暴力之下即发生死亡的结果，这种结果已超出行为人的主观意图，则不宜判处死刑。因此，无论是从我国死刑政策角度考虑，还是从罪刑设置的科学性着眼，对绑架罪的两种加重结果都不应设置绝对确定死刑，建议在今后修改中以相对确定的法定刑代替绝对确定的死刑，如可以规定"杀害被绑架人的，处无期徒刑或者死刑，并处没收财产"。在此基础上，为保持立法的协调性，建议在刑法典第 17 条第 2 款规定的已满 14 周岁不满 16 周岁者负刑事责任的 8 种罪名之外再增加绑架罪。

(二)两种加重结果未做区分，亟待调整

"致使被绑架人死亡"和"杀害被绑架人"是绑架罪的两种加重结果。"杀害被绑架人"是行为人故意实施的，而行为人"致使被绑架人死亡"通常是出于过失的心理，两者的主观恶性不同，所产生的社会危害性也有所差异，如行为人对被绑架人进行虐待而致其死亡与被绑架人因不堪忍受屈辱而自杀相比，前者的社会危害性要高于后者。因此，不宜将"致使被绑架人死亡"与"杀害被绑架人"两种社会危害性存在重大区别的情形并列。此外，在现实生活中"致使被绑架人死亡"存在多种情形，社会危害性也各异，如在绑架过程中对被绑架人实施暴力过失致其死亡和绑架既遂后被绑架人逃命不慎而摔死相比，前者的

社会危害性要更重一些，在量刑上需要能有所体现。综上，可以考虑规定：致使被绑架人死亡的，处 15 年有期徒刑或者无期徒刑，并处罚金或者没收财产；杀害被绑架人的，处无期徒刑或者死刑，并处没收财产。此外，还可以考虑增设情节犯，如可规定有多次绑架、绑架多人、持械绑架、绑架未成年人等严重情节的，处 10 年以上有期徒刑。①

(三)法定起刑点仍然偏高，有待降低

《刑法修正案(七)(草案)》第 1、第 2 稿中规定的绑架罪法定起刑点都为 3 年有期徒刑，但《刑法修正案(七)(草案)》第 3 稿以"可能适用缓刑而不利于严厉打击犯罪"为由将该罪法定起刑点从 3 年有期徒刑变更为 5 年有期徒刑。然而，这种理由是不能成立的。首先，适用缓刑与严厉打击犯罪之间并无直接联系。与绑架罪一样，故意杀人罪也是一种需要严厉打击的严重暴力性犯罪，其法定最低刑却是 3 年有期徒刑，可以适用缓刑。这说明缓刑涉及的是罪量关系而非简单的罪质关系，因而在绑架罪上强调缓刑与罪质之间的必然联系根本无任何意义。其次，绑架罪减轻构成的社会危害性要低于故意杀人罪减轻构成的社会危害性。故意杀人罪中的情节较轻，一般是针对义愤杀人、防卫过当杀人、受迫杀人等情况，尽管犯罪行为人在道德上具有可原谅性，但毕竟客观上已经侵害了他人的生命权利，而绑架罪中的情节较轻，一般只涉及侵害他人的人身自由。后者所侵害的法益低于前者，为何法定最低刑却高于前者？最后，从罪责刑相适应原则的角度看，将绑架罪的法定最低刑规定为 5 年有期徒刑也是过重的。因此，我们认为，《刑法修正案(七)》中关于绑架罪的法定最低刑规定仍然偏高，在今后刑法典的修订中应有必要进一步将绑架罪的起刑点下调为 3 年有期徒刑。

(四)制刑仍然偏重，有待修正

尽管本次修订设置了绑架罪的减轻构成，但该罪总体还属于重刑结构。从科学性来看，对绑架罪法定刑档次的设置及其排列顺序宜作以下调整：实施绑架行为的，处 3 年以上 10 年以下有期徒刑；情节严重的，处 10 年以上有期徒刑；致使被绑架人死亡的，处 15 年有期徒刑或者无期徒刑；杀害被绑架人的，处无期徒刑或者死刑，并处没收财产。易言之，应按照从基本构成到加重构成的顺序来排列绑架罪的

---

① 赵秉志、赵远：《试论绑架罪的立法完善》，载《法制日报》，2009-02-18。

法定刑档次，才更为科学合理。[①]

(五)财产刑设置合理性欠缺，有待完善

在我国刑法典中，对行为人科处罚金或没收财产一般只限于财产性、贪利性等犯罪，对于其他类犯罪一般不判处财产刑。例如，对于诈骗、盗窃等犯罪均规定应判处财产刑，对于故意杀人即使判处其死刑也没有规定判处财产刑。又如对拐卖妇女、儿童罪规定了财产刑，是由于行为人具有谋取财产利益的目的，但对于收买被拐卖的妇女、儿童罪未规定财产刑，是由于行为人并无谋取财产利益的目的。由此可见，若行为人主观上没有谋财的意思，一般不判处财产刑。绑架犯罪中既有以勒索财物为目的的绑架，也有基于其他非法目的的绑架，然而，在绑架罪法定刑的设置上却对此不予区分，对于其他非法目的的绑架行为，也规定了财产刑，这显然违背了立法的一般原理。为深入贯彻立法意图，使立法指导思想明确化，对于主观上不以勒索财物为目的的行为，可考虑不设置财产刑。[②]

---

①　赵秉志、王东阳、彭新林：《北师大刑科院关于"刑法修正案(七)(草案)"的讨论意见》，载赵秉志主编：《刑事法治发展研究报告(2007—2008年卷)》，73页，北京，中国人民公安大学出版社，2009。

②　陈运红：《绑架罪若干立法问题辨析》，载《法学杂志》，2009(10)。

第五专题

侵犯公民个人信息犯罪问题研究

　　近些年来，随着科学的进步和信息技术手段的不断发展，我们在享受快捷便利的资讯同时，也在公民个人信息被泄露方面不胜其扰。据统计，目前中国的手机用户约为七亿人，大部分人都收到过垃圾短信、骚扰电话，甚至由于疏忽而遭受到财物损失。除此以外，网络的发展除了能让我们大量收发和更新信息，也能随意搜索住宅、工作地址或联系方式等各种信息。而且，现代社会是信息社会，信息成为一种带有财产性质的资源，由信息带动的经济发展已经成为国民经济的主导产业，并构成了社会信息化的物质基础。由于受到利益的驱动，不法分子利用各种手段侵犯公民个人信息的行为大量产生，信息泄露现象现今已经成为严重的社会问题。而除了财产性特点，公民的个人信息也是包含隐私权在内的人权的一种体现。因此，对于公民个人信息的保护是社会发展对人权提出的新要求，也是个人基本权利保护的新课题。

　　公民个人信息一直以来都受到我国法律保护，在宪法、民法、行政法等领域均有涉及，例如我国《宪法》第 40 条规定，中华人民共和国公民的通信自由和通信秘密受法律的保护。但是，刑法保护领域直到《中华人民共和国刑法修正案（七）》（以下简称《刑法修正案（七）》）的出台才弥补了这一空缺，其意义和影响是不言自明的。2009 年 2 月 28 日，十一届全国人大常委会第七次会议通过了《刑法修正案（七）》。本次修正案严格贯彻宽严相济的刑事政策，既增加对严重刑事犯罪活动的打击力度，又充分保障公民的合法权益，反映时代特征并体现了对公民人权的重视和保护。鉴于公民个人信息非法泄露的情况时有发生，《刑法修正案（七）》新增加了侵犯公民个人信息的罪名，在现行刑法典第 253 条后增加一条作为 253 条之一。其中，第 1 款规定为"出售、非法提供公民个人信息罪"："国家机关或者金融、电信、交通、教育、医疗等单位的工作人员，违反国家规定，将本单位在履行职责或者提供服务过程中获得的公民信息，出售或者非法提供给他人，情节严重的，处三年以下有期徒刑或者拘役，并处或单处罚金。"第 2 款规定为"非法获取公民个人信息罪"："窃取或者以其他方法非法获取上述信息，情节严重的，依照前款的规定处罚。""单位犯前两款罪的，对单位判处罚金，并对其直接负责的主管人员和其他直接责任人员，依照各该款的规定处罚。"该规定对于保障公民个人信息的安全，促进我国公民人权状况的改善具有重要的意义。

一、出售、非法提供公民个人信息罪

根据《刑法修正案（七）》第 7 条第 1 款的规定，出售、非法提供公民个人信息罪，是指国家机关或者金融、电信、交通、教育、医疗等单位及其工作人员违反国家规定，将其履行职责过程中获得的公民个人信息出售或者非法提供给他人，情节严重的行为。

参照外国的立法例，现行 1907 年《日本刑法典》第 134 条规定：医师、药剂师、医药品贩卖业者、助产师、律师、辩护人、公证人或者曾经从事此类职业的人，无正当理由泄露由于处理业务而知悉的他人秘密的，处六个月以下惩役或者十万元以下罚金（第 1 项）。从事宗教、祈祷或者祭祀职业的人或者曾经从事此类职业的人，无正当理由，泄露由于处理业务而知悉的他人秘密的，与前项同（第 2 项）。第 135 条规定：本章犯罪，告诉的才能提起公诉。① 1974 年《日本改正刑法草案》第 317 条规定：从事医疗业务、法律业务、会计业务或者其他基于与委托人的信赖关系而知悉他人秘密的业务的人或者其辅助者，或者曾经处于这种地位的人，无正当理由，泄露就其业务所知悉的他人的秘密的，处一年以下惩役、禁锢或者二十万元以下罚金（第 1 项）。从事宗教职业的人或者曾经从事宗教职业的人，无正当理由，泄露就其业务所知悉的他人秘密的，与前项同（第 2 项）。同样规定侵犯秘密之

---

① 《日本刑法典》，张明楷译，北京，法律出版社，2006；刘修军：《公民个人信息权的刑事保护刍论》，载《青海社会科学》，2009(6)。

罪为亲告罪，告诉乃论。现行 1998 年《德国刑法典》第 15 章用整章分 6 条对侵害私人生活和秘密进行规范。第 201 条规定侵害言论秘密，规范录音、窃听及使用行为；第 202 条规定侵害通信秘密，规范非法开拆、探知信件等行为；第 202 条 a 规定探知数据行为；第 203 条规定侵害他人隐私，规范非法泄露私生活秘密、企业、商业秘密等行为；第 204 条规定利用他人的秘密的行为；第 205 条规定前述行为告诉乃论。第 206 条规定侵害邮政或电信秘密的行为。上述日本、德国刑法对侵害秘密罪的法律规定可以说对我国在界定侵犯公民个人信息行为的时候具有借鉴意义。①

（一）公民个人信息的界定

根据罪名描述的状况，首先需要确定的是公民个人信息中"公民"指的是哪些人？何谓公民个人信息？公民个人信息又涵盖了哪些范围？这些问题都是在实践过程中需要明确的问题。

1."公民个人信息"中"公民"的概念范围

根据我国《宪法》第 33 条的规定，凡具有中华人民共和国国籍的人都是中华人民共和国公民。对于国籍的取得，我国法律采取的是血统主义为主、出生地为辅的原则，具体如下（《国籍法》第 4—6 条）：①父母双方或一方为中国公民，本人出生在中国，具有中国国籍；②父母双方或一方为中国公民，本人出生在外国，具有中国国籍；但父母双方或者一方为中国公民并定居在外国，本人出生时即具有外国国籍的，不具有中华人民共和国国籍；③父母无国籍或国籍不明，定居在中国，本人出生在中国，具有中国国籍。当然，外国人或者无国籍人，愿意遵守中国宪法和法律，并具有正当理由的，可以经申请批准加入中国国籍。可见，侵犯公民个人信息行为中公民的概念，是否应该局限于中国公民，还是应该包括外国人、无国籍人呢？笔者认为，此处的公民不应当仅仅局限于我国公民，事实上任何人的个人信息都可以成为该罪的犯罪对象。我国公民的基本权利受到刑法的保护自然无须多言，但是在我国境内的外国人、无国籍人甚至虽然其并不在我国境内，但在我国境内发生了针对外国人、无国籍人的犯罪行为的，这些人的基本权利也受到我国刑法的保护。侵犯我国公民的犯罪行为和侵害我国有管辖权的外国人、无国籍人的犯罪行为，在我国刑法上都是一视同仁的，都应当认定为犯罪。说外国人、无国籍人不受我国刑法保护是

---

① 《德国刑法典》，徐久生、庄敬华译，北京，中国方正出版社，2004；刘修军：《公民个人信息权的刑事保护刍论》，载《青海社会科学》，2009(6)。

不切实际的。更为重要的是，《刑法修正案(七)》并没有将个人信息局限于我国公民的个人信息。而且国家机关或者金融、电信、交通、教育、医疗等单位的工作人员在履行职责或者提供服务过程中获得的公民个人信息，完全有可能包括外国人、无国籍人的个人信息。现行刑法典第 6 条规定，凡在中华人民共和国领域内犯罪的，除法律有特别规定的以外，都适用本法。凡在中华人民共和国船舶或者航空器内犯罪的，也适用本法。犯罪的行为或者结果有一项发生在中华人民共和国领域内的，就认为是中华人民共和国领域内犯罪。所以，出售、非法提供外国人、无国籍人的个人信息，无论该外国人、无国籍人是在我国领域范围内还是在我国领域范围外，都受到我国刑法的规制，都应当以出售、非法提供公民个人信息罪进行追诉。

2. 个人信息的概念范围

(1)个人信息的概念

由于民法、刑法、行政法的保护手段和强制性不同，有观点认为，应该对个人信息的概念加以分类确定，以便于差异性实施保护公民个人信息安全和打击对于公民个人信息实施的违法犯罪行为。笔者认为这种观点有欠妥当。无论是何种法律，它所保护的对象都应该是公民个人信息的安全，只是因为违法犯罪情节的严重程度不同，才会区别对待，例如，犯罪行为达到"情节严重"的程度时，才会动用刑法来规制这一行为。所以，对公民的个人信息下定义时，不应因违法犯罪的程度不同而区别定义，以保证公民个人信息在内涵和外延上的一致性。具体来讲，有主观说、客观说、折中说。

第一，主观说，即单独使用主观概括的方式描述个人信息的定义形式。该种定义方式易于把握定义对象的本质特征。例如有学者认为，个人信息应该是指那些能够据此直接指明或间接推断出自然人身份而又与公共利益没有直接关系的私有信息。[①] 而我国台湾地区有学者认为，"所谓个人信息，包括人之内心、身体、身份、地位及其他关于个人之一切事项之事实、判断、评价等所有信息在内。换言之，有关个人之信息并不仅限于与个人之人格或私生活有关者，个人之社会文化活动、为团体组织中成员之活动，及其他与个人有关联性之信息，全部包括在内"。[②] 美国有学者认为，"个人信息系指社会中多数所不愿向外透露者(除了对朋友、家人等之外)；或是个人极敏感而不愿他人

---

① 刘德良：《论个人信息的财产权保护》，20 页，北京，人民法院出版社，2008。

② 范江真微：《政府信息公开与个人隐私之保护》，载《法令月刊》(中国台北)，第 52 卷。

知道者(如多数人不在意他人知道自己的身高，但有人则对其身高极为敏感，不欲外人知道)"。① 但是，这种定义方式存在明显缺陷，即由于采用主观定义的方式，易于导致概念定义所确定范围的模糊和不确定。

第二，客观说，即单独使用客观列举的方式对个人信息进行描述和定义。例如有学者认为，个人信息资料应包括：个人身世(如非婚生、被领养、人工授精等)、经历、社会关系、经济收入、财产状况、居住地点、家庭电话、传呼机和手机号码、从业情况、婚恋史等。② 但是该定义方式的缺陷也是显而易见的，容易因为列举不周或客观描述不全面，而产生缺漏的情况。

第三，折中说，即以主观定义和客观列举的方式来定义个人信息。既从本质上把握了个人信息的内涵，又从客观上具体体现出个人信息定义的要求，例如个人信息，是指公民个人的与他人无关并且不妨碍社会公共利益的各种信息资料。主要包括：公民个人的自然信息，如姓名、电话号码等联系方式、年龄、身高体重、身体状况、既往病史、感情经历、兴趣爱好等信息；公民个人的社会信息，如家庭住址，家庭关系，配偶、父母、子女的个人信息，收入状况，工作单位，宗教信仰，个人履历等。③ 而《中华人民共和国个人信息保护法》(专家建议稿)第9条第4款规定："个人信息是指个人姓名、住址、出生日期、身份证号、医疗记录、人事记录、照片等单独或与其他信息对照可以识别特定的个人的信息。"折中说很好的结合了主观说和客观说的有利条件，避免了两者的弊端。笔者认为采用折中说来确定个人信息的概念较为可取，在实践中有利于司法实践的认定。

(2)个人信息的范围

认定本罪中个人信息的具体范围，也就是界定《刑法修正案(七)》所要保护的公民个人信息的范围。它很大程度上决定了《刑法》第235条所要打击的犯罪行为，并成为区分此罪与彼罪的界限。然而，国家并没有出台相关的规定或解释来界定个人信息的范围，故本罪在司法实践中就会出现一些疑难问题，例如，关于犯罪对象是否属于本罪所打击的范围之内等，以及该行为究竟属于刑法规制范围还是其他法律法规的规制范围。

---

① 陈起行：《资讯隐私权法理探讨——以美国法为中心》，载《政大法律评论》，2000(64)。
② 东云：《个人信息资料频受侵犯》，载《浙江经济报》，2000-09-14。
③ 任俊琳：《立法保护个人信息》，载《北京人民代表报》，2005-02-22。

关于个人信息的范围，有的学者认为，公民的个人信息是公民的姓名、职业、职务、年龄、婚姻状况、学历等"能够识别公民个人身份的信息"①。有学者认为公民的个人信息是指与公民人身、人格密切相关，为公民个人所有，与公共生活无关且不为公共生活所知悉的信息。② 还有学者认为，公民单纯的数据信息应该不包括在刑法意义的"个人信息"中，而公民的既往病史、奖惩记录、恋爱经历、具体行踪等本人不希望为他人所知晓的隐私包括在公民个人信息的范畴中。③之所以不少学者对刑法意义上的"个人信息"采限制性的解释，主要是出于刑法谦抑性的考虑。因为和其他的犯罪行为相比，非法提供和非法获取公民个人信息的行为在社会危害性、行为人的人身危险性方面相对较小，这也是两个条款都将"情节严重"作为犯罪成立要件之一的原因。这也就是说，非法提供、获取公民个人信息的行为，在一般情况下并没有达到应受刑罚处罚的程度，应该由行政法、民法等法律调整，在"情节严重"的情况下才由刑法调整。也正因为如此，笔者认为，既然刑法修正案已经将"情节严重"作为犯罪构成要件之一，贯彻了刑法谦抑性的原则，那么我们就没有必要在公民"个人信息"的范畴大小上太过深究。因为刑法修正案并没有说明何谓"个人信息"。如果我们人为地将某些信息，比如说公民的姓名、年龄等个人信息排除在刑法上的"个人信息"之外，那么如果在一些特殊的场合下公民的姓名、年龄等信息被侵犯而又"情节严重"时，我们会束手无策。应该将贯彻刑法谦抑性的要求聚集在"情节严重"的认定上，将此权力交给具体案件的法官。所以笔者认为，所谓公民的"个人信息"应该从广义上进行限定，"几乎有关个人的一切信息、数据或者情况都可以被认定为个人信息。一般来说，一个人的种族、肤色、肖像、性别、年龄、婚姻状况、家庭情况、宗教信仰、思想观点、爱好、受教育情况、财产状况、血型、指纹、病历、职业经历、地址、电话、电子邮件等都属于他的个人信息。"④

同时，这里的公民个人信息，不仅包括记载在纸张上的公民个人信息，也包括电子形式的个人信息，同时也包括以录音、录像等形式

---

① 黄太云：《〈刑法修正案（七）〉解读》，载《人民检察》，2009(6)。

② 杨兴培教授于 2009 年 7 月 13 日在浦东新区检察院案例研讨会上所主张；王昭武、肖凯：《侵犯公民个人信息犯罪认定中的若干问题》。

③ 王昭武，肖凯：《侵犯公民个人信息犯罪认定中的若干问题》，载《法学》，2009(12)。

④ 赵秉志、王东阳：《信息时代更应强化人权保障》，载《法制日报》，2009-03-04；赵秉志主编：《刑法修正案最新理解适用》，117～118 页，北京，中国法制出版社，2009。

存在的个人信息。换言之，我们看重的并不是公民个人信息的载体。只要具有公民个人信息的实质与内容，无论是以何种方式存在，都应当认定为本罪的行为对象。

（3）个人信息与个人隐私的关系

在全面了解个人信息概念的同时，还需要区分个人信息与个人隐私的关系。个人隐私在概念术语上与个人信息不同，二者在定义内涵上也不尽相同。有学者认为，所谓"隐私是个人不愿为他人所知晓和干预的私人生活。"①也有学者赞同这种认识，认为"隐私，又称私人生活秘密或私生活秘密，是指私人生活安宁不受他人非法干扰，私人信息保密不受他人非法搜集、刺探和公开。隐私包括私生活安宁和私生活秘密两个方面。"②关于隐私权，美国 Brandeis 法官作出了最为简明并被广为接受的概念，即"不受干扰的权利"③。这样，一切涉及个人私权利的信息都可以属于个人隐私。但是，由于文化差异的影响，我国国民对"隐私"的理解还较为狭窄。具体来说，个人信息和个人隐私两者存在的关系无非三种可能：一是个人信息是个人隐私的上位概念；二是个人信息与个人隐私处于平行位阶；三是个人信息是个人隐私的下位概念。而根据学界的理解和认识，个人信息是个人隐私的下位概念，个人信息是个人隐私的内容之一。因为我国有的学者认为隐私的内容总结起来包括三个方面：首先是个人信息的保密；其次是个人生活不受干扰；最后是个人私事决定的自由。而个人信息和个人隐私处于平行位阶的可能性不大，二者在概念和范围上都是有一定的交叉和重合部分，不可能详细的划分两者的界限，因此，难以认定两者为平行位阶。而笔者认为，个人信息是个人隐私的上位概念。原因如下：笔者理解的个人信息这一概念，是从公民在社会活动交往中，对于公开个人信息的主观意愿来划分为两个部分：一部分是可以为公众所知的信息，包括公民的姓名、性别、年龄、婚否、民族、信仰等，这些都是公民在社会活动中不可避免向外界发出的信息，在被公众知晓后，很难会对公民的生活工作产生不良影响；另一部分则是公民不愿意为公众所知的个人信息，也就是个人隐私，包括两性关系、犯罪记录、病历、财产状况、家庭住址、联系方式等，如果非公民本人意愿泄露

① 王利明、杨立新：《人格权与新闻侵权》，415 页，北京，中国方正出版社，1995。
② 张新保：《隐私权的法律保护》（第 2 版），6～7 页，北京，群众出版社，2004。
③ ［美］Fred H. Cate：《美国的隐私保护》，载周汉华主编：《个人信息保护前沿问题研究》，76 页，北京，法律出版社，2006。

于公众之中的话，可能会被不法分子所利用，对公民造成财产、声誉等损失，也可能会对公民的正常生活造成困扰。因此，笔者理解的隐私是包含在个人信息之内的一种私密信息。

(二)犯罪构成的相关问题

1. 本罪主体的认定

从本罪的规定来看，其犯罪主体包括自然人和单位，即国家机关或者金融、电信、交通、教育、医疗等单位及其工作人员。但本罪的主体到底是一般主体还是特殊主体，还存在争议。所以，在司法实践中认定本罪时需要明确主体的范围。

首先，是对各单位的范围的认定。一般来讲，国家机关是指从事国家管理和行使国家权力的机关。根据本罪的定罪意向分析，这里，"国家机关"应该是指可以通过合法途径获得公民个人信息的机关，如民政、统计、公安、计生、档案管理等部门，在履行职责过程中可以获得公民个人信息的人民法院、人民检察院也应当包括在内。金融单位一般掌握着公民的经济活动信息、财产信息、信用信息等，这些信息与公民的财产权利联系紧密。"金融单位"包括商业银行、证券交易所、期货交易所、证券公司、期货经纪公司、保险公司、信用社、财务公司等。电信单位主要包括固定电话、移动电话和网络管理部门。"交通单位"主要是指航空、铁路、水运、公路、出租车行业等能够获得公民的出行信息，并与公民的隐私权相关联。"教育单位"主要包括公办或者民办的大、中、小学、职业学校和各种培训机构等。"医疗单位"主要是指依据《医疗机构管理条例》和《医疗机构管理条例实施细则》的规定，经登记取得《医疗机构执业许可证》的机构，具体包括各级医院、专门医院、防疫站、妇幼保健院、社区诊所等。[①]

其次，本条第3款规定了单位犯罪的情形。单位犯罪，一般是公司、企业、事业单位、机关、团体为本单位谋取非法利益或者以单位名义为本单位全体成员或多数成员谋取非法利益，由单位的决策机构按照单位的决策程序决定，有直接负责人员具体实施的，且刑法有明文规定的犯罪。本条列举了上述五个单位，对于其他单位能否成为本罪的犯罪主体，则取决于对本条规定中的"等"字的理解。在汉语中，"等"字在人称代词或代指人的名词之后表示复数，也有表示完全列举

---

① 周海洋：《出售、非法提供公民个人信息罪和非法获取公民个人信息罪的理解与适用》，载《中国审判》，2010(1)。

后的煞尾之意，还可以表示未尽列举。① 如果取煞尾之意，则仅在条文中列举的五个单位及其工作人员才能构成本罪的主体，大大缩小了本罪的主体范围，但同时也确定了本罪的主体必然是特殊主体。笔者赞同此处"等"字表示未尽列举之意。即除了上述列举的单位以外，其他单位及其工作人员能够合法获取到公民信息的，都应属于本罪所规定的单位范围。这样比较符合立法原意，以便更好的保护公民的个人信息不被外泄。但是，此时存在的争议是，本罪的犯罪主体作广义的理解，即凡具有能够合法收集公民个人信息的单位及其工作人员均有可能作为本罪的犯罪主体，不再局限于"公权力"范围内的，凡是各种能够收集到公民个人信息的单位都作为本罪的主体，则本罪的主体是一般主体。但是，"考虑到本条主要是对在履行职责或提供公共服务过程中利用某种程度的'公权力'采集到的公民个人信息的国家机关或者单位，违反法律规定的保密义务的应负的刑事责任……不宜将公民个人信息的刑事保护范围扩大到没有利用'公权力'采集的一切单位和个人。"②笔者认为此处"等"字是未尽列举之意，同时，也并没有将其他单位作最广义的理解——只要能采集到公民个人信息的单位就可能成为本罪的犯罪主体。应该是限制性解释下的其他单位，本罪的犯罪主体应该是属于特殊的犯罪主体范畴。毕竟在现有的国情下，如果认定为所有能采集公民个人信息的单位，范围过于广泛，不利于司法实践操作。

2. 本罪主观罪过的认定

本罪的主观方面是故意，包括直接故意和间接故意，即行为人明知自己出售或者非法提供其所获得的公民个人信息的行为会对公民个人信息安全造成危害，而希望或者放任这种危害后果的发生。那么，过失是否能够成立本罪呢？笔者认为由于行为人的疏忽大意或者过失而引起公民个人信息遭到侵害，不成立本罪。因为，行为人在某种场合下，不能预见自己的行为会侵犯公民的个人信息安全，比如被他人利用、或者接受领导指示等情况，其个人并不具备足够的主观恶性，不符合本罪的主观构成要件。而且更为重要的是，《刑法》第15条第2款规定：过失犯罪，法律有规定的才负刑事责任。刑法修正案中并没有明确规定该罪是故意犯罪还是过失犯罪，那么根据刑法总则的规定，该罪的主观方面应该是故意。过失不构成此罪。本罪行为人的主观动

---

① 张新保：《隐私权的法律保护》(第2版)，6～7页，北京，群众出版社，2004。
② 黄太云：《〈刑法修正案（七）〉解读》，载《人民检察》，2009(6)。

机一般是为了牟取利益，可能是经济上的，即以"出售"的形式；也可能为了牟取其他非法利益，例如窥探隐私，损害名誉而"非法提供给他人"。这些只是对现实中可能存在情况的归纳，行为人的犯罪动机并不影响定罪。

在司法实践方面，关于侵害公民个人信息行为的调查取证以及举证责任分配上，还是存在较多的问题。尤其是在对出售、非法提供公民个人信息罪调查取证中，很难知晓行为人是否将其在履行职责或者提供服务过程中获得的公民信息出售或者非法提供给他人，而且行为人的主观方面也不好认定是故意还是过失，本罪特别是关于单位侵权问题，更是难以认定。没有配套的调查取证措施，本罪实施起来也是困难重重。对此，有学者提出"举证责任倒置"的设想。如果坚持"谁主张谁举证"的原则，作为受害者的公民个人处于一种弱势地位，有些显失公平。而且采取"举证责任倒置"的做法，会和刑事诉讼法的相关原理相冲突，比如无罪推定、不能自证其罪等。"举证责任倒置"事实上是假定行为人有罪，而由行为人承担证明自己无罪的责任。这是一种危险的现象。对于实践中存在的"取证难"问题，关键还是要在提高侦查机关的侦查技术、提高司法效率上下手，另外司法机关还要和有关行政机关密切配合，加强对公民个人信息的管理。这样才能解决实践中的"取证难"问题。

3. 本罪客观方面的疑难问题

本罪在客观上表现为行为人违反国家规定，将本单位在履行职责或者提供服务过程中获得的公民个人信息，出售或者非法提供给他人，情节严重的行为。应主要把握以下几个方面的问题。

（1）关于"违反国家规定"的界定

本罪中所提到的"违反国家规定"，是构成本罪的前置性法律要求，其强调的是行为人的行为首先是一种违反法定义务的行为。有学者指出，该项是指违反国家法律、法规或者规章中关于公民个人信息的规定。[①] 而我国现在还没有制定专门的个人信息保护法，那么具体违反了哪些规定？目前为止，我国仅在法律、法规和规章中有一些相关规定。这些相关规定大致为以下几个方面。

首先，是关于公民的身份信息方面。2004 年 1 月 1 日起施行的《中华人民共和国居民身份证法》中第 6 条规定："公安机关及其人民警察对因制作、发放、查验、扣押居民身份证而知悉的公民的个人信息，

---

① 赵秉志：《刑法修正案最新理解适用》，117 页，北京，中国法制出版社，2009。

应当予以保密。"第 19 条第 5 款规定警察"泄露因制作、发放、查验、扣押居民身份证而知悉的公民个人信息，侵害公民合法权益的，根据情节轻重，依法给予行政处分；构成犯罪的，依法追究刑事责任"。

其次，是关于公民的医疗信息方面。1999 年 5 月 1 日施行的《中华人民共和国执业医师法》规定"医生不得披露治疗中获得的健康信息，违反的需要追究刑事责任"。2002 年 4 月 4 日颁布的《医疗事故处理条例》中强调"医疗机构在复制或者复印病历资料时应当有患者在场"，以防止泄露患者信息。2004 年修订的《中华人民共和国传染病防治法》第 12 条规定，"疾病预防控制机构、医疗机构不得泄露涉及个人隐私的有关信息、资料"。

再次，是关于公民的财产信息方面。公民在银行办理信用卡或贷款时经常需要填写一些个人信息，如身份证编号、电话、住址等。《中华人民共和国商业银行法》第 6 条规定："商业银行应当保障存款人的合法权益不受任何单位和个人的侵犯。"第 29 条规定："商业银行办理个人储蓄存款业务，应当遵循存款自愿、取款自由、存款有息、为存款人保密的原则。"

最后，还有其他法律、法规的规定。例如《中华人民共和国未成年人保护法》第 30 条规定："任何组织和个人不得披露未成年人的个人隐私。"《中华人民共和国档案法》对档案机构的设置及其职责以及档案的管理都做了较为详细的规定。《中华人民共和国统计法》规定："属于私人、家庭的单项调查资料，非经本人同意，不得泄露。""统计机构、统计人员违反本法规定，泄露私人、家庭的单项调查资料或者统计调查对象的商业秘密，造成损害的，依法承担民事责任，并对负有直接责任的主管人员和其他直接责任人员依法给予行政处分。"

(2)对于第 1 款中"本单位在履行职责或者提供服务过程中获得的公民个人信息"的界定

所谓"履行职责"，是指国家机关及其工作人员行使职权，履行职业义务和要求的行为。如公安机关对犯罪嫌疑人的侦查。"提供服务"，是指金融、电信、交通、教育、医疗等单位及其工作人员实施其单位行业职业要求应有的服务行为。例如，学校招收新生入学时需要对学生个人信息进行收集整理。而且根据本款规定的字面含义，国家机关及其工作人员必须是在行使职权、履行职责"过程中"，获得的公民个人信息，如医院对病人的病理检查记录；银行办理存款业务对公民身份的核实，等等。如果上述单位及其工作人员并非在工作或者提供服务过程中获得公民个人信息，或者在此过程中以非法手段获取公民个人信息，是否还构成该罪？笔者认为，如果不是在行使职权或履行职责的过程中获得公民个人信息，此处的犯罪行为人不再作为国家机关及单位的工作人员这种特殊主体，而应视为一般主体，适用第二款描述的罪行，即非法获取公民信息罪。并且，此处的"获得"也只包括合法取得，如果是非法获取，同样应该构成非法获取公民信息罪而非本罪。

（3）对于"出售或者非法提供"行为的界定

所谓"出售"，一般是指行为人出于获得利益的目的而进行的一种有偿转让的行为。在此种情况下，即使行为人尚未取得定价或者获利较少，并不妨碍对其出售行为的认定。但是作为入罪规定，此处的"出售"应该是指非法出售。毕竟现在的社会经济状况比较复杂，可能存在个人信息被合理合法的以适当对价进行交换。此时，不应认定行为人的行为是违反法律法规的。而"非法提供"，是指掌握公民个人信息的单位或个人，不以获得利益为目的，违反规定将信息提供给第三人的行为。单独列出"非法提供"一词，说明此处强调的是行为的不合法律法规的规定，而不是出于获得利益的意图。即使行为人事后会获得一些酬劳或者好处，但不影响对其非法提供行为的认定。

（4）对于"情节严重"的界定

此处的犯罪情节是入罪规定，其严重程度决定是否构成本罪。因此，对于情节严重程度的界限如何把握，是犯罪与否的关键所在。有观点认为，所谓"情节严重"，主要指出售或者向他人非法提供公民的个人信息数量大、使个人信息大量流向境外、造成了被害人人身严重危害、造成财产的重大损失等情况。[①] 笔者认为可以参照我国刑法关于盗窃罪的数额认定，对此进行量化解释，例如网上泄露的个人信息被浏览次数达到多少次以上，或者对公民财产造成多大的损失以上等，这样才能更有利于司法机关在实践中对本罪的把握和认定。具体可以参照以下几方面进行。

第一，多次实施侵犯公民个人信息行为的。多次实施，一般是指三次及以上。无论行为是侵犯同一公民的个人信息达到三次及以上，还是侵犯不同公民的个人信息达到三次及以上都应当认定为"情节严重"。

第二，涉及多人的公民个人信息的。如果行为人所出售、提供的个人信息涉及多人，那么该行为的社会危害性相对来说也就比较大，

---

① 赵秉志、王东阳：《信息时代更应强化人权保障》，载《法制日报》，2009-03-04。

应该属于"情节严重"的范围，这和多次实施侵犯公民个人信息行为的原因是一致的。

第三，造成严重后果或者造成严重影响的。此处的严重后果或者严重影响主要包括造成被害人人身、财产或者名誉的严重损害等情形。公民个人信息的泄露可能会侵害公民的名誉，增加该公民的精神压力和痛苦；一些个人信息可能涉及公民的财产和人身安全，比如说公民的身份证号、住址、银行卡号等信息，其他犯罪分子可能根据获得的这些信息去实施侵害财产或者人身的犯罪。如果出售、提供这些信息的行为造成了公民的财产或者人身受到侵害，那么就应该受到刑罚的处罚。

第四，行为人获利较多的。个人信息中可能会包含着一些商业价值，此时犯罪分子就更有可能去实施出售、提供公民个人信息的行为。而此种行为的社会危害性比较大，理应属于"情节严重"的范畴。

第五，造成恶劣的社会影响。有些个人信息的泄露可能会产生恶劣的社会影响。比如香港的艳照门事件、西安电子科技大的学生信用卡事件等，都造成了严重的社会影响。而社会影响也是一种行为是否应该具有刑事可罚性以及刑罚轻重的重要考量因素之一。所以，对于出售、提供公民个人信息行为造成恶劣社会影响的，应当以该罪定罪处罚。

第六，行为人非法出售、提供公民个人信息情节严重的其他情形。对于"情节严重"的认定，我们宜采取列举加兜底式的规定。因为列举仅仅是法学家根据客观实践所作出的有限总结。立法总是落后于实践，立法者也不是无所不知的圣人，所以如果将"情节严重"的情形限定为列举的几个方面，会限制打击侵犯公民个人信息行为的刑法手脚。采取兜底规定，并不是说在认定"情节严重"时完全取决于司法者一时喜好。而应该综合考虑该行为的社会危险性，衡量该行为是否达到了应受刑罚处罚的程度，并和上述几种情形进行比较，整体考虑，最后得出结论。

4. 本罪客体的认定

本罪的客体究竟是简单客体还是复杂客体？有观点认为，本罪侵犯的是公民个人的信息自由和安全。[①] 笔者认为，本罪的犯罪客体是复杂客体，即本罪既侵犯了国家关于公民个人信息保护的制度，也侵犯了公民个人信息的权利。从《刑法修正案(七)》第7条的规定分析，

---

① 赵秉志：《刑法修正案最新理解适用》，119页，北京，中国法制出版社，2009。

其犯罪对象是有关单位合法收集、保管的公民个人信息。其犯罪行为是有关单位违反国家规定将合法收集和保管的公民个人信息出售或者非法提供给他人，本质是一种违反国家关于有关公民个人信息收集、保管、处理制度的行为。从行为性质上分析，侵犯的是国家关于公民个人信息保护的制度。因此，本罪的犯罪客体之一就是国家关于公民个人信息保护的制度。除此之外，本罪的犯罪行为还涉及对信息主体权利的侵犯。而信息主体作为权利主体对其个人信息享有不被打扰的权利。公民可以依照自己的意愿对其个人信息享有的支配、控制并排除他人侵害。其中，既包括个人信息所蕴涵的人格权，保护其人格利益不受非法侵害，又包括个人信息所蕴涵的财产权，保护其经济利益不受非法侵害。

(三)本罪的犯罪界限问题

1. 罪与非罪

本罪与非罪的界限主要应注意本罪的成罪条件，即行为人出售、非法提供公民个人信息的行为是否达到"情节严重"的程度。何谓"情节严重"，前文已经讨论，现不赘述。由于本罪是一种相对来讲社会危害性比较轻的刑事犯罪，并且有关单位和人员违反国家规定出售、非法提供公民个人信息的行为还会违反国家的有关规定，还会受到国家有关行政法规的行政制裁等其他方式的制裁，所以，对本罪中"情节严重"应当严格把握，以体现出刑罚制裁与其他制裁方式的区别，体现出刑罚的严厉性和最后手段性。

2. 此罪与彼罪

(1)本罪与私自开拆、隐匿、毁弃邮件电报罪的区分

私自开拆、隐匿、毁弃邮件、电报罪，是指邮政工作人员利用职务上的便利，私自开拆或者隐匿、毁弃邮件、电报的行为。现行刑法典第253条规定：邮政工作人员私自开拆或者隐匿、毁弃邮件、电报的，处二年以下有期徒刑或者拘役。二者的主体都是特殊主体，但是私自开拆、隐匿、毁弃邮件、电报罪的主体只限于邮政工作人员。而且两罪在客观方面、犯罪客体方面均有所不同。

两者在罪数方面，主要有以下几种情况。

第一，如果邮政工作人员在非法私自开拆或者隐匿邮件、电报前并不以出售、非法提供公民个人信息为目的，而是在获得了公民个人信息后才产生将其出售或非法提供意图的；对于这种情形，由于行为人分别实施了两个行为，应对其分别处罚，然后数罪并罚。在牵连关系的认定中，存在着客观说、主观说、折中说和类型说的对立。客观

说认为只有两个行为在客观上存在着手段与目的、原因与结果的关系时才认定为牵连犯；主观说认为当两个行为在行为人主观上具有手段与目的、原因与结果的关系时认定为牵连犯；折中说则采取了一种限制性的观点，主张当两个行为在客观上和主观上都具有手段与目的、原因与结果的关系时才认定为牵连犯；类型说则认为需要根据刑法分则的相关规定和司法解释、司法实践中的传统做法，将牵连关系的手段与目的、原因与结果关系类型化。笔者坚持折中说的观点。犯罪行为存在主客观两个方面，对于牵连关系的认定，我们不能局限于主观或者客观一个方面。犯罪是客观违法和主观有责的行为，那么牵连犯也应该在主观和客观都存在着牵连关系。仅仅局限于主观或者客观的做法，可能导致刑法在评价时的偏颇。另外，类型说具有一定的合理性，但是现阶段如何认定类型化的牵连关系也是非常棘手的问题，况且，有些学者指出的"通常用于"①等说法在实践中的操作性不容乐观。所以，邮政工作人员在非法私自开拆或者隐匿邮件、电报而获得了公民个人信息后，将其出售或者提供给别人的，两行为在客观上都存在了牵连关系，那么牵连犯的认定就取决于行为人的主观心理状态。如果行为人在实施非法私自开拆或者隐匿邮件、电报行为时具有非法出售、提供个人信息的目的，则认定为牵连犯，否则就不成立牵连关系。

第二，如果行为人私自开拆、隐匿、毁弃邮件电报是为了获取公民个人信息内容的，有可能构成此罪与私自开拆、隐匿、毁弃邮件电报罪的牵连犯，是目的与手段的牵连。那么，对于此中行为该如何处罚呢？有学者认为："如果行为人为了获取公民个人信息，以便将此信息出售或者非法提供给他人，而实施私自开拆、隐匿他人邮件、电报的行为，这种情形符合理论上所谓的牵连犯（即手段目的型的牵连犯），对此应当'从一重处断'。"②其实对于牵连犯，虽然刑罚理论上一般认为应从一重罪处罚或者从一重罪从重处罚，但是刑法分则和相关司法解释并没有规定牵连犯应该从一重罪处罚或者从一重罪从重处罚。相反，有的条文规定对牵连犯从一重处罚（例如现行刑法典第 399 条第 3 款规定的徇私枉法、枉法裁判并受贿的）；也有的条款规定应按照法定的一罪论（例如现行刑法典第 196 条第 3 款规定的盗窃信用卡并使用的

---

① 例如，张明楷在其《刑法学》（法律出版社，378～379 页，2007，第 3 版）一书中指出："本书认为，如果承认牵连犯的概念，则宜采取类型说。亦即，只有当某种手段通常用于实施某种犯罪，或者某种原因行为通常导致某种结果行为时，才宜认定为牵连犯。"

② 韩梅、陈雷声：《论出售、非法提供公民个人信息罪的构成及认定》，载《辽宁警专学报》，2010(1)。

直接以盗窃罪定罪处罚、现行刑法典第253条第2款规定的邮政工作人员私自开拆、毁弃邮件、电报又从中窃取财物的，以盗窃罪从重处罚等）；也有规定数罪并罚的（例如现行刑法典第120条第2款组织、领导和积极参加恐怖活动并实施杀人、爆炸、绑架等犯罪的、第198条第2款为了骗取保险金而故意造成财产损毁、被保险人死亡、残疾或疾病等保险事故的等）。对于牵连犯，有学者主张："应取消其概念，将原有的牵连犯所包含的犯罪现象，分别作为想象竞合犯、吸收犯与数罪处理。"①所以，对于为了获取公民个人信息，以便将此信息出售或者非法提供给他人，而实施私自开拆、隐匿他人邮件、电报的行为，我们虽然可以将其作为牵连犯认定，但是，不能简单进行"从一重处断"的处理。笔者认为，本罪与私自开拆、隐匿、毁弃邮件电报罪所保护的客体虽然并不完全相同，但前者主要是公民个人信息的安全，后者侵犯的客体主要也是公民个人信息的安全。二者的客体基本一致。所以对两者所形成的牵连犯，应该从一重罪处罚。

（2）本罪与侵犯公民通信自由罪的界分

侵犯公民通信自由罪，是指隐匿、毁弃或者非法开拆他人信件，侵犯公民通信自由权利，情节严重的行为。现行刑法典第251条规定，隐匿、毁弃或者非法开拆他人信件，侵犯公民通信自由权利，情节严重的，处一年以下有期徒刑或者拘役。本罪与侵犯公民通信自由罪在主体、客观方面、犯罪客体方面均有所不同。在犯罪主体方面，本罪是国家机关或者金融、电信、交通、教育、医疗等单位的工作人员，而侵犯公民通信自由罪的主体是一般主体，即所有人都可能成为该罪的实施者，但是前者存在单位犯罪而后者并不存在；在客观方面本罪主要有出售和非法提供两种形式，而侵犯公民通信自由罪的客观行为主要有隐匿、毁弃和非法开拆；在犯罪客体上，本罪所保护的主要是公民的个人信息安全，而后者保护的主要是公民通信自由的权利。至于行为人在隐匿、毁弃或者非法开拆他人的信件之后，又将其中获得的个人信息非法出售、提供给其他人的，是否该认定为牵连犯、该如何处罚等问题，和之前所述的本罪与私自开拆、隐匿、毁弃邮件电报罪基本相同，此处不再赘述。

（3）本罪与伪造、变造、买卖国家机关公文、证件、印章罪的区分

现行刑法典第280条第1款规定了伪造、变造、买卖国家机关公文、证件、印章罪和盗窃、抢夺、毁灭国家机关公文、证件、印章罪：

---

① 张明楷：《刑法学》（第3版），379页，北京，法律出版社，2007。

伪造、变造、买卖或者盗窃、抢夺、毁灭国家机关的公文、证件、印章的,处三年以下有期徒刑、拘役、管制或者剥夺政治权利;情节严重的,处三年以上十年以下有期徒刑。实践中,行为人非法获取公民个人信息往往会伪造、变造、买卖国家机关公文、证件、印章,此时,行为人伪造、变造、买卖国家机关公文、证件、印章的行为与非法获取公民个人信息的行为之间是手段与目的的关系,属于牵连犯,根据牵连犯从一重罪处断原则,对行为人可以以两罪中择一重罪来追究其刑事责任。

(4)本罪与内幕交易、泄露内幕信息罪,利用未公开信息交易罪的界限

对于内幕交易、泄露内幕信息罪,现行刑法典第180条第1款规定证券、期货交易内幕信息的知情人员或者非法获取证券、期货交易内幕信息的人员,在涉及证券的发行,证券、期货交易或者其他对证券、期货交易价格有重大影响的信息尚未公开前,买入或者卖出该证券,或者从事与该内幕信息有关的期货交易,或者泄露该信息,或者明示、暗示他人从事上述交易活动,情节严重的,处五年以下有期徒刑或者拘役,并处或者单处违法所得一倍以上五倍以下罚金;情节特别严重的,处五年以上十年以下有期徒刑,并处违法所得一倍以上五倍以下罚金。对于利用未公开信息交易罪,现行刑法典第180条第4款规定:证券交易所、期货交易所、证券公司、期货经纪公司、基金管理公司、商业银行、保险公司等金融机构的从业人员以及有关监管部门或者行业协会的工作人员,利用因职务便利获取的内幕信息以外的其他未公开的信息,违反规定,从事与该信息相关的证券、期货交易活动,或者明示、暗示他人从事相关交易活动,情节严重的,依照第一款的规定处罚。从静态的角度,本罪与内幕交易、泄露内幕信息罪,利用未公开信息交易罪的界限是明显的。如果公民个人信息涉及内幕信息或者未公开信息,行为人在履行职责或者提供服务过程中获取并用来进行内幕交易或者利用未公开信息交易的,构成想象竞合犯罪,根据想象竞合犯罪的处理原则,从一重罪处罚。

(5)本罪与侵犯秘密类犯罪的区分

根据刑法典分则罪刑条文的规定,侵犯秘密类的犯罪主要包括为境外窃取、刺探、收买、非法提供国家秘密、情报罪,故意泄露国家秘密罪,非法获取军事秘密罪,为境外窃取、刺探、收买、非法提供军事秘密罪,故意泄露军事秘密罪。

从静态的角度，本罪与上述各类侵犯秘密类犯罪的界线是明显的，关键是如果公民个人信息涉及国家秘密、情报或军事秘密的情况，此时本罪与上述各类侵犯秘密类犯罪有可能构成想象竞合犯罪，根据想象竞合犯罪的处理原则，从一重罪处罚。[1]

(6)本罪与侵犯商业秘密罪的区分

现行刑法典第 219 条第 1 款规定，有下列侵犯商业秘密行为之一，给商业秘密的权利人造成重大损失的，处三年以下有期徒刑或者拘役，并处或者单处罚金；造成特别严重后果的，处三年以上七年以下有期徒刑，并处罚金：（一）以盗窃、利诱、胁迫或者其他不正当手段获取权利人的商业秘密的；（二）披露、使用或者允许他人使用以前项手段获取的权利人的商业秘密的；（三）违反约定或者违反权利人有关保守商业秘密的要求，披露、使用或者允许他人使用其所掌握的商业秘密的。第二款规定，明知或者应知前款所列行为，获取、使用或者披露他人的商业秘密的，以侵犯商业秘密论。从静态的角度，本罪与侵犯知识产权犯罪的界线是明显的，但是如果公民个人信息涉及知识产权的，则可能成立想象竞合犯，根据想象竞合犯罪的处理原则，从一重罪处罚。

(7)本罪与受贿罪的关联

关于受贿罪，现行刑法典第 385 条规定，国家工作人员利用职务上的便利，索取他人财物的，或者非法收受他人财物，为他人谋取利益的，是受贿罪。那么本罪与受贿罪在实践中就可能存在各种关联，即国家机关或者金融、电信、交通、教育、医疗等单位的工作人员，将本单位在履行职责或者提供服务过程中获得的公民个人信息，出售给他人的，表面上也存在着权钱交换的不正当行为。那么此时应如何认定为受贿罪还是非法出售个人信息罪呢？笔者认为，受贿罪保护的对象是国家公职人员职务行为的廉洁性，或者说是职务行为的不可收买性。那么是构成受贿罪还是构成非法出售个人信息罪主要取决于这种金钱与国家公职人员职务行为是否存在着交换的关系。国家机关或者金融、电信、交通、教育、医疗等单位的工作人员（属于国家工作人员的前提下）将获得的公民个人信息提供给他人并索取或者收受他人财物的行为，在整体上也可以视为将个人信息出售给了其他人，那么此时国家机关或者金融、电信、交通、教育、医疗等单位的工作人员的行为既构成了非法出售公民个人信息罪，也构成了受贿罪。一行为触

---

[1]　赵秉志：《刑法修正案最新理解适用》，120 页，北京，中国法制出版社，2009。

犯了数个罪名，构成本罪与受贿罪的想象竞合犯。由于行为人主观上只有一个犯罪意图、客观上只实施了一个犯罪行为，仅以一重罪处罚。

(四)本罪刑罚适用的相关问题

根据刑法典第 253 条之一的规定，犯本罪的，处三年以下有期徒刑或者拘役，并处或者单处罚金；单位犯该罪的，对单位判处罚金，并对其直接负责的主管人员和其他直接责任人员，依照上述对有关单位工作人员的规定处罚。

本罪规定了两个刑种，即自由刑和罚金刑。自由刑，指以剥夺或限制犯罪人人身自由为内容的一类刑罚方法，包括剥夺自由刑和限制自由刑。我国自由刑的类别包括：无期徒刑、有期徒刑、拘役和管制。侵犯公民个人信息犯罪的自由刑主要包括三年以下有期徒刑和拘役两种。罚金刑，是指以剥夺一定数额的财产为内容的刑罚方法。罚金刑主要适用以下三类犯罪：一是贪利犯罪，主要包括经济犯罪、财产犯罪和主观上以盈利为目的的其他犯罪；二是过失犯罪，除贪利犯罪外，各国刑法规定罚金刑主要适用于过失犯罪；三是某些性质较轻的故意犯罪。罚金刑是惩罚单位犯罪的重要手段。本罪属于比较轻的犯罪，相较于抢劫罪、故意杀人罪、故意伤害罪等重罪，本罪的社会危害性不是特别大，将罚金刑作为本罪的一种附加刑，是无可非议的。不过，由于本罪侵犯的对象是公民个人信息，具有私密性，一般对受害人精神产生一定程度的伤害，因此，在科处刑罚时，应注意一些非刑罚处理方法，如由于犯罪行为而使得被害人遭受经济损失的，对犯罪分子判处赔偿经济损失，训诫或责令悔过、赔礼道歉等。[①]

在司法实践中，应根据犯罪人情节的严重程度，合理的确定刑罚。侵犯公民个人信息，一般来说是社会危害性比较小的犯罪，对此我们在具体裁量时应当主要采取非监禁刑，自由刑应该是例外的选择，以更好的实现罪责刑相适应原则和刑法的谦抑性。所以对于自由刑的运用，应当注意以下几个方面：第一，尽可能地限制自由刑的适用范围，对犯罪嫌疑人适用三年以下有期徒刑或者拘役时，主要适用于情节比较恶劣或者有其他比较严重的情节时。对于一般的犯罪分子，根据其犯罪情节和悔罪表现，适用缓刑如果确实不致再危害社会的，尽可能地适用缓刑，并合理确定考验期。第二，如果犯罪分子在实施犯罪过程中有法定从宽处罚情节时，一般情况下要予以从宽处罚。对于酌定的从宽情节，司法者也要予以重视。罚金刑主要包括限额罚金刑、无

---

① 赵秉志：《刑法修正案最新理解适用》，121 页，北京，中国法制出版社，2009。

限额罚金刑和浮动罚金刑，处罚模式包括选处罚金、单处罚金、并处罚金、并处或者单处罚金四种。本罪规定的是并处或者单处的无限额罚金刑。在司法实践中，对于罚金刑的适用和数额确定，主要根据以下几点情形：第一，现行刑法典第52条规定：判处罚金，应当根据犯罪情节决定罚金数额。所以，在对本罪的犯罪分子判处罚金刑时，我们要着重考虑其犯罪情节。因为罚金刑是刑罚的一种，也承担着一般预防与特殊预防的任务，也需要坚守罪责刑相适应的原则。所以，判处罚金时，我们要根据犯罪分子违法所得的多少、侵犯公民个人信息的次数和情形、对被害人造成的财产和人身损害等情节予以确定。第二，行为人的经济情况。罚金刑所受主要诟病之一就是罚金刑的效果对于富人和穷人来说可能截然不同。对富人来说，罚金刑是其避免徒刑的有效手段；而对于穷人来说，罚金刑是灾难。这种情形也会造成人们对刑法公正性的怀疑。所以我们在确定罚金刑的具体数额时，要考虑行为人的经济情况。对于有经济能力的犯罪分子，可以判处罚金或者判处相对多的罚金；对于家庭困难的犯罪分子，尽量不要判处罚金或者判处较少的罚金。这样就确保了刑法的公正性，也改善了罚金刑的执行效果。第三，所判处的自由刑情况。也正是罪责刑相适应的要求，在选择并处罚金时，我们要考虑自由刑所判处的情况。因为此时自由刑和罚金刑共同发挥了和犯罪行为的社会危害性、行为人的人身危险性相适应的作用。如果自由刑判处的相对重些，那么我们可以减轻罚金刑的适用；如果自由刑判处的相对轻些，我们可以提高罚金刑的数额。

同时，本条的第3款规定了侵犯公民个人信息的单位犯罪。对于单位犯罪的处罚，主要包括双罚制和单罚制。双罚制是指既处罚单位也处罚直接负责的主管人员和其他直接责任人员。单罚制是仅仅处罚单位犯罪中直接负责的主管人员和其他直接责任人员。其中双罚制是原则，单罚制是例外。本款对单位犯罪就采取了双罚制，既处罚单位也处罚直接负责的主管人员和其他直接责任人员。首先，对于单位判处罚金刑，罚金的数额也应当以犯罪的情节为依据，罚金的数额应当多于对个人犯罪所处罚金的数额，同时应当考虑到单位的性质以及具体经营情况，如对国家机关判处罚金刑时，应当考虑机关的非盈利性，对于教育、医疗等社会服务性质的单位判处罚金刑时，应当考虑单位对社会服务的性质，罚金刑不应对单位造成严重的经济负担。其次，责任人员在单位犯罪过程中为了单位的利益，依照单位的意愿，履行单位的职责，与个人犯罪相比，主观恶性更小，其刑事责任应比个人犯罪同等的刑事责任更轻。为此,笔者认为,对直接责任人员的处罚应当比犯相同罪的自然人的处罚略轻。同时,单位犯罪的决策者与其他责任人员相比,其在犯罪中的作用是主要的,具有决定性意义,对单位决策者的处罚应当略重于其他责任人员。[①]

二、非法获取公民个人信息罪适用问题

根据《刑法修正案(七)》第 7 条第 2 款的规定,非法获取公民个人信息罪是指窃取或者以其他方法非法获取上述信息,情节严重的行为。

(一)犯罪构成中犯罪客观方面的疑难问题

在犯罪主体、犯罪主观罪过形式以及犯罪客体上,本罪与出售、非法提供公民个人信息罪存在相同之处,即本罪的主体也是一般主体,即凡是达到刑事责任年龄、具备刑事责任能力的自然人和单位均可构成该罪的主体;本罪的主观方面是故意,包括直接故意和间接故意,即行为人明知自己出售或者非法提供其所获得的公民个人信息的行为会对公民个人信息安全造成危害,而希望或者放任这种危害后果的发生;本罪的客体同非法提供公民个人信息罪一样均为复杂客体,包含侵犯国家关于公民个人信息保护的制度,也包含侵犯公民个人信息的权利。但是,在犯罪客观方面,则存在很大不同。结合刑法典第 253 条第 2 款的规定,对本组的客观方面需要注意把握如下问题。

首先,对于"窃取或者其他方法非法获取"的行为方式的理解。窃取,即秘密取走,其本身就是一种非法手段,无论是道德上还是法律上都不具有正当性。而"其他方法非法获取",指使用窃取之外的方法,例如购买、骗取、胁迫等。"非法获取",就是没有法律根据而获得,关键在于"非法"二字。有学者认为,非法应理解为违反法律法规的禁止性规定。原因主要有以下几点:第一,公民有权实施法律法规并未禁止的任何行为,即便该行为违反公共道德,也不应直接上升到刑罚处罚的高度;第二,公民获取他人信息的途径有很多,并非全部都有成文法上的根据,过度地扩大了处罚范围;第三,第 1 款要求是"违反国家规定",将第 2 款中的"非法"理解为"没有法律根据",不符合本条的文义。[②] 该观点有一定的合理之处。的

---

① 李竟、李智阳:《论侵犯公民个人信息犯罪的刑事处罚》,载《山西广播电视大学学报》,2010(2)。

② 王昭武、肖凯:《侵犯公民个人信息犯罪认定中的若干问题》,载《法学》,2009(12)。

确，公民有权实施法律没有禁止的任何行为，但这是在不侵犯国家利益、公共利益和他人利益基础上的。如果行为人虽然没有违反法律的禁止性规定，但是侵害了他人利益，那么对这种行为就存在着民事、行政乃至刑事处罚的可能性。或者可以说，每个公民都有自由的权利，但这不应该建立在侵害他人利益的基础上，这是法律的应有含义。其实，刑法修正案之所以使用了"非法"的说法，是为了和日常生活中某些人员合法取得公民个人信息的行为相区别，将合法取得的行为排除在此罪之外。如果出于合法性依据而获得公民信息，则不能认定为违法犯罪行为。比如公安机关对案件的侦查需要，而调取公民的银行存款信息等。

其次，对"上述信息"范围的界定。"上述信息"的范围的界定需要借助对《刑法修正案（七）》第7条第1款的理解。该条第1款所规定的信息是"国家机关或者金融、电信、交通、教育、医疗等单位在履行职责或者提供服务的过程中获得的公民个人信息"，其有两个限定性的修饰用语，一是国家机关或者金融、电信、交通、教育、医疗等单位在履行职责或者提供服务的过程中获得的，二是"公民个人"。所以，从字面意义上理解，"上述信息"范围可以分为两种，一种是狭义的，仅指国家机关或者金融、电信、交通、教育、医疗等单位的工作人员在履行职责或者提供服务过程中获得的公民信息；另一种是广义的，即公民个人信息。这两种解释，从文义解释的角度都可以成立。如果从合目的性解释的角度出发，哪一个更为符合立法原意还有待商榷。全国人大法工委刑法室的工作人员在谈到本条立法的初衷时，有关立法者此类意思的大致说明，"对这条基本还是尽量限定在公权力范围内，或者是提供垄断性、强制性的公共服务的领域，例如国家机关、公安部、自来水公司、煤气公司。这种情况下公民提供信息是没有选择性的，主要是众多的公民信息汇集起来形成一个信息库，信息库是非常危险的，这些机构应对其信息库妥善保管。而实践中出现了买卖、提供这些信息的情况，如电信公司将通信记录的情况卖给侦探社。并不是针对所谓的'人肉搜索'。"[①]并且还有观点认为，在罪刑法定原则的要求下，在法律规定不明的情况下限制司法权的恣意，限制刑罚权在缺乏确切刑法根据的情况下发动。依照该精神，它也就要求对规定不明的法律做出有利于被告人的解释，在入罪与出罪的冲突中选择出罪。故而认定第2款罪状中表述的犯罪对象"上述信息"，是指"国家机关或

---

①　雷建斌：《〈刑法修正案（七）〉的法条争议及解析》，载京师刑事法治网，2009-03-28。

者金融、电信、交通、教育、医疗等单位在履行职责或者提供服务的过程中获得的公民个人信息"。①

做广义上的理解，即"上述信息"就是指公民的个人信息，似乎符合现状。虽然在此种情况下，不利于体现刑法的谦抑性原则。但是由于现在网络科技的发达，行为人不用窃取国家机关单位已收集的信息，完全可以通过其他渠道获取公民信息，利用网络软件整理后贩卖出售，严重侵害公民权益。而且，如果"上述信息"，仅指"国家机关或者金融、电信、交通、教育、医疗等单位在履行职责或者提供服务的过程中获得的公民个人信息"，保护的公民个人信息范围过于狭窄，使得其他大量侵害公民个人信息合法权益的行为得不到刑法的制约。所以，从保护公民的信息安全的角度出发，应当认定"上述信息"即为公民个人信息。但是也应看到，虽然我们可以做出广义的解释，但是这种解释本身，有违反罪刑法定主义之嫌。因为从文理上来看，"上述信息"就应该指"国家机关或者金融、电信、交通、教育、医疗等单位在履行职责或者提供服务的过程中获得的公民个人信息"。如果将"上述信息"解释为公民的个人信息，超出了法条本身的含义范围，是解释者超出法条本身而作的一种解释，充其量是一种立法建议，而不是扩大解释。这种解释也超出了人民的预测范围，使得人们对刑法的正当预测落空。而且我们在前部分也说明了侵犯公民个人信息是一种社会危害性相对较小的行为，那么我们在解释该条规定时就更要谨慎。现阶段我们获得公民个人信息的渠道很多，有时我们也并不完全清楚自己行为的性质、后果，而"情节严重"的认定在司法实践中也具有一定随意性。如果我们将"上述信息"解释为"公民的个人信息"，严重扩大了刑法的打击面，不利于贯彻刑法谦抑性原则，同时这也违反了罪刑法定原则。如果说公民个人信息的保护代表着一种未来发展的趋势，那么这种趋势不能以牺牲刑法谦抑性和罪名法定原则为代价。我们应该采取渐进式的做法，而不能进行激进式的改革，刑法学者更应该如此。否则刑法会与现实生活中传统认可情形相抵触，违法性认识的可能性也会大大降低。所以笔者认为在现阶段，"上述信息"仍然要局限于"国家机关或者金融、电信、交通、教育、医疗等单位在履行职责或者提供服务的过程中获得的公民个人信息"。

---

① 王东阳：《公民个人信息安全的刑法保护》，北京师范大学博士后 2009 年研究报告。

(二)本罪的犯罪界限问题

1. 本罪与出售、非法提供公民个人信息罪的界限

这是一个条文之中的两个罪名,故二者存在诸多相似之处,比如个人和单位都能构成该罪,犯罪的主观方面均为故意,侵犯的犯罪客体、犯罪对象相同,成罪的标准均为情节严重,等等。但两罪也存在明显的区别,表现在:①犯罪主体不同。本罪的犯罪主体为一般主体;后罪的主体则为特殊主体,而且对于单位和个人而言均为特殊主体。②犯罪客观方面不同,本罪的客观方面表现为窃取或者以其他方法非法获取公民个人信息;后罪的客观方面表现为有关单位违反国家规定,将在履行职责或者提供服务过程中获得的公民个人信息,出售或者非法提供给他人。那么非法获取公民个人信息罪与出售、非法提供公民个人信息罪的共犯有什么区别呢?具体来说,出售公民个人信息的行为,都会伴随有非法获取公民个人信息的行为,因为非法获取的行为方式包含了购买、骗取、胁迫等。那么对于购买的行为是应该认定为出售公民个人信息罪的共犯,还是应该独立认定为非法获取公民个人信息罪?其实这是对向犯的一种。所谓对向犯,是指以存在二人以上相互对向的行为为要件的犯罪。对象犯罪分为三种:一是双方的罪名与法定刑相同,如重婚罪;二是双方的罪名法定刑都不同,如贿赂犯罪中的行贿罪与受贿罪;三是只处罚一方的行为(片面的对向犯),如贩卖淫秽物品牟利罪,只处罚贩卖者,不处罚购买者。[①] 上述概括仍不全面,例如本条规定的出售、非法提供公民个人信息罪与非法获取公民个人信息罪就属于罪名不同而法定刑相同。在这种情形下,立法者当然认识到了两个相互对向的行为。之所以将它们分别规定,是立法者考察了两种行为的社会危害性等方面后所作出的决定。所以在此种情形下,我们要遵循立法者的意思,将之分别定罪,而不认定为共同犯罪。

2. 本罪与盗窃罪的界限

盗窃罪是指盗窃公私财物,数额较大或者多次盗窃的行为。本罪与盗窃罪存在一些相似之处,如主体均为一般主体,客观方面都可以表现为窃取,主观方面均为故意,等等,但两罪的区分也是明显的,表现在:①客体不同,本罪的犯罪客体是公民的信息自由和安全,后罪的犯罪客体为公私财物的所有权。②犯罪对象不同,本罪所侵犯的对象为公民个人信息,后罪的犯罪对象则是包括具有价值和管理可能

---

① 张明楷:《刑法学》(第3版),379页,北京,法律出版社,2007。

性的一切有体物、无体物与财产性利益。尽管公民个人信息具有一定的经济价值，但其应该隶属于一种主观性的权利，还不能称为公民个人财物。③客观方面不同。本罪除了窃取的方法外还包括其他的方法，例如购买、骗取、胁迫等，而后罪仅包括窃取的方法。对于两罪的行为方式，通说的观点，盗窃罪是指秘密窃取。这里的秘密窃取是指行为人自认为被害人没有发觉而取得的。但是这种解释也有一定的问题：一是通说混淆了主观要素与客观要素的区别。既然是"自认为"，就意味着"秘密"是主观认识内容，而不是客观要件内容。二是根据通说，同样在客观上都是公开取得他人财物的行为，当行为人自认为被害人没有发觉时成立盗窃罪，认识到被害人发觉时就成立抢夺罪。但这是主观主义的表现。三是完全存在这样的情形：行为人在以平和方式取得他人财物时，根本不考虑自己的行为是否被他人发觉。根据通说，便无法确定该行为的性质。四是仅凭行为人"自认为"秘密或公开决定犯罪性质，也容易造成定罪的困难。五是故意的内容与客观构成要件的内容是一致的。凡属于客观构成要件要素的事实，就必然属于故意的认识与意志内容，凡是不属于客观构成要件要素的事实，就不可能成为故意的认识内容与意志内容。通说一方面认为，客观的盗窃行为既可以是公开的，也可以是秘密的；另一方面又要求行为人必须"自认为不使被害人发觉的方法占有他人财物"，这并不合理。六是公开盗窃的行为大量存在。① 的确，本文作者也认为，盗窃罪的行为方式不仅限于秘密窃取，而应该引进国外法上的"平和取得"概念。只要是"平和取得"的财物，就应当认定为盗窃。同样，作者认为，非法获取公民个人信息罪行为方式中的窃取，也应该解释为"平和取得"。

3. 本罪与有关侵犯知识产权犯罪的界限

本罪主要和侵犯知识产权罪的第2款相关。其规定为：明知或者应知前款所列行为，获取、使用或者披露他人的商业秘密的，以侵犯商业秘密论。从静态的角度，本罪与有关侵犯知识产权犯罪的界线是明显的，但是如果公民个人信息涉及知识产权的，如涉及商业秘密，行为人非法获取的，则本罪与有关侵犯知识产权犯罪可能成立想象竞合犯，根据想象竞合犯罪的处理原则，从一重罪处罚。

4. 本罪与内幕交易、泄露内幕信息罪，利用未公开信息交易罪的界限

从静态的角度，本罪与内幕交易、泄露内幕信息罪，利用未公开

---

① 张明楷：《刑法学》(第3版)，379页，北京，法律出版社，2007。

信息交易罪的界限是明显的。如果公民个人信息涉及内幕信息或者未公开信息，行为人非法获取并用来进行内幕交易或者利用未公开信息交易的，构成想象竞合犯罪，根据想象竞合犯罪的处理原则，从一重罪处罚。

5. 本罪与侵犯公民通信自由罪的界限

本罪与侵犯公民通信自由罪在主体、客观方面、犯罪客体方面均有所不同。如果公民通信包含公民个人信息内容的，行为人隐匿、毁弃或者非法开拆他人信件的行为有可能构成此罪与侵犯公民通信自由罪的想象竞合犯罪，根据想象竞合犯罪的处理原则，从一重罪处罚。

6. 本罪与侵犯秘密类犯罪的界限

如前所述，侵犯秘密类犯罪包括为境外窃取、刺探、收买、非法提供国家秘密、情报罪，非法获取军事秘密罪，为境外窃取、刺探、收买、非法提供军事秘密罪等。

从静态的角度，本罪与上述各类侵犯秘密类犯罪的界限是明显的，如果公民个人信息涉及国家秘密、情报或军事秘密的，本罪与上述各类侵犯秘密类犯罪有可能构成想象竞合犯罪，根据想象竞合犯罪的处理原则，从一重罪处罚。[1]

7. 本罪与非法获取计算机信息系统数据罪的界限

《刑法修正案（七）》第9条第1款规定："违反国家规定，侵入前款规定以外的计算机信息系统或者采用其他技术手段，获取该计算机信息系统中存储、处理或者传输的数据，或者对该计算机信息系统实施非法控制，情节严重的，处三年以下有期徒刑或者拘役，并处或者单处罚金；情节特别严重的，处三年以上七年以下有期徒刑，并处罚金。"[2]两罪虽然在罪名上截然不同，但如果非法获取计算机信息系统数据罪中的行为人侵入有关单位存储公民个人信息的计算机系统数据库，非法获取公民个人信息，情节严重的，则可能同时符合两罪的构成特征，该种情况下，应依照想象竞合犯的处理原则，从一重罪处罚。

8. 本罪与窃取、收买、非法提供信用卡信息罪的界限

《刑法修正案（五）》规定了窃取、收买、非法提供信用卡信息罪，其第一条规定：窃取、收买或者非法提供他人信用卡信息资料的，依照前款规定处罚。这条规定和出售、非法提供公民个人信息罪，非法

---

① 赵秉志：《刑法修正案最新理解适用》，125～126页，北京，中国法制出版社，2009。
② 有学者认为本罪的罪名应确定为"非法获取计算机信息系统数据罪"。高铭暄、赵秉志、黄晓亮、袁彬：《〈刑法修正案（七）〉罪名之研究》（上），载京师刑事法治网。

获取公民个人信息罪产生了法条竞合。法条竞合，是指一个行为同时符合了数个法条规定的犯罪构成，但从数个法条之间的逻辑关系来看，只能适用其中一个法条的情形。对于法条竞合，一般应该采取特别法优于普通法的处罚原则，在刑法有特殊规定或者适用特别法明显会造成罪责刑不相适应情形下，也可以适用普通法。在本罪与窃取、收买、非法提供信用卡信息罪之间，刑法并没有特别规定应当适用普通法，同时适用特别法（即窃取、收买、非法提供信用卡信息罪）也不会造成罪责刑不相适应，所以，对于两个规定的法条竞合，应该适用特别法即窃取、收买、非法提供信用卡信息罪的规定。

9. 本罪与行贿罪的界限

现行刑法典第 389 条规定：为谋取不正当利益，给予国家工作人员以财物的，是行贿罪；在经济往来中，违反国家规定，给予国家工作人员以财物，数额较大的，或者违反国家规定，给予国家工作人员以各种名义的回扣、手续费的，以行贿论处。如果行为人采取购买的方法，从国家机关或者金融、电信、交通、教育、医疗等单位的工作人员（属于国家工作人员的前提下）处获得了公民个人信息的行为，那么行为人触犯了非法获取公民个人信息罪。同时行为人又是为了谋取不正当利益（即为了获取公民个人信息），给予国家工作人员以好处，也触犯了行贿罪。那么此时，行为人的一个行为同时触犯了非法获取公民个人信息罪和行贿罪，属于想象竞合犯。根据想象竞合犯的处罚原则，应当从一重罪处罚。

10. 本罪与利用个人信息进行的其他犯罪

本罪规范的对象是窃取或者以其他方法获取的公民个人信息。在现实生活中，行为人之所以窃取或者以其他方法获取公民的个人信息，有可能是为了实施财产犯罪甚至人身犯罪，例如非法获取了公民的家庭住址而实施盗窃、抢劫、伤害、杀人等行为，获取了公民的身份证号、银行卡号而实施信用卡诈骗等行为。那么此时我们该如何处理呢？可以看出，行为人之前所实施的非法获取公民个人信息的行为，是进行其他犯罪行为的手段行为，对此应该成立牵连犯。如前所述，对于牵连犯，通说观点是从一重罪处罚。但是刑法分则和司法解释中对于牵连犯的处罚规则并不局限于从重处罚，两者包括了从一特定罪论处、数罪并罚等处理模式。在此，笔者认为，非法获取公民个人信息罪与盗窃、抢劫、伤害、杀人等其他犯罪所保护的法益具有极大的不同，那么对于二者构成牵连犯的情形，应当数罪并罚，如此才能避免刑法评价的不足。如果行为人实施非法获取公民个人信息时并没有实施盗窃、抢劫、伤害、杀人等罪的故意，而在获取公民个人信息后产生的犯罪故意，那么此时应该同时认定为非法获取公民个人信息罪与盗窃、抢劫、伤害、杀人等罪，进行数罪并罚。

（三）本罪刑罚裁量的有关问题

根据刑法典第 253 条之一第 2 款及第 3 款的规定，犯本罪的，处三年以下有期徒刑或者拘役，并处或者单处罚金；单位犯该罪的，对单位判处罚金，并对其直接负责的主管人员和其他直接责任人员，依照上述对有关单位工作人员的规定处罚。

与第一节第四点关于出售、非法提供公民个人信息罪的刑罚处罚中的描述相同，在此不做赘述。但是，本罪的刑罚处罚存在的另一个值得思考的问题是，本罪与第 1 款出售、非法提供公民个人信息罪的刑法处罚完全相同，而两罪的犯罪主体和行为方式却不尽相同。第 1 款规定的犯罪主体是国家机关和各个单位及其工作人员，客观行为表现为违反国家规定，本单位在履行职责或者提供服务过程中获得的公民个人信息，出售或者非法提供给他人，情节严重的行为。而第 2 款规定，犯罪主体为一般主体，无身份要求，客观行为表现为窃取或者以其他方法非法获取公民个人信息，情节严重的行为。可以看出，第 1 款罪名的犯罪行为的社会危害性是大于第 2 款罪名的。假设目前规定的刑罚处罚合适于第 1 款罪名，那么第 2 款罪名的处罚程度是否应该小于第 1 款罪名？例如去除有期徒刑的规定，只规定拘役及罚金。或者对第 2 款罪名的刑罚处罚方式不变，加重第 1 款罪名的处罚力度，以符合罪责刑相适应原则的要求。

三、关于"人肉搜索"是否入罪的探讨

随着网络时代的来临，网络上的资料搜索给人们的生活带来了巨大的变化，以前需要大量精力查询搜索的资料的事情，通过网络搜索引擎可以在几分钟甚至短短几秒中得到，而"人肉搜索"作为一项新兴的搜索方式几乎达到无人不知无人不晓得的境地。与搜索引擎不同，所谓"人肉搜索"，是指除了网络数据库资料以外，主要通过人与人之间的网络互动进行的搜索体验，是人工搜索更依赖于人的作用的一种方式。最初是有人提出问题，其他网友根据自己的经验、认知对此作出回答，后来则演变为对个人本身的信息搜索。由于互联网的飞速发展，一些人际关系网络平台受到许多人的追捧，比如国外的"you to be，face book"，国内的猫扑网、天涯社区等。对于一些引发公众关注的事件，大家都会进行热烈的讨论，一些思想偏激的网友们，会对某些事件发表过激的言论和看法，随之会对事件主角进行全方位的关注，呼吁大家参与追寻事件的真相和正义，但是结果往往会与原始的出发点相背离。因为公众的积极参与，使当事人的所有信息，甚至包含家庭其他成员的信息都被公之于众，对其生活造成巨大的影响。近年来，由于"人肉搜索"发生的案件数不胜数。例如"华南虎照案"、① "铜须门事件"、② "艳照门事件"③等。对于这些案件，我们必须进行反思，结合《刑法修正案（七）》的第 7 条规定，讨论"人肉搜索"应否入罪？是否属于非法获取公民个人信息罪的规制范围？

在对各种观点的总结之后，支持入罪的理由有以下几个方面：首先，虽然被"人肉搜索"的公民其行为引人公愤，但是作为一个公民个体来讲，无论其行为如何，本身作为一人，应享有宪法赋予的人格尊严不受侵害的权利，在网上大量泄露信息会对其本身造成严重影响，"人肉搜索"行为超越了公共道德底线，应纳入法律的规制范围；其次，"人肉搜索"是一种越权行为，相当于广大网民对公安侦查等机关的代为执法，无任何法律依据的搜集、公布他人信息；最后，"人肉搜索"对社会造成严重的不良影响，如果任由"人肉搜索"的蔓延，发展下去的最终结果会变成人人自危，公民的个人意愿不能自由表达。

但目前为止，反对"人肉搜索"入罪的意见还是多数，笔者也不赞成"人肉搜索"入罪，理由如下：第一，有些"人肉搜索"的网民初衷是对伤害公共利益和情感的防范，是对维护公共道德和正义的诉求，大多数参与者是出于义愤和对当事人的同情，本身不是为了泄恨私欲或者利用"人肉搜索"的行为获得利益，不能将其一概的归结为对刑法的对抗行为。第二，刑法的谦抑性原则。作为保障公民的权利的最后手段，在穷尽其他救济方式之前，刑法不宜过多介入，防止出现刑法泛化和重刑主义。第三，目前我国还没有制定系统的个人信息保护法，

---

① 10 月 12 日，陕西省林业厅宣布陕西发现华南虎，并公布是在陕西安康市镇坪县城关镇文采村，村民周正龙拍摄到了一张野生华南虎的照片，最后这张照片被认定有假，周正龙以诈骗罪被判处 2 年 6 个月有期徒刑。

② 热门网游 WOW（《魔兽世界》）中的一位玩家"锋刃透骨寒"在网上发帖自曝，其结婚六年的妻子，由于玩《魔兽世界》并加入了"刀锋透骨寒"所在的公会，和公会会长"铜须"（一名在读大学生）在虚拟世界里长期相处产生感情，并且发生一夜情的出轨行为。"铜须门"之名便是由会长"铜须"而来。

③ 2008 新年伊始，由网友"奇拿"在天涯社区发布了一系列关于陈冠希和其他一些女艺人之间的自拍照和其他图片，在网上广为流传的事件。起因是源于陈冠希的一台笔记本电脑送去维修，而其中大量与其他女艺人的照片被拷贝并最终被散播。

不能对个人信息范围进行明确的界定，以及何种行为受哪些法律的保护和制裁更为妥当，不应单独将"人肉搜索"划入刑法管制的范围。第四，用刑法来禁止"人肉搜索"会丧失其有利行为，例如公众利用网络手段行驶舆论监督权。而且，"人肉搜索"总的来说只是一种手段，关键在于行为人如何运用，有些人参与是为了维护正义，而有些人则心怀恶意，实践中这两者之间很难区分，不能一概归罪。

总之，刑法是有限度的，不应过度依赖，如果能通过其他法律法规来解决社会矛盾，就不应轻易地动用刑法手段。《刑法修正案（七）》并没有表明将"人肉搜索"纳入规制范围的立场，以后是否入罪，应对多方面进行全面考量，以保证刑法的审慎。

四、对于我国个人信息刑法保护的完善

在新的《刑法修正案（七）》出台后，各地都出现了侵犯公民信息的犯罪案件。全国首例侵犯公民信息犯罪案日前在广东宣判，被告人周建平成为国内被法院以侵犯个人信息安全的新罪名追究刑事责任的第一人。据了解，该伙罪犯收购各地市领导干部的电话号码，冒充领导身份诈骗，珠海市副市长、佛山市纪委书记、恩平市委书记的亲友均上当受骗。日前，珠海市香洲区人民法院以诈骗罪判处邵国松、王剑波、黄燕万等 7 名被告人有期徒刑 3 到 11 年不等，并处罚金 4 万到 15 万元不等；而被告人周建平则因向上述被告人非法出售个人信息资料被以非法获取公民个人信息罪判处有期徒刑 1 年 6 个月，并处罚金 2000 元。① 广州市人民检察院今年 7 月以"出售公民个人信息罪"批准逮捕犯罪嫌疑人李某，以"非法获取公民个人信息罪"批准逮捕犯罪嫌疑人黎某。公安机关查明，自 2008 年 3 月开始，犯罪嫌疑人李某利用其在广州某电讯公司工作的便利，将机主资料等信息非法出售给他人，获利近万元。《刑法修正案（七）》正式实施后，李某非法出售机主信息的行为并未收敛。2009 年 2 月 28 日至 5 月期间，李某再次出售 4 份手机机主资料给黎某，黎某获取上述信息后转卖给私家侦探公司。这是广州市检察机关执行《刑法修正案（七）》新罪名、保护公民个人信息安全的第一宗案件。② 司法机关及时应用新的刑法修正案和相关司法解释打击侵犯公民信息犯罪的做法，对于完善我国公民个人信息的保护

---

① 网易，网址为：http：//tech. 163. com/10/0104/06/5S5PMK4F000915BE. html。
② 腾讯，网址为：http：//news. qq. com/a/20090710/001503. htm。

具有极大的推动意义。但是我们也要继续完善相关法律和制度，适应新时代对我国法律制度的新要求。

一方面，要完善我国个人信息刑法方面的保护。关于公民个人信息安全的刑法立法，我国1979年刑法典和1997年修订刑法典均没有做出相关规定。2009年2月28日，十一届全国人大常委会第七次会议通过了《刑法修正案(七)》，其中第7条增补规定了侵犯公民个人信息权的犯罪。面对社会信息化对个人信息带来的种种危害，通过立法建立个人信息保护制度具有重要的现实意义。《刑法修正案(七)》第7条的规定正是对公民个人信息安全保护的强化，体现出刑法修正与时俱进，紧跟时代发展，强化人权保障的鲜明特色，值得充分肯定。但是，法律的滞后性决定了法律一经制定即不可避免地存在缺陷，虽然立法者具有前瞻性的眼光，但是社会的飞速发展总会引发新型的犯罪，是现有法律无法管辖的。公民的个人信息遭到的侵扰给公民的生活带来不便，但还没有造成任何严重的犯罪后果。毕竟在信息社会，每个人都需要交流和沟通，在此过程中难免会造成信息的泄露，我们需要防范的是恶意侵害公民信息安全的行为，应该立足于我国的国情和现状，以国外对于公民信息保护的措施为参照，制定出完善的法律法规，既保证公民的信息自由，又保护公民个人信息不受非法侵害。

另一方面，要丰富我国有关个人信息保护的制度建设。目前为止，我国专门规范公民个人信息的法律——《公民个人信息保护法》尚未出台。其实，中国政府很早就已启动了立法工作，并于2003年委托专家开始起草专家建议稿，但2005年初完成的《个人信息保护法》(草案)目前还在审批当中，并且该法尚没有被纳入近期的立法规划。[1] 而其他涉及个人信息保护的大部分规定主要集中在地方性法规、部门规章、地方政府规章以及其他规范性文件和行业规范中。其中，既有国务院发布的法规，也有由国务院职能部门发布的规章或规范性文件，还有由地方立法机构等发布的地方性规范。立法主体的不统一也就会导致各个相关的规范之间存在着不协调、不统一。[2]

加强个人信息保护，最重要的还是确立个人信息保护的基本法律制度。通过设定刑法的手段来增强对滥用个人信息的打击力度，但是，

---

① 周汉华：《个人信息保护法(专家建议稿)及立法研究报告》，北京，法律出版社，2006。

② 王东阳：《公民个人信息安全的刑法保护》，107页，北京师范大学博士后2009年研究工作报告。

没有系统有效的个人信息保护制度，单纯依靠刑法或其他部门法的规制，难从根本上遏制个人信息被滥用而遭受侵害的问题。《刑法修正案（七）》出台以后，关于个人信息安全保护的刑事立法已经取得了长足的进步，并且这一规定对相关法规的健全和完善已经提出了迫切要求。有学者指出，"刑法新增的侵犯公民个人信息犯罪将产生一个'倒逼'机制，推动相关的立法机关尽快制定和出台个人信息保护法。"周汉华学者解释说，刑事责任引入后，必然会从刑事责任掉过头来逼迫前面需要明确的环节，要求健全前端的实体法，否则刑法的这些规定也很难落到实处。"由于没有专门的个人信息保护法作基础，新增的条款有点像'空中楼阁'。"中国社会科学院法学所教授刘仁文也认为，个人信息保护法应该尽快出台，否则很容易造成刑法执法工作的超负荷运转。①

对于信息时代关于个人信息保护的问题，我们还是需要全面的思考和对待，既不能放任不管，也不可矫枉过正。除了以法律武器为打击侵犯有关公民个人信息违法犯罪的主要手段以外，还应该对公民进行个人信息安全教育的普及，提高自我信息保护意识。最关键的还是需要有系统和完善的个人信息保护法的存在，才能更全面的保护信息社会中公民个人信息的安全。对于公民个人信息的刑法保护方面，则需要进一步加强和完善。例如，《刑法修正案（七）》中第 7 条关于立法内容上的不足，对犯罪对象的限制而导致一些危害行为难以入罪。而且，本条对行为方式的规定具有一定的局限性，一些与本条规定在社会危害性上相当的行为不能入罪。所以，在刑事立法方面也需要健全和完善公民个人信息保护的配套性法规。

---

①　陈晓英：《中国刑法亮剑"倒逼"个人信息保护法出台》，载《法制日报》，2008-09-05。

第六专题

组织未成年人进行违反治安管理活动罪司法适用问题研究

为了维护正常的社会治安秩序，保护未成年人的合法权益，2009 年 2 月 28 日《刑法修正案》（七）将组织未成年人进行盗窃、诈骗、抢夺、敲诈勒索等违反治安管理活动的行为进行了犯罪化处理。2009 年 10 月 16 日，最高人民法院、最高人民检察院出台了《关于执行〈中华人民共和国刑法〉确定罪名的补充规定（四）》，将此类犯罪行为的罪名确定为"组织未成年人进行违反治安管理活动罪"（以下简称为"本罪"）。关于如何理解与适用这一新增罪名，学界进行了较为深入的探讨，其中不乏真知灼见，这不仅有助于拓深本罪的基础理论研究，也有利于本罪在司法实践中的正确适用。但是，目前的理论研究大多在对本罪保护法益（犯罪客体）的理解上存在根本性的偏差，不仅使法益丧失了对本罪构成要件解释的系统指导意义，也导致在对本罪具体构成要件内容的理解与适用上产生诸多分歧。

刑法的目的在于保护法益，而犯罪的本质在于其侵害了法益，每个犯罪构成要件均有其所要保护的法益。"法益乃成为解释与适用不法构成要件所不可或缺的指标，唯有透过构成要件所要保护的法益，才能妥当而明确地解释不法构成要件，正确无误地把握不法构成要件所要掌握的犯罪行为，精确地界定出各个不相同的单一构成要件彼此间的界限。"①笔者无意对本罪做"全面"研究，而是在现有理

---

① 林山田：《刑法各罪论》（上），41 页，作者发行 2006 年修订。

174

论研究的基础上，就本罪的保护法益进行较为深入的探讨，并以此为指导，对本罪主客观构成要件（尤其是客观构成要件）中的具体内容予以厘清。

一、犯罪主体要件的确定

关于本罪的主体要件，目前的理论研究并无较大分歧。由于《刑法》第262条之二对本罪的主体要件并无特别的限定，因此，理论上认为，本罪的犯罪主体应属于一般主体，即年满16周岁具有刑事责任能力的自然人。单位不能成为本罪的主体。至于行为人与未成年人之间是否存在亲属或监护关系，不影响本罪的成立。

本罪属于一般主体，这意味着已满16周岁不满18周岁具有刑事责任能力的未成年人同样可以成为本罪的犯罪主体。从实践中看，尽管多数情况下未成年人是在成年人组织控制之下实施违反治安管理的活动，但也存在年龄较大的未成年人操纵、控制年龄较小的未成年人实施违反治安管理活动的情形。本罪的保护法益主要是正常社会生活的安宁秩序，同时也蕴涵了对未成年人的保护。但对未成年人的保护并非本罪保护法益的主要内容。因此，所谓"这次刑法修改不再把未成年人当成处罚的对象，而是把组织未成年人犯罪的这些成年人当成了处罚对象，未成年人被当成了一个保护的主体"的说法并不妥当。①

二、犯罪主观罪过的认定

本罪的主观罪过形式只能是故意，过失不可能构成本罪。对此，理论中并无异议。不过，本罪的实行行为是一种组织行为，而组织行为则是一种有目的的活动，那么，这是否意味着本罪的故意形式只能是直接故意？再者，组织行为具有目的性，且本罪所列举的违反治安管理活动均具有贪利的性质，那么，本罪的成立是否要求必须具备"牟利"的主观目的？理论中对上述问题进行了探讨，并存在一定的认识分歧。

（一）是否存在间接故意

本罪属于故意犯罪，即本罪的罪过形式只能是犯罪故意。根据《刑

---

① 陈晓英：《变抓"小贼"为揪幕后黑手——刑法修正漂亮转身》，载《法制日报》，2008-09-08。

法》第 14 条第 1 款的规定，犯罪故意是指明知自己的行为会发生危害社会的结果，并且希望或放任这种结果发生的心理态度。理论中往往根据故意的认识因素与意志因素的内容，将故意区分为直接故意与间接故意两种形式。

关于本罪的故意形式，理论中存在认识上的分歧。多数观点认为，本罪中的故意形式既包括直接故意，也包括间接故意。当行为人明知被组织者是未成年人时，属于直接故意；如果行为人虽不明知，但是综合各方面的情况其应当认识到被组织者是未成年人，仍放任危害结果的发生，则为间接故意；[①] 但也有观点指出，由于组织行为本身即内在地包含了犯罪目的，因此本罪的故意形式只能是直接故意。[②] 可见，对于本罪存在直接故意形式，理论中均持肯定态度，分歧点在于，本罪是否包括间接故意的罪过形式。

本文赞同多数人的观点，即本罪中的故意形式主要是直接故意，但同时也存在间接故意的情形。

的确，组织行为是一种有目的、有计划的行为。本罪的行为人正是为了积极追求某种不法目的的实现，而系统地安排未成年人从事某种违反治安管理的活动。因此，一般而言，行为人对组织行为所造成的危害结果具有直接的故意，即行为人明知自己的组织、领导、策划、指挥行为会导致未成年人实施违反治安管理活动，并对正常社会生活的安宁秩序造成危害，且希望这种危害结果的发生。

但是，组织行为与普通的实行行为不同，它是一种复杂的社会行为。在本罪中，组织行为本身固然内含特定的犯罪目的，但犯罪目的的实现，不仅需要组织者的组织、领导、策划、指挥行为，还有赖于未成年人顺利实施相应的违反治安管理活动。由此，组织者的犯罪故意具有双重性，即不仅包括对自己行为的故意内容，还必须对未成年人所进行的违反治安管理活动具有故意。而在这两种情形中，组织者都可能存在认识因素上的未必性以及意志因素中的放任性，即间接故意。

1. 在认识因素上，组织者可能存在未必的认识

一方面，本罪的组织行为的对象是未成年人。本罪的组织行为正是通过未成年人这一特殊对象，对正常的社会秩序及未成年人的健康

---

① 李希慧、董文辉：《组织未成年人进行违反治安管理活动罪若干问题之探讨》，载赵秉志、陈忠林、齐文远主编：《新中国刑法 60 年巡礼　下卷：聚焦〈刑法修正案（七）〉》，1381 页，北京，中国人民公安大学出版社，2009。

② 陈荣飞：《组织未成年人进行违反治安管理活动罪若干问题探析——以〈刑法修正案（七）〉为背景》，载《黑龙江省政法管理干部学院学报》，2009(5)。

成长造成侵害的。因此，组织者必须明知自己组织行为的对象是未成年人。这种"明知"，包括明知一定是未成年人和明知可能是未成年人两种情形。"明知一定是"属于一种确定性认知，指组织者知道被组织者的年龄尚不达到18周岁或虽不确切知道被组织者的年龄，但依据自己的生活经验或其他相关事项能够确切判定对方属于未成年人；"明知可能是"则属于一种未必性认识，是指组织者虽不能确切知道被组织者属于未成年人，但根据自己的生活经验或其他相关事项预见到对方可能是未成年人，但又不能充分肯定。也就是说，对于未成年人认识，在"明知一定是"与"明知一定不是"之间，尚存"明知可能是"这种未必性认识。

另一方面，组织者的行为是组织未成年人进行违反治安管理活动，因此，对于未成年人所实施的违反治安管理活动也应有明确的认识。组织者的组织、领导、策划、指挥行为是针对未成年人所实施的违反治安管理活动的系统安排，因此，一般而言，组织者对于未成年人违反治安管理活动的种类、范围及程度具有确定性的认识。但是，在具体实施违反治安管理的活动中，每一未成年人都是相对独立的个体，其主观意思及客观行为虽受组织者的约束，但仍有一定的随意性。于是，未成年人的行为就可能存在超出组织者当初指示或预定的活动范围的情况。对于超出部分，如果与犯罪目的有关，属于与其组织策划内容密切联系的附随性行为时，[①] 对于组织者而言，由于其犯罪经验比较丰富，对于未成年人在违法活动中所造成的附随性结果，是能够认识的。但由于未成年人在实施违法活动中具有相对独立性，这种认识对于组织者来说，并非确定性认定，而属于一种可能性认识。

组织者对未成年人可能存在未必性认识，其对自己行为可能会发生危害社会的结果存在明知；同时由于对未成年人行为过程中所造成的附随性结果存在可能性认识，其对未成年人行为可能会发生的危害社会结果也存在着明知，由此，在认识因素方面，本罪的组织者除存在明知自己的组织行为必然发生危害社会的结果的情形外，也存在明知自己的组织行为可能会发生危害社会的结果的情形。

2. 在意志因素上，组织者对其行为的危害结果可能存在放任的态度

一方面，在明知被组织者可能是未成年人的情况下，组织者为牟取不法利益仍组织其从事违反治安管理活动，既可能希望被组织者是

---

① 当然，就本罪成立而言，这种附随性行为的社会危害性不能达到应受刑罚处罚的程度。

未成年人进而积极组织其从事扰乱社会秩序的违法活动，也可能是并不关心对方是否是未成年人而放任其组织行为对社会秩序及未成年人的侵害；另一方面，组织者是通过未成年人的违反治安管理活动对刑法保护的法益进行侵害的。但在许多情况下，组织者对未成年人在实施违法活动中所可能发生的结果，存在概括性的不确定认识。对于未成年人按照既定计划所导致的危害结果，组织者当然是希望其发生；而对于其他超出预定安排的附随性结果，组织者则既有可能希望其发生，也可能对之持放任态度。

由此，在本罪的故意形式上，尽管因组织行为本身所具有的目的性而大多表现为直接故意，但由于组织行为的对象是未成年人，犯罪目的的实现有赖于未成年人所实施的违反治安管理活动，这就不可避免地存在间接故意的罪过形式。

(二)本罪是否属于目的犯

关于目的犯，刑法理论一般将之区分为法定目的犯与非法定目的犯两种。法定目的犯，是指刑法分则条文直接将该种犯罪的特殊目的予以明确规定，不具备这种目的的就不构成相应犯罪。如《刑法》第152条走私淫秽物品罪规定"以牟利或者传播为目的"等。非法定目的犯，是指刑法并不在具体条文中规定某一犯罪所需的特殊目的，需要法官根据一定的原则予以补充。如刑法关于盗窃、抢劫、诈骗和抢夺等罪的规定。[①]

关于本罪，刑法并未明确规定其成立必须具备特定的目的，也就是说，本罪并非法定的目的犯。但本罪的实行行为是一种组织行为，行为的组织性决定了行为人在主观方面必然存某种目的。一般而言，通过组织实施的行为内容可以判断出组织者的目的所在。本罪组织行为的内容是使未成年进行违反治安管理活动，而从刑法明文列举的违反治安管理活动来看，"盗窃、诈骗、抢夺、敲诈勒索"无疑均具有贪财图利的性质。实践中，不法分子组织未成年人进行盗窃、诈骗、抢夺、敲诈勒索等违反治安管理活动一般都是以获取利益为目的的。"巨大的利益诱惑"是不法分子实施组织行为的主要动因，纯粹不是"以牟利为目的"的组织行为比较罕见。[②] 那么，能否据此认为本罪属于非法定目的犯？即本罪的主观方面必须具备"以牟利为目的"？

---

① 刘艳红：《论非法定目的犯的构成要件构造及其适用》，载《法律科学》，2002(5)。

② 刘中发：《组织未成年人违反治安管理活动罪的理解与适用》，载赵秉志、陈忠林、齐文远主编：《新中国刑法60年巡礼　下卷：聚焦〈刑法修正案(七)〉》，1403页，北京，中国人民公安大学出版社，2009。

非法定目的犯属于开放性构成要件，不能以刑法分则未有明确规定为由而断然否定某种特定目的的存在。但作为非成文的构成要件要素，非法定目的犯的范围确定并非随意的。在刑法没有规定的情况下，随意加上"以……为目的"，既可能导致不当扩大处罚范围，也可能由于某种原因缩小处罚范围。[①] 与故意、过失等主观责任要素不同，犯罪目的属于主观违法要素，反映行为对法益的侵害及其程度。因此，只有当构成要件中没有规定某一犯罪目的，而该目的对于行为成立该罪所需要的法益侵害及程度又是不可缺少时，法官才能对这种表明违法性或者说对违法性的判断至关重要的构成要件要素作出补充。由此，犯罪目的对于法益侵害及程度是否发生作用，成为甄别是否属于非法定目的犯的首要标准。

就本罪而言，组织行为的目的性固然表明行为人对危害结果持积极追求的希望态度，但这种目的性所表明的是犯罪故意中的意志因素，其反映的是行为人主观罪过形式及程度，属于主观责任要素，而非反映行为的不法侵害及其程度的主观违法要素。因此，不能简单地以组织行为所具有的目的性，判定本罪属于非法定目的犯。再者，行为人实施本罪固然是"以牟利为目的"，但本罪的保护法益主要是正常社会生活的安宁秩序，这就是说本罪的犯罪目的与危害结果并不一致。行为人组织未成年人进行违反治安管理活动即使没有实现"牟利"，但仍会对社会安宁秩序造成严重的破坏。换句话说，本罪中，行为人犯罪目的的实现与否，对本罪的法益侵害并不发生作用。何况，刑法并未对"盗窃、诈骗、抢夺、敲诈勒索"等贪利性的违反治安管理活动作数额上的规定或提示，这也表明立法者无意于关心行为人是否牟利及牟利多少。由此，"以牟利为目的"不能成为本罪的非成文构成要件要素。

对目的犯而言，"目的"的作用在于提高一定犯罪类型的违法性，但在本罪中，"以牟利为目的"其与法益侵害及其程度并无直接关联，并非需要法官进行补充主观违法要素。一方面立法上并未明文规定"以牟利为目的"，另一方面该目的对于本罪的成立并非不可缺少，由此，本罪并非目的犯。反之，如果在主观方面规定"以牟利为目的"作为限定性要件，则极有可能给认定组织未成年人违反治安管理活动罪设置不必要的障碍。因为，从司法证明角度而言，行为人的主观获利目的往往是很难加以证明的，为了严密法网，切实保障未成年人的合法权益，维护社会良好的管理秩序，对本罪不作主观获利的限制性要求是

---

① 张明楷：《刑法分则的解释原理》，192 页，北京，中国人民大学出版社，2004。

合情合理的。①

三、犯罪客观行为的理解与认定

犯罪构成要件是刑法使用构成要件要素描述破坏法益或对于法益构成威胁，而应科处刑罚的行为模式。而犯罪的客观构成要件则旨在揭示犯罪的不法内涵及其程度，即说明刑法所保护的法益是在怎样的条件下，被什么样的行为所侵犯的。因此，行为是犯罪客观要件的核心要素。根据《刑法》第 265 条之二的规定，本罪的构成要件行为属于一种组织行为，即"组织未成年人进行盗窃、诈骗、抢夺、敲诈勒索等违反治安管理活动"的行为。从法条表述上看，本罪采用叙明罪状的描述方式，似乎很是明确，但由于组织行为的复杂性与抽象性，"……违反治安管理活动"表述的模糊性与宽泛性，本罪的构成要件行为很难直观地加以认定。法益是构成要件的实质核心，因此，必须根据法条所确定的法益内容来解释犯罪构成要件。

为了贯彻罪刑法定原则的明确性原则，充分发挥刑法的保障功能，同时，为使刑事司法客观而正确地处断犯罪，以发挥刑法的抗制与预防功能。笔者以本罪的保护法益内容为指导，就架构其实行行为的内部诸要素进行解析。

（一）组织行为的刑法意义

"组织"，根据《现代汉语词典》的解释，有三层含义：其一，指安排分散的人或者事物使其具有一定的系统或整体性；其二，指系统、配合关系；其三，指按照一定的宗旨和系统建立起来的集体。② 可见"组织"一词的内涵，可以从静态与动态两个方面来理解。从静态方面看，它表现为组织（结构）形式，即为了实现一定的共同目标而按照一定的规则、程序所构成的一种权责结构安排和人事安排。从动态方面看，表现为组织行为，即为达到一定目标，将分散的人或者事物按照一定方式相互联系起来，使之具有一定的系统或整体性。但无论是作为一种组织形式，还是一种组织行为，组织概念的核心要素在于强调诸要素之间的系统性及配合关系。

---

① 刘中发：《组织未成年人违反治安管理活动罪的理解与适用》，载赵秉志、陈忠林、齐文远主编：《新中国刑法 60 年巡礼　下卷：聚焦〈刑法修正案（七）〉》，1403 页，北京，中国人民公安大学出版社，2009。
② 《现代汉语词典》，1546 页，北京，商务印书馆，1983。

在我国刑法中，"组织"一词同样具有静态与动态两个方面的含义。从静态方面看，作为一种犯罪的组织形式，我国刑法总则中规定的"犯罪集团"旨在描述多个行为人在进行共同犯罪时的内部结构；而刑法分则中规定的"间谍组织"、"恐怖组织"、"黑社会性质组织"、"会道门、邪教组织"等，作为一种犯罪结构形式，则属于具体犯罪构成要件中行为对象要素。从动态方面看，我国刑法中规定的"组织"行为都属于一种犯罪行为，且在总则与分则中均有规定。不过，我国的刑法总则规定组织行为与分则规定的组织行为，在刑法上的意义却有所不同。

1. 刑法总则中的组织行为

我国刑法总则规定的组织行为属于犯罪中的一种行为类型，且这种行为类型仅存在于犯罪集团这一共同犯罪的结构形式之中。《刑法》第26条规定，"组织、领导犯罪集团进行犯罪活动的或者在共同犯罪中起主要作用的，是主犯。三人以上为共同实施犯罪而组成的较为固定的犯罪组织，是犯罪集团。对组织、领导犯罪集团的首要分子，按照集团所犯的全部罪行处罚。对于第三款规定以外的主犯，应当按照其所参与的或者组织、指挥的全部犯罪处罚"。可以看出，总则规定的组织行为包括两种类型：一是建立犯罪集团这一共犯结构形式的行为；二是利用犯罪集团这一结构形式，组织多人实施具体个罪构成要件行为的行为。

就犯罪行为的性质而言，总则规定的组织行为属于非实行行为。刑法之所以将这种组织行为作为犯罪处理，仍在于其对法益的侵犯性，只不过与实行行为相较，其对法益的侵害具有非现实性与非直接性特点。建立犯罪集团的组织行为，实际上属于共同犯罪的一种预备形态，刑法之所以处罚这种组织行为，主要是因为这种以犯罪为目的的组织形式(犯罪集团)，透过其组织形式的运作，能够长期且有计划地从事各种犯罪活动，不仅对个人、甚至对整个社会都会形成严重的威胁。刑法处罚这种组织行为，意在提前保护法益。而利用犯罪集团这一组织形式进行犯罪的组织行为，则主要是透过利用他人所实施的具体个罪的构成要件行为来实现对法益的侵害的。也就是说，其对法益的侵害具有间接性。但作为实行行为的一种加工形态，这种组织行为将他人的犯罪行为系统化，大大提升法益侵害的危险性，扩大或加重了法益侵害的后果。因此，尽管这种组织行为对法益的侵犯需要"借助"他人的实行行为，但由于对共同犯罪所起的"组织"作用，其对法益侵害的风险及程度往往远甚于单独(或共同)直接侵害法益的实行行为。在犯罪日益集团化、组织化的现代社会，将此类组织行为作为共犯处理，有利于严厉处罚躲在幕后操纵犯罪实行之人。

2. 刑法分则中的组织行为

我国刑法分则中规定的组织行为属于构成要件行为。这种组织行为同样包括两种类型：一是建立、领导特定犯罪组织形式的行为，如组织、领导、参加恐怖组织罪及组织、领导、参加黑社会性质组织罪中的"组织、领导"行为；二是对他人直接侵害法益的行为加以整合、系统的行为，如分裂国家罪中的"组织、策划"行为；组织越狱罪、组织卖淫罪等犯罪中的"组织"行为。

作为一种行为，"组织"一词，无论是在刑法总则规定的还是分则规定的，其实质内涵是一致的，即都是基于一定的目标，将分散的多人加以系统化、整体化。不过，两者在规范评价的意义上却有所不同。分则中规定的组织行为属于某种具体犯罪的实行行为，具有独立的罪名和法定刑，在定罪科刑上，相关分则条款是直接的规范评价依据；而总则规定的组织行为则属于一种共同犯罪行为，不具有独立的罪名和法定刑，在规范评价上，需要结合他人的实行行为确认对其定罪科刑的直接法律依据。然而，在笔者看来，刑法分则所规定的组织行为只是一种拟制的实行行为，其对法益的侵害形式，与刑法总则规定的组织行为并无本质的不同。

刑法中的实行行为，具有形式与实质两方面的特征。从形式上看，实行行为是刑法分则规定的具体个罪的构成要件行为，这是实行行为的法律特征；从实质上看，实行行为是对法益的侵害具有"现实"危险性的行为，这是实行行为的实质特征。[①] 从规范形式上判断，组织行为作为刑法分则规定的构成要件行为，当然地属于"实行行为"的范畴，但从实质上判断，单纯这种"组织"行为本身并不完全具备对法益侵害的"现实"危险性。如前所述，"组织"作为一种行为，其含义是"安排分散的人或者事物使其具有一定的系统或整体性"。组织行为的功能在于对他人行为的协调、安排，目的在于最大化地实现特定目标。作为一种犯罪行为，组织行为对法益的侵犯性，主要是通过对他人直接侵害法益的行为进行系统化的安排，从而提升了法益侵害的风险或加深了法益侵害的程度。也就是说，组织行为并不像故意杀人、故意伤害等行为那样对法益的侵害具有现实性、直接性，其对法益的侵害性不能脱离组织的行为内容、行为手段或行为对象而独立评价。

从对法益侵害的非现实性及非直接性的特点看，刑法分则规定的组织行为可以说是一种拟制的(提升的)实行行为。但这并不意味着其

---

① 何荣功：《实行行为研究》，21～24页，武汉，武汉大学出版社，2007。

对法益侵害的程度及风险小于直接侵害法益的实行行为，更不意味着可以与总则规定的组织行为等量齐观。刑法之所以将某种组织行为提升为实行行为，目的固然在于严密刑事法网，强化对法益的刑法保护，但就本质而言，仍在于行为对法益侵害的程度及风险达到了应科处刑罚的程度。例如，在组织、领导、参加恐怖组织罪及组织、领导、参加黑社会性质组织罪中，尽管组织、领导者并不一定直接实行恐怖犯罪或黑社会性质的犯罪行为，但其组建、领导此类犯罪组织的行为对公共安全与秩序具有高度的潜在危险性；在组织越狱罪中，组织行为的内容是一种犯罪行为即脱逃行为。组织者不仅通过组织行为使多人的脱逃行为更容易实施，从而大大增加了法益侵害的风险和程度，而且多数组织者同时亲自实施了脱逃行为，对法益造成了直接侵害。因此，刑法将这种组织者的行为类型化为实行行为，并科以较脱逃罪更重的法定刑；① 在组织卖淫罪中，组织的行为内容虽然只是一种违反治安管理的卖淫行为，对社会的危害程度较小，但对卖淫者的组织行为则直接促使卖淫、嫖娼活动的蔓延，使卖淫行为的社会危害性增大，严重侵犯了社会的良好风尚。因此，在法益侵害的程度上，卖淫的组织行为远甚于直接从事卖淫的行为。②

　　根据《刑法》第 262 条之二的规定，组织未成年人进行违反治安活动罪的规范评价重点是对"未成年人进行盗窃、诈骗、抢夺、敲诈勒索等违反治安管理活动"的"组织"行为，这表明本罪的实行行为是一种组织行为。基于对"组织"一词文义的基本理解，本罪的实行行为（组织行为）可以解释为：行为人为了实现其某种不法目的，采用各种手段安排多个未成年人进行盗窃、诈骗、抢夺、敲诈勒索等违反治安管理活动，并使之具有一定的系统性和整体性的行为。如前所述，本罪的保护法益主要是一种社会生活的安宁秩序，而组织行为对这种法益的侵害，则是利用国家对未成年人的特殊保护制度，通过有计划、有组织地安

---

　　① 从脱逃罪的角度看，这种组织行为可以说是脱逃罪的共同犯罪行为。但根据刑法总则规定的组织行为只存在于犯罪集团之中，而组织越狱罪的参与者却未必形成犯罪集团的形式，由此，很难将这种共同脱逃的组织者视为共同犯罪中的组织犯。如果将这种组织者作为脱逃罪的教唆犯或帮忙犯处理，则不仅降低了这种组织行为的不法内涵，而且与其行为参与类型不相符合。

　　② 系统论的基本观点是：作为各要素之间、要素与整体之间的相互联系和相互作用的矛盾统一体，具有从要素的量的组合达到系统整体的质的飞跃的总效应。这种系统整体新的性质绝不是组成该系统的诸要素的个体性质的线性相加，而是整体大于它的部分之和："复杂现象大于因果链的孤立属性的简单总和。"参考冯国瑞：《系统论、信息论、控制论和马克思主义的认识论》，10 页、106～107 页，北京，北京大学出版社，1991。

排多个未成年人进行盗窃、诈骗、抢夺、敲诈勒索等违反治安管理活动来实现的。

(二)组织行为的表现形式

组织行为是一种功能性行为，它是根据特定的目标，通过各种方式，将影响目标实现的人和事相互结合、明确责任、分工合作，形成协调行动的人工系统的过程，其实质是将影响目标实现的诸要素加以整合，以高效地实现组织目标。同时，组织行为又是一种复杂的社会行为，其实施往往涉及多个组织对象(人)、不同的组织内容(事)以及多种组织手段的运用，因此，在具体表现形式上多种多样。由于组织行为具有的功能性及复杂性，在罪刑法定主义的框架下，如何认定组织行为即组织行为具体包括哪些表现形式，直接关系相关犯罪的司法认定，意义重大。

从我国刑法分则对"组织型"犯罪的具体规定来看，[①] 一些条文则将"组织"作为选择性的构成要件行为，与"领导"、"指挥"、"策划"、"实施"、"参加"或"利用"等行为并列规定。如分裂国家罪，组织、领导、参加恐怖组织罪，组织、利用会道门、邪教组织破坏法律实施罪等。在此类犯罪中，"领导"、"指挥"、"策划"等行为形式，就其内涵及其在整个犯罪活动中所发挥的作用而言，具有组织的性质，是一种对他人侵害法益的行为进行系统化的行为；而相对应的"组织"则侧重于狭义的理解，即将人或事形成一定的系统。换句话说，在此类"组织型"犯罪中，"组织"、"领导"、"指挥"、"策划"都属于组织行为的性质，只不过其在犯罪行为中所处的行为阶段及所代表的具体行为不同。[②] 由此，从刑法分则的规定来看，作为一种实行行为，组织行为的法定表现形式至少可以包括"组织"、"领导"、"指挥"、"策划"等行为类型。

不过，也有不少分则条文将"组织"单独作为一种构成要件行为加以规定，如组织越狱罪、组织卖淫罪、组织他人偷越国(边)境罪等。那么，对于这种"组织"行为的表现形式，是理解为包括"组织"、"领导"、"指挥"、"策划"等形式在内的广义上的组织行为，还是仅将其认定为狭义上的"组织"行为呢？对此，立法上并未加以明示。但刑法理

---

① 组织型犯罪是指刑法分则规定的以"组织"为犯罪的实行行为的犯罪。包括在罪名上以组织特定行为为模式的犯罪、聚众犯罪中的由负责组织、指挥作用的首要分子构成的犯罪，以及虽然罪名上没有体现"组织性"，但在实行行为上包括"组织"类型的犯罪。阴建峰、周加海主编：《共同犯罪适用中疑难问题研究》，451~452 页，长春，吉林人民出版社，2001。

② 邢曼媛、朱芸：《论刑法中的组织行为》，载《中国刑事法杂志》，2001(6)。

论及司法实践一般对这种组织行为从广义上加以理解。如理论上认为，组织型犯罪与刑法总则规定的组织犯，尽管在概念上存在区分，但两类犯罪中的组织行为都是指组织、策划、指挥的行为；[①] 2002年1月30日最高人民法院《关于审理组织、运送他人偷越国（边）境等刑事案件具体适用法律若干问题的解释》将组织他人偷越国（边）境行为中的组织行为理解为：领导、策划、指挥他人偷越国（边）境的行为，以及在首要分子的指挥下，实施拉拢、引诱、介绍他人偷越国（边）境等行为。[②]

从《刑法》第262条之二关于本罪组织行为的规定来看，其构成要件行为是对未成年人进行违反治安管理活动所实施的"组织"。基于"组织"一词的语义，同时也为了周延本罪法益的保护，对其行为表现形式也应从广义上理解。当然，所谓"从广义上理解"，绝不意味着任何行为形式都可以纳入本罪组织行为的范畴。目标是组织行为的出发点和落脚点，组织行为的功能在于整合影响目标实现要素，以高效地实现目标。因此，什么样的行为属于本罪的组织行为，必须结合其对未成年人进行违反治安活动所具有实际功能加以判断。

根据"组织"一词作为"行为"理解时的语义及相应的一般行为过程，本罪的组织行为也往往表现为"策划"、"组织"、"领导"、"指挥"等行为形式。

"策划"，一般是为实现目标而确定需要做什么，以及如何去做。从目前多发的组织未成年进行违反治安管理活动现状来看，组织者多是为了谋取不法利益（主要是财产性的利益），而组织未成年人从事违法活动。本罪中的策划行为，其实就是两人以上就如何利用未成年人、具体如何实施及实施何种谋取财物的违法行为所进行的一种谋划。具体包括为未成年人实施违法行为制订计划、拟订方案，选择方法等行为。就性质而言，策划行为实际上是本罪组织行为中的一种决策行为，未成年人所进行的违法行为以及对未成年人违法活动的实施的具体组

[①] 阴建峰、周加海主编：《共同犯罪适用中疑难问题研究》，452～453页，长春，吉林人民出版社，2001。

[②] 有论者认为，该司法解释将"拉拢、引诱、介绍"他人偷越国（边）境的行为，超出了"组织"一词的外延，属于对组织行为的一种扩大解释，朱本欣、陶卫东：《组织未成年人进行违反治安管理活动罪之解析》，载《法学杂志》，2010(3)。但在笔者看来，在首要分子的指挥下，实施拉拢、引诱、介绍他人偷越国（边）境等行为，本身就是一种与领导、指挥相对应的狭义上的"组织"行为，只不过"拉拢、引诱、介绍"只是实施这种"组织"行为的手段，而非组织行为的独立表现形式。

织行为，一般都是围绕策划方案进行的。策划行为实施至少应在两人之间进行，但并不要求此两个以上的行为人都达到相应的刑事责任年龄，也不要求其亲自参与实施具体的违法行为。也就是说，本罪中的策划行为与共同犯罪中组织犯的策划行为不同。即使参与策划的行为人中有一人或多人不具有相应的刑事责任能力，对于具有刑事责任能力的一方而言，在规范评价上，其参与策划的行为仍属于本罪组织行为。

"组织"，是安排分散的人或事，使之具有一定的整体性和系统性。从狭义上理解，包括为实现目标而建立具有相应功能的组织形式、对人员进行选择、培训以及进行相应的分工与协作等。就本罪而言，这种"组织"行为是将分散的未成年人组合起来，通过内部安排，使之成为具有整体性的功能性单位，以保证多个未成年人在违法活动中的行为协调一致。相对未成年人所进行的违法活动而言，这种组织行为具有"预备"的性质，是在未成年人从事违法活动之前所进行的准备性活动。在具体形式上，这种"组织"行为一般表现为：通过拐骗、招揽、雇佣、容留、利诱、暴力、胁迫等各种行为手段，将原本没有固定联系的未成年人集合在一起，为从事违反治安管理活动形成具有某种结构形式的不法团伙；为实施某种违法活动，对参与的未成年人进行选择、确定；为进行某种违法活动，对未成年人进行分工、分配任务；为实现其犯罪意图，对未成年人将从事的违法活动进行经验或方法上的培训；等等。

"领导"和"指挥"，都是为实现目标而运用各种影响力对下层的行动进行指导、监督和激励。在本罪中，"领导"行为可以理解为率领、引导未成年人进行违反治安管理的活动。具体可表现为对未成年人规定内部纪律、就未成年人的违法活动进行安排、就未成年人之间的关系进行协调、对未成年人的行为进行奖惩，等等。这些行为始终都是围绕更有效地使未成年人进行违反治安管理活动而展开的。本罪中的"指挥"行为，是指对未成年人发号施令，使他们能够根据行为人意图进行违法活动。它主要表现为在未成年人实施违法活动时进行指点、调度及部署，以使未成年人所实施的违法活动能够在行为人的控制与支配之下进行。

由于本罪组织行为的实质功能是将未成年人所进行的违反治安管理活动系统化，以更有效地实现行为人的不法意图，因此，其在表现形式上的差异不是非常严格，而且在内容上往往存在交叉。"组织"并非仅仅将未成年人集合在一起，还要对其进行内部安排与管理，以使之成为整体，因此，也具有某种管理性的"领导"性质；"策划"虽是一种谋划行为，但它同时也是"领导"中的一种决策行为；至于"领导"和"指挥"，更是"你中有我，我中有你"。由于立法上并未将"策划"、"组织"、"领导"、"指挥"作为本罪组织行为的法定表现形式，因此，对本罪组织行为的认定不必过于拘泥上述表现形式间的差异。只要行为对未成年人进行的违反治安管理活动具有管理、控制、协调等系统化的功能，就可以认定属于本罪中的组织行为。

实践中，不少未成年人之所以有组织地进行违反治安管理活动，其背后往往受到犯罪团伙甚至是犯罪集团的操纵。因此，需要注意本罪组织行为与犯罪集团中组织行为的区别。本罪中的组织行为是一种实行行为，其组织的行为对象是实施违反治安管理活动的未成年人。而犯罪集团中的组织行为，虽然一般表现为"策划"、"组织"、"领导"、"指挥"等行为形式，但其组织的对象是犯罪集团的成员，其组织行为属于一种非实行行为，即共同犯罪中组织犯所实施的行为。尽管首要分子的上述行为对未成年人所进行的违法活动具有宏观上的组织功能，但这种组织功能是通过对本罪组织行为（实行行为）的组织（共犯行为）间接实现的。因此，作为一种实行行为，本罪中的组织行为并不包括集团犯罪中首要分子所实施的"策划"、"组织"、"领导"、"指挥"等行为形式。

（三）组织行为的行为手段

本罪的组织行为是通过一定的安排，使未成年人所实施的违法行为具有一定的系统性、整体性。一般来说，组织者并不直接实施相关违法行为，而是通过控制未成年人，对其违法行为进行调度来实现其个人犯罪目的。为了实现组织行为的有效性，确保未成年所实施的违法活动始终不偏离或保持在预定的目标范围之内，组织者也就必然采取各种手段以保证其对未成年人的行为具有控制性。由于组织者的直接目的在于促使未成年人按照自己的意图实施相关的违法行为，因此，组织者对未成年人的控制主要体现为对其行动意思上的支配。而各种行为手段的运用就是为了实现组织者对未成年人的违法行为具有意思上的支配，从而确保组织行为的有效性。

组织行为的手段多种多样，如果以是否违背被组织者的意思自由为标准，可区分为强制性的及非强制性的两类。组织行为的存在，要求组织者与被组织者之间存在共同的目标。如果这种共同目标也是被组织者积极追求的，尽管其行动意思上会受到组织者的制约，也可能会受到内部纪律的惩罚，但对被组织者而言，是自愿接受的，并不违背其意思自由。在此情形下，组织者对被组织者进行"协调"的手段就属于非强制性的。但是，如果共同目标是组织者强加于被组织者的，是被组织者意思自由的扭曲反映时，组织者对被组织者行动意思支配上就侵犯了被组织者的意思活动自由，其组织行为在手段上就具有强制性。那么，本罪组织行为的手段属于强制性的，还是非强制性的呢？抑或两者均可以作为本罪的行为手段呢？

《刑法修正案(七)》将本罪作为《刑法》第 262 条之二归属于侵犯刑法"侵犯公民人身权利、民主权利犯罪"一章，但在构成要件内容设置上并未像同条组织乞讨罪那样将组织行为的手段限定于暴力、胁迫手段。而"组织"一词的语义所强调的只是组织的内容及状态而非方式本身，[①] 因此，即使根据"组织"的基本语义进行解释，也无从将其行为手段限定于暴力、胁迫等强制手段。于是，不少学者一方面根据刑法分则的编排体系，认为本罪所侵犯的主要法益是未成人的人身权利("人身自由权利"、"身心健康权利"等)，同时又根据本罪法条的内容设置，主张对本罪中组织行为的手段不宜限制，既包括强制性手段，也包括非强制性的手段。然而，由于本罪组织行为的内容并不具有侵犯未成年人身权利的必然性，如果认为本罪的保护法益是未成年人的人身权利，那么，其组织行为的手段必然应与同条的组织乞讨罪一样，限定于暴力、胁迫等强制性手段。否则，本罪的组织行为就不具有法益侵害的危险性，难以成为本罪的实行行为。

如前所述，本文认为，刑法将组织未成年人进行违反治安管理活动罪设置于"侵犯公民人身权利、民主权利犯罪"一章，属于归类错误。本罪的保护法益主要是社会生活的安宁秩序，同时也蕴涵了对未成年人合法权益的保护。本罪中组织行为(实行行为)的法益侵害性，主要体现在组织行为的内容及行为对象上，至于组织行为的手段，立法上显然无意进行特别的限制。而且，从严厉打击此类犯罪，维护社会秩序以及保护未成年人的健康成长的长远考虑，本罪的行为手段也不宜进行限制。由此，根据本罪的保护法益及立法对本罪构成要件内容的设置，本罪中组织行为的手段既可以是强制性手段，也可以是非强制性手段。

---

① 付凤：《论"组织卖淫罪"中"组织"行为的含义》，载《湖南公安高等专科学校学报》，2007(2)。

1. 强制性手段

在本罪中，所谓强制性手段，是指通过暴力、胁迫等强制行为，违反未成年人意志，强使其从事盗窃、诈骗、抢夺、敲诈勒索等违反治安管理的活动。这种强制性的组织手段，主要表现为暴力、胁迫两种行为方式。

所谓暴力方式，是指组织者通过使用不法有形力，对未成年人形成强制作用或逼迫作用，妨害或压制其意思活动自由，进而实现对其行动意思上的支配作用。如采用殴打、体罚、拘禁或其他强制性力量，迫使未成年人在意志上的服从，使其按照组织者的意图进行违反治安管理的活动。

行为人的组织手段是否具有强制性手段，并不在于未成年人的来源渠道如何，关键是看组织者促使未成年人从事违反治安管理活动的行为是否违背了未成年人的意思自由。但从实践中看，被组织从事违反治安管理活动的未成年人多来源于非法渠道。有的是从偏远的山区、边区拐骗到城市，有的是从其他拐卖人员的手中购买，有的是被收留的流浪儿童，有的是从其他操控者手中抢夺过来的儿童，还有的则是通过与未成年人父母签订协议"租用"未成年人。① 行为人在获取未成年人后，一般都对未成年人的意思活动形成强制性的控制关系。因此，即使未成年人是"自愿"地按照行为人的意图或指令进行违反治安管理的活动，仍应认定行为人采取了强制性的组织手段。

另外需要注意的是，本罪中组织行为的暴力手段与抢劫、强奸等犯罪中的暴力手段不同。

在抢劫、强奸等犯罪中，犯罪人的目的在于劫取财物或实施奸淫行为，其暴力行为直接针对此目的实施。这种暴力手段的作用在于通过形成直接的强制，以排除被害人的意思决定，或压制其意思活动。因此，这种暴力行为需要达到致使被害人不能反抗、不敢反抗或不知反抗的程度，以使其行动直接受到犯罪人的操纵。如强行注射麻醉药品，使其昏迷；将被害人捆绑起来，使其动弹不得；等等。

在本罪中，组织者的直接目的在于促使未成年人按照自己的意图从事某种违反治安管理的活动，但作为组织手段的暴力行为则是间接针对此目的。即本罪中的暴力手段在于形成一种间接的逼迫作用，以

---

① 朱艳菊：《组织未成年人进行违反治安管理活动罪探讨》，载赵秉志、陈忠林、齐文远主编：《新中国刑法 60 年巡礼 下卷：聚焦〈刑法修正案（七）〉》，1393～1394 页，北京，中国人民公安大学出版社，2009。

扭曲未成年人的意思，从而使其能够按照组织者所拟定的行为方向进行行动。也就是说，本罪暴力手段的直接目的并非对未成年人的身体形成直接的强制，而是通过暴力手段的使用，使未成年人产生恐惧，从而形成一种心理强制作用。因此，本罪中暴力行为在程度上只要足以扭曲未成年人的意思即可，至于被组织的未成年人是否反抗、是否具有反抗的能力，在所不问。

所谓胁迫方式，是指通过告知一个未来的恶害加以恐吓，使未成年人心生恐惧，从而对其意思活动形成强制作用，使组织者对未成年人行动意思上的支配得以实现。所谓恶害，指的是对于未成年人所有的不利、坏处，包括对其本人或其亲属的生命、身体、自由、名誉及财产等方面的侵害。由于胁迫的作用在于对未成年人的心理形成强制，进而能够在行动上对其加以支配，因此，胁迫中所欲加害的对象不限未成年人本人。对其监护人或亲属进行的加害，也可以成为本罪胁迫中的恶害内容。这就是说，胁迫直接侵害的对象，可以是直接针对本罪侵害对象即未成年人本人实施的，也可以是对其监护人间接进行的。

胁迫的表现形式，可以配以手势或语调的言语，也可以具体的行动（如，通过书面形式或者身体动作）。可以是作为，也可以是不作为。但站在未成年人的立场上，这种恶害必须是其在客观上可以感受到的一种危害。至于组织者是否将真的想将这种未来的恶害加以实现，与胁迫的成立无关。只要组织者严肃地将未来的恶害告知未成年人，而未成年人认为组织者的加害行为可能会真的发生，以致对其意思活动产生强制效果，就可成立本罪中的胁迫。

暴力、胁迫等强制性的组织手段明显具有违背未成年人意志的特点，不仅严重扰乱了正常的社会治安秩序，同时对未成年人的意思活动自由及身体安全等人身权利造成直接的侵害。行为人借助于外在的有形或无形力量对未成年人进行心理上的强制，迫使不愿进行违法活动或不愿加入其团伙的未成年人，按照其意志从事特定的违法活动或加入该违法团伙。行为人正是通过这种组织手段形成对未成年人的人身及意志的强力控制、支配关系，并以此来保证每个未成年人的行为内容协调一致，有效地实现其犯罪目标。此外，这种暴力、胁迫行为，往往使组织行为具有较强的严密性，可能逐渐演变为犯罪集团甚至成为具有黑社会性质的犯罪组织，因此，对社会秩序的威胁也极大。

2. 非强制性手段

非强制性手段是建立在组织者与被组织的未成年人"合意"的基础

上，为确保未成年人所进行的违反治安管理活动具有系统性、整体性，所采取的必要协调措施。这种组织手段包括暴力、胁迫等强制性手段以外的一切行为方式，常见的有招募、雇佣、引诱、收留等行为方式。"招募"，是指行为人作为发起者，采用秘密甚至公开的形式，召集自愿进行盗窃、诈骗、抢夺、敲诈勒索等违法活动的不良少年组建或加入不法团伙；"雇佣"，是指行为人以支付报酬为条件召集自愿加入或从事违法活动的不良少年；"引诱"，是指利用金钱、财物、娱乐等物质上的引诱以及精神上、心理上的诱惑或劝说，拉拢未成年人加入或从事各种违反治安管理活动。

非暴力、胁迫的行为方式具有多样性。其基本特征在于行为人的组织过程并不对未成年人身体或精神实施强制，而是基于其"优越知识"、"能力"或者相关利益承诺对未成年人所进行的违法活动形成意思上的支配关系。未成年人也往往是基于一定的利益诱惑，"自愿"进行违反治安管理的活动。这种组织方式本身并不具有强制性，行为人之所以能够对未成年人的违法活动形成意思支配关系，往往是未成年人基于自己的利益需求或与行为人达成的"共同目标"而自愿听从行为的安排与支配。这种组织行为方式，虽然没有直接侵犯未成年人的人身权利，但这种组织未成年人实施违反治安管理的活动严重扰乱了社会安宁秩序；同时，从长远来看，行为人利用未成年人尚未成熟的心智状态，诱使其堕落并从事反社会的越轨行为，严重损害了未成年人的健康成长（即社会适应能力与道德健康），甚至危及整个社会的根本利益。

总之，本罪的组织行为在行为手段上具有多样性，包括一切能够确立和保持行为人对未成年人所实施的违法行为之间意思支配关系的行为手段。无论是强制性手段还是非强制性手段，其本质都在于保证组织行为的有效性。

（四）组织行为的对象

1. 未成年人的年龄范围

从刑法规定来看，本罪中组织行为的对象具有特定性，即"未成年人"。因此，被组织的对象是否属于"未成年人"，直接影响到本罪的成立与否。关于未成年人的范围，尽管我国《未成年人保护法》第2条明确规定，"未成年人是指未满18周岁的公民"，即凡不满18周岁的自然人均为未成年人。但由于我国刑法并未就未成年人的范围进行明确的界定，加之相关条文对未成年人年龄范围的规定及法律用语上并不

一致,① 乃至理论上对于本罪中"未成年人"的范围,仍存在认识上的分歧。主要有三种观点:

第一种观点认为,根据《治安管理处罚法》第 12 条的规定,作为实施违法行为的未成年人,其年龄应当是已满 14 周岁不满 18 周岁。②

第二种观点主张,本罪中的未成年人,除了儿童,还包括已满 14 周岁不满 16 周岁的人。也就是说,本罪的未成年人指的应是 16 周岁以下的自然人。③

第三种观点则认为,本罪中的"未成年人",应理解为不满 18 周岁的未成年人,不应对其年龄设置下限。④

本文原则上赞同第三种观点,即本罪中的"未成年人"指的是不满 18 周岁的未成年人,对其年龄不应设置下限。但也并非所有不满 18 周岁的未成年人都可以成为本罪的犯罪对象,本罪中的未成年人尚需具备从事相应违法行为的意思能力和行为能力。

(1)对本罪中未成年人的年龄作进一步的限制,不具有法律依据

我国宪法规定,凡年满 18 周岁的公民都有选举权和被选举权,享有公民的一切权利,这就从根本法的角度确认了凡年满 18 周岁的自然人都属于成年人。作为当然解释,所谓"未成年人"自然是 18 周岁以下的公民,我国未成年人保护法对此也作出了直接的确认。尽管刑法没有就未成年人的概念作出明确的规定,但理论上认为刑法中的未成年人也是指未满 18 周岁的自然人。⑤

刑法关于未成年人特殊保护的规定主要表现在两个方面。

一方面,根据未成年人在不同年龄阶段认识能力、控制能力就未

---

① 对于作为犯罪行为对象的未成年人,在表达上大致有:"婴幼儿"(《刑法》第 239 条"以勒索财物为目的婴幼儿的……")、"儿童"(《刑法》第 237 条"猥亵儿童的……")、"不满 14 周岁的未成年人"(《刑法》第 262 条"拐骗不满 14 周岁的未成年人……")、"不满 18 周岁的未成年人"(《刑法》第 364 条"向不满 18 周岁的未成年人传播淫秽物品的……")、"未成年人"(《刑法》第 301 条"引诱未成年人参加聚众淫乱活动的……")等。对于作为犯罪主体的未成年人,从《刑法》第 17 条、第 49 条的表述看,在表述上大致有:"已满十六周岁的人"、"已满十四周岁不满十六周岁的人"、"已满十四周岁不满十八周岁的人"、"不满十六周岁"、"不满十八周岁的人"等。

② 韩玉胜、史丹如:《如何理解〈刑法修正案(七)〉中组织行为的必罚性》,载《检察日报》,2009-05-11。

③ 张少艾:《组织未成年人进行违反治安管理活动罪若干问题浅析》,载《今日中国论坛》,2009(4)。

④ 王文华:《组织未成年人进行违反治安管理活动罪若干问题研究》,载《南都学坛》,2010(1)。

⑤ 高铭暄主编:《刑法专论》,206 页,北京,高等教育出版社,2006。

成年人承担刑事责任的年龄进行限定。从我国《刑法》第 17 条的规定来看，不满 14 周岁属于完全无刑事责任年龄；已满 14 周岁不满 16 周岁属于相对刑事责任年龄；而已满 14 周岁不满 18 周岁则属于减轻刑事责任年龄。根据 2006 年 1 月 11 日的《最高人民法院关于审理未成年人刑事案件具体应用法律若干问题的解释》第 1 条的规定："本解释所称未成年人刑事案件，是指被告人实施被指控的犯罪时已满 14 周岁不满 18 周岁的案件。"可见，作为承担刑事责任的主体，刑法将未成年人的年龄范围限定在已满 14 周岁不满 18 周岁的自然人。尽管刑法在犯罪主体方面就未成年人的范围进行了限定，但未成年人的年龄仍未超出 18 周岁的范畴。何况，刑法将不满 14 周岁的未成年人一概排除在犯罪主体之外，显然是出于对未成年人的特殊保护，这与我国未成年人保护法的精神是一致的。

另一方面，刑法根据未成年人不同年龄阶段身心方面的特点及自身防护能力，将其作为不同犯罪行为所侵害的对象类型加以具体的保护。尽管刑法对此类未成年人在法律用语未能统一采用"未成年人"这一规范表述，但"婴幼儿"、"儿童"、"幼女"等均属于未成年人（不满 18 周岁的公民）的范畴。[①] 刑法也直接采用"未成年人"一词作为犯罪行为的对象进行描述，此时如果需要未成年人的类型作进一步的区分，一般是在"未成年人"（不满 18 周岁的公民）的基础上进行年龄范围的限定。如《刑法》第 262 条中的"不满 14 周岁的未成年人"；《刑法》第 364 条中的"不满 18 周岁的未成年人"等。可见，当刑法分则将未成年人作为具体犯罪的侵害对象加以规定时，无论是否直接使用"未成年人"的表述，都是指不满 18 周岁的自然人。

本罪中的未成年人属于犯罪行为的对象，而非犯罪主体。同一法条的拐骗儿童罪将其犯罪对象表述为"不满 14 周岁的未成年人"，而本罪的犯罪对象立法上则直接表述为"未成年人"，并未对其年龄范围作进一步的限定。因此，对于本罪中的"未成年人"应作当然解释，指的应是不满 18 周岁的自然人。前两种观点将本罪中的"未成年人"限定于"已满 14 周岁不满 18 周岁"的未成年人及"16 周岁以下的未成年人"，显然缺乏法律上的依据。

---

① 1992 年 12 月 11 日最高人民法院、最高人民检察院《关于执行〈全国人民代表大会常务委员会关于严惩拐卖、绑架妇女、儿童的犯罪分子的决定〉的若干问题的解答》专门就婴儿、幼儿、儿童的年龄界限进行了解释，即：儿童，是指不满十四岁的人。其中不满一岁的为婴儿，一岁以上不满六岁的为幼儿。另外，《刑法》在第 236 条第 2 款、第 359 条第 2 款、第 360 第 2 款等条款中，对"幼女"的范围，用"不满十四周岁"加以限定。

（2）对本罪中未成年人的年龄作进一步的限制，不利法益保护

如前所述，本罪的保护法益是正常社会生活的安宁秩序，同时也是为了保护未成年人的健康成长。根据我国《治安管理处罚法》第12条的规定，已满14周岁不满18周岁的人违反治安管理的，从轻或者减轻处罚；不满14周岁的人违反治安管理的，不予处罚。行为人为了实现其不法意图，同时逃避法律追究，正是利用国家和社会对未成年人的这一特殊保护制度，组织未成年人进行各种违反治安管理的活动，从而严重破坏了社会安宁秩序，同时也对未成年人的社会适应能力及道德健康产生严重不良影响。

前述第一种观点将本罪中未成年人的年龄范围限定在已满14周岁不满18周岁，而将不满14周岁的未成年人排除在外，显然不当。在本罪中，未成年人是违反治安管理活动的直接实施者，这要求其具备实施相应违法行为的意思能力和行为能力。依据《治安管理处罚法》第12条的规定，已满14周岁不满18周岁的未成年人固然具有实施违反治安管理活动的意思能力和行为能力，但不满14周岁的未成年人同样可能具有从事某种治安管理活动的意思能力和行为能力，只不过依法不具有相应的责任能力，不予处罚。换句话说，已满14周岁只是未成年人对自己所实施的违反治安管理行为承担行政责任最低年龄要求，而非对其是否具有从事违反治安管理活动"资格"的认定。实际上，不满14周岁的未成年人更容易被行为人控制；《治安管理处罚法》关于"不满十四周岁的人违反治安管理的，不予处罚"的规定，更有利于行为人实现其不法意图，逃避法律追究。因此，组织不满14周岁的未成年人进行违反治安管理活动，无论是对社会秩序的破坏，还是未成年人的身心健康的危害，都甚于组织已满14周岁不满18周岁未成年人进行违反治安管理活动的行为。

前述第二种观点显然注意到组织不满14周岁的未成年人进行违法活动所具有的严重危害，但将本罪中的未成年人限定在"16周岁以下的未成年人"，而已满16周岁不满18周岁的未成年人排除在外，同样不利于本罪法益的保护。从一般意义上而言，已满16周岁不满18周岁的未成年人在认识能力与控制能力方面，要高于16周岁以下的未成年人。在实践中，有些已满16周岁不满18周岁的未成年人进行违反治安管理活动时，与组织者存在"合意"，并"自愿"遵从组织者的调度。但"已满16周岁不满18周岁"仍属于未成年人的范畴，其身心尚未完全成熟、社会经验不足，且自我控制能力较差，极易受到不良诱惑，因此，仍需予以特殊保护。如我国《治安管理处罚法》第12条就规定，

"已满十四周岁不满十八周岁的人违反治安管理的，从轻或者减轻处罚"；第 21 条规定，"已满十六周岁不满十八周岁，初次违反治安管理的"，不能执行行政拘留的处罚。组织者同样是利用此类未成年人身心不成熟、容易控制的特点，组织其从事违法活动，同时利用法律对此类未成年人违反治安管理行为从轻、减轻或免除处罚的规定，使其组织行为得以经常化、持续化。因此，无端将已满 16 周岁不满 18 周岁的未成年人排除在本罪的犯罪对象之外，不仅不利于社会秩序的维护，也疏漏了对此类未成年人的特殊保护。

（3）对于本罪中未成年人的年龄范围，不宜也不需设置下限

本罪中的"未成年人"，在概念上指的应是不满 18 周岁的自然人。从本罪的保护法益出发，无论是"不满 14 周岁"的未成年人，还是"已满 16 周岁不满 18 周岁"的未成年人，都不能排除在本罪的犯罪对象之外。但这也并不意味着从刚出生的婴儿到 18 周岁以内的自然人都可以成为本罪的犯罪对象。

本罪的实行行为是一种组织行为，未成年人作为组织行为的对象，必须对组织者所组织实施的违法行为，具有相应的理解能力和行为能力。因此，过于年幼的未成年人由于认识能力和控制能力低下，不具有从事违法行为的意思理解能力及行为能力，因而在事实上难以成为本罪组织行为的对象。对此，有论者认为，本罪中未成年人的年龄应理解为 7 岁以上 18 岁以下。[①] 笔者认为，在通常意义上将本罪中的未成年人作此理解，具有一定的妥当性，但不宜将本罪中的未成年人限定在 7 岁以上 18 岁以下。

理由在于，未成年人进行违法行为的意思能力及行为能力很难用明确的标准加以认定。尽管人的年龄大小与其自身的认识能力及控制能力程度一般而言具有正向的比例关系，但二者并非绝对一致。我们不能说一个 7 周岁的儿童绝对拥有比一个不满 6 周岁的幼儿更高的认识能力和控制能力。如果对本罪未成年人的范围进一步设置明确的下限，不仅徒增本罪证明过程的困难，同时也人为地设置了本罪法益保护方面的漏洞。何况，本罪中的未成年人属于本罪组织行为的对象，而非犯罪主体。当未成年人因过于年幼而不具有被组织从事违反治安管理活动的实际可能性时，本罪无从发生。而未成年人尽管年幼，但仍能被组织起来从事违反治安管理活动时，未成年人自然具有相应的

---

① 朱本欣、陶卫东：《组织未成年人进行违反治安管理活动罪之解析》，载《法学杂志》，2010（3）。

意思理解能力与行为能力。因此，从事实层面考察，本罪中未成年人的范围也根本无须在 18 周岁以下作进一步的年龄限定。

2. 未成年人的数量

刑法仅将本罪组织行为的对象明确为"未成年人"，并未就其人数进行限定。这是否意味着本罪中的未成年人在数量上无须限制？即行为人无论是"组织"一人，抑或多名未成年人进行违反治安管理的活动，均可成立本罪？与未成年人的年龄范围问题一样，在其数量问题上是否进行限定及如何限定，直接关系到本罪犯罪圈的大小及刑罚扩张程度。

由于本罪属于刑法新增罪名，有权机关尚未就其具体适用进行相应的解释，因此，司法实践中，对于本罪中未成年人的数量把握不一。比如，有的案件中，被组织的未成年人在三人或三人以上；[①] 有的案件中，未成年人只有二人；[②] 而有的案件中，即使未成年人仅有一人，仍旧成立本罪。[③] 不过，从目前的理论研究来看，学界多主张对本罪中未成年人的数量进行限定，即被组织的未成年人必须是"多人"。至于"多人"的理解，一般认为应是三人或者三人以上。[④]

本文赞同目前理论中的见解。尽管刑法并未在数量上就本罪中的未成年人进行限定，但根据本罪组织行为的性质，保护法益的特点以及刑法谦抑主义的要求，应将本罪中的未成年人限定为多人，即三人

[①] 如，在甘肃省银川市首例以"组织未成年人进行违反治安管理活动罪"宣判的案件中，被告人张某则因组织三名未成年人进行盗窃活动，而被判处刑罚。参见《银川首判组织未成年人违反治安管理活动案》，http：//www.legaldaily.com.cn/legal_case/content/2010-04-08/content_2107577.htm? node= 21131[2009-11-05]。再如，在成都首次适用本罪罪名的案件中，被告人则组织了 8 名未成年人进行盗窃活动。参见《成都首次适用组织未成年人进行违反治安管理活动罪名》，http：//www.spp.gov.cn/site2006/2010-07-01/0005528203.html，2009-11-05。

[②] 如，在全国首例判决的深圳市南山区李润某组织未成年人进行违反治安活动罪的案件中，被告人李某因组织两名未成年人进行抢夺活动，而以"组织未成年人进行违反治安活动罪"判处有期徒刑 8 个月参见《"首例组织未成年人进行违反治安管理活动"案一审判决》，http：//www.bbs.sznews.com/redirect.php? fid=1692&tid=677566&goto=nextnewset&sflag=，2009-11-05。

[③] 如，在湖北省首例批捕的犯罪嫌疑人维力·买卖提等 3 人组织未成年人进行违反治安管理活动案中，被"组织"进行违法活动的未成年人，仅有 1 名。参见魏军、王立华：《组织未成年人进行违反治安管理活动罪几个问题探析》，载《犯罪研究》，2010(2)。

[④] 朱本欣、陶卫东：《组织未成年人进行违反治安管理活动罪之解析》，载《法学杂志》，2010(3)；何萍：《组织未成年人进行违反治安管理活动罪探析》，载《华东政法大学学报》，2010(2)；李连嘉、杜邈：《组织未成年人从事违法活动的司法认定》，载《检察日报》，2009-07-14。

或者三人以上。

（1）从组织行为的文理内涵及社会学意蕴方面分析，本罪中未成年人的数量应在三人或三人以上

"组织"作为一种行为，它指的是一种"安排"，即通过"安排"使分散的人或事物系统化、整体化。单就"组织"的词义而言，当行为人的"安排"对象是人时，至少要求客观上同时"多人"时，其"安排"方具有组织行为的性质。对于单个未成年人的行为安排因为不具有"组织"的整体性、系统性功能，难以称之为组织行为。那么，所谓"多人"，在数量上是否包括两人的情形呢？本文认为，从通常意义上理解，"多"一般是指"数目在二以上"，[①] 由此这里的"多人"应理解为三人或三人以上。另外，从社会学意义上讲，对他人的组织行为实际上是使他人结合成一个具有功能性的群体。尽管关于群体人数的下限有"二人关系"与"三人关系"之争，但理论上认为，"二人关系"与"三人关系"之间存在巨大的断层，真正的群体产生于三人关系。[②] 由此，在为使"他人"成为一个整体的组织活动中，"他人"的数量至少应是三人或三人以上。本罪中的组织行为，是行为人通过"安排"将未成年人结合成为一个整体，并使其所进行的违反治安管理活动具有系统性。根据组织行为的文理内涵及社会学意蕴，作为本罪组织行为的对象，未成年人的数量应在三人或三人以上。

（2）依照相关司法解释，结合体系性解释的观点分析，本罪中未成年人的数量，在规范意义上也应理解为三人或三人以上

尽管我国刑法分则有关组织型犯罪的规定中，均未就组织行为的含义进行界定，也没有就组织行为的对象在数量上进行限定。但最高司法机关在《关于组织卖淫罪的司法解释》中，[③] 不仅在一定程度上揭示了组织行为在刑法中的意义，也在某种意义上就组织行为的对象在数量上进行了明确。该《解释》第2条规定，组织他人卖淫的行为必须是控制多人。也就是说，在组织卖淫罪中，组织行为的对象必须是多个卖淫人员。虽然该解释没有直接明确"控制多人"中"多人"的含义，但在其对《刑法》第358条第一款第（三）项"强迫多人卖淫或者多次强迫他人卖淫的"中的"多人"、"多次"的解释中，强调"多"是指3以上的数

---

① 《新华字典》（1992年重排本），108页，北京，商务印书馆，1993。

② ［日］青井和夫：《社会学原理》，83～84页，北京，华夏出版社，2002。

③ 即最高人民法院、最高人民检察院于2002年公布的《关于执行〈全国人民代表大会常务委员会关于严禁卖淫嫖娼的决定〉的若干问题的解答》。

(含本数)。据此,理论中一般认为,组织卖淫罪中被组织卖淫人员的数量应在三人或三人以上。[1] "使法律之间相协调是最好的解释方法。" 体系性解释要求解释的结论应当使刑法的相关条文协调,保证相同的事项相同处理,避免前后矛盾。[2] 组织未成年人进行违反治安管理活动罪与组织卖淫罪一样,其实行行为都是一种组织行为,组织他人所实施的行为内容都是特定的违反治安管理的行为。因此,依照体系性解释的观点,本罪中未成年人的数量,在规范理解上也应认为是"多人",且具体数量上应在三个或三个以上。

(3)从本罪所保护的法益内容及刑法谦抑的角度分析,本罪中未成年人的数量,也应在三人或三人以上

如前所述,本罪的保护法益是正常社会生活的安宁秩序,同时蕴涵了对未成年人利益的特殊保护。本罪组织行为的法益侵害性表现在,行为人将原本分散的未成年人或者未成年人的单独活动集合起来,通过系统的安排,使未成年人的违法活动对社会秩序的侵害产生规模化、整体化效果;同时,由于未成年人易于控制,加之现有法律对未成年人的特殊保护,这种组织行为不仅使得未成年人的违法行为具有规模性,更使其具有持续性、甚至公然性,从而直接对正常社会生活的安宁秩序造成严重干扰和破坏。加之,这种组织行为往往使得从事违法行为的未成年人在数量上不断扩大,在不良的社会交往环境下,这些未成年人容易形成不法团伙,并逐渐演变犯罪集团,甚至是具有黑社会性质的犯罪组织。这不仅严重破坏了未成年人正常社会化的进程,更为社会秩序的安宁造成潜在而长久的威胁。就本罪所侵害的法益内容而言,作为本罪组织行为的对象,未成年人必须是"多人",即三人或三人以上。否则本罪的组织行为不仅对社会秩序的侵害达不到整体化、规模化的效果,也难以对未成年人的正常社会化产生严重的不良影响。

从刑法谦抑性的角度分析,作为本罪组织行为对象的未成年人,在数量上也应理解在"三人或三人以上"。刑法具有片断性、最后性及负面作用等特性,这就决定了其不能也不应该把社会上可能存在的危害行为全部作为自己的调控对象。如果刑法的调控范围过宽,必然不利于其他法律规范效用的充分发挥。利用一个或两个未成年人进行违反治安管理的活动,固然也会对社会秩序及特定未成年人的健康成长

---

① 王作富主编:《刑法分则实务研究》(下),1572 页,北京,中国方正出版社,2001。
② 张明楷:《刑法分则的解释原理》,324 页,北京,中国人民大学出版社,2004。

造成危害，但其法益的侵害程度尚难以达到动用刑罚加以保护的程度。对此类具有社会危害性的行为，运用《治安管理处罚法》等行政性法律、法规加以处罚，即可达到制止此类不法行为的法律效果。正如孟德斯鸠所言："无用的法律削弱了必要的法律；好像人们有方法规避的法律削弱立法一样。"①如果将利用一两个未成年人进行违反治安管理活动的行为按照本罪处罚，势必导致治安管理处罚法的调控机会丧失，削弱其应有的规范效用。

当然，本罪组织行为的对象应在三人或三人以上，这并不意味着本罪的法益侵害程度可以简单地根据未成年人数量进行判定。未成年人数量的多少，只是在一定意义上揭示了本罪组织行为的规模大小，属于评价本罪法益侵害程度的一个侧面。对于本罪组织行为的法益侵害性应当进行全面的、综合的评价，而组织多个未成年人所实施的具体行为内容也是评价本罪法益侵害程度的一个重要方面。

（五）组织行为的行为内容

目标是组织行为的出发点和落脚点。作为一种目的性行为，组织行为并非仅仅是将一定数量的人聚集起来，其目的是为了从事一定的活动。当刑法将某种组织行为设定为犯罪的构成要件行为时，组织行为的内容不仅直接反映犯罪对法益侵害的性质和方向，同时也直接限定了组织行为的刑罚边界。

从刑法分则规定的组织型犯罪来看，组织行为的行为内容有乞讨行为、出卖血液行为、卖淫行为、偷越国（边）境行为、分裂国家行为以及越狱行为，等等。在这些行为中，有的属于犯罪行为；有的则属于违反治安管理的行为；而有的则在规范评价上并非不法行为。尽管这些行为内容在规范属性上不尽相同，但其作为某种组织型犯罪的组织行为内容，则具有单一性、明确性。而组织未成年人进行违反治安管理活动罪中组织行为的内容则有所不同。根据《刑法》第262条之二的规定，本罪组织行为的行为内容是组织未成年人进行"盗窃、抢夺、诈骗、敲诈勒索等违反治安管理活动"。也就是说，本罪组织行为所组织实施的行为内容并非单一的"盗窃"或"抢夺"等违反治安管理行为，刑法不仅明确列举了"盗窃、抢夺、诈骗、敲诈勒索"四种行为，更在这四种行为之后附加了"……违反治安管理活动"的表述。由此，这一附加表述导致理论上对本罪组织行为内容的性质及范围产生认识上的

---

① ［法］孟德斯鸠：《论法的精神》（下），张雁深译，300页，北京，商务印书馆，1961。

分歧。如这里的"违反治安管理活动"在规范判断上属于什么样性质的行为? 是否包括犯罪行为? 本罪中的"等"字的意义为何? 是否意味着本罪组织行为的内容除了明文列举的"盗窃、抢夺、诈骗、敲诈勒索"四种行为之外,还包括其他违反治安管理活动?

1. "违反治安管理活动"的性质

从法条表述来看,本罪对组织未成年人实施的行为内容是"盗窃、抢夺、诈骗、敲诈勒索等违反治安管理活动"。也就是说,未成年所实施的行为应是一种违反治安管理的活动。在法治社会,是否"违反治安管理",应以相应的"治安法"作为判断依据。然而,在现实生活中,我国存在两种性质不同的治安法律关系,一种是治安刑事法律关系,一种是治安行政法律关系。治安刑事法律关系由刑法调整,其针对的是犯罪行为;治安行政法律关系由治安管理处罚法来调整,它针对的则是一般行政违法行为。由于刑法同样对违反治安管理的活动进行调整,于是,理论界就组织未成年人所实施的违反治安管理活动是否包括未成年人构成犯罪的情形,进行了讨论。[①] 对此,目前理论界较为一致的观点是,本罪中的"违反治安管理活动"指的违反治安管理处罚法的一般违法行为,不应包括犯罪行为。[②]

本文赞同通说的观点,即本罪中的"违反治安管理活动"指的应是违反治安管理处罚法的一般违法行为,其违法性内涵不能达到犯罪的程度。

首先,从本罪的立法目的看,本罪中的"违反治安管理活动"指的应是违反治安管理处罚法的一般违法行为,在违法性评价上不要求其达到犯罪的程度。

从《刑法》第262条之二对本罪构成要件内容的设置来看,本罪规范评价的重点是对未成年人进行违反治安管理活动的组织行为,而非未成年人所进行的违反治安管理活动。未成年人单独或零散实施的违反治安管理活动固然会扰乱社会秩序,但其社会危害程度尚未达到值

---

① 朱本欣、陶卫东:《组织未成年人进行违反治安管理活动罪之解析》,载《法学杂志》,2010(3);何萍:《组织未成年人进行违反治安管理活动罪探析》,载《华东政法大学学报》,2010(2);王文华:《组织未成年人进行违反治安管理活动罪若干问题研究》,载《南都学坛》,2010(1)。

② 尽管在本罪的理论研究中,有些论者并就本罪中的"违反治安管理活动"是否包括犯罪行为的问题进行明确,但在"违反治安管理活动"的性质及范围判定上,均以治安管理处罚法作为其论证的法定依据。由此,犯罪行为被"当然"地排除在"违反治安管理活动"的范围之外。

得科处刑罚的程度，但对未成年人违反治安管理活动所进行的组织行为却具有严重的社会危害性，一方面，这种组织行为由于"安排"的系统性，使得未成年人的违法活动具有整体性、规模性；另一方面，因现有法律对未成年人的特殊保护，这种组织行为更使得未成年人的违法活动具有持续性、公然性。因此，这种组织行为对社会秩序的侵害和威胁远远超出一般的违反治安管理处罚法的行为。然而，不法分子往往并不直接实施相应的违法活动，而是躲在幕后操纵未成年人实施。在现行法律对未成年人的特殊保护之下，如果未成年人所实施的违反治安管理活动不构成犯罪，很难对其幕后的组织者追究刑事责任。为了维护正常社会生活的安宁秩序，同时出于对未成年人的特殊保护，《刑法修正案(七)》正是在充分考虑此类组织行为对社会秩序所造成的严重危害的基础上，将其提升为犯罪行为，以强化刑法的法益保护机能。

其次，对组织未成年人进行犯罪活动的行为，依照现行刑法关于共同犯罪的规定即可进行有效的刑事责任追究。由此，本罪中的"违反治安管理活动"无须达到犯罪的程度。

刑法属于补充法，具有"第二次法"的性质，因此，从广义上来讲，不少犯罪行为也属于严重违反治安管理法的活动。当组织未成年人实施此类犯罪行为，无论是对社会秩序的破坏，还是对未成年人心理及道德健康的损害都较一般违反治安管理活动更为严重。但这种组织未成年人进行犯罪活动的行为实际上属于共同犯罪中组织犯的组织行为，根据刑法规定，组织犯属于共同犯罪中的主犯，应按照其组织、指挥的全部犯罪处罚。因此，对未成年人的犯罪活动进行组织的行为，完全可以依照现有的刑法规定，运用共同犯罪理论解决其刑事责任问题，同时也并不会因为它属于"共犯"行为而导致处罚上的轻纵。

最后，从法定刑设置来看，本罪中的"违反治安管理活动"也应将犯罪行为排除在外。

《刑法》第262条之二的规定，"组织未成年人进行盗窃、诈骗、抢夺、敲诈勒索等违反治安管理活动的，处三年以下有期徒刑或者拘役，并处罚金；情节严重的，处三年以上七年以下有期徒刑，并处罚金"。如果认为本罪中的"违反治安管理活动"包括犯罪行为，那么，这种"犯罪行为"应当属于本罪中"情节严重"的情形，其法定最高刑应当是七年以下有期徒刑。然而，与本罪同条的组织乞讨罪，其法定最高刑也在七年以下有期徒刑，但作为组织行为的内容，乞讨行为不仅不是犯罪行为，甚至不属于违反治安管理处罚法的行为。因此，如果认为本罪中的"违反治安管理活动"包括犯罪行为，将直接破坏本罪与组织乞讨罪之间罪刑均衡。

就未成年人所实施的犯罪活动而言，其犯罪类型不一，法定刑的轻重有异。如盗窃罪的最高法定刑是死刑（未成年人最高可判处无期徒刑）；诈骗罪、抢夺罪的最高法定刑是无期徒刑；而敲诈勒索罪的法定最高刑则是十年以下有期徒刑。由于本罪的最高法定刑只有七年以下有期徒刑，如果认为本罪中的"违反治安管理活动"包括犯罪行为，这将直接导致本罪组织者的刑事责任远轻于未成年人的刑事责任，不仅违背了罪刑均衡的刑事立法原则，更大大背离了本罪的立法初衷。

需要注意的是，所谓"本罪中的'违反治安管理活动'不能达到犯罪的程度"，是指"违反治安管理活动"的不法内涵尚未达到应受刑罚惩罚的程度。这是对行为社会危害性的一种客观判断，不包括未成年人责任能力及主观罪过方面的评价。当未成年人被组织实施的行为已经违反了刑法某个罪形式条文的规定，但因其未达到相应的刑事责任年龄而不承担刑事责任时，这种行为对法益的客观侵害已达到犯罪的程度，不属于本罪中"违反治安管理活动"的范围。此时，对组织者按间接正犯追究其相应的刑事责任。也就是说，本罪中"违反治安管理活动"，从形式上判断，应是行为在客观上违反治安管理处罚法的行为；① 从实质上判断，应是行为对法益造成的侵害或威胁尚未达到应受刑罚惩罚的程度。

2. "违反治安管理活动"的范围

本罪中的"违反治安管理活动"在性质上应是违反《治安管理处罚法》的行为，然而，根据我国《治安管理处罚法》规定，违反治安管理的行为内容广泛，类型多样。有论者统计，我国《治安管理处罚法》规定的违反治安管理行为共有扰乱公共秩序、妨害公共安全、侵犯人身权利、财产权利、妨害社会管理秩序五大类，多达 238 种。② 那么，本罪中"违反治安管理活动"包括哪些行为类型呢？

对于本罪中行为人组织未成年人所进行的违反治安管理活动类型，立法在明文列举"盗窃、诈骗、抢夺、敲诈勒索"四种具有侵犯财产性质的行为之后，又附加"等违反治安管理活动"的立法修饰。而"等"字

---

① 非依照治安管理处罚法必须处罚的行为。本罪规范责难的重点是对未成年人违反治安管理活动的组织行为，即使未成年人实施违反治安管理活动时不满 14 周岁而不处罚，对组织者而言，其组织未成年所实施的行为内容仍具有违反治安管理处罚法的性质。

② 周刚：《违反治安管理行为增至 238 种》，载《新华日报》，2006-02-28。

作类、群解释时，根据《新华字典》有两种相反含义：一是表示列举后煞尾；二是表示列举未完。① 由此，如何理解本罪中"等"字的含义，不仅直接影响本罪中"违反治安管理活动"范围的大小，同时也直接涉及罪与非罪的界限。

有论者认为，基于严格的罪刑法定主义立场，应将本罪中的"等"字理解为"列举后煞尾"。并由此将本罪中"违反治安管理活动"的范围限定于刑法明文列举的"盗窃、诈骗、抢夺、敲诈勒索"四种侵犯财产行为。对于组织未成年人实施其他违反治安管理活动的行为，论者主张，除通过刑法其他相关规定去调整外，必要时可以通过立法解释的方式将其纳入本罪的调整范围。②

然而，尽管"等"在汉语言中具有"列举后煞尾"及"列举未完"两种相反的含义，但我国刑法规定中的"等"字都表示"列举未尽"。刑法中的"等"字都出现在列举之后，即立法者在"等"之前对相关事项全部采用是列举的表述方式。③ 本罪中的"等"字也不例外。在前述观点中，尽管论者基于严格的罪刑法定，主张将组织未成年人进行违反治安管理活动罪中的"等"字理解为"列举后煞尾"，并将本罪中"违反治安管理活动"的范围限定于刑法明文列举的"盗窃、诈骗、抢夺、敲诈勒索"四种侵犯财产行为。但当行为人组织未成年人实施其他违反治安管理活动的行为，论者主张"必要时可以通过立法解释的方式将其纳入本罪的调整范围"。④ 这一观点事实上仍然承认本罪中的"等"具有"列举未尽"之意，只不过对本罪中"列举未尽"的部分主张通过较为严格的立法解释的方式进行确定。

当然，上述论者将本罪中的"等"字理解为"列举后煞尾"，目的在

---

① 《新华字典》，87 页，北京，商务印书馆，1990。

② 刘中发：《组织未成年人违反治安管理活动罪的理解与适用》，载赵秉志、陈忠林、齐文远主编：《新中国刑法 60 年巡礼 下卷：聚焦〈刑法修正案（七）〉》，1402 页，北京，中国人民公安大学出版社，2009。类似的观点参见王文华：《组织未成年人进行违反治安管理活动罪若干问题研究》，载《南都学坛》，2010（1）；刘春花、卢建平：《组织未成年人进行违反治安管理活动罪之理论解析》，载赵秉志、陈忠林、齐文远主编：《新中国刑法 60 年巡礼 下卷：聚焦〈刑法修正案（七）〉》，1432 页，北京，中国人民公安大学出版社，2009。

③ 戴长林、周小军：《新刑法条文中"等"字意义辨析》，载《法学》，1999（3）。

④ 刘中发：《组织未成年人违反治安管理活动罪的理解与适用》，载赵秉志、陈忠林、齐文远主编：《新中国刑法 60 年巡礼 下卷：聚焦〈刑法修正案（七）〉》，1402 页，北京，中国人民公安大学出版社，2009。类似的观点参见王文华：《组织未成年人进行违反治安管理活动罪若干问题研究》，载《南都学坛》，2010（1）；刘春花、卢建平：《组织未成年人进行违反治安管理活动罪之理论解析》，载赵秉志、陈忠林、齐文远主编：《新中国刑法 60 年巡礼 下卷：聚焦〈刑法修正案（七）〉》，1432 页，北京，中国人民公安大学出版社，2009。

于防止"等"字所具有的不确定意义危及刑法的安定性。事实上,尽管"等"字因其"列举未尽"之意而具有开放性,但未必损害刑法的安定性。刑法中的"等"均附加在列举的事项之后,这种对刑法条文的描述模式属于"例示法"。"等"之前的规定或列举的行为具有举例性质,这不仅增加了法条的明确性,同时指明了"等"的性质及内涵。在这种"例示法"的描述模式下,法官要将现实案件与法条所明确列举的事项相比较,判断现实案件是否与法条所例示的事实相类似。由此,法官的自由裁量权受到了有效的拘束,刑法的安定性能够得到保障。当然,从严格的罪刑法定主义出发,采用比较详细且封闭式的列举表述方式,可以使刑法条文内容具体、详细、明确,充分保证刑法的安定性。但由于犯罪行为具有多样性,立法者受自身的认识能力、表述能力及客观的立法条件的限制,很难穷尽列举具体犯罪的各种事项,使之明确到司法机关可以自动适用的程度。同时,采用封闭式的列举表述方式可能与实际生活脱节,导致刑法的僵化,难以及时有效地保护法益。而采用"等"字前列举的"例示法"描述模式,实际上是将明确的个别列举与"等"之类的概括描述进行有机结合。它既能对应社会生活事实,也能限制法官权力。因此,现代刑事立法越来越愿意采取例示法。①

在刑法对组织未成年人进行违反治安管理活动罪的规定中,"组织未成年人进行盗窃、诈骗、抢夺、敲诈勒索等违反治安管理活动的……"其实就是一种"例示法"的罪状描述模式。"等违反治安管理活动"的表述,实质是为了严密刑事法网、周延法益保护,避免挂一漏万,防止因列举不全而导致惩治犯罪时无法可依。但这并不意味着"等违反治安管理活动"的内容漫无边际。"在列举的,但未被穷尽的可以被认为是某一种类的人或物之后发现有概括性用语时,对这些概括性用语只能限于该种类的事物,除非该项法律的全文与总范围合理表明,议会意在赋予它们以更广泛的含义",② 这就是法律解释中的同类规则。为了满足刑法明确性与确定性的要求,避免解释的随意性,按照同类规则,"等违反治安管理活动"的内容应只限于未被明确列举的与"盗窃、诈骗、抢夺、敲诈勒索"同类或基本相当的情况,而不包括与之不同类或不相当的其他情形。

---

① [德]亚图·考夫曼:《类推与"事物本质"》,吴从周译,63 页,中国台北,台湾党禁文化事业有限公司,1999。

② [英]鲁珀特·克罗斯:《法律解释》,132 页,伦敦,伦敦巴特沃斯出版社,1987,英文版。

对于本罪中未明确列举的其他违反治安管理活动，目前的理论研究也大多是依据"只含同类"的解释规则就其范围进行确定。但由于对本罪明文列举的四种行为在"类"的属性上理解不一，理论中对其他违反治安管理活动的范围认定存在较大的分歧。

第一种观点认为，本罪中的"等违反治安管理活动"是对更多"违反治安管理活动"的抽象与概括。因此，"违反治安管理活动"不应限定为立法列举的四类侵财行为，而应包括《治安管理处罚法》规定的全部238种违反治安管理的行为。[①]

在论者看来，"盗窃、诈骗、抢夺、敲诈勒索"四种行为都具有违反治安管理处罚法的性质，这种共同的规范属性是其"类"的属性所在。由此，基于"只含同类"的解释规则，本罪中的"违反治安管理活动"包括所有违反治安管理处罚法的行为。

第二种观点认为，本罪中的"违反治安管理活动"只包括与侵犯财产有关的违反治安管理活动。根据《治安管理处罚法》第49条，本罪中的"违反治安管理活动"还包括"哄抢"、"故意毁坏公私财物"的行为。[②]

论者显然侧重于"盗窃、诈骗、抢夺、敲诈勒索"四种行为在行为目的上的共同性，认为其"类"的属性在于对财产的侵害性。

第三种观点则主张，本罪未列举穷尽的其他违反治安管理活动，并非指侵犯财产性质的违反治安管理行为，而应是类似盗窃、诈骗、抢夺、敲诈勒索四种违反治安管理的、具有常发性、危害社会治安秩序严重的行为。[③]

可见，论者是立足于本罪的立法意图及组织的行为内容所具有的法益侵害性，"盗窃、诈骗、抢夺、敲诈勒索"四种行为的共同特征归纳为"违反治安管理、具有常发性、危害社会治安秩序严重"，并以此

[①] 孟庆华：《组织未成年人违反治安管理罪的基于适用问题探讨》，载赵秉志、陈忠林、齐文远主编：《新中国刑法60年巡礼　下卷：聚焦〈刑法修正案（七）〉》，1388～1390页，北京，中国人民公安大学出版社，2009。类似的观点参见朱本欣、陶卫东：《组织未成年人进行违反治安管理活动罪之解析》，载《法学杂志》，2010(3)；李连嘉、杜邈：《组织未成年人从事违法活动的司法认定》，载《检察日报》，2009-07-14(3)；魏军、王立华：《组织未成年人进行违反治安管理活动罪几个问题探析》，载《犯罪研究》，2010(2)。

[②] 李希慧、董文辉：《组织未成年人进行违反治安管理活动罪若干问题之探讨》，载赵秉志、陈忠林、齐文远主编：《新中国刑法60年巡礼　下卷：聚焦〈刑法修正案（七）〉》，1381页，北京，中国人民公安大学出版社，2009。

[③] 彭辅顺：《组织未成年人违反治安管理罪若干问题研究》，载赵秉志、陈忠林、齐文远主编：《新中国刑法60年巡礼　下卷：聚焦〈刑法修正案（七）〉》，1408～1409页，北京，中国人民公安大学出版社，2009。

作为"同类"的标准，判定本罪中其他违反治安管理活动的范围。

就第一种观点而言，论者实际上对本罪中的"等违反治安管理活动"的范围并无限制，即包括"盗窃、诈骗、抢夺、敲诈勒索"在内的所有违反治安管理处罚法的行为。如作此理解，本罪关于"盗窃、诈骗、抢夺、敲诈勒索"的列举将毫无意义，不如直接将本罪的罪状表述为"组织未成年人违反治安管理活动的，处……"如此更为简练且不失明确。立法者在所有违反《治安管理处罚法》的行为，选取"盗窃、诈骗、抢夺、敲诈勒索"加以列举，显然意在通过"例示"的方法对违反治安管理活动的范围进行限定。

当然，将所有违反《治安管理处罚法》的行为均纳入本罪组织行为的行为内容，无疑更有利于严密刑事法网、周延对法益的刑法保护。但违反《治安管理处罚法》的行为内容广泛、类型多样，且其社会危害程度轻重不一。如不对其内容加以限定，不仅将使本罪成为无所不包的"口袋罪"，同时也会模糊刑事违法与行政违法的界限，导致刑法功能的无限扩张。加之，本罪的实行行为是一种组织行为，而组织行为属于一种功能性的行为，对其认定需要从整体上进行实质的判断。如果不对本罪组织行为的内容作进一步的限定，无疑增加了本罪构成要件符合性判断上的随意性，难避刑罚被恣意滥用的危险。

就二种观点而言，"盗窃、诈骗、抢夺、敲诈勒索"的行为内容无疑都具有侵犯财产的性质，由此认为本罪中的其他违反治安管理活动只包括与侵犯财产有关的违反《治安管理处罚法》的行为，并不违背法律解释中的同类规则。但联系我国《治安管理处罚法》第49条的规定，立法者显然无意于将所有侵犯财产权利的违反治安管理行为纳入本罪中的"违反治安管理活动"。

一方面，如果此处的违反治安管理活动仅指侵犯财产行为，就无必要用等字，立法者完全可以将其他两种侵犯财产行为(即"哄抢"、"故意毁坏公私财物")列举出来。如此，并不会影响刑法条文的简短要求；[①] 另一方面，我国《治安管理处罚法》第49条对六种侵犯财产权利行为的列举顺序是"盗窃、诈骗、哄抢、抢夺、敲诈勒索或者故意损毁公私财物"，而《刑法》第262条之二对组织行为内容的列举顺序则是"盗窃、诈骗、抢夺、敲诈勒索"。就此而言，如果说"故意毁坏公私财

---

① 彭辅顺：《组织未成年人违反治安管理罪若干问题研究》，载赵秉志、陈忠林、齐文远主编：《新中国刑法60年巡礼 下卷：聚焦〈刑法修正案(七)〉》，1408～1409页，北京，中国人民公安大学出版社，2009。

物"属于本罪中的"其他"违反治安管理活动尚可理解的话，那么，"哄抢"行为显然是被立法者"有意"排除在本罪"治安管理管理活动"之外的。因此，对于本罪中其他违反治安管理活动的范围，并不能仅仅根据"盗窃、诈骗、抢夺、敲诈勒索"四种行为所具有的侵犯财产性质进行类比。

本文倾向于赞同第三种观点。笔者认为，"盗窃、诈骗、抢夺、敲诈勒索等违反治安管理活动"并非本罪中实行行为，而只是组织行为（实行行为）的行为内容，其直接实施者是被组织的未成年人。因此，对于本罪中其他违反治安管理活动的判断（也即与"盗窃、诈骗、抢夺、敲诈勒索"行为所具有的类同性判断），必须立足于本罪的保护法益及其构成要件行为的特点。

首先，本罪中的违反治安管理活动应当具有贪利性。一方面，本罪所列举的"盗窃、诈骗、抢夺、敲诈勒索"四种行为均具有贪利的性质。由此，也就"例示"了其他违反治安管理活动也应具有贪利"类同性"；另一方面，从本罪的法定刑设置来看，无论是基本的法定刑还是加重的法定刑，均要求并处罚金。而罚金刑之适用对象主要是贪利性犯罪，而在我国刑法中要求必须并处罚金的犯罪中，除经济犯罪、财产犯罪外，其他故意犯罪基本上直接或间接地具有贪财图利的性质。①

其次，本罪中的违反治安管理活动应当具有类似于"盗窃、诈骗、抢夺、敲诈勒索"等行为的常发性。本罪的保护法益主要是正常社会生活的安宁秩序，而行为人对法益所造成的侵害是通过组织未成年人实施具有系统性、规模性、持续性的违反治安管理活动来实现的。只有当这种违反治安管理的行为具有常发性时，对其所进行的组织行为才能对正常社会生活的安宁秩序造成严重的侵害或威胁，达到成立本罪所要求的法益侵害程度。这种常发性意味着，本罪中的违反治安管理活动必须是未成年人容易实施且能够反复实施的。如果未成年人不易实施，行为人就难以对未成年人进行有效的组织，无法使这种违反治安管理活动具有系统性、持续性，难以对社会秩序造成严重的破坏；如未成年人不能够反复实施，组织行为不仅无法对社会秩序造成持续的侵害，对未成年人的健康成长也难以形成长期而深刻的不良影响。

最后，本罪中的违反治安管理活动应当是达到一定社会危害程度

---

① 单就刑法"侵犯公民人身权利、民主权利"一章而言，除本罪外，必须并处罚金的罪名还有：第239条的绑架罪；第240条的拐卖妇女、儿童罪；第244条的强迫职工劳动罪；第244条之一的雇佣童工从事危重劳动罪；第253条之一的出售、非法提供公民个人信息罪及非法获取公民个人信息罪；第262条之二的组织乞讨罪。这些犯罪均直接或间接地具有贪财图利的性质。

的行为。如前所述，本罪中的违反治安管理活动在规范属性上应是违反《治安管理处罚法》的行为。但违反《治安管理处罚法》的行为内容广泛、社会危害程度不一。由于本罪中组织行为对法益的侵害是通过未成年人所实施的违反治安管理活动实现的，因此，未成年人所实施的违法行为应达到一定的社会危害程度，情节轻微的行为应排除在外。当然，从理论上来讲，当行为人组织大量的未成年人分别实施大量的情节轻微的违反治安管理的活动时，也会因其组织行为的规模性严重扰乱社会秩序，但这种情形在实践中极少发生。法律不关心稀罕之事。作为一种行为定型，本罪中的违反治安管理活动应当是具有一定社会危害程度的行为。当然，如前文所述，其行为的社会危害程度不能达到应受刑罚处罚的程度。

综上，本文认为，能够成为本罪组织行为内容的"其他"违反治安管理活动，应是与"盗窃、诈骗、抢夺、敲诈勒索"具有类同性的行为，即具有贪利性、常发性及一定社会危害程度的违反《治安管理处罚法》的行为。①

四、犯罪侵犯之法益的确定

《刑法》第262条之二规定："组织未成年人进行盗窃、诈骗、抢夺、敲诈勒索等违反治安管理活动的，处三年以下有期徒刑或者拘役，并处罚金；情节严重的，处三年以上七年以下有期徒刑，并处罚金"。从条文结构来看，本罪的概念大致可以界定为：故意组织未成年人进行盗窃、诈骗、抢夺、敲诈勒索等违反治安管理活动的行为。但是，仅仅根据这种形式定义，我们无从得知，为什么未成年人进行盗窃、诈骗、抢夺、敲诈勒索等违反治安管理活动的行为不属于犯罪，而这种行为的组织者却成立犯罪？刑法为什么仅将组织未成年人进行违反治安管理活动的行为犯罪化，却将组织成年人进行违反治安管理活动的行为排除在犯罪之外？等等。上述问题的理解，有赖于对本罪犯罪本质的深刻把握。

在犯罪本质问题上，我国刑法理论的通说认为，犯罪是严重危害社会的行为，社会危害性是犯罪的本质特征。尽管如何理解社会危害性存在着诸如"社会主义社会关系说"、"社会关系侵害说"及"法益侵害

---

① 当然，如果坚持认为本罪的保护法益是未成年人的人身权利，那么对于本罪中违反治安管理活动的内容是否限定及如何限定就失去发讨论的意义。原因在于本罪列举的"盗窃、诈骗、抢夺、敲诈勒索"行为与未成年人的人身权利之间不具有直接的关联性。

说"等分歧，但现在多数观点认为，"法益侵害说"全面揭示了犯罪的社会危害性的实质内容，是对犯罪的社会危害性的最为直接、最为全面的表述。① 也就是说，所谓社会危害性实际上就是对法益的侵犯性，犯罪在本质上是一种侵犯法益的行为。法益，简单地说，就是法律所保护的利益。立法者在进行立法活动时，首先要确定刑法所要保护的利益范围，其次再将侵犯这一利益的行为在刑法上规定为犯罪，其最后目的是为了保护法益。我国刑法理论中的犯罪客体，② 正是在犯罪成立的意义上，就刑法设定某罪所意欲保护的法益进行揭示，并就行为是否对之造成侵损进行判定，同时以此为引导，确保犯罪构成诸要件在理解与适用过程中的适法性。正如台湾学者林山田云："今日刑法学说上，法益概念已是公认之架构构成要件与解释构成要件之基础，法益不但是法律概念与法律目的，而且其本身即具有社会意义之内涵，否则，其作为确定构成要件之内涵与界限之任务，即无法达成。"③

那么，本罪的保护法益又是什么呢？

(一)目前的理论分歧及评析

从已有的研究来看，在本罪的犯罪客体(保护法益)问题上，主要有三种不同的理解：

第一种观点认为，本罪的客体为复杂客体，其主要客体是《未成年人保护法》、《预防未成年人犯罪法》等法律所确立的对未成年人的保护制度，次要客体是社会治安管理制度。④

论者认为，刑法所调整的行为不仅侵犯了其他部门法所保护的利益，更在于它使得其他部门法为保护相关利益所设立的法律制度本身受到了根本性的威胁，并据此将犯罪客体理解为一种法律制度。在此基础上，根据本罪在刑法分则体系的编排位序，将其主要客体界定为《未成年人保护法》、《预防未成年人犯罪法》等法律所确立的对未成年人的保护制度。至于《社会治安管理处罚法》等行政法律、法规所确立的社会治安管理制度则属于本罪的次要客体。

---

① 杨春洗主编：《刑法基础论》，268～272 页，北京，北京大学出版社，1999。

② 我国传统刑法理论将犯罪客体理解为刑法所保护的而为犯罪行为所侵犯的社会关系。但从犯罪的本质是法益侵害的观点出发，法益是法律保护的客体，同时，也是犯罪侵犯的客体，因此，本文将犯罪客体理解为刑法所保护的而为犯罪行为所侵犯的利益，即法益。

③ 林山田：《刑法特论》(上)，3～4 页，中国台北台湾三民书局，1978。

④ 陈荣飞：《组织未成年人进行违反治安管理活动罪若干问题探析——以〈刑法修正案(七)〉为背景》，载《黑龙江省政法管理干部学院学报》，2009(5)。

第二种观点指出，本罪的犯罪客体属于是复杂客体，但其主要侵犯的客体是未成年人的合法权益，次要客体是社会管理秩序。[①]

论者认为，组织未成年人进行违反治安管理活动的行为，最直接的是危害了未成年人的合法权益，同时还危害了社会管理秩序。但论者又指出，本罪所保护的未成年人的合法权益应当是笼统意义上合法权益，是国家、社会、学校、家庭等给予未成年人的保护，而不是具体的合法权利，并不包括具体的未成年人的人身权利、财产权利或受教育权利等。

第三种观点也认为本罪属于复杂客体，但其内容是未成年人的健康权与社会管理秩序，前者是主要客体。[②]

在论者看来，刑法之所以禁止针对未成年人的组织行为，而排除其他弱势群体，是源于重点保护未成年人的立法意旨。如果未成年人的成长环境不健康，缺少良好的教育或社会的关爱，甚至任由他人控制与组织，进行违反治安管理的活动，就会促使未成年人逐渐形成反社会的性格，以至严重侵犯未成年人的身心健康权。同时，未成年人一旦被纠集起来从事违法活动，就可能形成流氓团伙、犯罪集团乃至黑恶势力，并诱发更多的恶性犯罪活动。因此，本罪同时侵害了未成年人的健康权与社会管理秩序。由于未成年被害人的身心健康权具有更高的保护价值，且与社会管理秩序者缺乏法益目标的共同性。于是，刑法规定只能重点保护未成年被害人的健康权，而使社会管理秩序居于次要客体的地位。

整体上来看，上述三种见解均认为本罪属于复杂客体，都强调本罪的设立旨在强化对未成年人的刑法保护，社会管理秩序只是本罪的次要客体。主要分歧点在于，本罪究竟是保护未成年人的何种法益。尽管上述三种观点对本罪保护法益的理解均不无见地，但在笔者看来，均失之于偏颇。

就第一种观点而言，论者将犯罪客体界定为一种法律制度，进而将本罪的犯罪的主要客体界定为"未成年人保护制度"，次要客体理解为"社会管理制度"，显然不当。

诚如卢梭所云："刑法在根本上说是特别法，还不如说是其他一切法律的制裁力量。"[③]刑法作为第二次调整的法律规范，它具有保障法

①　王强军：《刑法修正案（七）第八条解析》，载《青少年犯罪问题》，2009(4)。
②　蒋娜：《我国未成年人权益刑法保护的新动向》，载《宁夏社会科学》，2010(1)。
③　[法]卢梭：《社会契约论》，何兆武译，73页，北京，商务印书馆，1994。

的性质，是用来保障其他法律得以实施的力量，是对破坏其他法律的行为的最终制裁的规范。但将犯罪客体笼统地界定为法律制度，无从说明犯罪的本质，也无法与一般违法行为相区分。事实上，任何违法犯罪行为都是对法律制度的侵犯。无论盗窃犯罪，还是一般的扒窃行为，都侵犯了公私财产所有权，都是对民法所确认的所有权制度的侵犯。再者，将犯罪客体界定为一种对法律制度的侵犯，因其抽象性而无法对其进行类型化并以此指导司法实践。例如，在故意杀人罪中，我们无法确知行为人的杀人行为到底侵犯了什么样的法律制度。而论者将本罪的主要客体理解为抽象的"未成年人保护制度"，除了宣示性的意义之外，根本无助于本罪构成要件的解释与确定。

此外，我国刑法分则中规定的引诱未成年人聚众淫乱罪、引诱幼女卖淫罪、嫖宿幼女罪等犯罪同样侵犯了"未成年人保护制度"，但刑法却均将其归属于"妨害社会管理秩序罪"一章之中，也就是说，其犯罪客体应是所谓的"社会管理制度"。因此，仅仅根据刑法将本罪设置了"侵犯公民人身权利、民主权利罪"一章的编排位序，无从得出其主要客体是"《未成年人保护法》、《预防未成年人犯罪法》等法律所确立的对未成年人的保护制度"的结论。

尽管第二种观点将本罪的主要客体界定为未成年人的合法权益，次要客体理解为社会管理秩序，但其见解实际上与第一种观点并无二致。

论者认为，作为本罪主要客体的"未成年人合法权益"，是"笼统意义上的合法权益，而不是具体的合法权利"，是"国家、社会、学校、家庭等给予未成年人的保护"。由此，与第一种观点一样，论者实际上也是将本罪的主要客体理解为相关法律所确认的未成年人保护制度。然而，以此"笼统意义上的合法权益"作为本罪的主要客体，同样无助于本罪构成要件的解释及运用，遑论其对本罪成立所具有的"要件"机能。不仅如此，论者还特意指出，本罪所侵犯的客体并不包括具体的未成年人的人身权利。如此，我们无法理解，刑法何以将组织未成年人进行违反治安活动罪规定在"侵犯公民人身权利、民主权利罪"一章之中；也无从理解，论者何以将未成年人的合法权益视为本罪的主要客体，社会管理秩序何以成为次要客体。

第三种观点可以说是较多学者所持的见解。毫无疑问，论者将本罪主要客体的内容具体化为未成年人的（身心）健康权，有利于明确本罪构成要件行为的性质以及本罪的处罚范围，进而对本罪的理解与适用具有实际的指导意义。但论者将本罪的主要客体确定为未成年人的健康权，却不无疑问。

健康权的客体是健康。什么是健康？世界卫生组织（WHO）在1948年成立时的宪章导言中就将健康定义为："健康是指人的躯体、精神、社会适应能力的良好状态"。及至1989年，世界卫生组织又指出，健康不仅是没有疾病，而且还包括躯体健康、心理健康、社会适应和道德健康四个方面。① 可见，世界卫生组织对"健康"的界定相当宽泛。不过，这种广义的健康概念，应当说属于一种理想的、愿景性的概念，是世界卫生组织为使全世界人民获得尽可能高水平的健康，而在世界范围内所提出了一项社会性目标。作为通常意义上理解的"健康"，是狭义而言的，即"（人体）生理机能正常，没有缺陷和疾病。"② 据此，所谓"健康"，仅指身体生理机能方面的健康。

在法律层面上，健康有其严格内涵，更侧重于狭义上的健康概念。我国刑法"侵犯公民人身权利、民主权利罪"一章中所保护的健康权，作为公民人身权利的一部分，着重于人的身体健康。对于身体健康的损害，具体表现在两个方面：一是破坏他人身体组织的完整性，以致健康受到损害；二是虽然不破坏身体组织的完整性，但使身体某一器官机能受到损害或者丧失。③ 在广义的健康概念中，心理健康由于其内容宽泛、标准模糊，很难在刑法意义作为健康权的内容加以保护；④ 而社会适应能力及道德健康，侧重于人的社会属性，追求的是人在社会生活中的完美状态，属于一种社会价值评价意义上的"健康"，并非刑法"侵犯公民人身权利、民主权利罪"一章中所保护的身体健康权内容。

在第三种观点看来，作为本罪的实行行为即组织未成年人进行违反治安管理活动行为对于未成年人所具有的严重社会危害性（法益侵害性）主要在于，"促使未成年人逐渐形成反社会的性格，以至严重侵犯未成年人的身心健康权"。实际上，论者所言的"身心健康权"中的"健康"，主要属于未成年人的社会适应能力与道德健康，而非其生理机能

---

① 通常认为"躯体健康"就是人体生理健康；"心理健康"指的是个体心理在本身及环境条件许可范围内，所能达到的最佳功能状态；"社会适应良好"就是说心理活动和各种行为适应当时复杂的环境变化，能为他人所理解，所接受；"道德健康"就是指不能损害他人利益来满足自己的需要，能按照社会认可的道德行为规范准则约束自己及支配自己的思维和行为，具有辨别真伪、善恶、荣辱的是非观念和能力。

② 中国社会科学院语言研究所词典编辑室编：《现代汉语词典》，622页，北京：商务印书馆，1996。

③ 王作富主编：《刑法分则实务研究》，864页，北京，中国方正出版社，2001。

④ 在使人受到重大精神刺激从而引起精神疾病的情形下，也属于对身体健康的侵害。原因在于精神疾病会直接导致人体生理机能方面的病变。

方面的健康，因此，不应纳入刑法"侵犯公民人身权利、民主权利罪"一章所保护的身体健康权范围。再者，就本罪的实行行为而言，无论组织行为的手段，还是组织行为的内容，也都不必然具有损害未成年人的身体健康即生理组织正常机能的性质。由此可见，无论是根据本罪在刑法分则位序设置，还是其实行行为的性质，都无法推论出本罪所侵犯的主要客体是未成年人的（身心）健康权。

（二）保护法益的确定

犯罪的本质在于其侵犯了法益，刑法分则的每个罪形式条文都是为保护特定的法益而加以设置的。因此，法益是犯罪构成要件的实质核心。就具体个罪而言，只有首先明确其所欲保护的法益，才能准确把握其罪质，才能保证对犯罪构成诸要件进行合目的地理解与适用。如果对某个罪刑规范所要保护的法益内容在认识上模糊不清，就必然造成对具体的犯罪构成要件理解不一，进而导致处罚范围的宽窄不同。然而，刑法各罪形式条文所保护的法益内容，一般没有明文规定，因此，具体犯罪的保护法益内容应以刑法规定为依据，结合具体的立法背景加以确定。

我国刑法典是以犯罪所侵犯的法益为基础对刑法分则体系进行建构的，因此，从刑事立法对本罪的类罪归属来看，本罪应当属于侵害个人法益的犯罪。《刑法修正案》（七）将本罪作为《刑法》第262条之二，编排在组织残疾人、未成年人乞讨罪之后，表明其保护法益应当与组织组织残疾人、未成年人乞讨罪大致相近，侧重于未成年人人身权利的保护，即未成年人的人身自由与身体安全。这应当说是基于我国刑法分则的编排体系，对本罪保护法益进行"系统"理解的应然之意。但结合本罪的立法背景以及其法条内容的设置，本文认为，本罪的保护法益应当是一种社会法益，即主要是正常社会生活的安宁秩序，而非未成年人的人身权利。

1. 本罪的立法动机是基于维护社会治安的需要

目的是全部法律的创造者，每条法律规则的产生都源于一种目的，即一种实际的动机。（耶林语）。[①]　也就是说，每一项立法都源于一定的社会现实需要。从立法过程来看，增设本罪的草案是由公安部门提出的，其主要动因是，一些不法分子组织未成年人从事扒窃、抢夺等违反治安管理活动的情况，在一些地方比较突出，严重危害社会治安

---

① ［美］E·博登海默：《法理学：法律哲学与法律方法》，邓正来译，109页，北京，中国政法大学出版社，1999。

秩序，损害未成年人的身心健康。因此建议在刑法中对此种行为做出专门规定予以惩治。① 从实践中看，目前组织未成年人从事违反治安管理活动的现象在全国一些大中城市比较突出，严重扰乱了社会的安宁秩序。少年、儿童阶段是成长发育阶段，其思想、行为均在形成中，远未达到成年人的认知能力，受外界因素影响大，可塑性强。出于对未成年人的保护，国家通过相关立法，确立了未成年人保护制度。比如，我国《治安管理处罚法》第 12 条规定："已满十四周岁不满十八周岁的人违反治安管理的，从轻或者减轻处罚；不满十四周岁的人违反治安管理的，不予处罚"。同时，我国《刑法》第 14 条规定："已满十六岁的人犯罪，应当负刑事责任。已满十四岁不满十六岁的人，犯杀人、重伤、抢劫、放火、惯窃罪或者其他严重破坏社会秩序罪，应当负刑事责任。已满十四岁不满十八岁的人犯罪，应当从轻或者减轻处罚"。然而，一些不法分子为了谋取不法利益，同时为了逃避法律追究，恶意利用现行法律对未成年人保护的特殊规定，组织利用未成年人进行盗窃、诈骗、抢夺、敲诈勒索等违反治安管理活动。基于现有的未成年人保护制度，很难通过直接惩罚未成年人方式实现对此类行为进行有效控制，而根据现有立法又无法有效追究幕后组织者的责任，以致此类行为屡禁不止，且有扩大、蔓延之势，严重扰乱了社会安宁秩序。

正是主要基于维护社会治安管理秩序（正常社会生活的安宁秩序）的需要，《刑法修正案（七）》在充分考虑组织未成年人进行违反治安活动行为对社会秩序所造成的严重危害的基础上，明确规定了对组织者追究刑事责任，以惩治和预防该类犯罪。

2. 本罪的行为特征并不必然具有侵犯未成年人人身权利的性质

犯罪是侵犯法益的行为，通过行为特征可以确定其保护法益的内容。② 尽管本罪与同属《刑法》第 262 条的组织乞讨罪的实行行为一样，都是一种组织行为，但两者在行为特征上却存在明显差异。

组织乞讨罪的实行行为是以暴力、胁迫手段组织残疾人或者不满 14 周岁的未成年人进行乞讨的行为。本罪的实行行为具有复合的性质，①以暴力或者胁迫方式限制、侵犯残疾人或者不满 14 周岁未成年人的人身自由与身体安全的行为；②进一步策划、安排、指派、管理上述行为对象进行乞讨的行为。可见，尽管本罪的实行行为包括组织

---

① 全国人大法制工作委员会：《刑法修正案（七）草案全文及说明》，http：// www. npc. gov. cn，2008-08-29。

② 张明楷：《刑法学》（第 3 版），90 页，北京，法律出版社，2007。

行为，但只有当其具有"暴力或胁迫"的行为特征时，才对组织乞讨罪的保护法益具有侵害性。

刑法之所以将组织乞讨罪中组织行为在行为特征上限定于"暴力或胁迫"手段，原因在于，本罪中行为人所组织实施的内容是一种乞讨行为。作为一种生活方式，正常的乞讨行为在我国并非法律所禁止的行为，只有当"胁迫、诱骗或者利用他人乞讨"以及"反复纠缠、强行讨要或者以其他滋扰他人的方式乞讨"等侵犯他人人身权利及扰乱公共秩序的行为，才作为行政违法行为进行治安处罚。而有组织的乞讨行为，不论被组织者是否自愿，都会在一定程度上扰乱正常的社会生活秩序，也会对一个社会的良好道德风尚产生侵蚀作用。但我国刑法并未将所有组织乞讨行为一概予以犯罪化，而是基于刑事立法的谦抑原则，侧重于对残疾人、未成年人这一弱势群体人身权利的保护，将以暴力、胁迫手段组织残疾人、不满 14 周岁的未成年人进行乞讨的行为作为刑罚威慑的对象。也就是说，组织乞讨罪在规范评价的重点，是行为人在组织残疾人、不满 14 周岁的未成年人进行乞讨活动中，对上述行为对象人身权利（即意思决定自由及身体活动自由）的侵犯。也正基于此，《刑法》将组织乞讨罪作为第 262 条之一，归属于"侵犯公民人身权利、民主权利罪"一章。

然而，在本罪中，立法者并未对组织行为的行为手段进行限制，即只要行为实施了组织未成年人进行盗窃、诈骗、抢夺、敲诈勒索等违反治安管理的活动，就成立本罪。① 既然如此，从文理上进行解释，作为本罪中组织行为的行为手段，除暴力、胁迫之外，不应排除非暴力、胁迫手段的使用。从实践中来看，不法分子组织未成年人所进行违反治安管理的活动，在组织的行为方式并不必然是暴力、胁迫的手段，未成年人的人身也并非必然处于某种被强制或限制状态，也存在自愿加入，或自由退出的情形。② 可见，单从组织行为的行为手段分析，本罪规范评价的重点并非组织行为对未成年人身权利的侵犯。而本罪组织行为的内容是让未成年人进行盗窃、诈骗、抢夺、敲诈勒索等违反治安管理活动，这些违法行动本身也并不具有侵犯未成年人人身权利的性质。因此，无论是根据组织行为的手段，还是本罪组织行

---

① 本罪作为《刑法》第 262 条之二，规定在组织乞讨罪之后，显然表明立法者也无意于对本罪的行为手段进行限制。

② 曾祥生等：《宁波批捕首个组织未成年人盗窃案》，载《检察日报》，2009-04-06。

为的内容，本罪的实行行为都不必然具有侵犯未成年人人身权利的
性质。①

3. 本罪组织行为的行为内容具有扰乱社会安宁秩序的性质

刑法对法益的保护具有间接性，是通过处罚侵害、危及法益的行
为来保护法益的。② 作为犯罪的实行行为，必然对法益的侵害具有现
实的危险性。然而，与盗窃、杀人等直接侵犯法益的行为不同，本罪
实行行为是一种组织行为，即协调多人共同实施某种行为。组织行为
中的"组织"本身并不能直接反映出其法益侵犯性，而是通过其具体组
织实施的行为实现对法益的侵害。从此意义上讲，组织行为的行为内
容可以反映出刑法所欲保护的法益内容。如组织、领导、参加恐怖组
织罪中的组织行为，其行为内容是建立恐怖组织，所以危及公共安全；
组织、领导、参加黑社会性质组织罪中的组织行为，其行为内容建立
黑社会性质组织，严重扰乱了社会管理秩序；组织卖淫罪中的组织卖
淫行为侵犯了良好的道德风尚；而非法组织卖血罪则危及公共卫生；
等等。

从本罪的构成要件设置来看，其组织行为的行为内容是组织未成
年人实施盗窃、诈骗、抢夺、敲诈勒索等违反治安管理的活动。从《刑
法》第262条之二所列举的违反治安管理活动的内容来看，"盗窃、诈
骗、抢夺、敲诈勒索"无疑都具有侵犯公私财产权利的性质，而且实践
中本罪的实施者也多具有牟利的目的。那么能否认为本罪所侵犯的法
益是公私财产权呢？

的确，从实践发生的多数案件来看，本罪的行为人在多数情形下
具有牟利即非法占有他人财物的目的。同时，作为一种目的性行为，
本罪中的组织行为也在多数情形下表现为对他人财产权利的非法占有。
然而，这并不意味着本罪的保护法益就是公私财产所有权。理由是：

首先，尽管本罪在立法上明确所列举的四种违反治安管理活动均
具有侵犯财产权利的性质，但并未就非法占有的财产数额进行规定，
这不符合我国对非暴力财产犯罪刑事立法的一般原理。

---

① 从刑法分则"侵犯公民人身权利、民主权利罪"一章所规定的具有组织性质的犯罪来
看，组织乞讨罪是由于其暴力、胁迫等组织手段，侵犯了残疾人、未成年人的人身自由（意
思决定自由及身体活动自由）与身体安全；而雇佣童工从事危重劳动罪则因为雇佣童工从事
的内容是"超强度体力劳动，或者高空、井下作业，或者在爆炸性、易燃性、放射性、毒害
性等危险环境下从事劳动"，严重危害未成年人的身体健康；而聚众阻碍解救被收买的妇女、
儿童罪则是由于首要分子所组织的行为内容具有侵犯被收买的妇女、儿童人身自由的性质。

② ［日］冈哲夫：《法益概念与多元的保护法益论》，载《吉林大学社会科学学报》，2006(3)。

其次，立法者并未将组织成年人进行盗窃、诈骗、抢夺、敲诈勒索等此类侵犯财产权利的一般违法活动的行为纳入本罪的调控范围，如果认为本罪的保护法益是财产所有权，则其对财产法益的保护有失周延。

再次，在本罪中，行为人非法获取的财产主要是针对不特定的多个财产持有人，通过其组织化的多个未成年人所实施的侵犯财产行为来实现的。就单个财产持有人而言，本罪对其财产法益的侵害较小，但当这种行为是针对不特定的多个人有组织的实施时，必然严重扰乱正常社会生活的安宁秩序。

在性质上，未成年人所实施的并非犯罪行为，而是一种违反治安管理处罚法的行为。就单个未成年人实施的上述违法行为而言，其社会危害性较小，但有组织、有计划地实施上述违法行为必然对社会生活的安宁秩序造成严重地扰乱和破坏。可以说，本罪实行行为的组织性特征决定了其对本罪对社会生活安宁秩序的侵害远甚于其对公民个人财产权利的侵害。

更重要的是，本罪组织行为的行为对象是未成年人，行为人为逃避法律追究，恶意利用现行立法对未成年人的特殊保护制度，通过各种手段控制未成年人进行违反治安管理的活动，并使之公开化、经常化，严重扰乱正常社会生活的安宁秩序。正是为了维护正常的社会秩序，《刑法修正案（七）》才增设本罪，直接将刑法的锋芒指向未成年人违法活动的幕后"黑手"——组织者。

综上所述，无论是基于本罪的立法动机，还是条文内容的设置，都难以推出其保护法益是未成年人人身权利的结论。事实上，本罪对法益的侵害性，主要体现在两个层面：一方面，通过本罪的实施，组织者利用现有法律对于未成年人的特殊保护，通过其组织行为使未成年人的违法行为得以经常化、规模化甚至公开化，其对正常社会生活的安宁秩序具有严重的危害性；同时，此类组织未成年人进行违法活动的行为多具有持久性、连续性，很容易演化成犯罪集团甚至是具有黑社会性质的组织，对社会生活的安宁秩序的威胁具有长期性、严重性。另一方面，本罪组织行为对象是未成年人，本罪在"严重危害社会治安秩序"的同时，还"损害未成年人的身心健康"。但"身心健康"并非规范上的用语，其内涵宽泛，并非仅指未成年人的身体健康及心理健康，从广义上讲，还包括未成年人的社会适应能力及道德健康。本罪的实行行为虽然并不必然侵犯未成年人的身体健康与心理健康，但组织未成年人进行违反治安管理活动，却必然侵犯未成年人的社会适应能力及道德健康。未成年人是社会的希望、民族的未来，未成年人的健康成长与社会的整体利益关系密切。而组织者为牟取不法利益，利用未成年人生理、智力、心理上不成熟的特点，将其组织起来从事一系列违反治安管理的活动，使未成年人陷入不良的社会环境，对其社会适应能力及道德健康等社会性健康造成损害，并逐步形成或强化其不良的、甚至反社会的人格，成为犯罪的"后备军"。① 这不仅仅对社会安宁秩序造成潜在的严重威胁，更危及人类社会生存和发展的根本利益。在此意义上，作为本罪保护法益内容的未成年人"身心健康"，已经从具体未成年人个人法益的范畴抽象成为一种社会法益。②

然而，"对具体犯罪的法益内容的确定，不应超出同类法益的范围"。③ 如果将本罪的保护法益理解为社会安宁秩序，无疑与其在刑法分则中的编排位序难以协调。《刑法修正案（七）》将本罪作为刑法典第262条之二规定在"侵犯公民人身权利、民主权利罪"一章中，从刑法体系的编排位序上来看，本罪的保护法益应是未成年人的人身权利。但仅从构成要件的内容设置来看，本罪并不必然具有侵犯未成年人人身权利的性质。尽管也有论者主张在本罪法条中的"组织"之前，增加"以暴力、胁迫为手段"的限定内容，以"更好地"体现其保护未成年人人身权利的"立法意图"。④ 但是，如果将本罪的保护法益限定于未成年人的人身权利，无疑将大大背离本罪的立法初衷。法益具有解释构成要件的机能。如果认为本罪的实质在于侵犯了未成年人的人身权利，势必无端缩小本罪的适用范围，导致实践中大量未采用暴力、胁迫手段组织未成年人进行违反治安管理活动的行为难以追究刑事责任。这不仅无力有效遏制此类犯罪现象对社会秩序的破坏，更无法斩断其对未成年人的正常社会化进程所造成的严重消极影响，从而使本罪的立法初衷大打折扣。

因此，无论是从本罪的立法背景还是从本罪构成要件内容的设置，

---

① 一般而言，犯罪人中的多数属于常习犯，对这种犯罪成性者的改造几乎是处于无能为力的状态。而大多数常习犯在少年时期都有不良经历，因此，不良少年可以说是常习犯的后备军。参见[日]大谷实：《刑事政策学》，黎宏译，326 页，北京，法律出版社，2000。

② 我国刑法分则主要是通过直接规定以未成年人为侵害对象的犯罪，以及把侵害未成年人作法定的加重情节两种方式，对未成年人被害人的合法权益加以保护。就相关条款在刑法体系中的地位归属而言，除了直接侵犯未成年人人身权利的犯罪被规定在"侵犯公民人身权利、民主权利罪"一章中外，其余条款主要设置于"妨害社会管理秩序罪"一章之中。

③ 张明楷：《刑法学》（第 3 版），89～90 页，北京，法律出版社，2007。

④ 刘扬：《从立法目的看〈刑法修正案（七）（草案）〉第七条》，载《总裁》，2009（2）。

无论是着重于正常社会秩序的维护还是未成年人合法权益的保障,本罪的保护法益都应当是一种社会法益。在刑法分则体系的类罪归属上,《刑法修正案(七)》将本罪设置于"侵犯公民人身权利、民主权利罪"一章,实属归类错误,应将其纳入刑法分则第六章的"妨害社会管理秩序罪"之中。

第七专题

新增计算机信息系统犯罪司法适用问题研究

一、新增侵犯计算机信息系统犯罪的立法背景

对以计算机信息系统为对象的犯罪，刑法典第 285 条与第 286 条分别规定了"非法侵入计算机信息系统罪"与"破坏计算机信息系统罪"。该规定对于惩治和防范各种计算机犯罪起到了一定的积极作用。但是，随着我国信息科技的迅猛发展以及计算机网络技术的不断进步，各种利用计算机针对计算机信息系统以及计算机网络的新型危害行为层出不穷，严重威胁到计算机信息系统以及网络的安全与稳定，给众多计算机用户造成难以估量的损失。刑法典的上述规定难以有效地应对此种情形，显得较为滞后，① 有必要根据现实情况予以修改完善。

虽然《刑法修正案（七）（草案一次审议稿）》没有就新的计算机犯罪作出规定，但是，《刑法修正案（七）（草案二次审议稿）》对刑法典第 285 条增加了实施非法获取计算机信息系统数据行为构成犯罪的规定。《刑法修正案（七）（草案三次审议稿）》继续保留关于该犯罪的规定。以此稿为基础，第十一届全国人民代表大会常务委员会第七次会议，于 2009 年 2 月 28 日通过了《刑法修正案（七）》，正式对刑法典第 285 条增加了第 2 款和第 3 款的规定。根据最高人民

---

① 赵秉志、于志刚：《计算机犯罪及其立法和理论回应》，载《中国法学》，2001(1)。

法院、最高人民检察院于 2009 年 10 月 14 日联合发布的《关于执行〈中华人民共和国刑法〉确定罪名的补充规定（四）》，新增之第 2 款规定的罪名为"非法获取计算机信息系统数据、非法控制计算机信息系统罪"，第 3 款规定的罪名为"提供侵入、非法控制计算机信息系统程序、工具罪"。这在一定程度上弥补了刑法典上述规定的不足与缺憾，适应了我国严厉惩治计算机、网络新型犯罪的现实需要。

首先，对计算机信息系统实行平等的保护。刑法典原第 285 条仅规定了"非法侵入计算机信息系统罪"，其犯罪对象限于国家事务、国防建设、尖端科学技术领域的计算机信息系统，即特定计算机信息系统，无法对不属于上述领域的国有单位计算机信息系统、非国有单位以及个人的计算机信息系统进行平等的法律保护。而近来随意进入普通计算机信息系统实施各种违法犯罪活动的现象日益增加，有必要采用法律手段予以惩治和防范。上述规定满足了该要求。

其次，有效惩治窃取他人计算机信息系统数据的非法行为。近年来，非法获取他人计算机信息系统数据为自己谋利益的行为频频发生，如盗用他人计算机的运算能力和存储空间、盗用上网信号、私自分享他人流量、擅自共享他人资料等。[①] 尽管不同于普通侵犯财产犯罪，但也具有相当的社会危害性，侵犯了计算机信息系统的数据安全与合法用户的各种权益。而按照刑法典原第 285 条、第 286 条却无法给予合适的处理。[②] 使得这些行为由于没有受到必要的刑事处罚，而在网络上大肆泛滥。对此，按照刑法典原第 285 条、第 286 条却无法给予合适的处理。[③] 因此，有必要增加对普通计算机信息系统进行刑事法律保护的规定，对利用计算机软件、程序在计算机网络上实施"网络钓鱼"，侵犯计算机信息系统及其数据与计算机网络的安全的行为给予必要的惩治。[④]

再次，在网络上随意贩卖或者提供各种非法侵入、控制计算机信息系统的程序、工具（"黑客"软件）的行为，需要得到有效的惩治。虽

---

① 于志刚：《关于"使用盗窃"行为在网络背景下入罪化的思考》，载《北京联合大学学报（人文社会科学版）》，2007(3)。

②③ 也有某些基层法院对进入普通计算机信息系统中窃取数据的行为按照破坏计算机信息系统罪来处理。如 2005 年 9 月，浙江省金华市婺城区人民法院审判了一起盗卖网络游戏玩家账号的案件，涉案金额达到上百万元。法院最终以破坏计算机信息系统罪对该案 3 名被告人定罪量刑。参见《浙江公安机关今通报 2005 年一批网络犯罪案件》，载浙江在线新闻网站，2005-12-25。

④ 陈玲：《"网络钓鱼"与刑法规制》，载《政治与法律》，2008(8)。

然有关互联网与计算机信息系统安全的管理法律法规对这些行为作了规定，给予了一定的行政处罚，但是，实践证明，对上述行为难以给予有效的惩治与防范。而这些行为在实际上为其他各种利用计算机信息系统或者计算机网络的犯罪提供了潜在的帮助，对计算机信息系统及其数据、计算机网络造成严重的威胁，但与有关犯罪的帮助犯、传授犯罪方法罪存在较大的区别，因而有必要作为独立的犯罪。[①] 而《刑法修正案（七）》的规定显然适应了这种要求，对于惩治各种贩卖或者恶意提供黑客软件、钓鱼技术的非法行为能够给予严厉的惩治与打击。

总之，上述立法完善对此做了恰当和良好的回应，有利于保护合法用户的计算机信息系统数据安全，对于互联网的迅猛发展以及计算机信息系统技术的进步起到了坚实的保护作用。全面并深刻地了解该立法背景，对于准确地理解和把握新增侵犯计算机信息系统犯罪的犯罪构成特征等司法适用以及未来立法完善的问题，有着重要的启示意义。

二、非法获取计算机信息系统数据、非法控制计算机信息系统罪的司法适用问题

根据新增之刑法典第 285 条第 2 款的规定，非法获取计算机信息系统数据、非法控制计算机信息系统罪指的是违反国家规定，侵入刑法典第 285 条第 1 款规定以外的计算机信息系统或者采用其他技术手段，获取该计算机信息系统中存储、处理或者传输的数据，或者对该计算机信息系统实施非法控制，情节严重的行为。

(一)犯罪构成疑难问题

1. 单位非法获取计算机信息系统数据的处理

非法获取计算机信息系统数据、非法控制计算机信息系统罪的犯罪主体是年满 16 周岁、具备相应刑事责任能力的自然人。通常而言，行为人往往掌握有较多的计算机以及网络操作技术，能够熟练操作计算机信息系统或者计算机网络。行为人是否具有特殊的身份，对于犯罪的成立没有影响。根据刑法典第 285 条第 2 款的明确规定，任何单位都不能构成本罪。但是，在司法实践中遇到的情况是，某个公司、企业等单位出于不正当竞争的目的，有关负责人员为了本单位的利益

---

① 于志刚、陈强：《网络中的帮助违法行为及其入罪化》，载《北京人民警察学院学报》，2008(5)。

决定非法获取他人或者其他单位的计算机信息系统的数据，不构成单位犯罪，该如何处理值得探讨。对此，不管是在理论界还是司法实务界，都有不同的认识。

笔者认为，这种情况毕竟没有被刑法修正案规定为单位犯罪，因而应该严格按照罪刑法定原则的要求来处理，即不能认定为单位犯罪。不过，这并不是说整个行为事实不能从刑法的角度作出评价。在整个事实中，有关负责人员实施非法获取计算机信息系统数据的行为，如果情节确实严重，就完全符合刑法典第285条第2款的规定，属于具备刑事责任能力之自然人实施危害行为的情形，能够评价为非法获取计算机信息系统数据、非法控制计算机信息系统罪。其他的事实部分（出于不正当竞争的目的、为了单位利益、存在单位决策过程等），自然无法从定罪的角度作出评价，可以不作为定罪情节，但这些事实情况对犯罪的发生和存在确实有一定的作用，影响到行为的社会危害性、行为人的主观恶性和人身危险性程度，因而应在裁量刑罚时予以必要的考虑，即可以作为量刑情节，结合整个犯罪情节，综合考虑是否予以从重处罚。在当前的司法实务中，已有司法机关按照上述分析对单位非法获取计算机信息系统数据的行为做出处理。例如，沈阳某商务调查有限公司成立后，常有客户咨询、委托调查婚外情等业务。作为该公司负责人的杨某找到在某通讯运营商沈阳分公司工作的梁某，要他帮忙给手机机主定位。此后，杨某又让梁某在其家中安装了通讯运营商内部使用的网络平台并获得了两个软件。这样，他可以自己查询手机用户的密码，进而查询手机话单等信息。当一些手机用户的密码是初始密码时，杨某又通过伪造手机卡的方式，通过通信公司对手机用户的初始密码进行修改，从而获得用户的相关信息。2008年10月，警方在接受报案后通过技术手段，发现了杨某的犯罪行为，很快将他及同伙抓获。大连市中山区人民法院经审理后认定，该公司相关责任人杨某构成非法获取计算机信息系统数据罪。①

2. 行为人的违法性认识

在新增之刑法典第285条第2款中有"违反国家规定"的表述，这是对非法获取计算机信息系统数据之客观性质的确定。这里需要探讨的是，这种客观上的法律属性与行为人的主观认识有无联系？在笔者看来，"违反国家规定"虽只是对犯罪行为之法律属性在客观上的描述，

---

① 《沈阳4名私家侦探非法跟踪调查对象被判罪》，http：//www.law-star.com/cac/380059763.htm，2010-07-31。

但这种客观的违法性与行为人的主观认识也有紧密的联系。问题在于如何认识这种联系。在认定犯罪时,能否要求行为人在主观上认识到自身行为的违法性质?换言之,能否要求行为人在实施危害行为之时明确地认识到自身行为已经违反了"国家规定"?

从司法实践的角度看,如果要求行为人明确地认识到行为人违反国家规定,才能认定犯罪,那么,很可能绝大多数非法获取计算机信息系统数据的行为都无法认定为犯罪,因为行为人在实施危害行为时对行为违反国家规定的认识情况非常复杂,很多行为人只是认识到了自己无权获取他人的计算机信息系统数据或者控制他人的计算机信息系统,少数较为专业的人才有可能认识到行为违反国家关于计算机信息系统的管理规定。况且,国家关于计算机信息系统的管理规定也比较繁杂,既有国家立法机关颁布的法律,还有有关主管部门发布的行政法规、规章或者规定,要求所有的行为人都对此有明确和详细的认识,显然是不现实的。但将如此要求作为成立犯罪的主观要素,那么,就可能放纵很多实施此类危害行为的情形,显然不利于计算机信息系统安全的保护。因而在认定犯罪之时,不能要求司法机关认定行为人明确、准确地认识到了自己的行为违反了哪一种国家关于计算机信息系统数据保护的规定(更不能苛求司法机关必须认定其认识到了哪一个条文),相反,只要行为人认识到自己无权进入非国家事务的他人计算机信息系统,无权获取该计算机信息系统的数据,就可以认定其主观上具备了对行为之违法性的认识。

3. 主观罪过的具体形式

对犯罪人而言,犯罪也是主观见之于客观,客观反映主观,主客观紧密联系的行为活动。因而对犯罪人主观方面的考察,离不开对其整个犯罪过程的分析。基于此,要确定非法获取计算机信息系统数据、非法控制计算机信息系统罪的犯罪主观方面要件,需要对该罪之行为的内涵及其与行为人主观认识的关系做出必要的分析。根据刑法典第285条第2款的规定,非法获取计算机信息系统数据、非法控制计算机信息系统罪的客观行为表现为"侵入非国家事务的计算机信息系统或者采用其他技术手段,获取该计算机信息系统中存储、处理或者传输的数据,或者控制计算机信息系统。"显然,行为人采取非法侵入非国家事务计算机信息系统或者其他技术手段,实施了非法获取数据的行为。行为人对获取非国家事务他人计算机信息系统数据的心态,决定了整个犯罪的主观罪过。"获取"行为表现出行为人在主观上具有基于较强的占有或者拥有欲望,行为人基于这种欲望采取各种手段去努力占有行为对象的过程就是"获取"。同样地，"控制"的行为也是凸显行为人强烈占有欲望的过程。这样的过程自然地表现出行为人出于对行为对象积极地占有或者拥有的意图和努力追求这种占有或者拥有状态的主观意志。在行为人明知这种占有属于非法的情况下，行为人的主观意图和意志就符合直接犯罪故意的特征，即明知自己的行为会造成危害社会的结果，但希望这种结果发生。因而可以确定，非法获取计算机信息系统数据、非法控制计算机信息系统罪的犯罪主观方面是直接犯罪故意。

在确定该罪的主观罪过属于直接犯罪故意之后，还需要注意的是，不同行为人实施此类行为，往往是基于不同的动机。由于刑法典第285条第2款对本罪的犯罪动机没有做出特别的规定，因而并不能直接确定犯罪动机是否属于本罪成立的必需要素。但是，这并不是说在此分析行为人的犯罪动机就毫无意义。因为根据刑法典第285条第2款之规定，非法获取非国家事务的他人计算机信息系统数据，情节严重的情形，才构成犯罪。而所谓的"严重情节"自然包括犯罪动机在内的各种与整个犯罪有关的情节。因此，在实施本罪的过程中，行为人的动机如何就在一定意义上影响犯罪的成立。具体而言，出于卑劣动机（如意图敲诈被害人、贬损被害人的名誉等）的情形与出于非卑劣动机（如为学习或者研究而未经许可获取他人数据等）的情形，显然表现出行为人在主观上的不同恶性，进而影响非法获取行为在整体上的社会危害性是否达到犯罪的程度。至于该动机产生于何时，如是产生于实施采取非法获取数据的手段之前，还是在进入他人计算机信息系统之后，就不影响对动机的评价，也不影响该动机在整个行为活动中的意义和对犯罪成立的实际作用。就实施本罪的具体情况来看，行为人的犯罪动机大体上可以分为意图陷害他人的卑劣动机和非卑劣动机两大类，而非卑劣动机又可区分为营利动机和非营利动机两种。相对而言，卑劣动机要比营利动机更表明行为人在主观上具有较大的恶性。不过，谋取经济利益的动机在现实生活中更多一些。如在号称全国最大的制售木马程序案件中，2008年6月中旬至7月底，被告人严某利用垄断"温柔"系列木马程序代理权之便，取得"QQ自由幻想"游戏的"温柔"木马程序使用权，然后通过他人将该木马程序插入到正常网页，随游戏玩家点击网页而将木马程序植入玩家计算机系统，在玩家登录"QQ自由幻想"网络游戏时，木马程序自动运行并后台盗取游戏账号、密码合计82780组，被告人严某将所盗取账号、密码转卖他人获取非法利益。其行为被人民法院认定为非法获取计算机信息系统数据、非法控制计算机信息系统罪。当然，在认定犯罪成立时，不能单单考察动机这一个因素，还要看动机结合其他情节对整个行为之严重情节的影响。

4. 实行行为的违法性

刑法典第 285 条第 1 款和第 2 款的罪刑条文中都有"违反国家规定"这样的表述。根据刑法典第 98 条的规定，所谓"违反国家规定"，是指违反全国人民代表大会及其常务委员会制定的法律和决定，国务院制定的行政法规、规定的行政措施、发布的决定和命令。而结合刑法典第 285 条第 2 款的规定，考虑该犯罪发生的具体场合和领域，我们可以确定，这里的"国家规定"当然不是指国家的所有法律、法规的规定，而是指与计算机信息系统保护有关的法律、法规，具体而言，是指禁止非法获取非国家事务的他人计算机信息系统数据的法律、法规，如全国人大常委会通过的《维护互联网安全的决定》、国务院发布的《计算机信息系统安全保护条例》等。

这里需要讨论的问题主要有两个：

（1）国务院发布的有关规定是否包括国务院有关部门发布的规章

从本来意义上看，国务院有关部门发布的规章不属于行政法规。但是，计算机信息系统以及互联网络的安全管理是比较复杂和专业的领域，国务院不可能对此领域发布如此详细和具体的管理规定，这又属于有关主管部门（如信息产业部、公安部等）的管理领域，因而这些部门会发布有关安全管理的规章。如果否认这些规章属于这里的"国家规定"，那么，就可能给违法犯罪分子留下法律漏洞。因此，国务院有关主管部门所发布的关于计算机信息系统安全管理的规章也可以扩大解释到国家规定的范围内。而且，在实际工作中，国务院对有关部门在此方面发布的重要管理规章还会予以批准，如公安部经国务院批准发布的《计算机信息网络国际联网安全保护管理办法》。

（2）行为违反国家有关计算机信息系统安全保护的规定，是该行为的客观属性

从严格意义上讲，行为人是否认识到自己的行为违反国家规定，并不影响该行为违反国家规定的实际性质。而该行为违反国家规定的性质，是该行为成立犯罪的前提。这就意味着，行为首先具有行政违法的性质，进而才构成犯罪。如果行为在客观上没有违反国家规定，不具有行政违法的性质，那么，自然也就不构成犯罪。因此，非法获取计算机信息系统数据、非法控制计算机信息系统罪符合法定犯的特征。在分析非法获取非国家事务的他人计算机信息系统数据是否成立

犯罪时，必须确定该行为是否违反国家在此方面的规定。不过，从理论上看，非法获取计算机信息系统数据的行为违反国家规定，并不意味着其必然具备达到犯罪程度的社会危害性。行为仅具备该违法性，还不足以成立犯罪，还要看该行为的情节是否达到成立犯罪的严重程度。因此，即便行为可能违反上述国家规定，若不具有严重的情节，就可认定该行为不具备达到犯罪程度的社会危害性，进而确定其不构成犯罪。

5. 行为的具体方式

根据刑法典第 285 条第 2 款的规定，本罪的犯罪行为具体表现为违反国家规定，侵入国家事务以外的计算机信息系统或者采用其他技术手段，获取该计算机信息系统中存储、处理或者传输的数据。从这里的规定可以看出，本罪的手段和实行行为都违反了国家规定，即都具有行政违法性。关于本罪手段之违法性，可以从如下两个方面来分析：①刑法典第 285 条第 2 款在表述上将"违反国家规定"置于该罪刑条文之始，从而点明了行为手段本身也是违反国家规定的，具有违法性。②从该罪刑条文关于行为手段本身的表述上，也可以看出行为的违法性质。该条文首先载明了行为的手段是"侵入"，"侵入"在语义上就能够揭示出行为人没有得到系统管理员的许可而进入国家事务之外的计算机信息系统。该条文接着规定了"或者采用其他技术手段"。从该表述上可以看出，立法者将"侵入"与其他技术手段相并列。从侵入手段的非法性可以推知，其他技术手段同样也是违反国家规定而具有行政违法性。

从行为手段的内容上看，"侵入"是指行为人采用破解密码、盗窃密码、强行突破安全工具等方式，在未得到许可的情况下违反计算机信息系统的控制人或者所有者的意愿而进入无权进入的普通计算机信息系统中；"其他技术手段"主要包括利用"木马程序"、"后门软件"、"键盘跟踪技术"、攻击病毒（CIH）、开放端口等对普通计算机信息系统进行钓鱼，引诱被害的计算机信息系统自动共享数据等。[①] 因此，从这些手段，可以看出，行为人是不可能以不作为形式实施本罪的。司法实践中所遇到的有关案例也说明了这一点。自 2009 年 2 月份开始，楼某在厦门利用自编的黑客程序和网上下载的任务自动加载程序，对一商业银行网站进行"黑客"入侵，并于 3 月初获取了该银行一些储户银行卡的网上银行登录资料。同年 3 月底至 4 月上旬间，楼某用黑

---

① 周琦：《计算机网络信息安全及对策》，载《电脑知识与技术》，2008(10)。

客程序对 2 家商业银行网站进行大规模入侵活动,对这两家商业银行网站的密码扫描探测次数达 20 万次,从中非法获取了 755 份储户网上银行登录资料,并利用其信息复制 15 张银行卡。4 月 7 日,受到"黑客"入侵的商业银行向警方报案,厦门警方于 4 月 8 日将楼某抓获。厦门市湖里区人民法院于同年 10 月经审理认定楼某构成非法获取计算机信息系统数据、非法控制计算机信息系统罪。所以,行为人采取了侵入刑法典第 285 条第 1 款规定以外的计算机信息系统或者其他技术手段的行为方法,从形态上看属于作为,即违反禁止性的规范,而实施了法律不允许的行为。

本罪的实行行为之一表现为获取非国家事务的他人计算机信息系统数据。对此,可从如下几个方面来理解和把握:①本罪客观行为在整体上具有行政违法性,获取行为同样具有该属性,即也是违反国家规定的。这种对获取行为性质的界定,也是立足于客观的角度。非法性是获取行为的客观性质。行为的客观性质与行为人的主观认识并无必然的联系,因而也不是对行为人主观上是否明确地认识到行为的违法性的要求。换言之,即便行为人没有认识到自己获取行为的违法性,也不能否定其行为的违法性。当然,能否对行为人予以归责,确实还要看行为人在主观上是否具备违法性认识,即是否认识到自己无权获取。而这一点在司法实践中并不是太大的问题,因为很多行为人有能力有条件认识到自己无权获取他人的计算机信息系统数据。因此,获取行为的非法性和行为人的违法性认识在内容上具有一定的相似性,即无权获取而获取。从这个角度看,获取行为也是违反不得获取的规范而去获取,同样符合作为的特征。②"获取"是指占有或者拥有特定的数据,一般表现为将数据拷贝一份,存储于自己电脑的计算机信息系统或者其他移动的存储器(如优盘、移动硬盘、手机、MP3、MP4等),或者自己实际控制的他人的计算机信息系统,或者网络存储器(如电子信箱、网络移动硬盘、游戏账户、博客等)中。从具体的行为方式来看,"获取"行为不同于"窃取",在通常情况下获取行为是秘密的,即计算机信息系统数据的其他控制人或者正在处理、传输数据的人不知道数据被获取,但也有公开的,即计算机信息系统数据的其他控制人或者正在处理、传输数据的人虽知道数据被行为人拷贝但无法阻止。因此,从本质上看,"获取"表现出行为人对特定数据的实际控制和使用。行为人虽然不实际控制他人的计算机信息系统,但随时进入获取数据的情形,自然也是获取行为的直接表现。从这个角度看,获取行为在形态上看表现出比较积极的举动。不过,这种举动在本罪中也仅限于非法复制或者直接使用他人计算机信息系统的数据，而没有采用植入病毒、埋伏数据炸弹、直接删除、随意修改等方式对数据进行破坏。

本罪的实行行为之二表现为非法控制他人的计算机信息系统。"非法"指的是行为人无权控制普通计算机信息系统，但其违反规定予以控制，所违反的规定与其手段行为所违反的规定相同，这里再次指出行为的非法性，只是为了强调。如前所述，"控制"针对的是能正常运行的计算机信息系统，那么，其在实际上针对的是计算机信息系统发挥基本功能所处的运行状态，即行为人会采用特定技术侵犯普通计算机信息系统中的程序、软件、工具，来发挥该系统的部分或者全部功能为自己所用。通常而言，行为人的控制是利用特定技术手段通过计算机网络来控制的。如果行为人窃取被害人的账户、密码而启动被害人计算机后进入系统内部，或者直接将被害人的计算机或者服务器以盗窃、抢劫、抢夺、诈骗等方式据为己有，进而对计算机信息系统实行控制的，似乎不宜按照非法控制计算机信息系统罪处理。另外，"控制"在本意上是指计算机信息系统按照行为人的意志运行，因而影响到计算机信息系统的功能发挥，但是，这种影响通常表现为按照行为人的意志在他人计算机信息系统上悄悄运行行为人启动的某些程序或者功能，是否影响计算机信息系统有权使用者的使用对犯罪成立关系不大，即一般情况下有权使用者仍能按照自己的意志使用计算机信息系统的功能，但不知道他人已经控制了自己所用的计算机信息系统，在有权使用者的使用与行为人的使用发生冲突时，行为人就会按照自己的意志阻碍有权者的使用。从此可见，本罪不存在不作为犯的情况。可见，获取行为与控制行为完全不同。前者针对的是普通计算机信息系统中存储、处理或者传输的数据，不涉及这些计算机信息系统的功能与实际的运行，后者则针对普通计算机信息系统本身，对计算机系统的功能与运行进行控制。

(二)犯罪界限和犯罪形态问题

1. 罪与非罪的界限

分析获取普通计算机信息系统数据或者控制他人计算机信息系统之行为是否构成犯罪，需要从如下几个方面来考虑。

首先，行为人是否违反了国家的规定。如果行为人的行为不违反国家规定，或者对普通计算机信息系统中存储、处理、传输的数据也有一定的占有或者使用权利，只是暂时没有向领导申请批准，行为人获得数据后仍用于工作，那么，其行为不构成犯罪。若因为工作关系有权进入单位计算机信息系统，或者经同意进入他人私人计算机信息系统，后来未经许可而私自控制的，也不能构成本罪。

其次，行为对象是否属于非国家事务的他人计算机信息系统及其数据。根据刑法典第 285 条第 2 款的规定，这里的普通计算机信息系统是指处在正常运行状态的普通计算机信息系统，而非被抛弃不用的计算机信息系统。本罪的行为对象还包括刑法典第 285 条第 1 款规定以外的计算机信息系统中存储、处理、传输的数据。对此，可以从如下两个方面来理解：①行为针对的是刑法典第 285 条第 1 款规定以外的计算机信息系统，即不属于国家事务、国防建设、尖端科学技术领域的计算机信息系统。既可以是国家机构或者国有单位的计算机信息系统，也可以是非国有单位、组织、个人的计算机信息系统。在行为的当时，行为人并无权利进入，或者虽可以进入，但无权获取其中的数据。②"计算机信息系统中存储、处理或者传输的数据"是指存在于计算机信息系统中的各种数据，可以表现为图片、文字、影音资料、专有的程序或者软件等，其状态或者是静止的，即处在存储状态，或者是运动的，即正被有关人员（不管是否属于有权人员）编辑，或正在被传输（不管是通过网络发送到其他终端，还是通过专门工具发送到移动存储设备上）。若行为对象是刑法典第 285 条第 1 款规定之特定计算机信系统中的数据或者属于公民的个人信息，则不构成本罪，因这些特定计算机信息系统的数据可能与国家秘密等特定信息或数据有关，可能同时构成非法侵入计算机信息系统罪与其他关于国家秘密等特定数据的犯罪（如非法获取刺探国家秘密罪、侵犯商业秘密罪等），或者非法获取公民个人信息罪。

最后，行为情节是否严重。对行为情节是否严重的判断，需要从行为活动的整体上进行，即考虑所有与行为、行为人有关的情节，主要包括如下几种：①行为对象（即计算机信息系统特定数据）的种类和数量。如前所述，计算机信息系统数据有多种表现形式，不同的数据所包含的信息也有所不同，而其数量自然更是对获取行为有重要意义的因素，很多行为人往往是获取他人大量的数据。因而计算机信息系统数据的种类多寡和数量多少决定了行为对象这一情节是否严重。例如，由江苏省徐州市某人民法院审理的公安部挂牌督办的"温柔"系列"木马"团伙案涉及全国 16 个省市，涉案人员百余人，被盗游戏账号数百万个，涉案金额 3000 多万元，显然属于行为对象情节严重的情形。当然，如果行为人获取的数据本身属于垃圾文件，没有什么意义和价值，那么，其行为也不构成犯罪。②数据被非法获取的被害人的人数情况。计算机信息系统数据在很多时候关系到单位、个人的生产生活，有着重要的意义。越多单位或者个人的计算机信息系统数据受到侵犯，就意味着造成的社会危害越严重，情节也因而更为恶劣。例如，在前述所谓的号称全国最大的制售木马程序案中，"温柔木马"严重影响了几十款网络游戏信息系统的正常运行，给网易公司、北京畅游时代数码科技有限公司等多家游戏公司造成重大经济损失，数百万个游戏玩家的账号密码、游戏装备被盗，网民反响强烈，社会危害严重。③行为手段的具体情况。从本质上讲，不同行为人会采取不同的手段非法获取他人计算机信息系统的数据，这些手段对于行为人最终非法获取计算机信息系统数据的结果来说，似乎并无不同。但是，不同的手段在技术含量上有所不同，对被害人的计算机信息系统及其数据的侵犯情况也存在差异。技术越是复杂，隐秘性越强的手段在侵犯性质上要高于那些技术较为简单、不那么隐秘的手段。因而对情节是否严重的判断，需要考虑手段本身的技术复杂程度和隐秘性质。④行为人的动机和具体实现的情况。如前所述，行为人的动机有多种表现，有的是卑劣的动机，而有的是营利性动机。出于卑劣动机非法获取他人计算机信息系统的数据，行为人还有可能利用这些数据进一步实施对被害人不利的行为，如贬损被害人的名誉、对被害人实施敲诈勒索、强迫被害人放弃参与某种正当的竞争活动等；出于营利性动机实施获取行为的行为人，还会将这些数据转手销售给他人，进一步获取经济利益，此类动机之行为人非法获取的经济利益越大，表现出行为的社会危害性越严重。⑤非法获取他人的计算机信息系统，或者非法控制他人计算机信息系统，给他人的生产、工作或者生活的影响情况。他人计算机信息系统中的数据，往往关涉到他人的生产、工作或者生活，而这些数据被非法获取，在很多时候会给他人的生产、工作或者生活带来不同情况的影响，或者表现为直接的经济损失，或者表现为工作或者生活上的困难和障碍，从而也表明了行为的社会危害程度。⑥非法控制计算机信息系统，情节严重而成立犯罪的情形，主要表现为非法控制较多的计算机信息系统、非法控制较为重要的计算机信息系统、非法控制计算机信息系统而获取较大数额的经济收益、非法控制计算机信息系统影响到计算机网络的安全等。可见，根据行为活动的整体情节来确定行为是否构成犯罪，表明情节之严重程度的判断在定罪过程中居于核心地位，而且，由此可以确定，非法获取计算机信息系统数据、非法控制计算机信息系统罪属于刑法理论上所讲的情节犯。

　　本罪不仅是情节犯，还存在情节加重犯的情况。刑法典第285条第 2 款对非法获取计算机信息系统数据、非法控制计算机信息系统罪的加重犯作出了规定，即"情节特别严重的，处三年以上七年以下有期徒刑，并处罚金"。因此，只有情节特别严重时，才能对犯罪人处三年以上七年以下有期徒刑，并处罚金。非法获取计算机信息系统数据、非法控制计算机信息系统罪的加重犯属于情节加重犯。结合上述对情节的分析，对于此处"情节特别严重"的理解，也可从获取数据的数量、非法入侵计算机信息系统的数量、行为人非法利用的情况、对他人正常工作的影响情况等来综合分析判断。

2. 此罪与他罪的区分

（1）本罪与非法侵入计算机信息系统罪的区分

本罪与刑法典第 285 条第 1 款所规定的非法侵入计算机信息系统罪在犯罪对象上有着不同的表现。但是，如果是非法控制刑法典第 285 条第 1 款所规定的计算机信息系统，则可分情况处理：第一，若是采用了侵入行为，可按照非法侵入计算机信息系统罪的来处理；第二，若是采用其他技术手段，可根据控制行为是否侵犯新的刑法法益来确定是否构成其他犯罪，若答案为否定的，则看是否影响特定计算机信息系统的正常运行，确定是否构成破坏计算机信息系统罪，若答案又为否定的，则只能给予行政处罚。

（2）本罪与破坏计算机信息系统罪的界分

刑法典第 286 条第 2 款所规定的破坏计算机信息系统罪，也是针对计算机信息系统数据的犯罪，即违反国家规定，对计算机信息系统中存储、处理或者传输的数据和应用程序进行删除、修改、增加的操作，后果严重的行为。该罪与非法获取计算机信息系统数据、非法控制计算机信息系统罪有相同之处，如犯罪主体、犯罪客体相同。该犯罪针对的也是计算机信息系统的功能和运行。

非法获取计算机信息系统数据、非法控制计算机信息系统罪与破坏计算机信息系统罪的区别主要有如下几点：第一，犯罪行为完全不同。前罪的犯罪行为表现为非法获取数据，或者非法控制普通计算机信息系统，即控制普通计算机信息系统的实际运行与功能发挥；而后罪的犯罪行为表现为删除、修改、增加数据，或者非法删除、修改、增加、干扰计算机信息系统的功能。如果行为人采用非法删除、修改、增加、干扰计算机信息系统功能的方式来控制计算机信息系统，则不能认定为前罪，只能按照后罪来处理。第二，犯罪对象不同。前罪的犯罪对象是普通计算机信息系统的数据，而后罪的犯罪对象是任何计算机信息系统的数据、程序。第三，犯罪成立的要求不同。前罪的成立要求行为情节严重，而后罪的成立要求"后果严重"，"后果"主要是就计算机信息系统的正常功能和运转受到的损害而言的。"后果严重"就是造成计算机信息系统不能正常运行，后果严重，如造成网络瘫痪、某个单位正常工作中断等。但是，在现实生活中，这两种犯罪也会发生竞合的情形。例如，行为人采取剪切的方式非法获取他人普通计算机信息系统数据，其实同时也实施了删除他人计算机信息系统数据的行为，同时可能符合刑法典第 286 条第 2 款的规定，构成破坏计算机信息系统罪，进而符合想象竞合犯的特征，可按照从一重罪重处罚的原则处理。但是，若是行为人在非法获取数据后为了掩盖罪行而破坏他人计算机信息系统，则另外构成破坏计算机信息系统罪，需要考虑数罪并罚。

（3）本罪和盗窃罪的区别

行为人采取秘密的技术手段非法获取他人的计算机信息系统数据，这些数据可能具备一定的财产性价值，或者行为人在获取这些数据后转手卖给他人，获取经济利益。对于这种情况，按照何种犯罪来处理，就成为需要讨论的问题。而问题的关键就在于如何认识计算机信息系统数据的财产性质。对此，笔者认为，既不能从行为人的角度来分析，也不能从受害人的立场来确定。特定数据是否具有财产性质，应该取决于其在社会和市场上的实际情况。如果在社会生活中大多数人承认特定数据（如电子充值卡密码、付钱买点点击播放的电影等影像资料、个人电子银行账户及其密码）的财产价值，存在相应的交易活动，与一定的金钱价值具有等价关系，那么，法律上也应该承认其价值，采取非法手段侵犯该数据的行为，应该属于侵犯公私财产的犯罪，认定为侵犯财产罪；如果特定数据（如 QQ 账号和密码）本身并没有所谓的经济价值，只是行为人或者受害人认为有经济价值，且以此寻找合适买家，卖出后获取经济价值，那么，从法律上就不宜认定该数据具有财产性价值。例如，2009 年 2 月，云和县的陶某向网民"铁血"（另案处理）购得一套针对"通吃"游戏的木马程序并在互联网上进行传播，先后获取了数百个"通吃"游戏玩家的用户账号、密码等信息并伺机进行操控。6 月 20 日下午，陶某在自己的住处上网，通过传播盗号木马获取到网民张某在"通吃"游戏中的用户名及密码等信息。随后，陶某利用对方下线的机会，冒用张某的用户名及密码登录张某的"通吃"游戏系统，将张某此账号内的约 60 亿"扎啤"（游戏道具）以故意输掉的方式变卖给买家方某，从中牟利 189800 元人民币，造成张某重大经济损失（他游戏账户内的 60 亿"扎啤"经鉴定价值人民币 33 万元）。人民检察院经审查后认为，陶某为谋取经济利益，违反国家有关计算机信息系统安全保护制度，利用木马程序非法获取计算机信息系统数据进行倒卖，获利近 20 万元，造成他人损失 33 万元，情节严重，应当以非法获取计算机信息系统数据、非法控制计算机信息系统罪追究其刑事责任。①

3. 特殊犯罪形态问题

（1）共同犯罪问题

根据刑法典第 285 条第 2 款的规定以及共犯的基本理论，可以看出，非法获取计算机信息系统数据、非法控制计算机信息系统罪属于任意的共同犯罪。不过，对于明知他人实施非法获取计算机信息系统数据的犯罪行为，故意为之提供侵入普通计算机信息系统的程序、工具的，应该按照刑法典第 285 条第 3 款的规定定罪处罚。另外，如前所述，单位不能成为本罪的犯罪主体，因此，如果单位集体决策为本单位利益而实施本罪的，可对直接负责的主管人员和其他直接责任人员，按照共同犯罪的原则以本罪追究刑事责任。

（2）牵连犯问题

行为人若是非法获取普通计算机信息系统中存储、处理或者传输的数据，用于其他犯罪活动，如盗窃罪、金融诈骗罪，符合牵连犯的特征，当根据刑法典第 287 条的规定，定罪处罚。不过，笔者认为，若是这样的处理较轻，不符合罪责刑相适应原则的要求，可仍按照牵连犯的处理原则（从一重罪处罚）处理，考虑对犯罪人从重处罚。

三、提供侵入、非法控制计算机信息系统程序、工具罪的司法适用问题

根据刑法典第 285 条第 3 款的规定，提供侵入、非法控制计算机信息系统程序、工具罪是指提供专门用于侵入、非法控制计算机信息系统的程序、工具，或者明知他人实施侵入、非法控制计算机信息系统的违法犯罪行为而为其提供程序、工具，情节严重的行为。

（一）犯罪构成疑难问题

1. 主观罪过的理解与认定

不同于前述的非法获取计算机信息系统数据、非法控制计算机信

---

① 《浙江省以非法获取计算机信息系统数据、非法控制计算机信息系统罪起诉一"黑客"》，载中国法院网：http://www.chinacourt.org/html/article/200910/21/378234.shtml。

息系统罪，本罪的实行行为表现为"提供"。刑法典第 285 条第 3 款没有就"提供"本身是否违反国家规定作出明确的表述。因而行为人是否认识到自身提供行为的违法性，进而对实施该行为究竟有何心态，就需要予以分析。具体而言，本罪的认识内容包括如下几点。

首先，由于本罪的行为表现为"提供"，就是说要将上述程序、工具交给他人，因而行为人对交给什么人，有能力予以认识，在实际上也是会有一定认识的。例如，在山东首例提供非法控制计算机信息系统程序案中，王某在 2007 年 8 月用一周的时间按照"黑色网络"的要求制作了一款程序，并根据程序的功能取名为"霸王插件"。这款程序的出售给王某带来了一笔不小的收入。随后的一段时间里，他又陆续接到类似的客户需求，王某在"霸王插件"的基础上做了适当的修改，卖给了不同的客户。通过对客户需求的分析，王某发现凡是购买"霸王插件"的客户，都是希望通过不正当的途径来提高自己网站的点击率，增加流量，骗取广告费或者从事其他非法活动。[①]

其次，行为人对自己将何种计算机程序或者软件工具交给他人，也会有比较明确的认识。对于专门用于侵入、非法控制计算机信息系统的程序、工具，行为人往往是制作或者运用的高手，对这些程序、工具的专门性质有着很明确的认识，因而不可能不明确地知道自身提供行为的性质。对于那些可以用于侵入、非法控制计算机信息系统的程序、工具，行为人单纯地实施提供行为，不足以构成犯罪，但若明知他人肯定或者很有可能用于实施非法侵入、控制他人计算机信息系统的行为，仍然为他人提供，就对他人的违法犯罪行为具有促进作用，因而应受到刑事法的认定。此时，仔细分析行为人的心态，既有可能是积极地促使他人实施违法犯罪，有可能是放任他人实施违法犯罪。但是，就"提供"行为本身来说，行为人在要么实施，要么放弃这两种选择中挑选其一，不存在第三种选择的可能，因而在主观上仍认识到提供行为的意义——让他人得到该程序或者工具。

因而综合来说，即便行为人对他人是否用于违法犯罪活动不一定就有肯定、明确的认识，对他人是否违法犯罪，可能会持放任的态度，但是，就本罪的实行行为来说，行为人在主观上并没有出于间接故意的可能性。因而可以确定，本罪在主观方面是直接犯罪故意，即明知自己的行为会发生让他人占有侵入、控制计算机信息系统的工具，仍

---

① 《山东首例提供非法控制计算机信息系统程序案》，载正义网：http：//news. jcrb. com/anxun/qtaj/201003/t20100322 _ 334946. html，2010-08-01。

追求该结果的发生。这也表明，行为人不可能将上述程序、工具放任他人占有，因而不可能出于间接故意的犯罪态度。当然，如果行为人确实没有认识到他人会用于违法犯罪活动，且有证据予以证明，那么，就不宜追究其刑事责任。

2. 行为的具体表现

本罪的犯罪客观方面表现为提供专门用于侵入、非法控制计算机信息系统的程序、工具，或者明知他人实施侵入、非法控制计算机信息系统的违法犯罪行为而为其提供程序、工具，情节严重。如何准确地理解和把握本罪的实行行为及其方式，直接决定了犯罪的正确认定。

犯罪行为表现为"提供"。所谓"提供"是指将自己占有或者控制的某物交给他人，使得他人对该物取得占有或者控制。在刑法典分则罪刑条文对其他犯罪的规定中，"提供"通常为"无偿"所修饰，例如，刑法典第169条之一规定之"背信损害上市公司利益罪"的第一项行为就表现为"无偿向其他单位或者个人提供资金、商品、服务或者其他资产"；或者与其他具有经济交换关系的词语并列，也显示出不具有经济交换的性质，例如，刑法典第177条之一第1款规定之"妨害信用卡管理罪"的第四项行为表现为"出售、购买、为他人提供伪造的信用卡或者以虚假的身份证明骗领的信用卡"。但是，这并非是绝对的，其他关于"提供"的规定表明"提供"未必是无偿的，例如，刑法典第177条之一第2款规定之"窃取、收买、非法提供信用卡信息罪"，不能排除行为人向他人索取财物或者他人主动给予财物，行为人为他人非法提供信用卡信息的情形。对于刑法典第285条第3款涉及的"提供"，从字面意义上看，没有提及提供者与被提供者之间是否存在交换关系的问题。因此，"提供"既可能是无偿，也有可能是有偿的，即提供者与被提供者之间存在经济交换关系的可能性是存在的。换言之，行为人是无偿交给他人，还是采用有偿形式的出售、售卖，都属于"提供"的情形。在司法实践中，有偿提供侵入、非法控制计算机信息系统程序、工具的情形最为常见，即行为人在主观上多是出于谋取经济利益的动机和意图。例如，在上述山东首例提供非法控制计算机信息系统程序案中，被告人王某本意就是通过编写程序，利用自己的一技之长改变家里的生活条件。在大量销售"霸王插件"的木马程序后，王某也确实地感受到自己的收入不断增长，家里的生活条件随着购买者的增多有了很大的改善，并且因此加强了自身获取经济利益的意图。在随后的一段日子里，王某在"霸王插件"的基础上不断完善，又先后编写出了"霸王QQ包"、"霸王下载者"两种木马程序，并建立了专门的宣传网站宣传和出售"霸王"木马程序。在短短的三个月的时间里，王某通过互联网向全国各地的 100 多人出售"霸王"木马程序，获利 60 多万元。

另外，"提供"的另一层含义是，被提供者在得到对象物后并不是简单地对该物进行占有或者控制，而是要予以利用。这种利用可以是投入某种活动，例如刑法典第 198 条第 4 项的规定，保险事故的鉴定人、证明人、财产评估人故意提供虚假的证明文件，他人利用虚假证明文件实施保险诈骗犯罪，从而为他人的诈骗提供了条件；也可以是从对象物中获取一定的信息，例如在刑法典第 161 条的规定中，依法负有信息披露义务的公司、企业向股东和社会公众提供虚假的或者隐瞒重要事实的财务会计报告，股东得到这些报告，可能会用于判断如何进行投资活动，而社会公众得到该报告，大部分只是了解该公司、企业的情况。因而在本罪中，"提供"的最终归宿就是被提供者的使用。例如，在上述王某实施的犯罪案件中，2008 年 1 月，重庆的张某通过朋友介绍知道了王某出售的"霸王插件"木马程序。他看中了这款软件的"定向弹窗"功能，为了增加自己网站的流量和成人保健品商店的点击率，他通过 QQ 联系到王某，花 1500 元购买了"霸王插件"木马程序。在王某的指导下，张某把"霸王插件"木马程序放在了自己的电脑空间里，只要有网友访问这个空间，就会被种植木马程序，感染病毒后的计算机在开机运行时，就会自动弹出张某设定好的广告页面，这样就会增加广告的点击率。张某在一年多的时间，向 20 多万台计算机种植了"霸王"木马程序，非法收入 5 万余元。所以，在这样的情况下，行为人是主动提供，还是应他人要求被动提供，以及被提供者是否成年人等，都不影响犯罪的成立。

最后，尽管本罪的实行行为都表现"提供"，但是因为对象的不同而在性质上有所区别。对于专门用于侵入、控制他人计算机信息系统的程序或者工具，提供行为具有一定的独立性，该行为成立犯罪，并不依赖于他人是否实施违法犯罪活动。但是，对于那些可以用于侵入、控制他人计算机信息系统的程序或者工具，提供行为是否成立犯罪，需要考虑行为人是否明知他人实施侵入、非法控制计算机信息系统，行为人明知他人实施侵入、非法控制计算机信息系统的违法犯罪而有意提供，就带有帮助的性质，其是否成立犯罪必须考虑他人在得到这样的程序或者工具后是否实施了侵入、非法控制计算机信息系统的违法犯罪行为，因而行为不完全具有独立性，而是具有一定的附属性。因而在确定这两种不同的提供行为是否构成犯罪时，对情节严重的考察可能存在区别,对附属性的提供行为需要考察提供行为对他人实施侵入、非法控制计算机信息系统所起的作用究竟有多大。不过,独立来看,并不能确定独立性提供行为和附属性提供行为哪一种在危害性程度上更大些。

3. 行为对象的认定

根据刑法典第 285 条第 3 款的规定,本罪实行行为作用的对象是用于侵入、非法控制计算机信息系统的程序、工具。根据刑法典第 285 条第 3 款前半段与后半段的不同规定,这样的计算机程序、工具有两种:一是专门用于侵入、非法控制计算机信息系统的程序、工具(如被用来狂盗数百万个账号,案犯涉及 16 省市百余人,涉案金额 3000 余万元,终成全国最大制售木马案的"温柔"木马程序);二是可以用于侵入、非法控制计算机信息系统,但也有其他用途的程序、工具(如广告插件、网页 java 动画、网页浏览工具等),不能用于侵入、非法控制计算机信息系统的程序、工具,即便也可能被用来实施非法行为(如电子信箱收集用户的资料),但也不属于本罪的犯罪对象。相对而言,前一种程序和工具本身就具有非法的性质,直接的提供行为在危害性上比较明确;后一种程序和工具却是中性的,是否具有非法性质需要看是否用于违法犯罪活动。因此,从成立犯罪的要求上看,对于不同的对象,被提供者是否使用的情况是不同的。若提供的是专门的上述程序、工具,被提供者是否实际使用,不影响犯罪的成立;若提供的不是专门的,而是普通的上述程序、工具,只有被提供者实际使用,才能认定提供者构成犯罪,否则很难认定提供行为情节严重而具有严重的社会危害性。从表面上看,提供专门用于侵入、非法控制计算机信息系统的程序、工具的行为在危害性程度上更重一些。

这两种程序、工具更多地具有一些共同的特征。其一,其功能都是可以被人用来侵入、非法控制计算机信息系统。正因为如此,才使得此类计算机程序、工具具有威胁计算机信息网络、计算机信息系统安全与稳定的潜在危险,才需要对提供此类程序、工具的行为给予刑事制裁。其二,都具有计算机或者互联网络的技术属性。用于侵入、非法控制计算机信息系统的程序、工具,一般都是特定的计算机程序、软件,而非具有机械性地对计算机设备进行物理性破坏作用的工具(如刀斧、爆炸物、火、水等)。而且,这样的程序或者工具是专业人员通过技术手段编制出来的专门软件,而不是他人计算机信息系统或者其中程序本身的漏洞(如网页漏洞、计算机后台漏洞等)。其三,所涉及的计算机信息系统，既包括刑法典第 285 条第 1 款所规定的特定计算机信息系统，也包括同条第 2 款所规定的普通计算机信息系统，第 3款没有做出限定。例如，2008 年 7 月，朱某在一个黑客网络论坛上，留下了自己的联系方式和 QQ 号码之后，一个名叫"合作教育"的网友联系上他。"对方问我是否愿意进入广东人事网的网页，建立虚假信息库，添加一些伪造的人员职称信息。"朱某说，对方说添加一个人的职称信息，他就可以获得 10 元钱的报酬。由于朱某觉得当时未找到合适的工作，而且这样来钱快，就爽快地答应了。朱某称，"合作教育"通过 QQ 传给他木马病毒程序的链接和密码，他利用网页漏洞和木马病毒，进入广东人事网的后台进行操作。随后，朱某在广东人事网上资格审查栏目页面，添加了两个非法链接。这两个非法链接原本属于两家企业的正规网站，后被朱某入侵并植入木马病毒程序，受到朱某控制，就是俗称的"傀儡主机"。紧接着，朱某将"合作教育"提供的职称名单和职称成绩，分别上传到这两个网站的数据库。此后，留在广东人事网上两个非法链接一直存在，直到 2009 年 3 月 12 日，广东人事网技术人员发现非法链接并予以截断。由于"合作教育"发现非法链接失效，2009 年 3 月 26 日，朱某再次被委托侵入广东人事网，通过病毒修改了网站数据库。在 2008 年至 2009 年间，朱某以类似手法，还入侵了赣州人事人才网、赣州定南县人事劳动保障网、黄冈市人事信息网、东南大学远程教育学院教学管理平台四家网站。从这案例可以看出，犯罪人所利用的木马程序或者病毒显然是针对所有类型的计算机信息系统的。

4. 行为情节严重的认定

提供专门用于侵入、非法控制计算机信息系统的程序、工具，或者明知他人实施侵入、非法控制计算机信息系统的违法犯罪行为而为其提供程序、工具的行为，并非都构成犯罪。根据《刑法典》第 285 条第 3 款的规定，这样的行为，只有情节严重，才构成犯罪。因而本罪同样也属于情节犯。总体上看，对于提供上述特定程序、工具的行为，可从提供程序、工具的数量、被提供者的人数、他人违法犯罪活动的程度、行为人非法获利的情况等多个方面综合性地分析判断。例如广西壮族自治区首例制售木马病毒案，柴某（黑龙江省佳木斯市人）制作了一种木马病毒程序，专门用于盗窃 QQ 号。2008 年 12 月至 2010 年4 月间，他将自己制作的木马病毒程序卖给黄某（宾阳县芦圩镇人）等多人使用，非法获利达 26.2925 万元人民币。人民法院认为，柴某的行为构成提供侵入、非法控制计算机信息系统程序、工具罪。①

但是，因为提供行为本身的复杂性，对情节是否严重的判断，必须结合提供行为本身的形态和表现来具体地判断。根据行为人的主观认识和犯罪行为，其行为方式有三种：一是将专门用于侵入、非法控制计算机信息系统的程序、工具提供给他人；二是明知他人实施侵入、非法控制计算机信息系统的违法活动而将用于侵入、非法控制计算机信息系统的程序、工具提供给他人；三是明知他人实施侵入、非法控制计算机信息系统的犯罪活动而将用于侵入、非法控制计算机信息系统的程序、工具提供给他人。在程序、工具数量相同、被提供者人数相同的情况下，这三种行为的社会危害性程度并不完全相同：①第一种行为方式所涉及的被提供者既可能是社会上的不特定人，也可能是行为人认识的熟悉人，而第二、三种行为方式所涉及的被提供者却是特定的人，即要实施侵入、非法控制计算机信息系统的某个或者某些人。对于第一种行为方式而言，被提供者人数的多少直接影响到行为的社会危害性程度，因而属于行为情节之一。对于后两种行为方式来说，被提供者是单独违法犯罪还是共同违法犯罪，是一次的违法犯罪还是多次的违法犯罪，就是考察整个行为之社会危害性所必须衡量的情节。②第一种行为方式是否成立犯罪，不需要考察被提供者是否实施了违法犯罪，但第二、三种行为方式成立犯罪的考察，却不可忽视对被提供者实施违法犯罪之情况的分析。不过，究竟是行政违法还是刑事犯罪，对提供行为成立犯罪的影响或者作用并不相同。毕竟，行政违法在社会危害性上不同于刑事犯罪。因此，在对被提供者情况作考察时，需要注意在性质上同样是侵入、非法控制计算机信息系统的行政违法与刑事犯罪在社会危害性程度上的相近性。换言之，对实施侵入、非法控制计算机信息系统之行政违法行为提供程序、工具的情形，与对实施此类之行为时犯罪提供程序、工具的情形，在成立犯罪的社会危害性程度上是基本上等同的。这样就意味着在行政违法的情况下对行政违法的人数或者单个人实施行政违法的次数或者行政违法的客观后果有程度较高的要求。因此，笔者认为，应该提高第二种情况成立犯罪所要求的情节严重的程度，如在程序、工具数量、被提供者的人数、被提供者利用情况、行为人非法获利等方面有更高的要求，否则，将三种行为成立犯罪所需的"情节严重"做同等的要求，显

---

① 《广西首例制售木马病毒案开审 宾阳男子购木马诈骗》，载广西新闻网：http://www.gxnews.com.cn/vipvideo/article.php? id=3148902，2010-08-01。

然是不公平的。尤其是在第二种情况下，应该避免出现他人利用上述程序、工具实施违法行为但仅受行政处罚，而提供者却构成犯罪，受到刑事处罚的不公平现象。总体上来说，三种行为方式各自成立犯罪所需的情节严重是不尽相同的。

(二)犯罪的界限和犯罪形态问题

1. 罪与非罪的界限

对于提供用于侵入、非法控制计算机信息系统的程序、工具的行为是否构成犯罪，可从如下几个方面来分析：①行为人的行为是否表现为提供。提供行为可能表现为主动提供，也可能表现为被动提供，但如果是被他人采用强制方法索要，自己主观上并无犯罪故意的，则不构成本罪。②行为对象是否用于侵入、非法控制计算机信息系统的程序、工具。如果不是能侵入、非法控制普通计算机信息系统的程序、工具，则不构成本罪。③行为是否情节严重。如果提供情节并不严重，如提供的特定程序功能一般，难以发挥作用，或者被提供者根本不会使用，则可不按照犯罪来处理。

2. 本罪与其他提供型犯罪的界限

在刑法典分则罪刑条文中，为他人提供犯罪工具而成立独立犯罪的规定还有两处：第一，刑法典第107条规定的资助危害国家安全犯罪活动罪，即境内外机构、组织或者个人资助境内组织或者个人实施刑法典第102条、第103条、第104条、第105条规定之罪的行为；第二，刑法典第125条之一规定的资助恐怖活动罪，即资助恐怖活动组织或者实施恐怖活动的个人的行为。提供侵入、非法控制计算机信息系统程序、工具罪与这两种犯罪的区别在于：①提供侵入、非法控制计算机信息系统程序、工具罪只能由自然人构成，而这两种犯罪的主体包括自然人和单位。②提供侵入、非法控制计算机信息系统程序、工具罪的行为仅限于提供特定程序、工具，而且，既有有偿的，又有无偿的，而这两种犯罪的行为表现为资助，通常是无偿的。③提供侵入、非法控制计算机信息系统程序、工具罪中的被提供者既有可能进行行政违法活动，也有可能实施犯罪活动，而这两种犯罪中的被提供者进行的分别是危害国家安全的犯罪活动与危害公共安全的恐怖活动。当然，在现实生活中，完全有可能出现向特定危害国家安全犯罪活动的行为人或者恐怖活动的行为人，无偿地提供用于侵入、非法控制计算机信息系统的程序、工具的情形，这种情形完全符合想象竞合犯的特征，可按照处罚较重的犯罪来处理。

3. 本罪与非法经营罪的界限

从表面看，提供侵入、非法控制计算机信息系统程序、工具罪与非法经营罪没有相近之处。然而，在现实生活中，不少行为人为了获取经济利益而向他人出售侵入、非法控制计算机信息系统的程序和工具，使得这些程序和工具成为非法交易的对象，从而使得提供行为也具有经营的性质。但是，由于提供的行为对象有所差异，非法提供行为是否符合刑法典第 225 条规定之非法经营罪的构成特征，还须根据提供对象本身的性质来确定。

专门用于侵入、非法控制计算机信息系统的程序和工具，本身就具有非法的性质，如同毒品一样，直接决定了交易行为的非法性质，有偿提供此种程序和工具的情形不可能符合非法经营罪的犯罪构成，仍应认定为本罪。例如，彭某，初中没毕业就辍学在家，因为整日无事可做，渐渐迷上了网络游戏。在虚拟游戏里，彭某因装备落伍，经常败给其他玩家。经常玩网游的朋友告诉彭某有一种木马程序可以控制并攻击对方电脑，为了下载这种程序他开始在网上寻找相关信息。2007 年，彭某花了 1000 元从他人处购买了一款叫"盘古"的 ddos 攻击性病毒软件。借助这款软件，他很快在游戏里成了"王者"，许多玩家纷纷向其索要攻击软件，甚至有人愿出高价购买。彭某遂雇佣两名在校大学生一起合作，在浙江金华租了服务器，注册了网站域名，并在网站上留了联系方式，以 1000 元至 2000 元不等的价格在网上对外销售木马软件，共提供有偿下载服务 65 人次非法获利 19.5 万元。

专门性的、可以应用于其他合法活动的进入、控制计算机信息系统的程序和工具，在性质上并不必然地具有非法性质，其法律性质随着使用行为而改变。在将此工具有偿提供给违法犯罪行为人使用时，若被提供者人数众多，提供者的有偿提供行为就具有非法经营的性质，也符合非法经营罪的犯罪构成，属于刑法理论上的想象竞合犯，应按照想象竞合犯的处罚原则来处理。

4. 本罪与制作传播破坏性程序型破坏计算机信息系统罪的区分

刑法典第 286 条第 3 款规定，故意制作、传播计算机病毒等破坏性程序，影响计算机系统正常运行，后果严重的，依照该法条第 1 款的规定处罚。但是，根据最高人民法院、最高人民检察院所颁布的有关罪名的司法解释，该款的罪名同该条第 1 款、第 2 款一样，都是破坏计算机信息系统罪。制作传播破坏性程序型破坏计算机信息系统罪与本罪有着相同之处，如犯罪主体都是自然人，而不包括单位；犯罪主观罪过形式都是直接犯罪故意；行为对象都是计算机程序；犯罪的成立都要求行为情节严重。但是，二者也存在不同，主要表现为以下方面。

（1）犯罪行为方式不同

刑法典第 286 条第 3 款规定的破坏计算机信息系统罪的客观行为表现为制作、传播计算机病毒等破坏性程序，不管是制作行为还是传播行为，都构成犯罪。但本罪的犯罪行为仅仅表现为为他人或者单位提供特定的程序或者工具，至于该程序或者工具是行为人自己制作的，还是从他人处获得的，不影响犯罪的认定。传播行为虽然也有提供的意思，但毕竟不同于提供，提供是将程序或者工具交付给某个人使用，而传播则是借助互联网络在不特定多数人的计算机信息系统中不断蔓延，当然，也有可能是行为人将病毒等破坏性程序提供给不特定的多数人来对别人的计算机信息系统使用。

（2）行为对象有所不同

刑法典第 286 条第 3 款规定的破坏计算机信息系统罪的对象是计算机病毒等破坏性程序，即对他人的计算机信息系统的正常运行有阻碍作用或者直接导致他人计算机信息系统崩溃不能使用的程序，显然具有很大的社会危害性，一旦传播，就会造成数以万计的计算机信息系统不能正常运行，如前些年大肆流行并造成极大危害的所谓"熊猫烧香"病毒。但是，本罪的对象是专门或者一般性的侵入、非法控制计算机信息系统的程序或者工具，本身却并不具有破坏性质，即不会影响、中断他人正在运行的计算机信息系统，也不会删除、破坏他人的计算机信息系统数据。如果行为人所提供的侵入、控制计算机信息系统的程序或者工具，同时具有破坏他人计算机信息系统或者计算机信息系统数据的功能，且被提供者是不特定的多数人，那么，该提供行为在一定意义上也是传播破坏性程序的行为，同时符合刑法典第 285 条第 3 款和第 286 条第 3 款的规定，属于想象竞合犯的情形，可以按照从一重罪重处断的原则来处理。

5. 共同犯罪问题

关于本罪的共同犯罪，如果在多个行为人存在主观犯罪意图联络的情况下共同实施提供行为，如进行分工，分别制作侵入、非法控制计算机信息系统的程序和工具，寻找购买人，实际交付程序和工具，进行所谓的售后服务等，认定共同犯罪，区分主犯和从犯，似乎并不存在理论上的疑难问题。但是，行为人对被提供者实施的犯罪活动有无认识，进而是否构成被提供者所成立的犯罪的共同犯罪，需要给予必要的讨论。

　　首先，提供者不仅认识到被提供者会使用侵入、非法控制计算机信息系统的程序和工具，实施犯罪活动，而且是主动或者应被提供者的要求而提供。此时，可以认定提供者在主观上与被提供者具有共同犯罪所必需的主观犯意联络，符合共同犯罪的主观条件，从而使得其提供行为具有共同犯罪中为他人提供犯罪工具之帮助行为的性质，进而也符合共同犯罪的客观条件，可以认定被提供者所实施之犯罪的共同犯罪。但是，毕竟刑法典第 285 条第 3 款对提供行为规定了独立的犯罪，因而上述符合被提供者共同犯罪条件的提供行为同样也构成提供侵入、非法控制计算机信息系统程序、工具罪，即属于刑法理论上的想象竞合犯，可按照从一重罪重处断的原则处理。在上述情况下，不管提供的对象是专门侵入、非法控制计算机信息系统的程序、工具，还是一般性的进入、控制计算机信息系统的程序和工具，都不妨碍按照上述原则做出处理。

　　其次，提供者认识到被提供者可能会用所提供之程序和工具侵入、非法控制他人的计算机信息系统，但与被提供者并没有主观的联系。此时，根据刑法典第 285 条第 3 款的规定，情节严重的，自然可以认定为提供侵入、非法控制计算机信息系统程序、工具罪。当然，要在所提供的程序和工具是否具有非法性质，行为人是否明知被提供者用于违法犯罪活动上给予必要的区别对待。但是，需要注意的问题是，若提供者明知被提供者用于侵入、非法控制计算机信息系统的犯罪，让向其提供该程序和工具，那么该如何处理呢？这个问题在刑法典第 285 条第 3 款后半段所规定的情形下尤为突出。因为行为人明知他人实施侵入、非法控制计算机信息系统的犯罪行为而为其提供程序、工具，在主观上有可能放任他人实施犯罪活动，也有可能积极追求他人实施侵入、非法控制计算机信息系统的犯罪这一行为后果。此时，提供者知道被提供者要实施侵入、非法控制计算机信息系统的犯罪，虽然提供者与被提供者就实施侵入、非法控制计算机信息系统的犯罪不存在意思联络，提供者认识到了自己的行为是一种明确的帮助行为，但是，被提供者以为提供者并不知道自己的行为计划，提供者在主观上有利用被提供者实施特定犯罪的意图。这样的情形符合片面共犯的特征，因为提供者是对被提供者的行为实施帮助，因而提供者还属于片面的帮助犯。对此，根据有关学者的认识，可以按照共同犯罪的原则对提供者做出处理，[①] 即认定提供者构成被提供者所实施的犯罪，

---

① 张明楷：《刑法学》(第 3 版)，323 页，北京，法律出版社，2007。

并确定其在犯罪中的地位和作用，认定其为从犯，依照刑法典关于从犯的规定和关于被提供者所实施的具体犯罪予以处理。但是，因为刑法典第 285 条第 3 款的规定，上述情形同样也符合提供侵入、非法控制计算机信息系统罪的犯罪构成。这样一来，上述情形中提供者所实施的一个行为就触犯了两种罪名，且行为人主观上确实存在侵犯两种不同法益的意图，因而符合想象竞合犯的特征。对此，笔者认为，在一般情况下，认定为提供侵入、非法控制计算机信息系统程序、工具罪，更符合犯罪事实本来的特征，对被提供者侵入、非法控制计算机信息系统的犯罪给予帮助的实际情况，可根据帮助作用的程度在量刑上给予一定的考虑，即并不按照被提供者之犯罪的共同犯罪来处理。不过，若在具体犯罪中被提供者所实施的犯罪属于非常严重的刑事犯罪，而且，所提供的程序和工具起到了很大的作用，那么，就可以认定为被提供者之犯罪的共犯，从而更好地实现罪责刑相适应原则的要求。

最后，被提供者非法侵入、控制计算机信息系统，往往还会进一步实施其他犯罪，如盗窃、诈骗、贪污、挪用公款、窃取国家秘密、侵犯商业秘密等，因而非法侵入、控制计算机信息系统的行为只是其他犯罪的手段行为，提供者也很有可能认识到被提供者通过非法侵入、控制计算机信息系统而实施其他犯罪。在这种情况下，提供者的提供行为也是被提供者实施其他犯罪的帮助行为。对此，该如何处理，有三种方式：一是仅认定提供侵入、非法控制计算机信息系统程序、工具罪；二是应同时认定为提供侵入、非法控制计算机信息系统程序、工具罪与其他犯罪（帮助犯），数罪并罚；三是这种情形符合想象竞合犯的特征，应按照处罚较重的犯罪来处理。笔者认为第三种方式较为可取，因为第一种方式会导致帮助其他犯罪，危害更为严重的情形，可能会放纵犯罪人；第二种方式似乎对犯罪人处罚过重，毕竟其也就实施了一个行为。

6. 罪数问题

在现实中，提供者为他人提供用于侵入、非法控制计算机信息系统的程序、工具，有时候还会提供所谓的技术服务。例如，在前述王某制售"霸王插件"等木马程序的案件中，由于购买木马程序的人计算机水平有限，王某一般会为购买者提供后台维护的服务，每次维护的费用大概在 100 元至 200 元不等。相对有偿提供的行为，后台维护只是提供者完善所提供的侵入、非法控制计算机信息系统的程序和工具，因而不算是新的提供行为，可谓提供行为的后续，没有进一步再侵犯新的法益，因而不需要评价为新的犯罪。但是，技术服务显然不限于后台维护。有些技术服务很有可能侵犯新的法益。例如，提供者不仅提供侵入、非法控制计算机信息系统程序和工具，还向被提供者讲明或者传授这些程序、工具的使用方法或者运用技术等，教会被提供者如何使用，即如何非法侵入、控制他人的计算机信息系统，甚至如何非法获取他人的计算机信息系统数据。这种情形实际上是向提供者传授非法侵入、控制他人计算机信息系统或者非法获取计算机信息系统数据的方法，而这些方法显然属于违法犯罪方法。若是传授专门程序、工具的使用方法、运用技巧，则还涉嫌构成刑法典第 295 条规定的传授犯罪方法罪，这种情形显然要比单纯提供专门工具的行为要严重些，因而可数罪并罚。若是传授普通程序、工具的使用方法、运用技巧，因为提供者在主观上明知被提供者用于犯罪活动，同样也具有帮助性质，可认为是提供行为的一部分，不必单独处理，仅认定为提供侵入、非法控制计算机信息系统程序、工具罪即可。另外，如果行为人不仅向他人有偿提供用于侵入、非法控制计算机信息系统的程序或者工具，而且同时还以实际的非法侵入或者控制活动来演示这些程序或者工具的使用，那么，该行为人的演示活动本身也构成犯罪，且这两种行为之间不存在刑法上的特定关系（如牵连关系或者吸收关系），可予以数罪并罚。

第八专题

利用影响力受贿罪问题研究

　　2009 年 2 月 28 日，第十一届全国人民代表大会常务委员会第七次会议通过了《中华人民共和国刑法修正案（七）》，该《修正案》在《刑法》第 388 条后增加一条作为第 388 条之一，规定："国家工作人员的近亲属或者其他与该国家工作人员关系密切的人，通过该国家工作人员职务上的行为，或者利用该国家工作人员职权或者地位形成的便利条件，通过其他国家工作人员职务上的行为，为请托人谋取不正当利益，索取请托人财物或者收受请托人财物，数额较大或者有其他较重情节的，处三年以下有期徒刑或者拘役，并处罚金；数额巨大或者有其他严重情节的，处三年以上七年以下有期徒刑，并处罚金；数额特别巨大或者有其他特别严重情节的，处七年以上有期徒刑，并处罚金或者没收财产。""离职的国家工作人员或者其近亲属以及其他与其关系密切的人，利用该离职的国家工作人员原职权或者地位形成的便利条件实施前款行为的，依照前款的规定定罪处罚。"从而新增了一种犯罪——利用影响力受贿罪。为正确理解和适用这一刑法新增的犯罪，本文对利用影响力受贿罪的一些问题进行研析。

一、立法背景

（一）立法原因

1. 国内原因

　　传统贿赂犯罪打击的是国家工作人员与请托人间的"权

钱交易"行为，近年来，权力寻租行为已经走出了普通贿赂犯罪的在职国家工作人员的圈子，延伸至了更广的范围。例如，《刑法》第388条对国家工作人员的斡旋型受贿罪作了规定。但在现实生活中，有些国家工作人员的配偶、子女等近亲属，以及其他与该国家工作人员关系密切的人，通过该国家工作人员职务上的行为，或者利用该国家工作人员职权或者地位形成的便利条件，通过其他国家工作人员职务上的行为，为请托人谋取不正当利益，自己从中索取或者收受财物。同时，一些已离职的国家工作人员，虽已不具有国家工作人员身份，但利用其在职时形成的影响力，通过其他国家工作人员的职务行为为请托人谋取不正当利益，自己从中索取或者收受财物。这类行为败坏党风、政风和社会风气，具有严重的社会危害性，需要予以刑事惩治。相较直接利用职权的刚性权力而言，"拥有以'影响力'为主要资本的'软权力'，这也是一种稀缺资源，也可以作为一种'买卖'对象，形成'影响力寻租'，同样会酿就'权钱交易'的怪胎、恶魔。"随着反腐败力度的加强和深度的进一步挖掘，影响力交易以各种形式出现并蔓延，公权侵害私权的方式也日益多样化，基于我国刑法反腐败犯罪体系已很难适应新形势下打击腐败犯罪现实要求的状况，《刑法修正案（七）》增设了影响力受贿犯罪的规定，体现了我国惩治贪官身边人，打击腐败犯罪的决心。[①]

2. 国际原因

《联合国反腐败公约》已经在我国生效实施，该《公约》第18条对利用影响力索取或者收受不正当好处的行为作了明确规定："公职人员或者其他任何人员为其本人或者他人直接或间接索取或者收受任何不正当好处，以作为该公职人员或者其他人员滥用本人的实际影响力或者被认为具有的影响力，从缔约国的行政部门或者公共机关获得任何不正当好处的条件。"并要求缔约国对这种行为予以犯罪化。世界上其他区域性的国际反腐败公约，如《欧洲委员会反腐败刑法公约》、《非洲联盟预防和打击腐败公约》、《美洲国家组织反腐败公约》对利用影响力交易犯罪也作了规定。世界上的一些国家，如新加坡、法国、西班牙等都对该种犯罪作了规定，履行所加入的条约义务，借鉴国际社会反腐有益经验，是我国反腐败刑事法治建设的应有之义和必要途径。

---

① 李翔：《论影响力受贿犯罪的司法认定——兼评〈刑法〉第388条之一》，载赵秉志主编：《刑法论丛》，2009（4），324～325页，北京，法律出版社，2009。

(二)立法意义

基于上述国内和国际的原因,《刑法修正案(七)》新增了利用影响力受贿罪。利用影响力受贿罪的增设,对于进一步严密我国贪污贿赂犯罪的刑事法网,加大对腐败犯罪的刑法惩治力度,促进中国反腐败刑法立法的国际化,无疑都具有重要意义。

二、罪名问题

根据《刑法修正案(七)》的规定,利用影响力受贿罪,是指国家工作人员的近亲属或者其他与该国家工作人员关系密切的人,通过该国家工作人员职务上的行为,或者利用该国家工作人员职权或者地位形成的便利条件,以及离职的国家工作人员或者其近亲属以及其他与其关系密切的人,利用该离职的国家工作人员原职权或者地位形成的便利条件,通过其他国家工作人员职务上的行为,为请托人谋取不正当利益,索取请托人财物或者收受请托人财物,数额较大或者有其他较重情节的行为。

本罪行为在《联合国反腐败公约中》被称为"影响力交易",那么本罪罪名如何确定为宜? 学者们存在不同的意见。

有学者认为该条罪名是受贿罪。认为《刑法修正案(七)》第 13 条的规定"突破了在非共同犯罪的情况下受贿罪的主体只能是国家工作人员的传统判断,将国家工作人员的近亲属以及其他与该国家工作人员关系密切的人纳入受贿罪的主体,是关于受贿罪立法的一个重大突破"[1]。《刑法修正案(七)》第 13 条规定的罪名仍然用"受贿罪"为宜,该次刑法修订的重大突破之一就在于明确了非国家工作人员可以单独构成受贿犯罪。在当前的刑法体系下,沿用"受贿罪"比其他罪名更能体现科学性和合理性。[2]

有的学者认为,该条的罪名应确定为"特定关系人受贿罪",理由是:《刑法修正案(七)》对何谓"关系密切的人"的含义没有作出明确界定,立法机关认为可以在司法解释中作出具体规定,而"两高"《关于办理受贿刑事案件适用法律若干问题的意见》(以下简称《意见》)则对"特

---

① 李希慧:《受贿罪立法的重大突破》,载《检察日报》,2009-03-02。
② 王田海:《论受贿罪的补充与缺憾——〈刑法学修正案(七)〉第 13 条解读》,载赵秉志、陈忠林、齐文远主编:《新中国刑法 60 年巡礼　下卷:聚焦〈刑法修正案(七)〉》,1543~1545 页,北京,中国人民公安大学出版社,2009。

定关系人"的范围有明确规定："特定关系人，是指与国家工作人员有近亲属、情妇（夫）以及其他共同利益关系的人。"因而符合立法精神，并可以避免扩大受贿罪主体的适用范围。①

有学者认为应当将其罪名确定为"影响力交易罪"，认为该条规定与《联合国反腐败公约》第18条"影响力交易"的规定十分相近，可以借用"影响力交易"这个名称，将本条规定之罪名为"影响力交易罪"。②

有学者认为，该条罪名应确定为"非国家工作人员斡旋受贿罪"。理由在于：《刑法修正案（七）》将第13条置于《刑法》第388条之后，某种程度上已经承认了该条规定同原有的斡旋受贿行为的紧密联系，从法条的客观方面规定上来看，二者更是具有极大的相似性，唯一的区别就是犯罪主体的不同，《刑法》第388条的主体是国家工作人员，是为了规制国家工作人员的行为，而《刑法修正案（七）》第13条显然是为了规制与国家工作人员关系密切的非国家工作人员的行为。因此，参考理论和实践中已有的关于斡旋受贿行为的理论，结合其主体的特性将该条定义为"非国家工作人员斡旋受贿罪"，具极大的可取性。虽然非国家工作人员在外延上并不完全等于"关系密切人"，但"关系密切人"概念本身的具有很大的不确定性，需要司法解释在今后的司法实践中不断的补充和修正，不适合作为罪名使用，而《刑法修正案（七）》第13条本身的立法原意是非常明显的，就是要规制和打击非国家工作人员实施的斡旋受贿行为，并且选用"非国家工作人员斡旋受贿罪"同我国已有的"非国家工作人员受贿罪"相对应，有助于保持我国受贿犯罪罪名体系的整体性，该命名亦与我国职务犯罪整体立法模式相适应。因此，《刑法修正案（七）》第13条选用"非国家工作人员斡旋受贿罪"是较为可行的。③

有学者认为，《刑法修正案（七）》第13条的罪名应确定为"利用影响力受贿罪"，其理由在于：①《联合国反腐败公约》第18条规定了"影响力交易"，即对非国家工作人员利用国家工作人员的职权、地位或者其他影响，独自通过其他国家工作人员之职权行为，收取或者索取财物，为他人谋取不正当利益的行为。《刑法修正案（七）》第13条所规定的犯罪行为与影响力交易罪有很多相似之处，因而在罪名上也保持一致。②行为人的利用行为有双重性，即先利用了国家工作人员或者自

---

① 周道鸾：《〈刑法修正案（七）〉新增、修改和保留的罪名探析》，载《检察日报》，2009-04-03。

② 侯国云、么惠君：《〈刑法修正案（七）〉的罪名如何确定》，载《检察日报》，2009-04-03；黄太云：《〈刑法修正案（七）〉解读》，载《人民检察》，2009（6）。

③ 于志刚：《〈刑法修正案（七）〉出台后受贿犯罪罪名体系的调整》，载《检察日报》，2009-04-03。

己(主要指离职的国家工作人员)对其他国家工作人员的影响,接着又利用了其他国家工作人员的职权行为。"利用影响力"反映出《刑法修正案(七)》第 13 条所规定之犯罪与其他贿赂犯罪的根本区别。③行为人利用影响力,为他人谋取不正当利益,获取或者索取财物,也严重侵犯了国家工作人员的职务廉洁性以及国家机关、国有企事业单位的正常工作秩序,因而在实质上类似于"斡旋受贿"的行为,也属于一种特殊的受贿犯罪,因而在罪名中出现"受贿"二字能够鲜明地体现出本条犯罪的本质特征。①

笔者赞成将该罪罪名确定为"利用影响力受贿罪",理由在于:第一,该罪名能够概括出本罪行为的本质。本罪行为的本质,就是行为人利用自己的影响力索取或者收受财物,进行影响力和财物的交易。其中运用影响力是该罪区别于受贿犯罪行为人直接利用职权的行为特征的地方,而索取或者收受财物的行为就是"受贿"。受贿不是专指国家工作人员而言,我国刑法典中也规定有"非国家工作人员受贿罪",非国家工作人员利用职权索取或者收受财物的行为也是受贿。本罪严重侵犯了国家工作人员的职务公正性以及单位的正常工作秩序,在实质上类似于"斡旋受贿"的行为,也属于一种特殊的受贿犯罪,因而在罪名中出现"受贿"二字也能够鲜明地体现出本罪的本质特征。第二,本罪行为在《联合国反腐败公约》中被称为"影响力交易",将本罪罪名确定为"利用影响力受贿罪",就在罪名上与《公约》基本上保持了一致,有利于本罪惩治方面的国际交流与合作。但我们也不宜完全照搬《公约》所确定的罪名,不宜在罪名中使用"交易"的表述,原因在于:一是《公约》的"影响力交易"犯罪的范围广于《修正案(七)》所新增的该种犯罪,二是"交易"一词在中文语境中通常是指商业上的买卖活动,而非指权力、影响力与财物或者不正当好处的交换。总之,笔者认为,将本罪罪名确定为"利用影响力受贿罪",既能简练概括出本罪的行为特征和本质,又与我们所加入的相关国际公约基本上保持了一致;既符合国人的理解和表达习惯,也便利于国际交流和合作,因而为我们所赞同。另外,2009 年 10 月 16 日起施行的两高《关于执行刑法确定罪名的补充规定(四)》已将该罪罪名明确定为"利用影响力受贿罪",司法实践应遵循该《解释》所确定的罪名。

---

① 高铭暄、赵秉志、黄晓亮、袁彬:《〈刑法修正案(七)〉罪名之研析》(下),载《法制日报》,2009-03-25;赵秉志主编:《刑法修正案最新理解与适用》,30 页,北京,中国法制出版社,2009。

三、犯罪主体问题

(一)犯罪主体的范围

本罪的犯罪主体为特殊主体，即是指国家工作人员的近亲属或者其他与该国家工作人员关系密切的人，以及离职的国家工作人员或者其近亲属以及其他与其关系密切的人。可以看到，本罪主体分为三类：一是国家工作人员或者离职的国家工作人员的近亲属，二是其他与国家工作人员或者离职的国家工作人员关系密切的人，三是离职的国家工作人员。

1. 国家工作人员或者离职的国家工作人员的近亲属

近亲属范围如何，我国的法律或者司法解释对此有不同的规定或者解释。我国《刑事诉讼法》第 82 条第 6 项规定："近亲属"是指夫、妻、父、母、子、女、同胞兄弟姊妹；而最高人民法院 1988 年发布的《关于执行〈民法通则〉若干问题的意见》(试行)第 12 条则规定：民法通则中规定的近亲属包括配偶、父母、子女、兄弟姐妹、祖父母、外祖父母、孙子女、外孙子女。最高人民法院《关于执行〈中华人民共和国行政诉讼法〉若干问题的解释》第 11 条规定：行政诉讼法第 24 条规定的"近亲属"，包括配偶、父母、子女、兄弟姐妹、祖父母、外祖父母、孙子女、外孙子女和其他具有扶养、赡养关系的亲属。可以看出，上述法律或者解释所确定的近亲属的范围是不同的：《刑事诉讼法》将近亲属范围界定为两代血亲以内，最高人民法院《关于执行〈民法通则〉若干问题的意见(试行)》将近亲属界定为三代以内直系血亲，而最高人民法院《关于执行〈中华人民共和国行政诉讼法〉若干问题的解释》更是将"其他具有抚养、赡养关系的亲属"纳入"近亲属"范围。

有学者认为，《刑事诉讼法》第 82 条第六项将祖父母、外祖父母、孙子女、外孙子女以及同父异母或者同母异父的兄弟姐妹、养兄弟姐妹、继兄弟姐妹等非同胞兄弟姐妹等亲属排除出近亲属之列，其界定的范围明显过窄，应予适当扩大，应当以最高人民法院《关于执行〈民法通则〉若干问题的意见(试行)》所确定的近亲属的范围为宜。[①]

有学者认为，在界定"近亲属"范围的过程中，要考虑到刑法内在的谦抑性要求以作为刑事立法、司法的永恒理念；在形式合理性与实质合理性间的选择也体现了对罪刑法定原则保障人权的价值判断的态

[①] 赵秉志：《详解〈刑法修正案(七)〉反腐新罪名》，载《法制日报》，2009-04-03。

度。尽管对"近亲属"作适当扩大的理解有助于扩大打击腐败犯罪面，有力惩治社会中主体成分复杂多样的利用影响力受贿的行为。但法律的效力不能让位于效力阶层较低的司法解释的规定。刑法中的概念界定不能抛弃刑事法律的规定而依照民法司法解释的规定。从刑事法律与民事法律、行政法律的调整对象的区分来看，刑法重在惩治犯罪行为，民事法律、行政法律则重在调整主体间的关系。刑事法律因涉及公民重大人身、财产权益，故在其适用中应慎之又慎，不宜以非刑事法律中的概念套用在刑事法律中的概念上，尤其是在作扩大解释的情况中就更应当小心酌量。从形式合理性的角度出发，在现行刑法司法解释尚未专门对"近亲属"概念作出界定的情况下，对"近亲属"的理解可参考与之最相近的《刑事诉讼法》的专门规定。对于国家工作人员的祖父母、外祖父母、孙子女、外孙子女以及同父异母或者同母异父的兄弟姐妹、养兄弟姐妹、继兄弟姐妹等非同胞兄弟姐妹等被排除出近亲属之列的，通过该国家工作人员职务上的行为，或者利用该国家工作人员职权或者地位形成的便利条件，通过其他国家工作人员职务上的行为，为请托人谋取不正当利益，索取或者收受财物的，同样可以构成本罪，因为这些人员虽未被纳入近亲属范围，但同样属于"与国家工作人员关系密切的人"范畴之列。①

笔者认为，从法定的角度理解，当然刑法典所规定的概念应该和刑事诉讼法的概念相统一。因此，"近亲属"的理解应该依照刑事程序法的规定。但从法理的角度分析，一国的法律体系应该统一。尤其是一些基本的法律概念的内涵和外延应该统一，否则，一是法律可能显得有悖于常识常理；二是损害法律的规范功能。就以近亲属的概念为例，《刑事诉讼法》第82条第6项将祖父母、外祖父母、孙子女、外孙子女以及同父异母或者同母异父的兄弟姐妹、养兄弟姐妹、继兄弟姐妹等非同胞兄弟姐妹等亲属排除出近亲属之列，就与我国传统的亲属观念不相符合，也与我国民事、行政方面的法律规定及司法解释相矛盾，造成我国法律体系的不统一。而且，刑法的谦抑性并不一定意味着刑事法律本身自定义一套法律概念，以区别与非刑事法律；依照民事行政法律理解"近亲属"的概念，也不意味着对刑法典作了扩张解释，扩大了处罚范围。上述第二种观点主张，对于国家工作人员的祖父母、外祖父母、孙子女、外孙子女以及同父异母或者同母异父的兄弟姐妹、

---

① 李翔：《论影响力受贿犯罪的司法认定——兼评〈刑法〉第388条之一》，载赵秉志主编：《刑法论丛》，329～330页，北京，法律出版社，2009。

养兄弟姐妹、继兄弟姐妹等非同胞兄弟姐妹等被排除出近亲属之列的人员应划入"与国家工作人员关系密切的人"范畴之列，利用影响力受贿的，同样可以构成利用影响力受贿罪。所以对"近亲属"范围的不同理解，并不会影响到本罪的处罚范围，从逻辑上讲，本罪的处罚范围是确定的，因为不能归入"近亲属"之列的，必然要归入"其他关系密切的人"之列，"近亲属"与"其他关系密切的人"之间是此消彼长的关系。因此，上述对"近亲属"范围的不同理解对本罪处罚而言实质上并没有什么不同，并不会造成本罪处罚范围的差异。既然如此，那么，对本罪"近亲属"的理解就应该更符合传统观念一些，而不必顾忌其范围的扩大所可能带来的处罚范围的扩大。总之，考虑到传统的亲属伦理观念、现实合理性以及利用影响力受贿罪的立法目的在于惩治特定人员利用影响力受贿的行为等因素，对于利用影响力受贿罪中的"近亲属"而言，《关于执行〈中华人民共和国行政诉讼法〉若干问题的解释》第11条所解释的"近亲属"范围比较妥当，因此，本罪主体之一的国家工作人员或者离职的国家工作人员的近亲属包括了国家工作人员或者离职的国家工作人员的配偶、父母、子女、兄弟姐妹、祖父母、外祖父母、孙子女、外孙子女和其他具有扶养、赡养关系的亲属。

2. 其他与国家工作人员或者离职的国家工作人员关系密切的人

其他与国家工作人员或者离职的国家工作人员关系密切的人，是指与除了近亲属之外的与国家工作人员或者离职的国家工作人员具有紧密关系，能够影响国家工作人员职务行为的人员。"关系密切人"是《刑法修正案（七）》提出的一个新名词。"两高"发布的《关于办理受贿刑事案件适用法律若干问题的意见》曾提出"特定关系人"的概念，并明确规定"特定关系人"是指与国家工作人员有近亲属、情妇（夫）以及其他共同利益关系的人。在《刑法修正案（七）》研拟讨论过程中，有人曾提出是否可以用"特定关系人"这一概念，认为因为有了上述司法解释，这一概念比较明确，范围相对确定。但立法机关考虑到特定关系人往往限定在近亲属、情人、有共同财产、共同利益这样的关系，现实中很多并没有也很难证明他们之间有这样的关系，而只能证明他们有密切的关系或者交往。"关系密切的人"可以把这类腐败行为包含得更广一些，更接近《联合国反腐败公约》的要求。最终《刑法修正案（七）》没有采用这一称呼，而是使用了"关系密切的人"这一概念。由于《刑法修正案（七）》对"关系密切人"没有作出明确的解释性规定。有观点认为本罪"核心概念较为模糊，'关系密切的人'的内涵与外延难以准确界定，实务部门显然无法设定判断标准。关系密切与否属于价值判断与主观认定，缺乏客观标准，控方可以认为密切，而辩方完全可以认为不密切，势必导致在司法实践中存在较大争议。"①这种主张有一定的道理。因此，必须对"关系密切的人"做出正确合理的理解。

有学者正确指出，从语义上看，"关系密切人"与"特定关系人"其实各有其内涵的侧重方向。"关系密切人"，"密切"可以被认作是"关系"的程度修饰词，侧重于对"关系"程度达到"密切"的修饰，联系"关系密切人"在影响力受贿犯罪规定中的特定语境，即要与所利用的国家工作人员的关系达到具有一定影响力并能影响其公务行为的"密切"程度；而"特定关系人"，"特定"其实是对"关系"的性质作出的限定。从"特定关系人"到"关系密切人"的转变似乎透出立法原意的倾向：即从侧重形式的认定转向重视实质的认定。这是司法与立法的不同立场使然。② 正因为"关系密切的人"是从实质认定角度作出的规定，因此，尽管从语义上看，"关系密切人"与"特定关系人"内涵的侧重方向不同，但若分析两者的范围关系，"关系密切的人"是一个包括范围更广的概念，它涵盖了全部"特定关系人"在内但不限于此，"特定关系人"只是"关系密切的人"中的一部分。是否属于"关系密切的人"范围内的人员。不同的具体案件中的情况可能不尽相同，关键还是要根据具体案件、具体情况分析认定行为人是否属于"关系密切的人"。考察"关系"是否"密切"，核心或者说实质就是考察行为人是否具有影响力：具有影响力，就说明关系达到了密切的程度；不具有影响力，就说明关系没有达到密切的程度。具体考察方法主要是查清双方平时的人情交往以及经济、事务往来的情况及其紧密程度。在司法实践中司法机关可根据具体情况具体界定，或者是经过一段时间以后，对认识比较一致的行为可由司法解释予以规定。③

3. 离职的国家工作人员

离职的国家工作人员是指曾担任国家工作人员，但现在已经离开国家工作人员的岗位，不再履行国家工作人员职责的人员，根据有关法律的规定，离职的国家工作人员主要包括以下几类。

---

① 薛进展、谢杰：《刑法修正案增设影响力交易罪规制间接贿赂》，载《检察日报》，2008-09-08。

② 李翔：《论影响力受贿犯罪的司法认定——兼评〈刑法〉第388条之一》，载赵秉志主编：《刑法论丛》，330~332页，北京，法律出版社，2009。

③ 郎胜：《贪官"身边人"将由司法机关据具体情况界定》，http：//www. chinanews. com. cn/gn/news/2009/02-28/1582687. shtml。

(1)退休或者离休的国家工作人员

根据《公务员法》第 87 条的规定："公务员达到国家规定的退休年龄或者完全丧失工作能力的，应当退休。"第 88 条规定："公务员符合下列条件之一的，本人自愿提出申请，经任免机关批准，可以提前退休：(一)工作年限满 30 年的；(二)距国家规定的退休年龄不足 5 年，且工作年限满 20 年的；(三)符合国家规定的可以提前退休的其他情形的。"国家工作人员退休后，已经不具有国家工作人员的身份，因而也不可能再利用职务上或本人职权所形成的便利，应当属于离职的国家工作人员。但是，由于前述规定主要是针对的是"公务员"，而《刑法》中的国家工作人员范围却要大于"公务员"的范围，因此，国家机关工作人员退休后担任国有公司、企业、事业单位、人民团体的相关职务，依照法律从事公务的，或者退休的国家工作人员受原单位或者其他国有单位返聘、聘请并受其委派从事公务时，应当认定为国家工作人员，而不属于离职的国家工作人员。而离休是我国针对业已退出工作岗位的、新中国建立前参加革命的老同志设立的一种较优越的社会保障措施，"是我国独有的一种修养制度"[①]，离休的人依然享受和原职位相同的所有工资福利待遇，已经退休的干部，符合离休条件的，应当改为离休。因此，离休的人只是享有相应的工资福利待遇，而不再具有国家工作人员身份。

(2)辞职或者被辞退的国家工作人员

辞职是指国家工作人员自行辞去所担任的职务，不再具有国家工作人员身份的情形。但是，仅仅是辞去所担任的职务，却仍然具有国家工作人员身份的，不属于离职的国家工作人员。例如，《公务员法》第 82 条规定："担任领导职务的公务员，因工作变动依照法律规定需要辞去现任职务的，应当履行辞职手续。"对于这类辞职的人员，其依然具有国家工作人员的身份，只不过是因工作上的变动而不再具有原职务，因此不属于《刑法修正案(七)》第 13 条所规定的离职国家工作人员。辞退，是指依照法定程序，对符合法定条件的国家工作人员解除其所拥有的身份的情况。以国家工作人员中的公务员为例，《公务员法》第 83 条规定了予以辞退的具体情形。国家工作人员被辞退后，他与有关机关和组织的职务关系即已不复存在，应当被视为离职的国家工作人员。

---

① 王学辉：《行政法学》，141 页，北京，中国检察出版社，2002。

（3）受到开除处分的国家工作人员

处分是对违反有关法律法规的国家工作人员给予的一种否定性法律评价。对于公务员的处分方式包括：警告、记过、记大过、降级、撤职和开除六种。其中开除处分能够使国家工作人员的身份消失。担任国家工作人员的行为人受到开除处分后，他和有关机关和组织的职务关系已经不复存在，应当属于离职的国家工作人员。而撤职处分的结果只是使国家工作人员所担任的具体职务消失，并不消灭其所具有的国家工作人员主体身份。[1]

（二）特殊主体问题

1. 本罪是一般主体还是特殊主体

本罪是一般主体还是特殊主体？一种观点认为是特殊主体，这是大多数人的观点；另一种观点则认为，本罪主体包括了国家工作人员的近亲属、国家工作人员的关系密切人、离职的国家工作人员、离职的国家工作人员的近亲属、与离职的国家工作人员关系密切的人，因此，本罪主体为特殊主体当属没有争议。[2]

笔者赞成通说的观点，即本罪主体是特殊主体。不过本罪特殊主体也有其本身的特殊性，即本罪特殊主体之种类不止一种，或者说不止一种特殊主体，而是多种；但种类再多，其叠加的结果从总体上也不能改变主体之特殊主体的性质。而前述第二种观点认为本罪是一般主体的逻辑正是特殊＋特殊＋……＝一般，这是不妥当的。

2. 设定特殊主体的必要性问题

《联合国反腐败公约》及世界上一些国家的立法，是将公职人员或者说是国家工作人员利用影响力的受贿行为（在我国刑法典中体现为斡旋型受贿罪）规定为影响力交易罪（在我国刑法典中体现为本罪）的，因此，与我国刑法立法不同，在其他的立法例中，利用影响力受贿罪的主体包括了国家工作人员在内的任何人，而不是仅仅指非国家工作人员，更没有像我国刑法典中本罪的立法那样，更为详尽地将本罪主体规定为"国家工作人员的近亲属或者其他与该国家工作人员关系密切的人，以及离职的国家工作人员或者其近亲属以及其他与其关系密切的人。"在我们看来，将利用影响力受贿罪规定为特殊主体，并对特殊主

---

[1]　梅传强、胡江：《〈刑法修正案（七）〉第13条的罪名及行为主体》，载赵秉志、陈忠林、齐文远主编：《新中国刑法60年巡礼　下卷：聚焦〈刑法修正案（七）〉》，1521～1522页，北京，中国人民公安大学出版社，2009。

[2]　李翔：《论影响力受贿犯罪的司法认定——兼评〈刑法〉第388条之一》，载赵秉志主编：《刑法论丛》，2009（4），332页，北京，法律出版社，2009。

体进行限定,反映了立法者限制本罪成立范围的谨慎态度,但其科学性、合理性及司法的可操作性都值得推敲;实际上,问题的关键应该在于认定是否具有影响力,而不是对是否属于特定的人员进行判定。因此,笔者认为,本罪设立为特殊主体犯罪并没有必要。

另外,总体而言,尽管本罪罪状没有明确规定其主体属于非国家工作人员,但联系刑法典第 388 条理解,本罪的主体一般应是非国家工作人员,如果是国家工作人员有本罪行为的,一般构成刑法典第 388 条的斡旋型受贿罪,而刑法典第 388 条的斡旋型受贿罪实际上也是一种利用影响力实施受贿的行为。这样一来,我国刑法典实际上是将本质相同的行为(同样是利用影响力受贿),仅根据主体的不同而规定为不同的犯罪。这样过于强调主体而忽视行为本质的立法模式的科学性有待商榷。

从法理上分析,本罪主体也不绝对排除国家工作人员。公职人员固然可以基于现任公职而产生影响力,但也并不能排除公职人员作为一般人而产生的影响力,因为公职人员作为一般人同样也存在与其他公职人员的一般关系。① "公职人员在利用其非权力性影响力进行交易时,公职人员的外壳已经去掉了,他和其他普通人没什么区别"。② 国家工作人员利用本人职权、地位形成的便利条件,通过其他国家工作人员职务上的行为,为请托人谋取不正当利益,索取或者收受请托人财物的,构成斡旋受贿。当国家工作人员的近亲属、关系密切人也具有国家工作人员身份时,后者也可能只利用非权力性影响力对前者的公务活动造成影响。在具体判定上,若后者对前者的影响力存在交织状况,即兼具权力性影响力和非权力性影响力的情况下,应认定第388 条斡旋受贿为宜;若后者仅以非权力性影响力对前者的公务活动起作用时,例如后者是前者的近亲属的情况,此时后者的国家工作人员的身份并未对其实施的利用影响力的行为起到实质帮助作用,理论上,此种情况下该国家工作人员构成第 388 条之一的犯罪。③

① 汪维才:《论影响力交易罪的基本构造与转化适用》,载《安徽师范大学学报(人文社会科学版)》,2008(6)。

② 邢晓冬、姜君颖:《影响力交易罪客观行为界定》,载《当代经理人》,2005(15)。

③ 李翔:《论影响力受贿犯罪的司法认定——兼评〈刑法〉第 388 条之一》,载赵秉志主编:《刑法论丛》,333 页,2009(4)。

四、犯罪客观方面问题

本罪的客观方面表现为特定人员通过国家工作人员职务上的行为，或者利用国家工作人员职权或者地位以及离职的国家工作人员原职权地位形成的便利条件，通过其他国家工作人员职务上的行为，为请托人谋取不正当利益，索取请托人财物或者收受请托人财物，数额较大或者有其他较重情节的行为。本罪行为的实质就在于，行为人利用影响力为请托人谋取不正当利益，索取或者收受请托人财物，数额较大或者有其他较重情节的行为。简言之，本罪客观方面行为表现为行为人利用自己的影响力索取或者收受贿赂，为请托人谋取不正当利益。因此，本罪行为的本质或者说核心就在于利用影响力问题。

(一)利用影响力

1. 利用影响力的具体行为

（1）通过国家工作人员职务上的行为

通过国家工作人员职务上的行为，实际上就是在行为人影响力的作用下国家工作人员利用职务上的便利的行为。根据《关于人民检察院直接受理立案侦查案件立案标准的规定》、《全国法院审理经济犯罪案件工作座谈会纪要》（以下简称《纪要》）的规定，《刑法》第385条第1款规定的"利用职务上的便利"，是指利用本人职务范围内的权力，即自己职务上主管、负责或者承办某项公共事务的职权及其所形成的便利条件。该解释实际上将"职务上的便利"分为了两部分：一是职权；二是履行职权所形成的便利条件。前者是在直接履行职权中的作为与不作为，后者则表现为虽是执行职务之外，但是通过职务所形成的可以对公职人员、公共机关利益造成直接的立即影响来对其行为发生支配、制约，即影响力中的职务制约性影响力。"利用职务上的便利"既包括利用本人职务上主管、负责、承办某项公共事务的职权，也包括利用对其他国家工作人员具有的职务上有隶属、制约关系的职务制约性影响力。[①]

（2）利用国家工作人员职权或者地位以及离职的国家工作人员原职权地位形成的便利条件，通过其他国家工作人员职务上的行为

此行为实际上就是在行为人影响力的作用下，国家工作人员利用

[①]　李翔：《论影响力受贿犯罪的司法认定——兼评〈刑法〉第388条之一》，载赵秉志主编：《刑法论丛》，338页，北京，法律出版社，2009。

了职权或者地位形成的便利条件，或者是离职的国家工作人员利用了原职权或者地位形成的便利条件，并因此而对其他国家工作人员发生影响。其中，对于"国家工作人员利用职权或者地位形成的便利条件，通过其他国家工作人员职务上的行为"的理解上，在我国刑法学界主要存在着制约论、非制约论以及身份或面子论的论争。一是制约论，主张只有在斡旋者与被斡旋者之间具有制约关系时，斡旋者才属于利用本人职权和地位形成的便利条件。① 二是影响论，即认为，所谓"利用职权和地位形成的便利条件"，是指利用行为人职务对第三者具有非制约性的影响作用。如果行为人职务对第三者具有制约作用，在此情况下，利用与职务有关的便利条件，通过第三者为他人谋取利益，索取或收受他人财物的，属于直接受贿。② 三是身份或面子论，认为，既不能将利用本人职权和地位形成的便利条件理解为利用制约关系，也不能将其理解为利用影响关系，否则，刑法就没有必要增加第 388 条了。刑法正是针对那些不具有制约、影响关系，但是利用了自己的身份、面子，通过第三人为请托人谋利，有社会危害性而刑法第 385 条又不能涵盖的行为，才增加了第 388 条，同时，为避免扩大打击面，又增加了"谋取不正当利益的要件"。因此，即使双方没有职务上的隶属或者制约关系，但行为人利用了自己的身份、面子通过第三者为请托人谋取不正当利益的，也构成斡旋受贿。③ 我们认为，制约论所确定的范围太宽，以至于将一部分直接受贿行为纳入斡旋受贿之中，从惩治腐败的角度看是不可取的。由于身份或面子论有可能将利用亲情、友情关系也看做是利用本人职权和地位形成的便利，这样就抹杀了受贿罪的本质，从而必将混淆罪与非罪的界限。而非制约论既有利于推进反腐败的斗争，又清晰地界定了罪与非罪的界限，因此是可取的。有关司法解释性文件所持的实际上也是影响论的立场。

2. 本罪影响力的性质

所谓影响力，是一个人在与他人交往的过程中，影响或改变他人心理和行为的一种能力。④ 影响力又具有不同的种类。有学者将影响力分为权力性影响力和非权力性影响力。权力性影响力是指权力者所具有的与职务相关的影响力。权力性影响力具有一定的强制性，下级

① 肖扬：《贿赂犯罪研究》，189 页，北京，法律出版社，1994。
② 陈兴良：《刑法疏议》，635 页，北京，中国人民公安大学出版社，1997。
③ 赵秉志：《中国刑法实用》，1470 页，郑州，河南人民出版社，2001。
④ 李德民：《非正式组织和非权力性影响力》，载《中国行政管理》，1997(9)。

必须服从。同时，权力性影响力与职务相连，只有担任了一定的职务，才具有这种影响力。非权力性影响力来自于行为者自身的因素，其中包括品格、知识、才能、情感、资历等个人因素亦即个人威望所产生的影响力。① 具体到本罪，本罪罪状包含了两种影响力：行为人对于国家工作人员或者离职的国家工作人员所发挥的影响力属于非权力性影响力，国家工作人员对于其他国家工作人员发挥的影响力是权力性影响力，具体到本罪，权力性影响力是依附于非权力性影响力的，因为正是非权力性影响力驱动了权力性影响力的行使，立法者处罚的着眼点是利用非权力性影响力受贿的犯罪。因此，利用影响力受贿罪中的"影响力"的性质只能是非权力性影响力，和上文对斡旋受贿行为的影响力是不同的。

3. 非权力性影响力的类别

本罪的非权力性影响力范围广泛，有学者根据实践的情形将其概括为几个方面：①基于一定的感情所产生的影响力。爱情、友情，形成了夫妻关系和朋友关系。感情是人际交往的重要纽带，基于一定感情所产生的关系对双方都有一定的影响力。②基于一定的血缘关系所产生的影响力。血缘关系主要表现为家人、亲戚关系。在血缘观念比较浓厚的中国，血缘关系也是影响人们日常行为的重要方面。③基于一定的地缘关系所产生的影响力，如同乡关系。同乡关系因人而异，在比较注重家乡观念的人心里，同乡关系就具有一定的影响力，也会对他们的行为产生一定的影响。④基于一定的事务关系所产生的影响力。因事务的需要而产生的关系，在中国比较常见。同事关系就是其中的一个重要表现。此外，如同学关系、师生关系等，都可以归入此类，也都对关系中另一方具有一定的影响力。②可以看到，上述对非权力性影响力范围的判断实际上也是在对本罪特殊主体性质的判断，从而印证了我们本罪行为的关键问题在于影响力的判定而非特殊主体的判定，本罪没有必要规定为特殊主体犯罪的观点。

(二)为请托人谋取不正当利益

1. 不正当利益的理解

利用影响力受贿罪要求行为人为请托人谋取的是不正当利益。然而，何谓"不正当利益"，由于法律对不正当利益没有明确的规定，理论上的认识也不统一，为了统一认识，1999 年 8 月 6 日最高人民检察

---

① 谢钟：《浅论领导者的影响力》，载《江苏教育学院学报》，2000(4)。
② 袁彬：《论影响力交易罪》，载《法学论坛》，2004(3)。

院制发的《关于人民检察院直接受理立案侦查案件立案标准的规定(试行)》在附则部分指出：本规定中有关贿赂案中的"谋取不正当利益"，是指谋取违反法律、法规、国家政策和国务院各部门规章规定的利益，以及谋取违反法律、法规、国家政策和国务院各部门规章规定的帮助或者方便条件。根据《立案标准》的这一精神，"谋取不正当利益"包括两种情况：一种情况是实体非法或违规的利益，即谋取违反法律、法规、国家政策和国务院各部门规章规定的利益。"谋取不正当利益"的另一种情况是所取得的实体利益虽非非法或违规，但国家工作人员或有关的单位提供帮助或方便条件时违反了有关的程序，即要求国家工作人员或者有关单位提供违反法律、法规、国家政策和国务院各部门规章规定的帮助或者方便条件。"要求国家工作人员或者有关单位提供违反法律、法规、国家政策和国务院各部门规章规定的帮助或者方便条件"，是指所要最终获取的利益本身符合法律、法规、国家政策和国务院各部门规章的规定，但其要求国家工作人员或者有关单位为其提供利益的手段却违反法律、法规、国家政策和国务院各部门规章规定，即要求国家工作人员或者有关单位通过违反法律、法规、国家政策和国务院各部门规章规定的手段提供该利益。当然，对于行为人通过行贿的手段取得不确定利益的，是否属于不正当利益，在我国刑法学界也是存在争议的。根据《立案标准》的精神，不确定的利益是否属于不正当利益，不能一概而论，需要从提供利益一方是否在程序上违法或违规上加以判断。

总之，认定行为人所谋取的利益是否正当，需要从实体和程序两个方面加以综合的考察。如果行为人所谋取的利益本身符合法律、法规、国家政策以及规章的规定，并且取得利益的程序也符合法律、法规、国家政策以及规章规定的，那么，这种利益就属于正当的。如果行为人所谋取的利益本身违法或违规，或者谋取利益的程序违法或者违规，那么，这种利益就是不正当的。但是，决不可把通过行贿手段取得利益一概认定为不正当利益，否则，刑法也就没有必要区分规定正当利益与不正当利益了。

从司法实践来看，不正当利益大体上可以表现为以下几种情况：一是根据国家的法律法规的规定，任何人、任何单位、在任何情况下都不允许取得的利益。如通过走私、非法经营、赌博、侵犯知识产权、偷税、抗税等取得的利益。二是在具备法定条件时，可以获得某种利益，但在不具备条件时，通过不正当的手段获得该种利益。如按照法律规定，男女达到法定年龄的，可以结婚，有的人未达法定结婚年龄，而通过伪造证明虚报年龄骗取结婚登记的，应视为非法利益。三是应当履行某种义务，通过不正当手段获得减免，如税务人员违法违规为纳税义务人减免纳税额。四是要求国家工作人员或有关单位违反有关的规定提供帮助或者方便条件等。[①]

2. 为请托人谋取不正当利益

"为请托人谋取不正当利益"的最低要求是行为人许诺为请托人谋取不正当利益，至于最终是否谋取到了不正当利益，对行为人是否成立利用影响力受贿罪不发生影响。从司法实践中看，"为请托人谋取不正当利益"有以下的几种情况：一是许诺为请托人谋取不正当利益，这里的许诺包括明示和暗示。也就是说，所谓的许诺，并不要求行为人以明确无异议的态度向请托人承诺，只要行为人对请托人的具体请托事项及所送的财物没有明显的反对的，我们就可以认定行为人具有为请托人谋取不正当利益的主观意图。二是斡旋者已经向被斡旋者表达了为请托人谋取不正当利益的意思，但是由于某种原因，至案发时对方没有响应或采取实际行动的。三是被斡旋者已经按照斡旋者的意愿采取了实际行动，但是由于某种原因，至案发时并没有谋取到不正当利益或者仅仅谋取到了部分不正当利益。四是，至案发时，被斡旋者为行贿人谋取到了全部不正当利益。

(三)索取或者收受请托人财物

索取请托人财物，就是索贿。何谓索贿？一种观点认为，索贿就是索取他人财物的行为，索取包括"索"与"取"两个方面，而所谓"索"也就是勒索之意。[②] 另一种观点则认为，索取可能是索要，也可能是勒索。前者是行为人向当事人以明示或暗示的方式要求贿赂，而未使用要挟胁迫的方法；后者则使用要挟胁迫的方法，明示或暗示如不送财物其事就不好办或者会有严重后果，迫使当事人给他送财物。[③] 由此可见，这种观点所确定的索贿的外延要广于前一种观点。我们赞成第二种观点，原因在于，把索取他人财物等同于勒索他人财物，对索贿作如此狭隘的理解，无疑会放纵某些索贿犯罪分子。索取贿赂的基本特征在于，行为人取得财物的主动性。将索取贿赂等同于勒索财物，不仅没有法律依据，而且也有可能轻纵罪犯，是不可取的。因此，所谓"索取"，是指具有影响力的人故意以暗示或明示的方式主动要求对

---

① 王作富：《刑法分则实务研究》，1766 页，北京，中国方正出版社，2001。
② 刘光显：《简论索贿的几个问题》，载《求实》，1999(10)。
③ 马克昌：《刑法理论探索》，268 页，北京，法律出版社，1995。

方向自己送交财物的行为。从司法实践来看,常见的索贿方式主要有以下几种情况:一是从事公务的人员趁他人有求于己,而明示或者暗示他人提供财物,以作为满足对方要求的交换条件。二是以借为名,实为索取。三是国家工作人员利用自己的职权对他人利益的制约关系,以刁难、威胁的方式,迫使他人为自己送财物。四是以他人索要为名,实际自己收受。在实践中,有的国家工作人员趁他人要求自己利用本人职权,通过其他国家工作人员的职务行为为他人谋取利益,以给他人送礼为名,实际则是自己收受,这种情况亦应视为索贿。

行为人利用影响力为请托人谋取不正当利益,非法收受他人财物,是较为常见的受贿方式。与索取贿赂相比,收受贿赂具有被动性的特点,即收受贿赂是行为人被动接受,行贿人主动给予;而索贿是行为人主动索要,因此所谓"收受"是指具有影响力的人被动接受请托人财物的行为。与受贿罪中索贿和收受贿赂的行为类似,本罪也包括索取和收受贿赂两种情况。不同的是,索贿型受贿犯罪,不以"为他人谋取利益"为要件;受贿罪中的收受贿赂情况,则须以"为他人谋取利益"为要件。而本罪不论索贿还是收受贿赂都须以"为请托人谋取不正当利益"为要件。可见,在构成要件规制方面,本罪相比受贿罪更为严格。这也是立法者考虑到社会危害程度上的差异而作的规定,以免犯罪圈过度扩张的危险。[①]

五、犯罪客体问题

利用影响力受贿罪的客体为何?理论界存在不同的看法,一种观点认为,利用影响力受贿罪侵犯的客体是国家工作人员职务的公正性。公职人员本应按照有关规定公正地实施职务行为,而影响力交易的行为人利用其影响力对公职人员的职务行为进行了某种程度的影响,国家工作人员职务行为的公正性就遭到了侵害,公众对国家工作人员职务行为的公正感就必然有所降低。[②]另一种观点认为,利用影响力受贿罪侵害的法益是国家对公职人员的管理秩序。利用影响力受贿的行为因其主体不是国家工作人员,因此受贿行为并不能直接侵害对公职

---

① 李翔:《论影响力受贿犯罪的司法认定——兼评〈刑法〉第388条之一》,载赵秉志主编:《刑法论丛》,344页,北京,法律出版社,2009。

② 刘志伟、周良良:《〈联合国反腐败公约〉中的影响力交易罪的规定在我国刑法中的贯彻》,载赵秉志主编:《反腐败法治建设的国际视野》,315页,北京,法律出版社,2008。

人员的不可收买性。而就其利用影响力影响其他国家工作人员并通过其职务行为为请托人谋取利益的行为而言，其行为破坏了国家机关及其对公职人员的正常管理秩序。这种利用影响力受贿的行为破坏的也不是国家对国家工作人员的管理制度，因为一定的制度约束的是在制度框架下行使一定职能负有一定职责之人，而利用影响力受贿罪的主体是非国家工作人员，并不是国家对其工作人员管理制度治下的人员，利用影响力的受贿罪侵害的是由管理制度所形成的正常工作秩序。①

　　我们赞同第一种主张。因为与受贿罪一样，利用影响力受贿罪的行为人的着眼点仍在于驱动国家工作人员职权的行使，以为请托人谋取不正当利益。在这种情况下，国家工作人员职务的公正性就受到了影响以至侵害。只是与受贿罪中国家工作人员自己直接侵害其职务的廉洁性和公正性不同的是，本罪是不具有国家工作人员职权的行为人通过影响国家工作人员的职务行为而使国家工作人员职务的公正性受到侵害。另外，有观点认为利用影响力受贿罪不应当排列在刑法典第八章之中，但现在立法者将其排列在分则第八章，而且是作为第388条规定的斡旋受贿罪的法条之一，探究立法原意，除了立法者认为两者行为具有相似性之外，立法者主要考虑得还应该是两者客体的相似性。因为应当按照我国的刑法理论，刑法分则的排列是有一定规则可循的。通说认为在刑法分则中章节的排列是以犯罪的同类客体为标准，具体个罪大体上是根据社会危害程度的大小，并适当考虑犯罪与犯罪之间性质是否具有近似性基本上由重到轻依次进行排列。②也就是说，同类客体是决定个罪分则章节位置的首要标准，利用影响力受贿罪既然排列在了分则第八章，作为受贿罪的法条之一，那么，其同类客体也就应该是与贿赂犯罪相同的。如果像第二种观点将利用影响力的受贿罪的客体理解为侵害的是由对国家工作人员管理制度所形成的正常工作秩序，就难以与贿赂犯罪的同类客体保持一致。因此，一种犯罪所侵犯的客体是什么，具有很大的主观性，因为立法者具有选择和决定权。从这种立场出发，我们在分析犯罪的客体时，固然要分析一些客观性的要素，但主要还是要探究立法者对该罪侵害法益认识的本意。

---

　　① 李蕴辉：《解析刑法修正案（七）第388条之一的犯罪主体——兼论非国家工作人员利用影响力的受贿罪》，载赵秉志、陈忠林、齐文远主编：《新中国刑法60年巡礼　下卷：聚焦〈刑法修正安（七）〉》，1525页，北京，中国人民公安大学出版社，2009。

　　② 高铭暄、马克昌：《刑法学》，332页，北京，北京大学出版社、高等教育出版社，2000。

六、司法适用问题

(一)此罪与彼罪的界限

1. 与受贿罪的界限

受贿罪与利用影响力受贿罪存在一些相似之处，如行为都可能表现为利用国家工作人员职权或者地位形成的便利条件，通过其他国家工作人员职务上的行为，为请托人谋取不正当利益，索取请托人财物或者收受请托人财物，犯罪对象均为财物，犯罪主体都是特殊主体，等等。两罪的主要区别在于以下三点。

第一，犯罪客体不同。受贿罪侵犯的客体是国家工作人员职务的廉洁性，利用影响力受贿罪侵犯的客体是国家工作人员职务的公正性。

第二，客观方面的表现不尽相同。利用影响力受贿罪行为的本质在于利用影响力索取或者收受财物，具体表现为特定人员通过国家工作人员职务上的行为，或者利用该国家工作人员职权或者地位形成的便利条件，通过其他国家工作人员职务上的行为，为请托人谋取不正当利益，索取请托人财物或者收受请托人财物，而受贿罪一般是国家工作人员直接利用职务权力索取或者收受财物。

第三，犯罪主体不同。受贿罪的主体是国家工作人员，利用影响力受贿罪的犯罪主体是与国家工作人员或者离职的国家工作人员关系密切的人，以及离职的国家工作人员本人等非国家工作人员。

一般而言，上述两罪的界限可以根据犯罪主体的不同而划定，国家工作人员利用其影响力受贿的，构成受贿罪，非国家工作人员利用其影响力受贿的，构成本罪。

2. 与介绍贿赂罪的界限

对于介绍贿赂罪的概念的界定，我国学者存在不同的观点，不同的观点直接影响到本罪成立的范围以及介绍贿赂罪与其他犯罪的界限。我们认为，介绍贿赂罪应该界定为：行为人明知某人欲通过行贿谋求国家工作人员的职务行为而向国家工作人员提供该信息或向国家工作人员引见该行贿人。

本罪与介绍贿赂罪同属贿赂类犯罪，犯罪对象均为财物，客观方面都有索取或者收受贿赂的行为，主观方面均表现为故意。但两罪的界限也是明显的：①犯罪主体不同。本罪的主体为特殊主体，介绍贿赂罪的犯罪主体为一般主体。②客观行为表现不同。本罪的行为表现为特定人员利用影响力为请托人谋取不正当利益，索取请托人财物或者收受请托人财物，数额较大或者有其他较重情节的行为。而介绍贿赂罪则表现为上述介绍贿赂罪的行为。

一般而言，如果行为人仅具有介绍贿赂的行为，也没有向请托人索取或者收受财物的，应以介绍贿赂罪认定。但是如果介绍贿赂者因介绍贿赂而和某一国家工作人员形成长期固定的关系，并逐渐成为对该国家工作人员具有影响力的关系密切的人员，其以自己因长期介绍贿赂而形成的对国家工作人员的影响力而索取或者收受请托人财物而为其谋取不正当利益的，对介绍贿赂者应以本罪认定。

3. 与诈骗罪的界限

本罪与诈骗罪存在相似之处，如都获得了他人的财物，主观方面都为故意，等等。但两罪的区分也是明显的：①犯罪主体不同。本罪是特殊主体，而诈骗罪为一般主体。②客观行为表现不同。本罪行为表现为特定人员通过该国家工作人员职务上的行为，或者利用该国家工作人员职权或者地位形成的便利条件，通过其他国家工作人员职务上的行为，为请托人谋取不正当利益，索取请托人财物或者收受请托人财物，数额较大或者有其他较重情节的行为；诈骗罪则表现为使用欺诈方法骗取数额较大的公私财物。首先，行为人实施了欺诈行为，欺诈行为从形式上说包括两类，一是虚构事实，二是隐瞒真相；从实质上说是使被害人陷入错误认识的行为，并作出行为人所希望的财产处分。③犯罪客体不同。本罪侵犯的客体是国家工作人员职务的公正性；诈骗罪侵犯的客体是公私财产的所有权。

如果行为人自己说他与某某国家工作人员有着这样那样的关系，可以通过该国家工作人员为请托人办理这样那样的事情，如就业、入学、参军、升学、转户口等，因而收取请托人数额较大的财物。最终事情未能办成，钱财也不退。对于这样的情况，应根据不同的情况作出处理：如果行为人与国家工作人员确实具有密切的关系，对国家工作人员具有影响力，其也收取了请托人的财物，即使其没有为请托人谋取到不正当利益，也应以本罪的既遂认定；如果行为人事实上与其所称的国家工作人员并没有密切的关系，而谎称具有这样的关系，并收取钱财的，并具有非法占有他人财物的目的的，应以诈骗罪认定处理；如果既不能证明行为人与国家工作人员具有密切的关系，也不能证明行为人具有非法占有他人财物的目的的，行为人不构成犯罪，应作为民事纠纷性质的案件处理。

(二)既遂未遂问题

由于本罪也为受贿类犯罪，因此受贿罪既遂未遂标准对本罪具有重要的参考价值。关于受贿罪的既遂未遂标准问题，在我国刑法学界存在着不同的看法，归纳起来，主要有以下五种：其一，承诺说，认为在收受贿赂形式下，应以受贿人承诺之时为既遂标志。其二，谋利说，认为只要行为人为相对人谋取了私利，无论是否得到贿赂，均应视为犯罪既遂。反之，因行为人意志以外的原因而未能为他人谋利益时，则为犯罪未遂。其三，重大损失说，认为一般情况应以行为人是否实际收受到贿赂为标准，已收受到的为既遂，未收受的为未遂；但是，尽管未收受到贿赂，行为人利用职务之便为行贿人谋利益的行为已给国家和人民的利益造成实际损失的，也应属于受贿罪的既遂。其四，收受说，主张应以受贿人是否收受（包括索取）到贿赂作为受贿罪的既遂未遂相区别的标准。第五种观点认为，除了应以收受行为为统一划分标准外，在具体构成上，还应该看犯罪构成要件是否完备。我国理论的通说是收受说。鉴于我国受贿罪立法以数额为基本标准的实际情况，我们认为，收受说是较为科学的。

与受贿罪不同，本罪兼采数额和情节双重基本标准，因而我们认为，上述的重大损失说基本上适合于本罪既遂未遂标准的判断。因而本罪的既遂未遂应以行为人是否索取或者收受到财物或者以是否造成危害或者损失为标准。已经索取或者收受到财物，或者已经造成危害或者损失的，为本罪的既遂，否则为未遂。

（三）共犯形态

1. 不构成共犯的情形

如果特定人员通过国家工作人员职务上的行为，或者利用该国家工作人员职权或者地位形成的便利条件，通过其他国家工作人员职务上的行为，为请托人谋取不正当利益，自己单独索取请托人财物或者收受请托人财物，数额较大或者有其他较重情节，国家工作人员对于特定人员利用自己的职务行为或者利用自己的影响力而索取或者收受贿赂的情况毫不知情的，特定人员单独构成本罪。

2. 构成片面共犯的情况

如果特定人员通过国家工作人员职务上的行为，或者利用该国家工作人员职权或者地位形成的便利条件，通过其他国家工作人员职务上的行为，为请托人谋取不正当利益，自己单独索取请托人财物或者收受请托人财物，数额较大或者有其他较重情节，国家工作人员对于特定人员利用自己的职务行为或者利用自己的影响力而索取或者收受贿赂的情况知道，并仍以自己的职权或者影响力而为他人谋取不正当利益，而特定人员以为国家工作人员对此不知道的，特定人员单独构成本罪。国家工作人员构成利用影响力受贿罪的片面共犯。

3. 本罪共犯与受贿罪共犯的区分

(1)有关司法解释性文件对受贿罪共犯的规定

2003 年 11 月 13 日最高人民法院《全国法院审理经济犯罪案件工作座谈会纪要》在"共同受贿犯罪的认定"部分规定：国家工作人员的近亲属向国家工作人员代为转达请托事项，收受请托人财物并告知该国家工作人员，或者国家工作人员明知其近亲属收受了他人财物，仍按照近亲属的要求利用职权为他人谋取利益的，对该国家工作人员应认定为受贿罪，其近亲属以受贿罪共犯论处。近亲属以外的其他人与国家工作人员通谋，由国家工作人员利用职务上的便利为请托人谋取利益，收受请托人财物后双方共同占有的，构成受贿罪共犯。国家工作人员利用职务上的便利为他人谋取利益，并指定他人将财物送给其他人，构成犯罪的，应以受贿罪定罪处罚。2007 年 7 月 8 日"两高"《关于办理受贿刑事案件适用法律若干问题的意见》(以下简称《意见》)第 7 条则规定："特定关系人与国家工作人员通谋，共同实施前款行为的，对特定关系人以受贿罪的共犯论处。特定关系人以外的其他人与国家工作人员通谋，由国家工作人员利用职务上的便利为请托人谋取利益，收受请托人财物后双方共同占有的，以受贿罪的共犯论处。"可见，《纪要》以"近亲属"作为构成共同受贿时行为标准差异的区分，具体而言，国家工作人员的近亲属参与受贿不需要与国家工作人员共同占有财物，其他人包括情妇(夫)以及其他共同利益关系的在内的构成受贿共犯，需要"共同占有财物"这一前提；《意见》则是以"特定关系人"作为构成共同受贿时行为标准差异的区分，具体而言，特定关系人构成受贿共犯只需要与国家工作人员"共谋"即可。特定关系人以外的其他人要构成受贿共犯，则需要"共谋"并"共同占有"两个条件。由于《意见》规定于《纪要》之后，两者冲突之处应以新出台的为准，因此，在共犯构成条件相冲突方面，应依照《意见》规定，即包括近亲属、情妇(夫)以及其他共同利益关系的人在内的"特定关系人"成立受贿共犯无须"共同占有"财物，而"特定关系人"之外的人需要"共谋"并"共同占有"。这也意味着一部分被排除在"特定关系人"之外的人却是"关系密切人"范围的对象，要成立受贿共犯同样需要"共谋"并"共同占有"。① 分析《意见》的真实用意，其实际上是要求不管何种情况下，"共谋"并"共同占有"都是构成受贿罪共犯不可缺少的要件，只不过由特定关系人与国家工

---

① 李翔：《论影响力受贿犯罪的司法认定——兼评〈刑法〉第 388 条之一》，载赵秉志主编：《刑法论丛》，347～349 页，北京，法律出版社，2009。

作人员关系的特殊性决定，即使特定关系人独自占有财物，也视同与国家工作人员共同占有，而特定关系人之外的人员，由于与国家工作人员没有利益上的那种紧密的联系，因此必须有明确的共同占有的行为和状态。

（2）本罪、本罪共犯与受贿罪共犯的关系

本罪的行为特征决定了，在共同受贿犯罪与影响力交易犯罪之间可能会形成一个难以认定的灰色地带，因为行为人不可能直接为请托人谋取不正当利益，而必须要通过特定国家工作人员的职务行为来实现。那么如何排除行为人与特定国家工作人员之间的受贿共谋？也即，行为人的利用行为有双重性，即先利用了国家工作人员或者自己（主要指离职的国家工作人员）对其他国家工作人员的影响，接着又利用了其他国家工作人员的职权行为。[1] 但是基于近亲属和密切关系人的指向性，这类行为人与本人并不能完全排除共同利益关系，在证明二者不存在共同犯罪故意、排除受贿共谋的可能性问题上有很大的难度，这就会造成此类人在定性上是本罪还是受贿罪的共犯问题。[2]

上述司法解释性文件关于受贿罪共犯的规定是在本罪入罪之前作出的。根据系统论的观点，系统要素的变化是要影响到系统的结构、性质和功能的。受贿犯罪的共犯形态就是一个系统，利用影响力受贿罪新增为犯罪后，受贿犯罪的共犯系统就新增加了一个要素，那么也就必定影响到受贿犯罪共犯系统的某些变化。上述文件中一些不能作为受贿罪共犯认定，从而不构成受贿罪或者不构成任何犯罪的情形可以构成利用影响力受贿罪。如"特定关系人"之外的关系密切的人与国家工作人员通谋，通过国家工作人员职务上的行为，为请托人谋取不正当利益，由关系密切的人独自占有财物的，按照上述司法解释性文件的规定，这类关系密切的人不构成受贿罪共犯，也就意味着国家工作人员独自构成受贿罪，而关系密切的人不构成犯罪，但在利用影响力罪入罪之后，一方面，上述情况中的关系密切的人毫无疑问应当构成利用影响力受贿罪；另一方面，也会产生国家工作人员与特定关系人之外的关系密切的人到底是应该构成受贿罪的共犯还是构成利用影响力的共犯这一问题。实际上，在利用影响力受贿罪入罪后，上述情况中国家工作人员既单独构成受贿罪，同时又构成了利用影响力受贿

---

① 赵秉志：《〈联合国反腐败公约〉在中国刑事立法中的转化模式评析》，载《南京大学学报》，2008（1）。

② 王占州：《对〈刑法修正案（七）草案〉第 11 条的几点质疑》，载《时代法学》，2008（10）。

罪的共犯，两者成立想象竞合，从一重罪处理，受贿罪重于利用影响力受贿罪，因此对国家工作人员仍应确定为受贿罪。

如果特定人员与国家工作人员通谋，由行为人通过国家工作人员职务上的行为，或者利用该国家工作人员职权或者地位形成的便利条件，通过其他国家工作人员职务上的行为，为请托人谋取不正当利益，自己单独索取请托人财物或者收受请托人财物，数额较大或者有其他较重情节，而国家工作人员并不参与分享贿赂的，特定人员与国家工作人员构成本罪的共犯。

如果特定人员与国家工作人员通谋，由行为人通过国家工作人员职务上的行为，或者利用该国家工作人员职权或者地位形成的便利条件，通过其他国家工作人员职务上的行为，为请托人谋取不正当利益，由特定人员或者国家工作人员索取请托人财物或者收受请托人财物，数额较大或者有其他较重情节，而国家工作人员也参与分享贿赂的，特定人员与国家工作人员构成受贿罪的共犯。

如果特定人员通过国家工作人员职务上的行为，或者利用该国家工作人员职权或者地位形成的便利条件，通过其他国家工作人员职务上的行为，为请托人谋取不正当利益，索取请托人财物或者收受请托人财物，数额较大或者有其他较重情节，现有证据很难证明特定人员与国家工作人员通谋或者国家工作人员知情的，也没有证据证明国家工作人员参与了分赃的，一般仅对特定人员以本罪处理，国家工作人员不构成本罪。

(四)刑事处罚问题

根据刑法典第 388 条之一的规定，犯本罪，数额较大或者有其他较重情节的，处三年以下有期徒刑或者拘役，并处罚金；数额巨大或者有其他严重情节的，处三年以上七年以下有期徒刑，并处罚金；数额特别巨大或者有其他特别严重情节的，处七年以上有期徒刑，并处罚金或者没收财产。

从本罪法定刑的规定可以看到，本罪法定刑分为三个幅度。在判处本罪的刑罚时，首先应对犯罪数额予以认定。至于何谓"数额较大或者有其他较重情节"、何谓"数额巨大或者有其他严重情节"、何谓"数额特别巨大或者有其他特别严重情节"，各地应根据本地的实际情况做出合理的解释，条件成熟时最好由最高司法机关作出统一的司法解释。由于本罪是贪利性犯罪，因此，每一档次的法定性都规定有财产刑，在具体量定刑罚时，应注意本罪财产刑的并处。

根据"两高"2009 年 3 月 12 日印发的《关于办理职务犯罪案件认定

自首、立功等量刑情节若干问题的意见》的规定及精神，对利用影响力受贿犯罪分子的自首、立功应该严格认定。对于具有自首情节的利用影响力受贿的犯罪分子，应当根据犯罪的事实、性质、情节和对于社会的危害程度，结合自动投案的动机、阶段、客观环境，交代犯罪事实的完整性、稳定性以及悔罪表现等具体情节，依法决定是否从轻、减轻或者免除处罚以及从轻、减轻处罚的幅度。对于具有立功情节的利用影响力受贿的犯罪分子，应当根据犯罪的事实、性质、情节和对于社会的危害程度，结合立功表现所起作用的大小、所破获案件的罪行轻重、所抓获犯罪嫌疑人可能判处的法定刑以及立功的时机等具体情节，依法决定是否从轻、减轻或者免除处罚以及从轻、减轻处罚的幅度。犯罪分子依法不成立自首，但如实交代犯罪事实，有下列情形之一的，可以酌情从轻处罚：①办案机关掌握部分犯罪事实，犯罪分子交代了同种其他犯罪事实的；②办案机关掌握的证据不充分，犯罪分子如实交代有助于收集定案证据的。犯罪分子如实交代犯罪事实，有下列情形之一的，一般应当从轻处罚：①办案机关仅掌握小部分犯罪事实，犯罪分子交代了大部分未被掌握的同种犯罪事实的；②如实交代对于定案证据的收集有重要作用的。赃款赃物全部或者大部分追缴的，视具体情况可以酌定从轻处罚。犯罪分子及其亲友主动退赃或者在办案机关追缴赃款赃物过程中积极配合的，在量刑时应当与办案机关查办案件过程中依职权追缴赃款赃物的有所区别。案件立案后，犯罪分子及其亲友自行挽回的经济损失，司法机关或者犯罪分子所在单位及其上级主管部门挽回的经济损失，或者因客观原因减少的经济损失，不予扣减，但可以作为酌情从轻处罚的情节。

第九专题

巨额财产来源不明罪问题研究

　　　　巨额财产来源不明罪，作为一种刑事政策的选择①，从初设之日起就承载了明确的功利目的，被期待实现惩治腐败的功能②。本罪不同于传统自然犯罪③，二十年来④备受关注与争议。

　　　　首先，关于本罪的前途，存在存置说与废除说之鲜明对立。⑤

---

　　①　赵宝成：《犯罪问题是一个公共政策问题》，载《中国刑事法杂志》，2001(4)；卢建平：《刑事政策视野中的巨额财产来源不明罪》，载《中国刑事法杂志》，2002(1)。

　　②　20 世纪 80 年代伴随中国经济发展，官员队伍出现"暴发户"，这些人日常支出明显超出合法收入，且差额达几万元、十几万元甚至更多，但本人却无法说清这些财产的合法来源。针对上述情况，时任全国人大常委会副委员长的王汉斌曾表示，"事实上，国家工作人员财产超过合法收入差额巨大而不能说明来源的，就是一种犯罪事实，一些国家和地区的法律规定这种情况属于犯罪"。参见 1987 年 11 月 17 日第六届全国人大常委会第二十三次会议上，王汉斌所作的《关于惩治走私罪和惩治贪污罪、贿赂罪两个补充规定(草案)的说明》。1988 年 1 月 21 日，第六届全国人大常委会第二十四次会议通过《关于惩治贪污罪贿赂罪的补充规定》，巨额财产来源不明罪作为反腐新手段固定下来。

　　③　加罗法洛提出了著名的"自然犯罪"概念：在一个行为被公众认为是犯罪前所必需的不道德因素是对道德的伤害，而这种伤害又绝对表现为对怜悯和正直这两种基本利他情感的伤害。而且，对这些情感的伤害不是在较高级和较优良的层次上，而是在全社会都具有的平常程度上，而这种程度对于个人适应社会来说是必不可少的。我们可以确切地把伤害以上两种情感之一的行为称为"自然犯罪"。[意]加罗法洛：《犯罪学》，耿伟、王新译，44 页，北京，中国大百科全书出版社，1996。

　　④　二十年指从 1988 年该罪初设到 2009 年 2 月 28 日通过《中华人民共和国刑法修正案(七)》，实现对本罪法定刑的修改。

　　⑤　钱舫：《论巨额财产来源不明罪》，载《政法论坛》，2001(6)；杨加明、杨小兰：《巨额财产来源不明罪应当废除》，载《社科纵横》，2009(2)；赵秉志主编：《刑法争议问题研究》(下)，郑州，河南人民出版社，1997。

关于本罪的正当性，存在与刑法三大基本原则冲突的质疑。①

关于本罪的功能评价，有"反腐败的锐利武器"的肯定评价与"贪官污吏的免死金牌"的否定批判之截然之分。②

在证明责任方面，存在是否举证责任倒置问题；在诉讼原则方面，有违无罪推定原则之嫌。③

在犯罪构成方面，本罪的行为是作为、不作为还是持有，各种观点各执一词。④

基于本罪主体的特殊性，共同犯罪问题在司法实践中如何认定。⑤

在追诉时效上，存在追述时效肯定说与追述时效否定说，以及对追述时效的起算标准的各抒己见。⑥

在溯及力问题上，犯罪行为的终了时间如何认定。⑦

在自首问题上，是否存在自首，如何认定。⑧

由于本罪犯罪事实中"巨额财产来源不明"的特殊性，生效判决的既判力与判决生效后"不明财产"查明的客观性之间的矛盾冲突如何解决。⑨

关于本罪的"前制度"，财产申报制度目前的缺失与日后的建构，

---

① 陈小明：《巨额财产来源不明罪的正当性思考》，载《西南民族大学学报》，2004(4)；时延安：《巨额财产来源不明罪的法理研析》，载《法学》，2002(6)。

② 周理松：《巨额财产来源不明罪司法实践中的困惑与对策》，载《学理》，1990(5)；查庆九：《这条刑律何以尴尬——析反腐败斗争中"巨额财产来源不明罪"的处境》，载《法制日报》，2001-06-03；任继鸿：《巨额财产来源不明罪现实境遇与立法完善》，载《当代法学》，2002(12)。

③ 孟庆华：《巨额财产来源不明罪研究新动向》，199～217页，北京，北京大学出版社，2002；林亚刚：《贪污贿赂罪疑难问题研究》，259～264页，北京，中国人民公安大学出版社，2005。

④ 持有说，储槐植：《刑事一体化与关系刑法论》，415页，北京，北京大学出版社，1997；不作为说，赵秉志：《疑难刑事问题司法对策》，356页，吉林，吉林人民出版社，1999；持有与不作为复合行为说，高铭暄、马克昌：《刑法学》，642页，北京，北京大学出版社，2000。

⑤ 鲍遂献：《论拒不说明巨额财产真实来源罪》，载《中国法学》，1990(6)。

⑥ 范德繁、于宏：《浅析巨额财产来源不明罪的行为要件及其追诉时效》，载《浙江政法管理干部学院学报》，2001(4)；袁绍义、吕义良：《如何计算巨额财产来源不明罪的追诉时效》，载《律师世界》，1996(12)。

⑦ 孟庆华：《巨额财产来源不明罪研究新动向》，192～195页，北京，北京大学出版社，2002。

⑧ 鲜铁可、赵志华：《巨额财产来源不明罪的修改与适用》，载《中国检察官》，2009(4)；屈耀伦：《巨额财产来源不明罪若干疑难问题辨析》，载《甘肃政法学院学报》，2005(1)。

⑨ 钱舫：《论巨额财产来源不明罪》，载《政法论坛》，2001(6)；孟庆华：《巨额财产来源不明罪研究新动向》，226～235页，北京，北京大学出版社，2002。

将会对本罪的司法实践产生何种影响。①

由于其承载的功利目的、其犯罪构成本体的特殊性，加之官员腐败问题在我国的高关注度与敏感度②，尽管巨额财产来源不明罪案件数量相对较少③，但本罪一直为刑法理论研究、刑事司法实践、立法改革和普通民众持续关注，2001 年、2004 年、2008 年"两会"期间，分别有全国人大代表提议提高本罪的法定刑。2009 年 2 月 28 日《中华人民共和国刑法修正案（七）》通过，将本罪的最高刑由五年有期徒刑提高至十年有期徒刑。巨额财产来源不明罪再次成为学界、司法界、社会民众关注的重大热点之一。

巨额财产来源不明罪的法定刑在修改之前为五年以下有期徒刑，因为本罪的法定刑偏低，已经成为本罪饱受诟病的主要原因。这次修改，一定程度上契合了社会对反腐败的期待。二十年前，巨额财产来源不明罪从无到有，二十年后的修改，同样体现了国家立法在反腐问题上的严刑政策，问题是今日的修改是否可以缓解巨额财产来源不明罪在现实适用中遭遇的尴尬境遇。

笔者试图从美国学者约翰·罗尔斯关于制度不足、程序正义的论述为切入点，以理性选择为标准，从逻辑上逐层剖析关于巨额财产来源不明罪的现实选择。

本文思路为：

首先，对本罪的立法背景与法律文本进行历史的回顾梳理。

其次，在承认制度不足与坚持制度理性的前提下，逐层分析本罪的取舍结果，进行功利判断与现实选择；本节试图解决关于本罪是贪官"保护伞"的质疑问题，以判断本罪存在的现实合理性。

---

① 邹东升：《财产申报循名责实：依据、缺失与重构》，载《广西民族学院学报（哲学社会科学版）》，2005（3）；刘娟娟：《巨额财产来源不明罪与"阳光法"》，载《华东政法学院学报》，2000（1）。

② 石国胜：《两会热点问题调查：八大民生 反腐倡廉最受关注》，载《人民日报》，2009-02-25。

③ 1998～2000 年，以巨额财产来源不明罪起诉和审判的案件只有 51 件 52 人。数据来源，钱舫：《论巨额财产来源不明罪》，载《政法论坛》，2001（6）。通过网上调查，2003～2007 年五年间，已有判决结果的巨额财产来源不明罪案件 160 例，其中 2003 年 21 例，2004 年 22 例，2005 年 28 例，2006 年 42 例，2007 年 47 例。这 160 例案件中，以巨额财产来源不明罪单独立案或结案的 5 例，与贪污罪、受贿罪等两个以上罪名并案处理的 19 例；与贪污罪并案处理的 10 例；与受贿罪并案处理的 126 例。在司法实践中，巨额财产来源不明罪案件，大多伴随贪污、受贿案件发生（占 97％），作为受贿罪或贪污罪案件的附带案件，其独立存在的意义并不明显。数据来源，戴东风等：《巨额财产来源不明罪的实证研究》，载《今日中国论坛》，2009（Z2）。

再次，关于本罪存在涉及无辜者入罪可能性的质疑，着力探讨巨额财产来源不明罪的正当性。讨论中引入作为本罪"前制度"的财产申报制度。笔者试图解决的是对本罪举证责任倒置，有违无罪推定原则的责难问题。与此相关，在肯定建立"前制度"必要性的前提下，主张本罪的行为是不作为。

最后，对本罪价值的判断与现实的选择，最终是要落实到司法实践上。笔者以尊重实在法的立场对巨额财产来源不明罪本体进行内部剖析，探讨本罪的具体适用问题，力图实现法律适用的公正性与有效性。

一、巨额财产来源不明罪立法 20 年历程

本节将巨额财产来源不明罪的法律文本进行整理，其内容将成为研究本罪的素材，为了保证素材的"干净"与"醒目"，在本节中将不加入任何己见与论述，同时法律文本的修改采用表格对比的方式呈现。

1. 法律规定

法律名称	法律规定	立法说明
《关于惩治贪污罪贿赂罪的补充规定》（1988 年 1 月 21 日，第六届全国人大常委会第二十四次会议通过）	国家工作人员的财产或者支出明显超过合法收入，差额巨大的，可以责令说明来源。本人不能说明其来源是合法的，差额部分以非法所得论，处 5 年以下有期徒刑或者拘役，并处或者单处没收其财产的差额部分。	1988 年 1 月第六届全国人大常委会第二十四次会议上，王汉斌同志在《关于惩治贪污贿赂罪的补充规定草案》的说明中指出："近几年来国家工作人员中出现了个别财产来源不明的'暴发户'，或者支出明显超过合法收入，差额巨大，不是几千元，而是几万元，十几万元，甚至更多，本人又不能说明财产的合法来源，显然是来自非法途径。"
1997 年《刑法》	第 395 条 国家工作人员的财产或者支出明显超过合法收入，差额巨大的，可以责令说明来源。本人不能说明其来源是合法的，差额部分以非法所得论，处 5 年以下有期徒刑或者拘役，财产的差额部分予以追缴。	

法律名称	法律规定	立法说明
《中华人民共和国刑法修正案（七）》（2009 年 2 月 28 日第十一届全国人民代表大会常务委员会第七次会议通过）	十四 将《刑法》第 395 条第一款修改为："国家工作人员的财产、支出明显超过合法收入，差额巨大的，可以责令该国家工作人员说明来源，不能说明来源的，差额部分以非法所得论，处 5 年以下有期徒刑或者拘役；差额特别巨大的，处 5 年以上 10 年以下有期徒刑。财产的差额部分予以追缴。"	关于《中华人民共和国刑法修正案（七）（草案）》的说明 2.《刑法》第 395 条规定，国家工作人员的财产或者支出明显超过合法收入，差额巨大，本人不能说明其来源合法的，处 5 年以下有期徒刑或者拘役。有些全国人大代表和最高人民法院、最高人民检察院提出，本罪的刑罚偏轻，建议加重。 经同中央纪委、最高人民法院、最高人民检察院等部门研究认为，鉴于这类犯罪社会影响恶劣，为适应反腐败斗争的需要，对其加重刑罚是必要的，建议将本罪的最高刑由 5 年有期徒刑提高到 10 年有期徒刑。这样修改，加重了对这类犯罪的惩处，在量刑上又与贪污贿赂犯罪有所差别。司法实践中，对涉嫌贪污贿赂犯罪的，司法机关应当依法尽力查证犯罪事实，依照贪污贿赂犯罪的规定严惩。

2. 相关司法解释或纪要

1993 年 10 月 22 日，最高人民检察院颁发《关于认真查办巨额财产来源不明罪犯罪案件的通知》，将巨额财产来源不明罪"差额巨大"的立案标准确定为 5 万元。

1997 年刑法实施后，最高人民检察院于 1997 年 12 月 31 日发布《关于检察机关直接受理立案侦查案件中若干数额、数量标准的规定（试行）》，将巨额财产来源不明罪的立案标准由 5 万元调整为 10 万元。

1999 年 8 月最高人民检察院在《关于人民检察院直接受理立案侦

查案件立案标准的规定（试行）》中，又将立案标准由 10 万元提高到 30 万元。

2003 年 11 月 13 日最高人民法院《全国法院审理经济犯罪案件工作座谈会纪要》，就巨额财产来源不明罪的法律问题：行为人不能说明巨额财产来源合法的认定，"非法所得"的数额计算做出了解释。

直至《刑法修正案（七）》草案公布前，巨额财产来源不明罪立案标准在数年间翻了 6 倍，涉案金额从几十万元、几百万元向几千万元不断攀升，而五年的最高法定刑一直不变。在贪污受贿罪的重刑相比之下，巨额财产来源不明罪不断受到舆论的攻击，处于"无奈"的现实困境。

二、巨额财产来源不明罪的存在合理性辨析

毋庸置疑，法律的一个重要价值是实现公正或正义，如果不是依赖贤人治国，那么公正与正义需合理的制度来保障。美国学者约翰·罗尔斯在其名著《正义论》中曾论及制度与正义的关系。罗尔斯将程序的正义分为三种：（一）纯粹的程序正义（pure procedural justice），只要严格遵守其程序规则，无论得到什么样的结果都被视为合乎正义的，如程序公平的赌博；（二）完善的程序正义（perfect procedural justice），其经典的例证是切蛋糕的人最后领蛋糕理论。这种情形通过某种程序或制度的设定（切蛋糕的人是最后领取蛋糕的人）以实现结果的合乎正义（他为了使留给自己的蛋糕多一些会尽量来均分蛋糕）；（三）不完善的程序正义（imperfect procedural justice），不同于第一种情形中程序的公平执行决定正义，这里程序之外存在着衡量正义的客观标准，同时不同于第二种情形中程序的设定可以实现这种正义，第三种情形下百分百地实现正义的程序或制度不存在。[①]

对于刑事法律制度与立法设计，在价值取向上我们不断追求公正，而现实中我们不断受立法局限或制度缺陷的困扰，无奈于现实中不公平现象的存在。当法律制度不能实现价值追求的"完美"（perfect）时，我们就必须做出现实的取舍，比如疑罪从无，做出有利于被告人的解释。

---

① John Rawls：*A Theory of Justice*，the Belknap Press of Harvard University Press，1971.

落实到巨额财产不明罪的适用上，从本文的第一部分法律文本回顾中我们可以清晰地读出立法意图是将本罪作为腐败犯罪的"兜底条款"。当检方受证据所限不能证明犯罪嫌疑人或被告人的"巨额财产"是贪污受贿罪或其他犯罪所得时，巨额财产来源不明罪成为"退而求其次"的求刑。在对此作出评价之前，我们先从逻辑上区分不同情形来分析巨额财产来源不明罪可能实现的功能。

情形一：由于本罪内含"保护贪官"的可能性，所以这里假设废除该罪。

法律规范上对该罪的废除，不必然带来"巨额财产来源不明"现实现象的自然消失。有这种客观现象的存在，就有司法机关对这种现象发现又无法证明其构成犯罪的可能性。[①]

假设该巨额财产为受贿所得，但司法机关证明构成受贿罪的证据不充分，遵循无罪推定的原则和《刑事诉讼法》第162条第3款的规定，应当作出无罪判决。

结果，贪官合法合程序地逃脱法网，司法机关举证不能的后果由守法公民承担——普通纳税人不得不分担贪官卷走国家财产的巨额损失，同时社会良知也受着不公的拷问。

反观之，巨额财产来源不明罪的设立，在防止贪官大摇大摆地被无罪释放方面一定程度上实现了"兜底"。尽管相对于贪污受贿罪等重刑的量刑，本罪的法定量刑相对较低，因此不得不面对"包庇贪官"的责难，但是通过对情形一的分析，我们不难看出，这种相对的不公并不是巨额财产来源不明罪本身造成的，直接的原因是司法机关的举证不能，根本的原因是整个反腐败机制的不完善和本罪法律规定的特殊性，如果单方面提高巨额财产来源罪的法定刑使之与贪污受贿罪的最高法定刑相当，对被告人来说是有失公平的。[②]

情形二：巨额财产来源不明罪作为现行法规定适用。

作为一种立法的基本理念，我们相信事物存在的因果关系，否认"无源之水"、"无本之木"，或是"空穴来风"，由此我们断定"巨额财产"必有其来源。

---

① 就此问题的有关"法律事实"的分析将在后文分述。
② 关于本罪司法结果的责任分担，将在后文继续论述。

从逻辑上来看，财产来源可分为：

$$
\left\{
\begin{array}{l}
\text{合法来源} \left\{
\begin{array}{l}
\text{合法合伦理道德} \\
\text{合法但有违伦理道德(或是不合主流意识①)}
\end{array}
\right. \\
\text{非法来源} \left\{
\begin{array}{l}
\text{违法但尚未触犯刑法} \\
\text{构成犯罪}
\end{array}
\right.
\end{array}
\right.
$$

古典刑法是建立在具有自由意志的理性人的基础上的，黑格尔曾极度推崇这种自由意志，他认为有意志而没有自由就不能称其为意志，犯罪是犯罪人基于本人的意志自由选择的结果，"刑罚即被包含着犯人自己的法，所以处罚他，正是尊敬他是理性的存在。"②

这里我们也假设本罪的犯罪嫌疑人或被告人为理性人，即经过利害权衡会做出符合自我利益的判断。作为说明"纳什均衡"存在的经典故事"囚徒的困境"(Prison's Dilemma③)同样也可以说明人们基于利害关系的理性选择。囚徒的困境如下：

警方逮捕甲、乙两名嫌疑犯，但没有足够证据指控二人入罪。于是警方分开囚禁嫌疑犯，分别和二人见面，并向双方提供以下相同的选择：

• 若一人认罪并作证检控对方(相关术语称"背叛"对方)，而对方保持沉默，此人将即时获释，沉默者将判监10年。

• 若二人都保持沉默(相关术语称互相"合作")，则二人同样判监半年。

• 若二人都互相检举(互相"背叛")，则二人同样判监两年。

用表格可以表示为：

	甲沉默(合作)	甲认罪(背叛)
乙沉默(合作)	二人同服刑半年	甲即时获释；乙服刑10年
乙认罪(背叛)	甲服刑10年；乙即时获释	二人同服刑两年

我们可以看出在没有串通的情况下，权衡风险利害，无论对甲还是对乙，最理性的选择是认罪，服刑两年。

回到巨额财产来源不明罪，基于理性人的前提，面对5年以下或10年以下失去自由的风险，我们有理由相信：

---

① 虽然在一些艺术领域，非主流意识或文化成为某种时尚的代名词，但这并不排斥普通民众对主流意识的认同，有时这种认同的同一性造成对不合主流的排斥或压抑。

② [德]黑格尔：《法哲学原理》，范扬、张企泰译，103页，北京，商务印书馆，1961。

③ http://plato.stanford.edu/entries/prisoner-dilemma.

1. 当巨额财产为合法收入时，当事人会积极说明其来源；

2. 当巨额财产为重罪犯罪的收益时，当事人不会主动说明其不法来源；

3. 但问题在于，巨额财产虽然不是犯罪收益，但由于其源于难以启齿的事由，当事人不愿说明。

我们知道，个体的差异，不仅在于高矮、胖瘦，还表现为性格的不同，内心珍视东西的千差万别，比如有人视财如命，有人珍惜名誉，有人热爱自由，于是有"生命诚可贵，爱情价更高，若为自由故，两者皆可抛"。

我们不禁要问是否存在这样的现象，某公务员因为某种习惯爱好（而这种嗜好为一般社会伦理所不齿）而获利，由于羞于启齿，或者如果说明则将被妻儿、父母、朋友视为"另类"难以继续正常社会生活，则只好"选择""拒不说明"①。

面对这样的情形，制度理性在作出选择时恐怕并不比当事人容易。巨额财产来源不明罪的立法意图很明显，针对的是腐败犯罪。本罪是一种功利性立法设置，对于因伦理冲突选择而获罪的情形是本罪要避免的。② 这种情形存在的可能性，也成为质疑本罪存在正当性的要害。

本罪的特性在于"巨额财产来源的不明"谁来说明，目前的状态是在司法机关无法查明的情况下，责令当事人说明，如果当事人不能给予合理说明，则将承担获罪的不利后果。由此可见解决问题的核心也在于此，对于这个问题我们在下节中专题讨论。

对于本节分析得出的结论：巨额财产来源不明罪产生于功利性的要求，是一种现实的选择，两害之衡取其轻，没有本罪，将造成更大的不公，这正是本罪存在的合理性。

三、巨额财产来源不明罪正当性的支撑点

在上一节中我们试图化解对巨额财产来源不明罪"保护贪官"的责难，但同时留下一个问题，在指向惩处犯罪的同时，如何有效避免冤

---

① 笔者试图找到这样的真实案例以增强论理的力度，但遗憾的是，由于公布资料的有限和这种情形本身涉及的个人隐私的私密性，未能找到相关真实案例。但我们在逻辑判断和一般认知上仍不能否认这种情形在现实生活和司法实现中出现的可能性。

② 本罪无意于纠缠在罪与伦理的冲突之间。关于罪与恶的冲突，参见任喜荣：《"伦理法"的内在矛盾及其解决——基于刑事法律范畴的分析》，载《比较法研究》，2004(3)。

枉无辜。这个问题较之前一个问题，更为深刻。①

对此问题的解决，最理想的状态是在案件作出判决前，查明事实，还原真实。真实是指人的主观认识与客观情况相一致，即主观与客观的统一。②然而这种还原的"事实"其实已经不是现实生活中本来形态的事实，而是经过了法的加工的所谓的"法律事实"。③易言之，刑事审判是建立在有证据构成的法律事实的基础上的，法律事实虽然可能接近于客观事实，但永远也不可能等同于客观事实。在这种情况下，法官只对证据负责，从证据中求真实。④

由于前文所述的制度的不完美性、法律事实的特质性，加之具体办案客观条件的限制，要求在所有案件审理中完全查明事实的理想状态是不客观的。

我们还是务实地把可能解决问题的切入点放在本罪的举证责任或证明责任⑤上。刑事诉讼的举证责任分配须遵循无罪推定这一基本原则。

无罪推定原则（presumption of innocence），意指"未经审判证明有罪确定前，推定被控告者无罪"。无罪推定原则是现代法治国家刑事司法通行的一项重要原则，是国际公约确认和保护的一项基本人权，也是联合国在刑事司法领域制定和推行的最低限度标准之一。

---

① 法国犯罪学家乔治·比卡曾经指出对于犯罪问题的认识，可以分三种人群层次，第一层为刑事法学者和犯罪学家；第二层为政府官员；第三层为普通民众。乔治·比卡提出刑事法学者和犯罪学家要有意识地用理性来引导启蒙民众意识。[法]乔治·比卡：《犯罪学的思考与展望》，王立宪、徐德瑛译，北京，中国人民公安大学出版社，1992。对巨额财产来源不明罪的认识，是否存在如比卡所指出的三个层次。笔者在本文写作前没能作出针对不同群体的抽样调查成果。但笔者从另一侧面注意到，就本罪的议论，质问本罪对贪官刑事责任追究的不力的文章或言论多发表在报纸、时评杂志，或网站博客、BBS上，直接判断或情绪性的文字相对比重较大，其中主张提高本罪的法定刑，要求与贪污受贿罪的最高法定刑相当的言论较多。对本罪的进行细致论理的文章，无论是肯定或批评其正当性的不同立场或观点，多发表在学术期刊，其中很多学者并不赞同一味地提高本罪的法定量刑幅度来解决公正问题。而官方的意见（如立法草案说明）往往介于两者之间。参见关于《中华人民共和国刑法修正案（七）（草案）》的说明。不知这样的不同是否可以看作是一种与比卡论述的吻合。从这个意义上来说，本节要解决的问题较之上一节解决的问题更为深刻。

② 齐振海、袁贵仁：《哲学中的主体和客体的问题》，276页，北京，中国人民大学出版社，1992。转引自陈兴良：《刑事法治的理念建构》，载《当代中国刑法新境域》，22页，北京，中国政法大学出版社，2002。

③ [日]谷口安平、坂元和夫编著：《裁判とフェアネス》，东京，法律文化社，1998。

④ 关于客观真实与法律真实的论述，详见陈兴良：《刑事法治的理念建构》，载《当代中国刑法新境域》，22～31页，北京，中国政法大学出版社，2002。

⑤ 关于举证责任与证明责任两个概念的区分与联系，详见何家弘：《刑事诉讼中举证责任分配之我见》，载《政治与法律》，2002(1)。

无罪推定的目标是要保护被告人的合法权利，是要保障司法的公正，是要把"无罪者被错判有罪"的可能性限制到最低的水平。这就是无罪推定原则的价值取向。① 世界许多国家都在宪法或宪法性文件及刑事诉讼法典中规定了无罪推定原则。如：加拿大宪法、法国 2000 年最新修改的刑事诉讼法典、俄罗斯 2001 年新刑事诉讼法典，等等。

我国大陆法学界在 20 世纪 50 年代中期及 20 世纪 80 年代初期，都对无罪推定原则进行过探讨，后因 1983 年的"严打"，无罪推定曾一度被认为是法学界的"精神污染"。直至 1996 年 3 月，修订后的《中华人民共和国刑事诉讼法》第 12 条明确规定："未经人民法院依法判决，对任何人都不得确定有罪。"虽然该规定中没有出现"推定"或"假定"无罪的规范性表述，但却含有无罪推定的精神。同时，在该法第 162 条第 3 款中还相应规定了疑罪从无原则，即："证据不足，不能认定被告人有罪的，应当作出证据不足、指控的犯罪不能成立的无罪判决。"

根据无罪推定原则，如何才能确定被告人有罪，法律的要求基本上有两条：

"一是证明被告人被控犯罪的事实的责任由控诉被告人犯罪的机关或人员承担，具体说来，这就要求：

①控诉方承担提供证据证明被告人有罪的责任，且排除非法证据；

②控诉方的证明责任必须达到排除合理怀疑的程度，若证明达不到法律的要求，则应'疑罪从无'，疑案作有利于被告的处理；

③被告人没有自证其罪的义务，不能因为被告人不能或没有证明自己无罪而认定被告人有罪。

二是对被告人是否犯有被控犯罪行为的认定必须由审判机关依照法律程序作出。这就要求：

①最终认定被告人有罪的机关只能是审判机关，即由法院行使，其他任何机关都无权行使；

②法院只有经过公开公正的审判后才能认定被告人有罪；

③为保证审判的公正性，保障被告人利益，'审判时并须予以辩护上所需之一切保障'，具体说主要包括指控罪状通知本人的权利，保持沉默的权利，获得律师帮助的权利，传唤证人、询问证人的权利，最后陈述的权利，上诉的权利，等等。"②

在此有一个问题需要说明。我国《刑事诉讼法》第 93 条规定："犯

---

① 何家弘：《刑事诉讼中举证责任分配之我见》，载《政治与法律》，2002(1)。

② 陈瑞华：《刑事审判原理论》，148～151 页，北京，北京大学出版社，1997。

罪嫌疑人对侦查人员的提问,应当如实回答。"何家弘教授认为这条规定虽然负面作用大于正面作用,但是并不同意这是让被告人承担举证责任的说法。① 首先,这条规定的对象是犯罪嫌疑人,不是刑事被告人,不是公诉机关正式提出犯罪指控的对象。其次,这条规定只是一种道义上的要求,是立法者"号召"犯罪嫌疑人配合侦查机关查明案件事实的举措。再次,这条规定的内容不属于举证责任的范畴。如果说犯罪嫌疑人或被告人应当承担举证责任,那么他不举证或者举证不能,就要承担不利的诉讼后果,即被判定有罪。但是,根据上述第93条的规定,即使犯罪嫌疑人不如实回答问题,甚至根本不回答问题,司法机关也不能因此就判定其有罪。由此可见,该条规定并没有违背刑事诉讼中举证责任分配的一般原则。

根据刑事诉讼的举证责任原则,我们可以判断,对于犯罪指控,犯罪嫌疑人或被告人面临两种选择:

```
        ┌ 有罪答辩──不存在此问题争议
        │ 不积极抗辩──检方举证(证明标准:案件事实清楚,证据确实充分,
        │                    或排除合理怀疑)── 罪名成立
       ┤ 积极抗辩
        │
        └ 无罪答辩──检方举证不力 ──检方承担不利后果,被告人被判无罪
```

在举证责任或证明责任上,巨额财产来源不明罪有着不同一般犯罪的特殊性。当司法机关证明"国家工作人员的财产、支出明显超过合法收入,差额巨大"的事实存在后,本罪的当事人被责令"说明义务",当不能说明来源时,行为人将承担不利后果,依法判处本罪成立。

基于巨额财产来源不明罪在犯罪认定过程证据提出的特殊性,学界有着举证责任倒置说、证明责任转移说,被告人行使抗辩权说等不同视角的解释与讨论。②笔者仔细研读了关于本罪举证责任或证明责任的论述,发现这些论点大致可归纳为两类:

一类是认为巨额财产来源不明罪的规定违背无罪推定原则。具体而言,我国刑法关于巨额财产来源不明罪的规定,对于该罪客观方面的界定是"财产支出明显超出合法收入,差额巨大",且"本人不能说明来源是合法的"。将这一界定与无罪推定原则联系起来,这其中存在着

① 何家弘:《刑事诉讼中举证责任分配之我见》,载《政治与法律》,2002(1)。

② 孟庆华:《巨额财产来源不明罪研究新动向》,208~217页,北京,北京大学出版社,2002;钱舫:《论巨额财产来源不明罪》,载《政法论坛》,2001(6);何家弘:《刑事诉讼中举证责任分配之我见》,载《政治与法律》,2002(1)。

这样一个逻辑悖论：只要犯罪嫌疑人或被告人有巨额财产，且来源不明，就可认定其行为构成犯罪。公诉机关实质是将犯罪嫌疑人或被告人来源不明的巨额财产推定为其非法所得，而并不需要公诉机关以充分、确实的证据证明之。这显然与无罪推定原则显然是相违的。无罪推定原则要求：首先，公诉机关应当证明犯罪嫌疑人或被告人的巨额财产是非法的；其次，公诉方的证明责任必须达到排除合理怀疑的程度，也就是说，如果不能充分证明这些巨额财产的非法来源，就应当按照"疑罪从无"的原则，做有利于被告人的处理；再次，被告人没有自证其罪的义务，不能要求被告人自己说明其巨额财产的不明来源。我国刑法关于巨额财产来源不明罪的规定是完全与无罪推定原则相违背的。"可以责令其说明来源，本人不能说明来源是合法的，差额部分以非法所得论"，明显对犯罪嫌疑人或被告人施加了一部分举证责任，犯罪嫌疑人、被告人必须证明其巨额财产的来源合法，而审判人员、检察人员、侦查人员在推卸本应归于自己的举证责任。反之，在承担举证责任一方无法拿出证据证明犯罪嫌疑人或被告人之巨额财产来源非法的情况下，依据犯罪嫌疑人的有罪供述来给其定罪，则是不折不扣的推行自证其罪和以口供定罪的错误的诉讼原则。①

　　另一类是就本罪中证据提出不同于一般犯罪的特殊状态并不违背刑事诉讼法所规定的无罪推定原则作出的相对合理的解释。具体的论述，如钱舫博士认为，在巨额财产来源不明案中，需要查明的案件事实主要是以下几个方面：①行为人的主体身份，这通常是比较明确的。②行为人客观占有的财产总额。③行为人的支出总额。④行为人能够说明来源的财产总额，包括其合法收入。⑤行为人不能说明来源的差额财产总额。在查清上述事实的基础上，司法机关才能够认定行为人作为国家工作人员，其财产或者支出明显超过其合法收入，且不能说明来源的差额部分数额巨大。司法机关当然应当尽可能查清行为人不明财产的真实来源，但是一旦能够查清来源，就不再计入财产来源不明的数额之内。就所指控的巨额财产来源不明罪而言，司法机关无需收集和提供被告人如何获取这些财产的证据。司法机关首先需要证明的是，行为人的财产或者支出明显超过其合法收入，而且差额巨大。这样，司法机关必须运用证据证明下列事实：行为人客观占有的财产

---

　　①　刘霜：《巨额财产来源不明罪与无罪推定原则的博弈》，载赵秉志、陈忠林、齐文远主编：《新中国刑法 60 年巡礼　下卷：聚集〈刑法修正案（七）〉》，531 页，北京，中国人民公安大学出版社，2009。

总额；行为人的支出总额；行为人正常合法收入总额。被告人对其财产来源作出的说明是一种抗辩，被告人并不承担举证责任。司法机关在被告人提出抗辩的基础上，进一步承担举证责任，即需证明抗辩不能成立才足以定罪；若被告人未提出抗辩，司法机关就无需进一步举证。与其他刑事案件相比，由于巨额财产来源不明罪构成要件的特殊性以及被告人承担了抗辩义务，司法机关的证明责任有所减轻。①

这样的解释从理论上就本罪证明责任的正当性给予了辩护，但并未能解决本节所要解决的巨额财产来源不明罪在可能面临现实正当性的问题——涉无辜者入罪的可能性问题。

也许他山之石可以攻玉，笔者查阅了外国的相关立法例和国际公约，细读这些法律资料后，笔者发现相似于我国巨额财产来源不明罪的规定②，大多是以相对完善的官员财产申报制度为基础的③。

财产申报制度起源于瑞典。20 世纪 80 年代后期逐渐流行起来，为大多数国家所接受。1883 年英国国会通过一部重要法律——《净化选举、防止腐败法》，这也是世界上第一部关于财产申报的法律。此后许多国家和地区纷纷效仿，以法律的形式，确定本国的财产申报制度。美国、英国、德国、意大利、俄罗斯、阿根廷、智利、澳大利亚、新加坡、泰国、日本、韩国、印度、巴基斯坦、加拿大、菲律宾、尼日利亚、保加利亚、哈萨克斯坦、墨西哥等许多国家以及我国的台湾、香港、澳门地区都先后确定了财产申报制度或相应的制度安排。④

从财产申报制度适用人员的范围来看，新加坡、菲律宾等国由于

---

① 钱舫：《论巨额财产来源不明罪》，载《政法论坛》，2001(6)。

② 如联合国第八届预防犯罪和罪犯待遇大会第 10 条(1990 年 8 月 27 日—9 月 27 日)；巴基斯坦 1947 年《防止腐败法》第 5 条刑事不良罪；泰国 1975 年《反贪污法》第 20 条；新加坡 1960 年《防止贿赂法》第 23 条；新加坡 1988 年《没收贪污所得利益法》之第二部分；印度 1947 年《防止腐败法》第 5 条刑事不良罪；印度 1988 年《防止腐败法》第 13 条；马来西亚 1961 年《防止腐败法》第 17 条；文莱 1982 年《防止贿赂法》第 12 条、第 27、第 28 条；尼日利亚联邦共和国 1975 年《反腐败行为的法令》第 21 条；1948 年中国《香港防止贪污条例》第 10 条、第 12 条，第 21 条，等等。

③ 时延安：《巨额财产来源不明罪的法理研析》，载《法学》2002(6)，一文中我们也可以找到同样的观点。

④ 如 1964 年巴基斯坦《政府公职人员行为条例》、1978 年美国《政府道德法》、1981 年韩国《公职人员道德法》、1981 年泰国《关于国家官员申报资产与负债的王室法令》、1988 年法国《关于政治生活财产透明度法》、1989 年菲律宾《公共官员与雇员品行道德标准法》、1993 年台湾地区"公职人员财产申报法"、1994 年墨西哥《公务员职责法》、1994 年加拿大《公职人员利益冲突与离职后行为法》、1998 年哈萨克斯坦《哈萨克斯坦共和国反腐败法》、2003 年澳门地区《澳门财产申报法》等。

人口较少，所以采用了公职人员全体申报财产的方法，但这在很多公职人员众多的国家是做不到的。韩国《公职人员道德法》除了规定公职人员财产申报的范围外，还特别规定了教育公职人员中的大学校长、副校长、研究生院院长、学院院长及专科大学的院长、与大学相当的各类学校的校长，首尔特别市、直辖市、各道的教育总监和教育长以及教育委员以及相关团体中的职员等也需申报财产。同时，各国在财产申报的制度设计中，大都对公职人员的配偶、子女财产申报做出了相关规定。这是因为公职人员的配偶及子女被视为其身份利益的延伸，如果控制不力，同样会造成公职人员的腐败。韩国《公职人员道德法》规定：法定人员申报财产，不仅包括本人的财产，还包括其配偶、直系亲属的财产。我国澳门地区则直接规定了公职人员配偶及事实婚关系者的合作义务："申报人的配偶或与其有事实婚关系者，须向申报人提供填写申报书所要求的一切数据，或自行提交申报书的第一及第二部分予存放实体。"台湾地区"财产申报法"规定："公职人员的配偶及未成年子女所有之前项财产，一并申报。"但各国或地区在"子女"的界定上不尽相同（参见表1）①。

表 1　财产申报制度适用人员范围比较

	规　　定	子女申报范围
韩　国	①总统、国务总理、国务委员、国会议员等国家政务职的公职人员；②地方各级政府的首长和地方议会的议员；③四级以上的担任一般职务的国家和地方公务员以及得到与此相当报酬的担任其他职务的公务员；④四级以上的外交公务员和国家安全企划部门的公务员；⑤法官和检察官；⑥上校以上的军官以及相当的军务官；⑦教育公务员中的大学校长、副校长、研究生院院长、学院院长及专科大学的院长、与大学相当的各类学校的校长，首尔特别市、直辖市、各道的教育总监和教育长以及教育委员；⑧总警以上的警察公务员；⑨由政府提供经费的机构金额得到政府捐助、补贴的机构的正副首长、常任监事，韩国银行的总裁、副总裁以及监事，银行的检察院长，农业合作组合中央会、水产业合作组合中央会、畜产业合作组合中央会的会长以及常务监事；⑩下列机关、团体中的人员：由政府提供经费	未成年及成年子女均需申报

①　刘庆智：《财产申报制度比较研究》，华东政法大学 2008 年硕士学位论文。

	规　　定	子女申报范围
	的机构和得到政府捐助、补贴的机构、团体以及接受委托执行政府业务的机构和团体；根据《地方工企业法》所建立的地方公社、地方公团和得到地方各级政府的捐助、补贴的机构、团体以及接受委托执行地方各级政府业务的机构、团体；在选任人员中，需要得到中央行政机关首长、地方各级政府首长承认的或由中央行政机关首长、地方各级政府首长、地方各级政府首长选任的机构、团体。	
新加坡	所有的公务员都要按照规定申报个人的财产。换言之，该国并没有像其他国家一样，只是对一定级别以上的公务员要求申报。	依靠其本人抚养的子女
墨西哥	①国会众议员参议院、办公厅主任、司库、议院的局长和总会计长；②联邦政府人员，从司局长到共和国总统各级官员；③半官方公共机构人员。包括总负责人、总经理、副总负责人、副总经理、局长、经理、副局长以及权力下放机构、国家占主要成分的企业及类似社团和协会中同样级别的公务员；④联邦区政府人员，包括区长、副区长、区政府局长；⑤国家总检察院和联邦区总检察院中的人员。包括从司局长到国家总检察长以及联邦区总检察长的各级官员，包括检察官和司法警察官员；⑥联邦审判机构人员，包括国家最高法院审判长，专业法庭审判官，分区法官，法院书记官及任何级别的法院书记员。	
中国台湾地区	①"总统"、"副总统"；②行政、立法、司法、考试、检察各院"院长"、"副院长"；③政府官。对于"政府官"的范围，《公职人员财产申报法实施细则》规定只是拿俸禄的"政府官"才需要申报财产，而不拿俸禄的"政府官"则不需要申报财产；④有给职之"总统府"资政、国策顾问及战略顾问；⑤兼任第十职等或相当职等以上各级政府机关首长；⑥公营事业机构相当兼任第十职等以上首长及一级主管公立各级学校校长；⑦"少将"编阶以上军事单位首长；⑧依法选举产生的乡（镇、市）级以上"政府"机关长；⑨县市级以上各级民意机关"民意代表"；⑩法官、检察官。按照《实施细则》规定，法官包括："最高法院"兼任庭	未成年子女

	规 定	子女申报范围
	长的法官；"行政法院"兼任庭长的评事；公务员惩戒委员会委员；"高等法院"以下各级法院及其分院兼任院长或庭长的法官。检察官包括："最高法院"检察署主任检察官；高等法院以下各级法院及其分院检察署检察长、主任检察官、检察官。法官、检察官，包括候补法官、候补检察官；⑪警政、司法调查、税务、关务、地政、生计、营建、都计、证管、采购的县市级以上政府主管人员及其他职务性质特殊，经主管院会同考试院核定有申报材财产必要的人员；⑫县市级以上公职候选人适用本法规定，应于选举登记时申报。	
尼日利亚	总统；副总统；部长；省总督；副总督；司法官员；立法议员；除了申报公共官员本人的财产外，还应当申报公共官员的配偶及21岁以下的子女的财产。	21 岁以下的子女
法 国	包括总统候选人、国民议会和参议院议员、地方议会主席、当选议员、中央政府组成人员、大区区长、海外省议会议长和 3 万人口以上城市的市长以及经营规模较大的企业负责人。	
保加利亚	总统、副总统、国会议员、政府各部部长、副部长、秘书长、各类法院院长、总检察长、最高上诉法院和最高行政检察院检察长，以及金融机构负责人。	未成年子女
菲律宾	公共官员与雇员，应当依照法律规定在其任职时，并且在此后，定期提出经过宣誓的关于其资产、负债、净资产的申报书。其中，总统、副总统、内阁成员、国会议员、最高法院法官、宪法特设委员会成员和宪法规定的其他机构的成员，以及武装部队中具有将军级军衔的人。	和其本人一同生活的18岁以下的未婚子女

从财产申报的内容来看，政府官员在申报自己的财产时，应包括下列内容：各种不动产的所有权和使用权；一定价值以上的现金等动产；一定价值以上的债权与债务；一定价值以上的无形财产。政府官员在最初出任某一公职时，即应对上述各项财产做出细致完整的说明。在其出任公职后，应当在每年的某一特定时期申报上述财产的变化情况。在政府官员申报某项财产的变化时，应重点说明这种变化的由来

以及其中存在的各种经济关系。对于那些可能与公职人员的职权有某种联系的财产变化，应当要求其作出特别的说明，以确定这种财产是否有与公职存在着利益冲突的可能性。各国或地区财产申报内容具体详见表2。①

从财产申报制度的审查来看，一些国家和地区实行申报材料的机构与审查机构在立法、行政、司法机构中分别设置。同时材料的受理机构并非与审查机构完全相同，这种设置有利于增加监督的力度，防止舞弊行为的发生（参见表3）②。

严格的审查机制保障财产申报制度的有效实施，巨额财产来源不明罪正是对严重违反官员财产申报制度的刑事责任追究。在相对完备、完善的财产申报制度下，本罪的行为可以定性为不作为，即对财产申报义务法定义务的"当为而不为"。司法机关的举证责任则转变为证明巨额财产来源不明的存在事实与行为人法定义务的违反。在相对完善的制度前置保障下，巨额财产来源不明罪的犯罪构成将会有所改变，由单纯地在刑法规定中责令其说明义务，转化为对前制度中一系列法定义务的严重违反，对于违反官员财产申报制度的责任追究是多层次的，如党纪处分、行政责任追究，而本罪是对严重违反该义务的刑事责任的追究。同时与前制度相匹配的是相对严密的财产审查与纳税监督机制，这样本罪的当事人规避本罪的前制度及其配套制度的审查而直接面对刑法责难的几率将会大大减少，相应之，我们在上一节中所讨论但没有解决的问题——财产来源合法但面对伦理冲突的选择困境的出现几率也会随之减少。

现行实在法规定下的巨额财产来源不明罪在举证责任分配上有悖于无罪推定原则之嫌是与我国现行不完善的财产申报制度相关联的。

从我国目前的有关财产申报的规定与制度来看，1995年中共中央办公厅、国务院办公厅联合颁布了《关于党政机关县（处）级以上领导干部收入申报的规定》（以下简称《规定》），该项规定是中国首次要求党政领导干部申报收入接受监督的制度，它对收入申报的宗旨、申报主体、申报范围、申报时间、受理机构、违反责任、执行监督、解释及生效日期都做了规定。该规定所构建的财产申报制度在我国尚属首例，《规定》在一定程度上增强了县（处）级以上国家公职人员家庭收入的透明度，强化了对县（处）级以上领导干部的经常性监督，对惩治腐败起到了一定的作用。但由于规定的局限与审查的不力，其实施效果极为有限。

①② 刘庆智：《财产申报制度比较研究》，华东政法大学2008年硕士学位论文。

表 2　财产申报内容比较

	有形财产		无形财产		
	动　产	不动产	现金货币或存款	有价证券及类似财产	债权债务
中国台湾地区	所有人持有的合计为 500 万元以上的黄金（包括黄金和白金的制品）；具有相当于 500 万元以上的宝石；具有相当于 500 万元以上的古董和艺术品。	土地、房屋；动力船舶及非动力船舶；公路上以原动力机行驶的车辆，但不包括机器脚踏车；各种飞机、飞艇及滑翔机。	总额为 100 万新台币的现金货币或者币的现金货币；外币类的银行存款折合新台币财产折合新台币额 20 万。	股票、股单、公司债券、政府债券、短期债券、定期存款、票据、载货证券及受益凭证的财产，每类总额为 100 万新台币的财产，或有价证券上市股票总额为 50 万新台币。	债权债务及对各种事业的投资为 100 万元以上的。
韩　国		关于不动产的所有权和转卖权、土地使用权、矿业权、渔业权以及其他有关不动产以及其规定所确定的可以使用的权利。其中，所登记的船舶、飞机、机械、汽车等，还应包括所有权和抵当权。	所有人所持有的 1000 万元以上的存款（包括支票）。	所有人所持有的合计 1000 万元以上的股票、公债、公司债、国债；具有每券 500 万元以上的有价证券；具有高尔夫俱乐部等会员券及其他一年内能够有 1000 万元以上收入的无形财产。	所有人所持有的合计 1000 万元以上的债权债务。

续　表

	有形财产		无形财产		
	动　产	不动产	现金货币或存款	有价证券及类似财产	债权债务
保加利亚		房屋、汽车、游艇、飞机。	5000列弗以上的存款;全年收支总额。	5000列弗以上的股权、股票。	5000列弗以上的债权和债务。
澳大利亚	每件价值5000澳元的财产;礼品(官方给予的价值250澳元以上,非官方馈赠的价值在100澳元以上)。	房产、土地的所有权,使用权等情况。	储蓄和投资情况。	股份债券情况;接受旅行款待或者款待情况;担任任何组织成员以及其他与职务有利益冲突的任何好处的情况。	债权债务情况。
日　本	字画、古董等工艺品。	土地、建筑物等不动产及其价值,对其财产和租借地上的建筑物也要作出说明。	银行存款、存款要写明定期存款和邮政存款的合计额。	有价证券要写明国债、公司债、股票和其他证券的票面合计额,超过500万日元的股票要写明股票的发行者,股份份额等。	借出借入人的款项及其数量。
中国澳门地区		不动产,对船舶、飞行器或车辆拥有的权利。	所兼任的有酬或可获财产利益的职位,职务活动。	工商业场所,合伙或公司的股、股份、出资或其他资本参与。	金额超过公职索引表500点的债务。

表3　受理审查机关比较表

	受理登记机关	审查机关
韩　国	①国会议员及其国会所属的公务员向国会事务处申报登记个人财产；②法官及其所属的公务员向法院行政处申报登记个人财产；③宪法裁判所所长、裁判官、所属公务员向宪法裁判所申报；④中央选举委员会以及各级选举委员会所属的公务员向中央选举管理委员会申报个人财产；⑤政府的院、部、厅所属的公务员，向所在的单位事务处审报个人财产；⑥监察院所属公务员向监察院的事务处申报登记个人财产；⑦国家安全企划部所属的公务员，向国家安全企划部事务处申报；⑧地方各级政府所属的公务员，向各有关地方政府申报个人财产。	由根据《公职人员道德法》在国会、大法院、中央选举委员会、政府、地方各级政府设立公职人员道德委员会，分别对各部门公职人员的财产登记事项进行审查，并做出公开的处理决定。
泰　国	①政治官的国家公务员递交总理；②司法官的国家公务员递交司法部长；③检察官的国家公务员递交内务部长；④议员递交议会秘书长；⑤其余科级以上的政府办公室主任或政府委员会成员或下属委员会成员的国家公务员，分别递交给各主管事务的部长；依法成立的国家团体、协会和国营财政企业的董事长、总经理、厂长、经理等递交主管企业的部长。	凡接受材料的总理、部长、秘书长等，应在接到申报表格后，签署自己的名字，并在申报期限结束后的7天内，将申报材料交给反贪污委员会。由反贪污委员会保存。
菲律宾	①宪法规定的国家竞选官员，向国家监察专员办公室提出；②参议员和众议员向参议院秘书和众议院秘书提出；③最高院法官向最高院书记员提出，法官向法庭主管人提出；④所有全国性的行政人员向其行政长官提出；⑤武装部队中上校以上级别的官员向其部门首长提出，此级别以下的向代表地区的助理军事监察专员提出。	①监察专员审查国家竞选官员、地区和地方的公共官员及雇员；②国会两院特定委员会审查参议员和众议员。
法　国	①获得总统候选人资格人员向宪法委员会提交财产申报清单；②国会议员向国民议会办公室提交申报材料；③政府一切成员向专门委员会提交申报材料。	受理和审查机关为同一机关。
墨西哥	监察部	监察部

续　表

	受理登记机关	审查机关
中国澳门地区	公共职位据位人的申报书，即使其兼任其他公共职务亦然；廉政公署工作人员的申报书；夫妇或有事实婚关系的两人的申报书，当两人均有义务申报，而其中一方的申报地点为终审法院办事处时，不论是各自或共同申报，一律须向终审法院办事处提交申报书，上述人员提交终审法院办事处；公共行政工作人员的申报书须提交廉政公署。	终审法院院长或廉政专员。

以下对我国有关财产申报规定的相关材料进行梳理（参见表 4）[①]。

表 4　我国有关财产申报规定的相关材料

时　间	指定机关	名　称	规　定
1986 年 6 月 5 日	国务院办公厅	《关于严禁在社会经济活动中牟取非法利益的通知》	任何单位、个人，在国际贸易等活动中根据国际惯例收取的回扣，必须按照财经制度全部列入单位收入，不准归个人所有。
1988 年 1 月 21 日	全国人大常委会	《关于惩治贪污罪贿赂罪的补充规定》	国家工作人员的财产或支出明显超过合法收入，差额巨大的，责令说明来源。本人不能说明其来源是合法的，差额部分以非法所得论，处 5 年以下有期徒刑或者拘役，并处或者单处没收其财产的差额部分。国家工作人员在境外的存款，应当依照国家规定申报；数额较大，隐瞒不报的，处 2 年以下有期徒刑或者拘役；情节较轻的，由其所在单位或者上级主管机关酌情给予处分。
1988 年 9 月 9 日	国务院	《国家行政机关工作人员贪污贿赂行政处分暂行规定》	国家行政机关工作人员的财产或者支出明显超过合法收入，差额较大的，可以责令其说明来源本人不能说明来源是合法的，差额部分以非法所得论，由其所在单位或者上级主管机关给予行政处分，并没收其财产的差额部分。

---

①　刘庆智：《财产申报制度比较研究》，华东政法大学 2008 年硕士学位论文。

时　间	指定机关	名　称	规　定
1988 年 11 月 22 日	国务院	《国家行政机关及其工作人员在国内公务活动中不得赠送和接受礼品的规定》	国家行政机关对接受的礼品必须在一个月内交出并上交国库，所收礼品不按期交出的，按贪污论处。
1989 年 9 月	监察部	《国家行政机关工作人员贪污贿赂行政处分暂行规定实施细则》	《暂行规定》第 13 条第 1 款规定的应给予行政处分的数额起点，是指本人的财产或者支出明显超过合法收入，又不能说明其合法来源，差额部分在 2000 元以上的。
1994 年	全国人大	将《财产申报法》列入"八五"立法规划	
1995 年 5 月 25 日	中共中央办公厅、国务院办公厅	《关于党政机关县(处)级以上领导干部收入申报的规定》	该规定共计 9 条，分别为宗旨、申报主体、申报范围、申报时间、受理机构、违反责任、执行监督、解释机关、生效日期。
1995 年 6 月 28 日	中纪委	《〈关于党政机关县(处)级以上领导干部收入申报的规定〉若干问题的答复》	对《收入申报规定》第 2、第 3、第 4、第 5 条相关概念做了进一步的解释。
1997 年 1 月 31 日	中共中央办公厅、国务院办公厅	《关于领导干部报告个人重大事项的规定》	报告人应报告以下重大事项：本人、配偶、共同生活的子女营建、买卖、出租私房和参加集资建房的情况；本人参与操办的本人及近亲属婚丧喜庆事宜的办理情况(不含仅在近亲属范围内办理的上述事宜)；本人、子女与外国人通婚以及配偶、子女出国(境)定居的情况；本人因私出国(境)和在国(境)外活动的情况；配偶、子女受到执法执纪机关查处或涉嫌犯罪的情况；配偶、子女经营个体、私营工商业，或者承包、租赁国有、集体工商企业的情况，受聘于三资企业担任主管人员或受聘于外国企业驻华、

时 间	指定机关	名 称	规 定
			港澳台驻境内代办机构担任主管人员的情况。本人认为应当向组织报告的其他重大事项，也可以报告。
1997 年 6 月 9 日	中共中央办公厅、国务院办公厅	《〈关于领导干部报告个人重大事项的规定〉若干问题的答复》	对《关于领导干部个人重大事项的规定》第 3 条相关概念进行解释。
2000 年 4 月 1 日	国务院	《个人存款账户实名制规定》	
2000 年 12 月 25 日	中纪委	《中央纪委第五次全体会议公报》	在省（部）级现职领导干部中实行家庭财产报告制度；县（处）级以上领导干部在离职和退（离）休后三年内，不准接受原任职务管辖的地区和业务范围内的私营企业、外商投资企业和中介机构的聘任，不准个人从事或代理私营企业、外商投资企业从事与原任职务管辖业务相关的经商办企业活动。
2001 年	中纪委、中组部	《关于省部级现职领导干部报告家庭财产的规定（试行）》	规定了省部级现职领导干部进行家庭财产申报的各项要求与措施。
2006 年 8 月 29 日	中央政治局会议	《关于党员领导干部报告个人有关事项的规定》	本人婚姻状况变化；本人持有因私出国（境）证件的情况；本人因私出国（境）；子女与外国人、港澳台居民通婚的情况；配偶、子女出国（境）定居及有关情况；配偶、共同生活的子女（指同财共居的子女，下同）私人在国（境）外经商办企业的情况；配偶、共同生活的子女担任外国公司驻华、港澳台公司驻境内分支机构主管人员的情况；配偶、子女被司法机关追究刑事责任的情况；本人认为应当向组织报告的其他事项。

从上述财产申报制度的规定与实施效果来看，我国现有的官员财产

申报制度存在以下不足：①申报主体不完整。《规定》所指申报主体只是党政机关、社会团体、事业单位县（处）级以上（含县处级）干部，以及国有大中型企业的负责人。而中国的国家工作人员超过 2 000 万，县（处）级干部只是其中极少一部分。同时《规定》还与《刑法》第 395 条规定的"国家工作人员巨额财产来源不明罪"的犯罪主体范围不一致。《刑法》中的"巨额财产来源不明罪"规范的主体是"国家工作人员"。②申报范围过于狭窄。《规定》只明确"收入申报"而不称"财产申报"，表明申报的只是有关干部的部分收入，而非全部收入，更非财产状况。严格意义上讲，"收入"与"财产"是两个不同的概念，"财产"包括"收入"，而"收入"却不能涵盖"财产"。《规定》要求的申报范围，既没包括有关干部收入的全部，比如继承的遗产、受赠、偶然所得以及从事证券、股票等投资的收入，更没包括其财产的全部。现有制度规定的"收入"都是单位或组织有案可查的，其实没有申报的必要。仅仅申报个人的部分收入，而对个人的债务偿还、不动产的产权以及整个家庭的全部财产不予申报，很容易给规避申报者以可乘之机，往往使《规定》在执行过程中流于形式，形同虚设。③申报类型单一。《规定》所设计的只是一年申报两次、半年申报一次的日常申报制度。通观国外立法，国家公职人员的财产申报一般设有初任申报、日常申报和离职申报三种制度。初任申报，即出任国家工作人员之初的一定时期内，就其现有的财产状况进行申报；离职申报，指国家工作人员因任期届满，或者不再从事国家公务活动，或者因年龄而离退休时，必须申报其全部财产。仅仅规定日常申报，而不规定初任申报与离职申报，难以将申报主体的财产状况自始至终置于监管之下，留下了太过宽泛的腾挪空间。④受理机构缺乏监管权威。受理公职人员的财产申报，其主要目的是为了监督。因此，当代建立财产申报制度的国家和地区都将受理申报的机构规定为具有法定监督职权的专门机关。但《规定》授权申报人所属各单位组织人事部门负责接受本单位的收入申报。这一申报方式原是基于各单位组织人事部门最了解干部的财产状况，可以很好地完成这一工作的考虑。然而，事实却是组织人事部门一般只对干部的工资性收入进行登记，对工资以外的其他收入和财产，由于缺乏相应的职权和手段，具有随意性，明显缺乏权威，监督也难以落实，难以真正承担起财产申报登记的稽核职能。⑤执行机制的不健全。财产申报制度要落到实处，关键在于执行方面，中国目前在这一方面存在不少问题。诸如，没有相对独立的负责财产申报制度的执行机关，各个行政机构自行其是，缺乏统一性；没有严格的执行制度和执行标准，执行起来随意性大，甚至敷衍了事，缺乏可操作性；执行过程缺乏透明度和民主性,往往是填完表格就完事,缺少事后的公开和公正;执行过程缺乏科学含量和严谨度,对申报材料没有必要的统计和核实,只不过做一下备案的工作,申报结果与实际情况相比往往水分过大,难以反映实际情况;没有配套措施,比如遗产税等相关法律的制定和实施,也使得这一制度孤立存在,效果不大。在一些地方,收入申报更多是流于形式。⑥违反申报的罚责过轻。《规定》只是规定对申报人不申报或者不如实申报收入的,由所在党组织、行政部门或者纪检监察机关责令其申报、改正,并视情节轻重给予批评教育或者党纪政纪处分,并不涉及刑事责任。与其他国家和地区的公职人员财产申报制度相比,对违反者的责任规定过轻,处罚措施缺乏刚性。国外立法有强硬的指标体系和监督手段,除对违反者规定了相应的纪律、行政处分外,还规定了严格的刑罚制裁措施等。如在美国,依《政府道德法》及相关法律和判例,对拒不申报、谎报、漏报、无故拖延申报者,法院可判处1万美元以下的罚款。对故意提供虚假信息的人更可提起刑事诉讼,被处最高25万美元的罚款或判5年监禁。当然,对拒不申报、谎报、漏报和无故拖延申报者科处司法责任。①

通过前文分析,我们可以得出判断:我国现存的财产申报制度不能成为支撑巨额财产来源不明的"前制度",也就是说,该刑事责任的追究并不是在行为人违反财产申报义务的基础上实施的,由于相关制度的不完善甚或不具备,本该具有"谦抑"品格②、作为保障社会和维护法益最后手段的刑法,面对官员腐败问题不得已"首当其冲",但又处于有悖刑法与刑事诉讼法基本原则之嫌的尴尬境地。

基于法律事实不同于客观事实的特质,可以说对于任何犯罪的认定都存在认定的法律事实与实际发生的客观事实的差距,而针对巨额财产来源不明罪的现实正当性问题,建立和完善官员财产申报制度是最好的制度对策。

四、巨额财产来源不明罪的司法应用

经过对巨额财产来源不明罪价值功能责难的评析,试图"解围"于

---

① 邹东升:《财产申报循名责实:依据、缺失与重构》,载《广西民族学院学报(哲学社会科学版)》,2005(3);邹东升:《"阳光法案"——从收入申报政策到财产申报立法》,载《社会科学家》,2005(1)。

② 《关于刑法谦抑精神的论述》,载王明星:《刑法谦抑精神研究》,北京,中国人民公安大学出版社,2005。

巨额财产来源不明罪的"尴尬"境遇之后，本文最终回到应用法学关于本罪具体问题法律适用的探讨。限于文章的篇幅，以下就巨额财产来源不明罪在具体适用中的疑难问题，直接表明笔者的观点，对各种争议不作过多评述。

(一)本罪的自首问题

对于本罪是否存在自首，刑法学界存在两种观点：否定说与肯定说。否定说认为，巨额财产来源不明罪不存在自首。理由是：自首必须是主动交待自己的犯罪行为，而就本罪来看财产来源一旦得到落实，巨额财产来源不明罪就不能成立，也就不存在本罪的自首问题。另外，本罪作为一种"兜底性"罪名，相比于其他职务犯罪是一种轻罪。行为人只交待拥有巨额财产，又拒不说明巨额财产来源的，证明其不是真正的自首。其目的在于避重就轻，逃避重罪的处罚。因此，不能构成自首。与此相对应，肯定说认为，巨额财产来源不明罪存在自首。《刑法》总则第 101 条规定："本法总则适用于其他有刑罚规定的法律，但是其他法律有特别规定的除外。"而《刑法》第 395 条没有特别规定巨额财产来源不明罪的法律适用问题，因而原则上刑法总则关于自首的对象、条件、法律后果等均适用于巨额财产来源不明罪的行为人。但是该罪具有特殊性，可以将该罪作为一种存在自首的特殊情况看待，即当行为人虽然不能如实供述出巨额财产的真实来源，但只要在投案之后讲明自己来源不明的巨额财产的，就应当认定为"如实供述自己的罪行"，成立自首。[①]

从宽严相济的刑事政策立场出发，笔者认为巨额财产来源不明罪存在自首。

1. 一般自首

本罪的一般自首可能表现为下列两种情形[②]。

一是自动投案之后，虽如实供述自己具有数额巨大的巨额财产，但却不能说明其巨额财产合法来源，在能够成立巨额财产来源不明罪的前提下，可将投案后所述罪行视为自首的表现。

二是自动投案之后，如实供述出自己所具有的巨额财产的一部分属于贪污、受贿等犯罪所得，对另一部分巨额财产不能说明其合法来源而构成巨额财产来源不明罪的情形，可将所述罪行视为自首的表现。

如果行为人讲明自己巨额财产属于非法所得、构成犯罪，则巨额

---

① 栗亚南：《巨额财产来源不明罪自首问题研究》，载《法制与社会》，2009(1)。
② 屈耀伦：《巨额财产来源不明罪若干疑难问题辨析》，载《甘肃政法学院学报》，2005(1)。

财产来源不明罪名不成立、构成其他犯罪的，其自动投案之后，如实供述行为，应当成立其他犯罪的自首。

2. 特别自首

根据 1998 年 4 月 17 日最高人民法院《关于处理自首和立功具体应用法律若干问题的解释》第 2 条规定，被采取强制措施的犯罪嫌疑人、被告人和已宣判的罪犯，如实供述司法机关尚未掌握的罪行，与司法机关已掌握的或者判决确定的罪行属于不同种罪行的，以自首论。由此可见，行为人主动交待的"来源不明财产"与司法机关掌握的罪行属于同种性质，则不能认定为自首，但可以认定为坦白。例如，2005 年北京市房山区人民检察院诉"王勇案"（2005 房刑初字第 00694 号），被告人王勇犯有受贿罪、巨额财产来源不明罪罪名成立。被告人王勇在被采取强制措施后如实供述司法机关尚未掌握的罪行，与司法机关已掌握的罪行属同种罪行，是坦白，酌情从轻处罚，故对辩护人关于被告人王勇系自首的辩护意见不予采纳。

案例链接：

被告人王某，男，1964 年 6 月 8 日出生于河北省石家庄市，汉族，大学文化，中共党员，原中国石油化工股份有限公司北京燕山分公司物资装备中心采购三部主任。

北京市房山区人民检察院指控被告人王某犯受贿罪、巨额财产来源不明罪，于 2005 年 11 月 10 日提起公诉。

经审理查明：被告人王某于 1997 年 5 月 28 日被北京燕山石油化工公司化工二厂任命为设备处副处长，1999 年 8 月 27 日被北京燕山石油化工股份有限公司聚丙烯事业部任命为物资供应处副处长，2001 年 3 月 7 日被中国石化北京燕山石油化工股份有限公司聚丙烯事业部任命为物资供应处党支部书记兼副处长，2002 年 7 月 30 日被中国石油化工股份有限公司北京燕山分公司物资装备中心聘任为采购三部主任。

被告人王某在担任上述职务期间，利用职务上的便利，为他人谋取利益，于 1998 年至 2005 年 1 月间，非法收受与本单位有业务关系的日本伊藤忠机械公司第二营业部业务员陆某、北京北大青鸟有限责任公司陈某、辽宁科鑫泵业制造有限公司经理汪某、沈阳金锋特种刀具有限公司经理于某、抚顺市比尔顿机械制造有限公司经理景某、香港华康贸易有限公司总经理王某及业务经理周某、辽阳福达滤筛设计制造有限公司经理张某、北京航天动力研究所三室副主任刘某及主任李某、丹东克隆集团有限公司销售副经理罗某及经理张某、太原市黄河橡胶密封件厂厂长刘某、北京洁利诺环境科技有限公司总经理徐某、沈阳清广刃具制造有限公司经理何某等19家企业的经理、业务员贿赂款共计人民币77.4万元、美元7.44万元、日元422万元。

另查明，被告人王某的财产明显超过其合法收入，差额巨大，其中人民币844 266.71元、港币20 000元其不能说明合法来源。

上述事实，被告人在开庭审理过程中亦无异议。且有户籍证明、抓获经过、办案笔录、燕化公司组织干部部出具的证明、干部履历表、任免通知、职务变动通知、聘任通知、营业执照、买卖合同、收入证明、存折、中国工商银行牡丹卡对账单、扣押物品清单、房屋买卖合同。

被告人王某身为国家工作人员，利用职务上的便利，非法收受他人财物，为他人谋取利益，其行为已构成受贿罪；其财产明显超过合法收入，差额巨大，本人又不能说明该财产的合法来源，已构成巨额财产来源不明罪，依法均应惩处。指控受贿罪、巨额财产来源不明罪罪名成立。

被告人王某在被采取强制措施后如实供述司法机关尚未掌握的罪行，与司法机关已掌握的罪行属同种罪行，是坦白，酌予从轻处罚，故对辩护人关于被告人王某系自首的辩护意见本院不予采纳，其余辩护意见予以采纳。

鉴于被告人王某自愿认罪并同意适用认罪程序审理本案，认罪态度较好，有一定悔罪表现，亦酌予从轻处罚。本院根据被告人王某犯罪的事实、犯罪的性质、情节以及对于社会的危害程度，依照《中华人民共和国刑法》第385条第1款，第386条，第383条第1款第(1)项、第2款，第395条第1款，第69条，第64条及《最高人民法院关于处理自首和立功具体应用法律若干问题的解释》第4条、《最高人民法院、最高人民检察院、司法部关于适用普通程序审理"被告人认罪案件"的若干意见（试行）》第9条之规定，判决如下：被告人王某犯受贿罪，判处有期徒刑十一年，并处没收财产人民币五万元；犯巨额财产来源不明罪，判处有期徒刑二年；两罪并罚，决定执行有期徒刑十二年，并处没收财产人民币五万元。

3. 自首与坦白

关于坦白，民间流传一种说法"坦白从宽，牢底坐穿；抗拒从严，回家过年"。巨额财产来源不明罪是作为惩治腐败犯罪的"兜底"条款而设置的，从司法实践上看，巨额财产来源不明罪的非法所得的两大主源是贪污和受贿，而贪污罪、受贿罪的法定刑均重于巨额财产来源不明罪的法定刑，且都设有死刑。这样，犯罪分子不敢轻易交待，因为一交待，就会构成贪污罪或受贿罪，受到的不是从轻处罚而是更重处罚。例如，山西省 1989 年查处的延富巨额财产来源不明案和孙孟喜巨案财产来源不明案。司法机关从延富和孙孟喜家均搜出巨额财产。延富从立案侦查时就编造谎言，拒不交待财产的真实来源，司法机关只好认定其家中的 6 万 3 千余元的财产来源不明，并以巨额财产来源不明罪判处有期徒刑 4 年。而孙孟喜则认罪态度较好，交待了自己利用职权，收受他人贿赂 10 万余元的犯罪事实。结果，孙孟喜被司法机关以受贿罪判处无期徒刑。从客观上讲，由于立法缺陷，这两起案件给社会造成这样一种印象：同罪不同罚。同是贪污、受贿，罪犯如果主动交待了所犯罪行，处罚反而要重；罪犯如果不交待，司法机关又无法查清时，只能按巨额财产来源不明罪定性量刑，处罚反而轻。[①]

从现行实在法的角度来分析，后者"孙孟喜案"中的自首属于受贿罪的自首，而不构成巨额财产来源不明罪的自首。其量刑是相对于受贿罪的不自首的情形，可以从轻减轻处罚。针对老百姓印象中的"同罪不同罚"印象，孟庆华教授主张将行为人在被责令说明来源时，交代获取巨额财产的其他犯罪行为，认定为自首，以充分体现"坦白从宽，抗拒从严"的刑事政策，使犯罪分子难以利用法律缺陷规避法律重裁。[②]

4. 自首的时间

由于我国存在司法之外、党内的"双规"制度，国家工作人员同时具有党员身份，那么在纪检监察机关调查期间主动交代犯罪事实，能否认定巨额财产来源不明罪的自首，刑法学界存在两种不同观点。

一种观点认为只要行为人在此期间主动交代自己巨额财产来源不明的犯罪事实，就应当作为自首对待。

另一种观点认为应该具体问题具体分析。行为人的犯罪事实未被司法机关发觉而仅仅被有关组织盘问、教育后，主动、如实交代犯罪事实的，可以构成自首。同时如果行为人交代的"来源不明的巨额财产"与纪检监察部门掌握的线索性质不同，构成自首；但如果行为人的交代与纪检监察部门掌握的线索相同，则不属于主动交代犯罪，不能

①②　孟庆华：《巨额财产来源不明罪研究新动向》，154 页，北京，北京大学出版社，2002。

构成自首。①

从自首制度的立法出发点出发，笔者认为在纪检、监察机关调查期间"主动交代犯罪事实的"，可按特别自首处理。

（二）本罪的共同犯罪问题

本罪是以特殊主体构成的身份犯，无国家工作人员身份的人不能单独构成本罪。关于共犯的认定，有学者认为"对于非国家工作人员帮助国家工作人员隐瞒巨额财产的真实来源的行为，如果双方具有共同故意，则应当以本罪的共犯论处，如果没有共同故意，对非国家工作人员应当视其行为的性质和情节，分别以窝赃（销赃）罪、包庇罪或伪证罪论处。"②

由于巨额财产来源不明罪法律规定的特殊性，其共同犯罪问题似乎存在着法条竞合、想象竞合或者纯正不作为犯的帮助犯，但笔者认为，巨额财产来源不明罪不存在共同犯罪，理由如下。

第一，无论是认定单独犯罪还是共同犯罪都必须符合犯罪构成。本罪的行为表现为，"国家工作人员的财产或者支出明显超过合法收入，差额巨大"且"本人不能说明其来源合法的"。国家工作人员对"说明义务"的违反表现为：①出于犯罪嫌疑人主观意愿的不愿说明、拒不说明；②犯罪嫌疑人虽然已经作出了说明，但是经过查证认为是虚假的而予以否定。最终表现为在侦查、审判过程中的"结果上的没有说明"。我们认为巨额财产来源不明罪其客观方面表现为不作为。这一点也可以从与巨额财产来源不明罪并列的《刑法》第395条第2款所规定的隐瞒境外存款罪得到印证。③

由此可见，对于家庭成员是非国家工作人员的情况，现行法律并没有责令其特定说明的义务，其行为如果表现为隐瞒事实真相、编造谎言，隐匿、转移来源不明的巨额财产的，笔者认为应认定构成妨害司法罪中的包庇罪或窝藏、转移、掩饰、隐瞒犯罪所得、犯罪收益罪，如果作为证人则可能构成伪证罪，而非认定为巨额财产来源不明罪的共犯。

对于家庭成员是国家工作人员的情况，如果家庭成员不能说明其财产或支出与合法收入的巨大差额，其对其本人罪责负责，构成巨额财产来源不明罪，而非共同犯罪。

第二，巨额财产来源不明罪在官员财产申报制度作为"前制度"设立

---

①　鲜铁可：《巨额财产来源不明罪的司法认定》，载《检察日报》，2001-09-20。

②　鲍遂献：《论拒不说明巨额财产真实来源罪》，载《中国法学》，1990(6)。

③　卢建平：《刑事政策视野中的巨额财产来源不明罪》，载《中国刑事法杂志》，2002(1)。

之前，其在犯罪认定上属于司法推定的范畴，作为贪污受贿等腐败犯罪的"兜底性"条款，不应将本罪的主体扩大到一般公民，即使是共犯。

相关案例链接：2001年山西王虎林巨额财产来源不明案与1998年山西杨群旺巨额财产来源不明案。[①]

案例一：王某巨额财产来源不明案

王某原系山西省长治市委常委、长治县委书记。1999年11月，山西省人民检察院在立案侦查其玩忽职守的犯罪事实时，经银行协助，查出其在山西晋城、长治、太原12个储蓄所、信用社以本人及其妻子张某（原系山西省长治县人民法院助理审判员）、其子、其女名义存款123笔，369.96万元。检察机关按照"收入就高、支出就低"的原则计算出王某的家庭财产超过合法收入的差额为313.86万元、美元7662.14元，对此王某拒不说明真实来源。经查，其家绝大多数财产的保管、存储均由张某一手包办，子女们都不知情。在检察机关侦查期间，张某隐瞒犯罪真相，与他人订立攻守同盟，并编造谎言，伪造家中财产和支出的账目，转移存折。2001年1月，王某因巨额财产来源不明罪被判处有期徒刑三年，连同玩忽职守罪与受贿罪两罪，数罪并罚，决定执行有期徒刑八年。其妻张某因巨额财产来源不明罪被判处有期徒刑一年，缓刑两年。

案例二：杨某巨额财产来源不明罪

杨某原系山西省晋城市城区区委书记。1997年山西省人民检察院在立案侦查其受贿事实时，从银行查出其妻吉某（晋城市乡镇煤炭运销公司工人）、其子杨某1（晋城市城区人民法院临时工）、其女杨某2名下的存款和取款凭证150余万元。检察机关认定杨某的巨额家庭财产中扣除全家人的合法收入、支出与13万元受贿款等，还有98万余元来源不明。对此，杨某解释说："我在家衣来伸手、饭来张口，工资交给老婆，家里有多少钱，我不知道，这些钱我老婆从哪里来的我也不知道"，始终不说明财产的来源。其妻吉某则一口咬定这些钱是替二弟保管的遗产，而数额由8万元增加到10万元，最后又加到69万元，同时声称其父去世时曾给她4万元，而且这些财产只有她一人知道，却拿不出证据。经查实，1997年7—8月间，吉某、其弟吉某1、其子女杨某1、杨某2突击从银行支取存款和国债129万元，并转移他处。1998年7月，杨某因受贿罪被判处有期徒刑十一年，因巨额财产来源

---

① 孟庆华：《巨额财产来源不明罪研究新动向》，143～147页，北京，北京大学出版社，2002。

不明罪被判处有期徒刑四年，数罪并罚，决定执行有期徒刑十四年。其妻吉某因包庇罪，被判处有期徒刑三年；杨某1因包庇罪，被判处有期徒刑一年；杨某2犯包庇罪，被判处有期徒刑一年。

在上述两个巨额财产来源不明罪中，王某的妻子张某构成巨额财产来源不明罪的共犯，杨某则独立构成巨额财产来源不明罪，其妻吉某等人被判处包庇罪，从而否定了杨某与吉某就巨额财产来源不明罪的共同犯罪。两案相对比，对于后案的共犯认定问题学界存在争论。有学者认为，巨额财产来源不明罪中的不说明财产的合法来源，这里既包括保持沉默，不予说明，也包括编造谎言，隐瞒事实真相，向司法机关做虚假证明，转移、隐匿财产等行为，可以理解为法条竞合中的包容关系。[1]孟庆华教授赞同上述观点，即在巨额财产来源不明罪中，其家庭成员隐瞒事实真相，做出虚假说明，转移、隐匿财产等行为，应以巨额财产来源不明罪的共同犯罪追究其刑事责任；但是不同意适用法条竞合的理论来支持该观点。

笔者基于前文对巨额财产来源不明罪的特殊犯罪构成与举证责任的特殊性，作为本罪"前制度"我国目前官员财产申报制度的不完善甚或不完备的现状，认为不能将制度不足的现状与司法调查客观不充分的现状过多地负担于当事人，因此不主张本罪共同犯罪的成立。

(三)本罪的既判力问题

由于本罪犯罪构成的特殊性，定罪后查明巨额财产来源的可能性较大，这实际上提出了一个重要的司法实践性问题：如何对待生效判决的既判力与查明事实的客观性的矛盾冲突问题。有学者主张适用大陆法系的"一事不再理原则"或英美法系的"禁止双重危险原则[2]"来解决这一问题，笔者认为由于法律制度的本土性，除非为本国法承认，西方法理不能成为具体法律适用的依据。对于定罪后查明巨额财产来源的，笔者原则上坚持尊重刑事判决的既判力，以维护法律的稳定与公正。

不同于三审终审制，中国实行二审终审制，但是同时配套以审判监督程序。《刑事诉讼法》第203条规定，当事人及其法定代理人、近亲属，对已经发生法律效力的判决、裁定，可以向人民法院或者检察院提出申诉，但是不能停止判决、裁定的执行。

第204条规定，当事人及其法定代理人、近亲属的申诉符合下列

---

[1]　马倩如：《试论巨额财产来源不明罪的共同犯罪》，载《山西检察》，2000(6)。

[2]　Jay A. Sigler：*Double Jeopardy：the Development of a Legal and Society Policy*，Ithaca：Cornell University Press，1969.

情形之一的，人民法院应当重新审判：

(1)有新的证据证明原判决、裁定认定的事实确实有错误的；

(2)据以定罪量刑的证据不确实、不充分或者证明案件事实的主要证据之间存在矛盾的；

(3)原判决、裁定适用法律确有错误的；

(4)审判人员在审理该案件的时候，有贪污受贿，徇私舞弊，枉法裁判的。

对于定罪后查明巨额财产来源为犯罪所得的，新事实的发现并不能自然得出生效判决在犯罪事实认定与法律适用上是错误的结论，这是由本罪法律规定的特殊性决定的。遇到此问题就提起审判监督程序改判，一则对当时依法办案人员不公平；二则不利于维护司法判决的稳定性与权威性。

对于定罪后查明巨额财产来源是合法所得或一般不法所得的，同样面临上述问题，但是笔者把它作为原则性的例外，从有利于被告人、犯罪人的立场出发，主张应依照审判监督程序改判，但是根据《国家赔偿法》第17条规定不予国家赔偿，理由如下。

第一，巨额财产来源罪的设定目的明确，针对的是腐败犯罪。由于"证明不能"或"拒绝说明"将"不明的"合法收益等情形归入本罪，有违立法意图。

第二，笔者在考虑此问题时，不禁想到罪刑法定原则与其例外的关系。众所周知，作为刑法基石的罪刑法定原则禁止法律溯及既往，但是受1966年联合国《公民权利与政治权利公约》的影响，关于溯及力的规定有一个突出的变化，就是对于有利于行为人的法律，其溯及力不仅及于新法颁布前发生的未经审判或判决尚未确定的行为，而且在一定条件下还适用于判决已经确定的行为。

第三，巨额财产来源为合法但被合法律合程序的定罪，症结在于法律规定犯罪构成的特殊性、司法机关受客观条件举证不能的局限性，还有我们在本文第四部分讨论的当事人面临说明义务、伦理冲突选择的困难性，这样的立法责任、司法责任与个人责任如果在事实查明后仍然由当事人单独承担是显失公平的，因此改判无罪是更为合理的。

附录

《刑法修正案(七)》暨相关资料选汇

一、《中华人民共和国刑法修正案(七)》

(2009 年 2 月 28 日第十一届全国人民代表大会常务委员会第七次会议通过)

一、将刑法第一百五十一条第三款修改为:"走私珍稀植物及其制品等国家禁止进出口的其他货物、物品的,处五年以下有期徒刑或者拘役,并处或者单处罚金;情节严重的,处五年以上有期徒刑,并处罚金。"

二、将刑法第一百八十条第一款修改为:"证券、期货交易内幕信息的知情人员或者非法获取证券、期货交易内幕信息的人员,在涉及证券的发行,证券、期货交易或者其他对证券、期货交易价格有重大影响的信息尚未公开前,买入或者卖出该证券,或者从事与该内幕信息有关的期货交易,或者泄露该信息,或者明示、暗示他人从事上述交易活动,情节严重的,处五年以下有期徒刑或者拘役,并处或者单处违法所得一倍以上五倍以下罚金;情节特别严重的,处五年以上十年以下有期徒刑,并处违法所得一倍以上五倍以下罚金。"

增加一款作为第四款:"证券交易所、期货交易所、证券公司、期货经纪公司、基金管理公司、商业银行、保险公司等金融机构的从业人员以及有关监管部门或者行业协会的工作人员,利用因职务便利获取的内幕信息以外的其他未公开的信息,违反规定,从事与该信息相关的证券、期货交易活动，或者明示、暗示他人从事相关交易活动，情节严重的，依照第一款的规定处罚。"

三、将刑法第二百零一条修改为："纳税人采取欺骗、隐瞒手段进行虚假纳税申报或者不申报，逃避缴纳税款数额较大并且占应纳税额百分之十以上的，处三年以下有期徒刑或者拘役，并处罚金；数额巨大并且占应纳税额百分之三十以上的，处三年以上七年以下有期徒刑，并处罚金。

"扣缴义务人采取前款所列手段，不缴或者少缴已扣、已收税款，数额较大的，依照前款的规定处罚。

"对多次实施前两款行为，未经处理的，按照累计数额计算。

"有第一款行为，经税务机关依法下达追缴通知后，补缴应纳税款，缴纳滞纳金，已受行政处罚的，不予追究刑事责任；但是，五年内因逃避缴纳税款受过刑事处罚或者被税务机关给予二次以上行政处罚的除外。"

四、在刑法第二百二十四条后增加一条，作为第二百二十四条之一："组织、领导以推销商品、提供服务等经营活动为名，要求参与者以缴纳费用或者购买商品、服务等方式获得加入资格，并按照一定顺序组成层级，直接或者间接以发展人员的数量作为计酬或者返利依据，引诱、胁迫参与者继续发展他人参加，骗取财物，扰乱经济社会秩序的传销活动的，处五年以下有期徒刑或者拘役，并处罚金；情节严重的，处五年以上有期徒刑，并处罚金。"

五、将刑法第二百二十五条第三项修改为："未经国家有关主管部门批准非法经营证券、期货、保险业务的，或者非法从事资金支付结算业务的；"

六、将刑法第二百三十九条修改为："以勒索财物为目的绑架他人的，或者绑架他人作为人质的，处十年以上有期徒刑或者无期徒刑，并处罚金或者没收财产；情节较轻的，处五年以上十年以下有期徒刑，并处罚金。

"犯前款罪，致使被绑架人死亡或者杀害被绑架人的，处死刑，并处没收财产。

"以勒索财物为目的偷盗婴幼儿的，依照前两款的规定处罚。"

七、在刑法第二百五十三条后增加一条，作为第二百五十三条之一："国家机关或者金融、电信、交通、教育、医疗等单位的工作人员，违反国家规定，将本单位在履行职责或者提供服务过程中获得的公民个人信息，出售或者非法提供给他人，情节严重的，处三年以下有期徒刑或者拘役，并处或者单处罚金。

"窃取或者以其他方法非法获取上述信息，情节严重的，依照前款的规定处罚。

"单位犯前两款罪的，对单位判处罚金，并对其直接负责的主管人员和其他直接责任人员，依照各该款的规定处罚。"

八、在刑法第二百六十二条之一后增加一条，作为第二百六十二条之二："组织未成年人进行盗窃、诈骗、抢夺、敲诈勒索等违反治安管理活动的，处三年以下有期徒刑或者拘役，并处罚金；情节严重的，处三年以上七年以下有期徒刑，并处罚金。"

九、在刑法第二百八十五条中增加两款作为第二款、第三款："违反国家规定，侵入前款规定以外的计算机信息系统或者采用其他技术手段，获取该计算机信息系统中存储、处理或者传输的数据，或者对该计算机信息系统实施非法控制，情节严重的，处三年以下有期徒刑或者拘役，并处或者单处罚金；情节特别严重的，处三年以上七年以下有期徒刑，并处罚金。

"提供专门用于侵入、非法控制计算机信息系统的程序、工具，或者明知他人实施侵入、非法控制计算机信息系统的违法犯罪行为而为其提供程序、工具，情节严重的，依照前款的规定处罚。"

十、在刑法第三百一十二条中增加一款作为第二款："单位犯前款罪的，对单位判处罚金，并对其直接负责的主管人员和其他直接责任人员，依照前款的规定处罚。"

十一、将刑法第三百三十七条第一款修改为："违反有关动植物防疫、检疫的国家规定，引起重大动植物疫情的，或者有引起重大动植物疫情危险，情节严重的，处三年以下有期徒刑或者拘役，并处或者单处罚金。"

十二、将刑法第三百七十五条第二款修改为："非法生产、买卖武装部队制式服装，情节严重的，处三年以下有期徒刑、拘役或者管制，并处或者单处罚金。"

增加一款作为第三款："伪造、盗窃、买卖或者非法提供、使用武装部队车辆号牌等专用标志，情节严重的，处三年以下有期徒刑、拘役或者管制，并处或者单处罚金；情节特别严重的，处三年以上七年以下有期徒刑，并处罚金。"

原第三款作为第四款，修改为："单位犯第二款、第三款罪的，对单位判处罚金，并对其直接负责的主管人员和其他直接责任人员，依照各该款的规定处罚。"

　　十三、在刑法第三百八十八条后增加一条作为第三百八十八条之一："国家工作人员的近亲属或者其他与该国家工作人员关系密切的人，通过该国家工作人员职务上的行为，或者利用该国家工作人员职权或者地位形成的便利条件，通过其他国家工作人员职务上的行为，为请托人谋取不正当利益，索取请托人财物或者收受请托人财物，数额较大或者有其他较重情节的，处三年以下有期徒刑或者拘役，并处罚金；数额巨大或者有其他严重情节的，处三年以上七年以下有期徒刑，并处罚金；数额特别巨大或者有其他特别严重情节的，处七年以上有期徒刑，并处罚金或者没收财产。

　　"离职的国家工作人员或者其近亲属以及其他与其关系密切的人，利用该离职的国家工作人员原职权或者地位形成的便利条件实施前款行为的，依照前款的规定定罪处罚。"

　　十四、将刑法第三百九十五条第一款修改为："国家工作人员的财产、支出明显超过合法收入，差额巨大的，可以责令该国家工作人员说明来源，不能说明来源的，差额部分以非法所得论，处五年以下有期徒刑或者拘役；差额特别巨大的，处五年以上十年以下有期徒刑。财产的差额部分予以追缴。"

　　十五、本修正案自公布之日起施行。

二、《刑法修正案(七)》历次审议稿及说明

1. 中华人民共和国刑法修正案(七)(草案)
（一次审议稿）

一、将刑法第一百五十一条第三款修改为："走私国家禁止进出口的珍稀植物及其制品或者国家禁止进出口的其他货物、物品的，处五年以下有期徒刑或者拘役，并处或者单处罚金；情节严重的，处五年以上有期徒刑，并处罚金。"

二、将刑法第一百八十条第一款修改为："证券、期货交易内幕信息的知情人员或者非法获取证券、期货交易内幕信息的人员，在涉及证券的发行，证券、期货交易或者其他对证券、期货交易价格有重大影响的信息尚未公开前，买入或者卖出该证券，或者从事与该内幕信息有关的期货交易，或者泄露该信息，或者建议他人从事上述交易活动，情节严重的，处五年以下有期徒刑或者拘役，并处或者单处违法所得一倍以上五倍以下罚金；情节特别严重的，处五年以上十年以下有期徒刑，并处违法所得一倍以上五倍以下罚金。"

在该条中增加一款作为第四款："基金管理公司、证券公司、商业银行或者其他金融机构的工作人员，利用因职务便利获取的内幕信息以外的其他未公开的经营信息，违反规定，从事与该信息相关的交易活动，或者建议他人从事相关交易活动，情节严重的，依照第一款的规定处罚。"

三、将刑法第二百零一条修改为："纳税人采取欺骗、隐瞒手段进行虚假纳税申报或者不申报，逃避缴纳税款数额较大并且占应纳税额百分之十以上的，处三年以下有期徒刑或者拘役，并处或者单处罚金；数额巨大并且占应纳税额百分之三十以上的，处三年以上七年以下有期徒刑，并处罚金。

"扣缴义务人采取前款所列手段，不缴或者少缴已扣、已收税款，数额较大的，依照前款的规定处罚。

"对多次实施前两款行为，未经处理的，按照累计数额计算。

"有本条第一款行为，经税务机关依法下达追缴通知后，补缴应纳税款，缴纳滞纳金，并且接受行政处罚的，不予追究刑事责任；但是，五年内曾因逃避缴纳税款受过刑事处罚或者被税务机关给予二次以上行政处罚的除外。"

四、在刑法第二百二十五条后增加一条，作为第二百二十五条之一："组织、领导实施传销行为的组织，情节严重的，处三年以下有期徒刑或者拘役，并处罚金；情节特别严重的，处三年以上七年以下有期徒刑，并处罚金。

"犯前款罪又有其他犯罪行为的，依照数罪并罚的规定处罚。

"传销行为依照法律、行政法规的规定确定。"

五、将刑法第二百三十九条修改为："以勒索财物为目的绑架他人的，或者绑架他人作为人质的，处十年以上有期徒刑或者无期徒刑，并处罚金或者没收财产；情节较轻的，处三年以上十年以下有期徒刑，并处罚金。

"犯前款罪，致使被绑架人死亡或者杀害被绑架人的，处死刑，并处没收财产。

"以勒索财物为目的偷盗婴幼儿的，依照前两款的规定处罚。"

六、在刑法第二百五十三条后增加一条，作为第二百五十三条之一："国家机关或者金融、电信、交通、教育、医疗等单位的工作人员，违反国家规定，将本单位在履行职责或者提供服务过程中获得的公民个人信息，出售或者非法提供给他人，情节严重的，处三年以下有期徒刑或者拘役，并处或者单处罚金。

"窃取、收买或者以其他方法非法获取上述信息，情节严重的，依照前款的规定处罚。"

七、在刑法第二百六十二条之一后增加一条，作为第二百六十二条之二："组织未成年人进行盗窃、诈骗、抢夺、敲诈勒索等违反治安管理活动的，处三年以下有期徒刑或者拘役，并处罚金；情节严重的，处三年以上七年以下有期徒刑，并处罚金。"

八、在刑法第三百一十二条中增加一款作为第二款："单位犯前款罪的，对单位判处罚金，并对其直接负责的主管人员和其他直接责任人员，依照前款的规定处罚。"

九、将刑法第三百三十七条第一款修改为："违反有关动植物防疫、检疫的国家规定，引起重大动植物疫情或者有引起重大动植物疫情严重危险的，处三年以下有期徒刑或者拘役，并处或者单处罚金。"

十、将刑法第三百七十五条第二款修改为："非法生产、买卖武装部队制式服装，伪造、盗窃、买卖或者非法提供、使用武装部队车辆号牌等专用标志，情节严重的，处三年以下有期徒刑、拘役或者管制，并处或者单处罚金。"

十一、在刑法第三百八十八条中增加两款作为第二款、第三款：

"国家工作人员的近亲属或者其他与该国家工作人员关系密切的人,通过该国家工作人员职务上的行为,或者利用该国家工作人员职权或者地位形成的便利条件,通过其他国家工作人员职务上的行为,为请托人谋取不正当利益,索取请托人财物或者收受请托人财物,数额较大或者有其他较重情节的,处三年以下有期徒刑或者拘役,并处罚金;数额巨大或者有其他严重情节的,处三年以上七年以下有期徒刑,并处罚金;数额特别巨大或者有其他特别严重情节的,处七年以上有期徒刑,并处罚金或者没收财产。

"离职的国家工作人员或者其近亲属以及其他与其关系密切的人,利用该离职的国家工作人员原职权或者地位形成的便利条件实施前款行为的,依照前款的规定定罪处罚。"

十二、将刑法第三百九十五条第一款修改为:"国家工作人员的财产和支出明显超过合法收入,差额巨大的,可以责令说明来源。本人不能说明其来源的,差额部分以非法所得论,处五年以下有期徒刑或者拘役;差额特别巨大的,处五年以上十年以下有期徒刑。财产的差额部分予以追缴。"

十三、本修正案自公布之日起施行。

2. 关于《中华人民共和国刑法修正案(七)(草案)》的说明

——2008 年 8 月 25 日在第十一届全国人民代表大会常务委员会第四次会议上

全国人大常委会法制工作委员会主任　李适时

委员长、各位副委员长、秘书长、各位委员:

我受委员长会议的委托,作关于《中华人民共和国刑法修正案(七)(草案)》的说明。

近年来,一些全国人大代表陆续提出了一些修改刑法的议案、建议,司法机关和一些部门也提出一些修改刑法的意见。按照全国人大常委会今年立法工作计划,法制工作委员会根据全国人大代表的议案、建议,司法机关和一些部门的意见,经调查研究,多次征求最高人民法院、最高人民检察院和各有关部门、部分专家的意见,起草了刑法修正案(七)(草案)。现就草案内容说明如下:

一、关于贪污贿赂犯罪

1. 刑法第三百八十八条对国家工作人员利用本人职权或地位形成的便利条件,通过其他国家工作人员的职务行为为请托人谋取不正当利益，索取或收受请托人财物的犯罪作了规定。有些全国人大代表和有关部门提出，有些国家工作人员的配偶、子女等近亲属，以及其他与该国家工作人员关系密切的人，通过该国家工作人员职务上的行为，或者利用该国家工作人员职权或者地位形成的便利条件，通过其他国家工作人员职务上的行为，为请托人谋取不正当利益，自己从中索取或者收受财物。同时，一些已离职的国家工作人员，虽已不具有国家工作人员身份，但利用其在职时形成的影响力，通过其他国家工作人员的职务行为为请托人谋取不正当利益，自己从中索取或者收受财物。这类行为败坏党风、政风和社会风气，对情节较重的，也应作为犯罪追究刑事责任。

经同中央纪委、最高人民法院、最高人民检察院等部门研究，建议在刑法第三百八十八条中增加两款，对上述应作为犯罪的行为及刑事责任作出规定。（草案第十一条）

2. 刑法第三百九十五条规定，国家工作人员的财产或者支出明显超过合法收入，差额巨大，本人不能说明其来源合法的，处五年以下有期徒刑或者拘役。有些全国人大代表和最高人民法院、最高人民检察院提出，本罪的刑罚偏轻，建议加重。

经同中央纪委、最高人民法院、最高人民检察院等部门研究认为，鉴于这类犯罪社会影响恶劣，为适应反腐败斗争的需要，对其加重刑罚是必要的，建议将本罪的最高刑由五年有期徒刑提高到十年有期徒刑。这样修改，加重了对这类犯罪的惩处，在量刑上又与贪污贿赂犯罪有所差别。司法实践中，对涉嫌贪污贿赂犯罪的，司法机关应当依法尽力查证犯罪事实，依照贪污贿赂犯罪的规定严惩。（草案第十二条）

二、关于破坏社会主义市场经济秩序犯罪

1. 刑法以具体列举的方式对走私武器、弹药等以及国家禁止进出口的文物、贵重金属、珍稀动植物及其制品等货物、物品的犯罪作了专门规定，对走私所列举的违禁货物、物品以外的普通货物、物品的，则按照偷逃关税的数额定罪量刑。海关总署提出，除了刑法所具体列举的禁止进出口的货物、物品外，国家还根据维护国家安全和社会公共利益的需要，规定了其他一些禁止进出口的货物、物品，如禁止进口来自疫区的动植物及其制品、禁止出口古植物化石等。对走私这类国家明令禁止进出口的货物、物品的，应直接定为犯罪，不应也无法同走私普通货物、物品一样，按其偷逃关税的数额定罪量刑。为适应惩治这类危害较大的走私行为的需要，经同有关部门研究，建议对刑法第一百五十一条第三款的规定作适当修改，增加走私国家禁止进出

口的其他货物、物品的犯罪及刑事责任的规定。(草案第一条)

2. 刑法第一百八十条对利用证券、期货交易的内幕信息从事内幕交易的犯罪及刑事责任作了规定。有些全国人大代表和中国证监会提出，一些证券投资基金管理公司、证券公司等金融机构的从业人员，利用其因职务便利知悉的法定内幕信息以外的其他未公开的经营信息，如本单位受托管理资金的交易信息等，违反规定从事相关交易活动，牟取非法利益或者转嫁风险。这种被称为"老鼠仓"的行为，严重破坏金融管理秩序，损害公众投资者利益，应当作为犯罪追究刑事责任。

经同有关部门研究，建议在刑法第一百八十条中增加一款，规定：金融机构的工作人员，利用因职务便利获取的内幕信息以外的其他未公开的经营信息，违反规定从事相关交易活动，情节严重的，依照本条第一款关于从事内幕交易犯罪的规定处罚。(草案第二条)

3. 刑法第二百零一条从偷税的具体数额和所占应纳税款比例两方面对偷税罪的定罪量刑标准作了规定。有关部门提出，在经济生活中，偷逃税的情况十分复杂，同样的偷税数额在不同时期对社会的危害程度不同，建议在刑法中对偷税罪的具体数额标准不作规定，由司法机关根据实际情况作出司法解释并适时调整。同时提出，考虑到打击偷税犯罪的主要目的是为了维护税收征管秩序，保证国家税收收入，对属于初犯，经税务机关指出后积极补缴税款和滞纳金，履行了纳税义务，接受行政处罚的，可不再作为犯罪追究刑事责任，这样处理可以较好地体现宽严相济的刑事政策。

经同国家税务总局、公安部、最高人民法院、最高人民检察院研究，建议将刑法第二百零一条规定的偷税罪的定罪量刑标准修改为：逃避缴纳税款数额较大并且占应纳税额百分之十以上的，处三年以下有期徒刑或者拘役，并处或者单处罚金；数额巨大并且占应纳税额百分之三十以上的，处三年以上七年以下有期徒刑，并处罚金。并增加规定：有本条第一款行为，经税务机关依法下达追缴通知后，补缴应纳税款，缴纳滞纳金，并且接受行政处罚的，不予追究刑事责任；但是，五年内曾因逃避缴纳税款受过刑事处罚或者被税务机关给予二次以上行政处罚的除外。(草案第三条)

4. 国务院法制办、公安部、国家工商总局提出，当前以"拉人头"、收取"入门费"等方式组织传销的违法犯罪活动，严重扰乱社会秩序，影响社会稳定，危害严重。目前在司法实践中，对这类案件主要是根据实施传销行为的不同情况，分别按照非法经营罪、诈骗罪、集资诈骗罪等犯罪追究刑事责任的。为更有利于打击组织传销的犯罪，应当在刑法中对组织、领导传销组织的犯罪作出专门规定。经同有关部门研究，建议在刑法中增加组织、领导实施传销行为的组织的犯罪，对实施这类犯罪，又有其他犯罪行为的，实行数罪并罚。（草案第四条）

三、关于侵犯公民权利犯罪

1. 一些全国人大代表和有些部门提出，近年来，一些国家机关和电信、金融等单位在履行公务或提供服务活动中获得的公民个人信息被非法泄露的情况时有发生，对公民的人身、财产安全和个人隐私构成严重威胁。对这类侵害公民权益情节严重的行为，应当追究刑事责任。

经同有关部门研究，建议在刑法中增加规定：国家机关或者金融、电信、交通、教育、医疗等单位的工作人员，违反国家规定，将履行公务或者提供服务中获得的公民个人信息出售或者非法提供给他人，或者以窃取、收买等方法非法获取上述信息，情节严重的，追究刑事责任。（草案第六条）

2. 公安部提出，一些不法分子组织未成年人从事扒窃、抢夺等违反治安管理活动的情况，在一些地方比较突出，严重危害社会治安秩序，损害未成年人的身心健康。对此应在刑法中作出专门规定予以惩治。经同有关部门研究，建议在刑法中增加规定：组织未成年人进行盗窃、诈骗、抢夺、敲诈勒索等违反治安管理活动的，追究刑事责任。（草案第七条）

3. 刑法第二百三十九条规定，以勒索财物为目的绑架他人的，或者绑架他人作为人质的，处十年以上有期徒刑或者无期徒刑，并处罚金或者没收财产；致使被绑架人死亡或者杀害被绑架人的，处死刑，并处没收财产。最高人民法院和公安部提出，从实践中看，刑法对该罪设定的刑罚层次偏少，不能完全适应处理这类情况复杂的案件的需要，建议对绑架罪法定刑的设置作适当调整。有些全国人大代表建议规定，对绑架他人后主动放人的，从轻处罚。

经同最高人民法院、最高人民检察院、公安部研究认为，绑架罪严重危及公民人身安全，应予严惩；同时，考虑到实际发生的这类案件的具体情况比较复杂，在刑罚设置上适当增加档次，有利于按照罪刑相适应的原则惩治犯罪。据此，建议在刑法第二百三十九条规定的绑架罪中增加一档刑罚：情节较轻的，处三年以上十年以下有期徒刑，并处罚金。（草案第五条）

四、关于其他犯罪

1. 刑法第三百一十二条规定，明知是犯罪所得及其产生的收益而以窝藏、转移、收购、代为销售或者其他方法掩饰、隐瞒的，追究刑事责任。中国人民银行提出，这类犯罪有些是单位实施的，建议增加单位犯本罪的规定，以进一步完善刑法的反洗钱措施。经同有关部门研究，建议在刑法这一条中增加单位犯罪的规定。（草案第八条）

2. 刑法第三百三十七条规定了逃避进出境动植物检疫，引起重大动植物疫情的犯罪。最高人民检察院提出，从司法实践看，引发重大动植物疫情危险的，不仅有逃避进出境动植物检疫的行为，还有逃避依法实施的境内动植物防疫、检疫的行为。对后一类造成严重危害的违法行为，也应追究刑事责任。经同农业部和国家林业局等部门研究，建议将刑法第三百三十七条修改为：违反有关动植物防疫、检疫的国家规定，引起重大动植物疫情或者有引起重大动植物疫情严重危险的，处三年以下有期徒刑或者拘役，并处或者单处罚金。（草案第九条）

3. 刑法第三百七十五条第二款对非法生产、买卖武装部队制服、车辆号牌等专用标志的犯罪作了规定。中央军委法制局提出，近年来，盗窃、出租、非法使用军队车辆号牌的情况时有发生，扰乱社会管理秩序，损害军队形象和声誉，影响部队战备训练等工作的正常进行。对这类情节严重的行为，应当追究刑事责任。经同有关部门研究，建议在刑法第三百七十五条第二款中规定的犯罪行为中，增加盗窃、非法提供或使用武装部队车辆号牌等专用标志的情形。（草案第十条）

此外，一些全国人大代表和有关部门还提出了其他一些修改刑法的意见，考虑到其中有些可以通过法律解释解决，有些有关方面还有不同意见，需要根据实际情况进一步研究论证，暂未列入本草案，继续进行研究。

《中华人民共和国刑法修正案（七）（草案）》和以上说明是否妥当，请审议。

3. 中华人民共和国刑法修正案（七）（草案）
（二次审议稿）

一、将刑法第一百五十一条第三款修改为："走私珍稀植物及其制品等国家禁止进出口的其他货物、物品的，处五年以下有期徒刑或者拘役，并处或者单处罚金；情节严重的，处五年以上有期徒刑，并处罚金。"

二、将刑法第一百八十条第一款修改为："证券、期货交易内幕信息的知情人员或者非法获取证券、期货交易内幕信息的人员，在涉及证券的发行，证券、期货交易或者其他对证券、期货交易价格有重大影响的信息尚未公开前，买入或者卖出该证券，或者从事与该内幕信息有关的期货交易，或者泄露该信息，或者明示、暗示他人从事上述交易活动，情节严重的，处五年以下有期徒刑或者拘役，并处或者单处违法所得一倍以上五倍以下罚金；情节特别严重的，处五年以上十年以下有期徒刑，并处违法所得一倍以上五倍以下罚金。"

增加一款作为第四款："证券交易所、期货交易所、证券公司、期货经纪公司、基金管理公司、商业银行、保险公司等金融机构的从业人员以及有关监管部门或者行业协会的工作人员，利用因职务便利获取的内幕信息以外的其他未公开的信息，违反规定，从事与该信息相关的证券、期货交易活动，或者明示、暗示他人从事相关交易活动，情节严重的，依照第一款的规定处罚。"

三、将刑法第二百零一条修改为："纳税人采取欺骗、隐瞒手段进行虚假纳税申报或者不申报，逃避缴纳税款数额较大并且占应纳税额百分之十以上的，处三年以下有期徒刑或者拘役，并处罚金；数额巨大并且占应纳税额百分之三十以上的，处三年以上七年以下有期徒刑，并处罚金。

"扣缴义务人采取前款所列手段，不缴或者少缴已扣、已收税款，数额较大的，依照前款的规定处罚。

"对多次实施前两款行为，未经处理的，按照累计数额计算。

"有第一款行为，经税务机关依法下达追缴通知后，补缴应纳税款，缴纳滞纳金，已受行政处罚的，不予追究刑事责任；但是，五年内因逃避缴纳税款受过刑事处罚或者被税务机关给予二次以上行政处罚的除外。"

四、在刑法第二百二十四条后增加一条，作为第二百二十四条之一："组织、领导以推销商品、提供服务等经营活动为名，要求参与者以缴纳费用或者购买商品、服务等方式获得加入资格，并按照一定顺序组成层级，直接或者间接以发展人员的数量作为计酬或者返利依据，引诱、胁迫参与者不断发展他人参加，骗取财物，扰乱经济社会秩序的传销活动的，处五年以下有期徒刑或者拘役，并处罚金；情节严重的，处五年以上有期徒刑，并处罚金。"

五、将刑法第二百二十五条第三项修改为："未经国家有关主管部门批准非法经营证券、期货、保险业务的，或者非法从事资金支付结算业务，数额较大的；"

六、将刑法第二百三十九条修改为："以勒索财物为目的绑架他人的，或者绑架他人作为人质的，处十年以上有期徒刑或者无期徒刑，并处罚金或者没收财产；情节较轻的，处三年以上十年以下有期徒刑，并处罚金。

"犯前款罪，致使被绑架人死亡或者杀害被绑架人的，处死刑，并处没收财产。

"以勒索财物为目的偷盗婴幼儿的，依照前两款的规定处罚。"

七、在刑法第二百五十三条后增加一条，作为第二百五十三条之一："国家机关或者金融、电信、交通、教育、医疗等单位的工作人员，违反国家规定，将本单位在履行职责或者提供服务过程中获得的公民个人信息，出售或者非法提供给他人，情节严重的，处三年以下有期徒刑或者拘役，并处或者单处罚金。

"窃取或者以其他方法非法获取上述信息，情节严重的，依照前款的规定处罚。"

八、在刑法第二百六十二条之一后增加一条，作为第二百六十二条之二："组织未成年人进行盗窃、诈骗、抢夺、敲诈勒索等违反治安管理活动的，处三年以下有期徒刑或者拘役，并处罚金；情节严重的，处三年以上七年以下有期徒刑，并处罚金。"

九、在刑法第二百八十五条中增加两款作为第二款、第三款："违反国家规定，侵入前款规定以外的计算机信息系统，获取计算机信息系统中存储、处理或者传输的数据，或者对计算机信息系统实施非法控制，情节严重的，处三年以下有期徒刑或者拘役，并处或者单处罚金；情节特别严重的，处三年以上七年以下有期徒刑，并处罚金。

"提供专门用于侵入、非法控制计算机信息系统的程序、工具，或者明知他人实施侵入、非法控制计算机信息系统的违法犯罪行为而为其提供程序、工具，情节严重的，依照前款的规定处罚。"

十、在刑法第三百一十二条中增加一款作为第二款："单位犯前款罪的，对单位判处罚金，并对其直接负责的主管人员和其他直接责任人员，依照前款的规定处罚。"

十一、将刑法第三百三十七条第一款修改为："违反有关动植物防疫、检疫的国家规定，引起重大动植物疫情的，或者有引起重大动植物疫情危险，情节严重的，处三年以下有期徒刑或者拘役，并处或者单处罚金。"

十二、将刑法第三百七十五条第二款修改为："非法生产、买卖武装部队制式服装，情节严重的，处三年以下有期徒刑、拘役或者管制，并处或者单处罚金。"

增加一款作为第三款:"伪造、盗窃、买卖或者非法提供、使用武装部队车辆号牌等专用标志,情节严重的,处三年以下有期徒刑、拘役或者管制,并处或者单处罚金;情节特别严重的,处三年以上七年以下有期徒刑,并处罚金。"

原第三款作为第四款,修改为:"单位犯第二款、第三款罪的,对单位判处罚金,并对其直接负责的主管人员和其他直接责任人员,依照各该款的规定处罚。"

十三、在刑法第三百八十八条中增加两款作为第二款、第三款:"国家工作人员的近亲属或者其他与该国家工作人员关系密切的人,通过该国家工作人员职务上的行为,或者利用该国家工作人员职权或者地位形成的便利条件,通过其他国家工作人员职务上的行为,为请托人谋取不正当利益,索取请托人财物或者收受请托人财物,数额较大或者有其他较重情节的,处三年以下有期徒刑或者拘役,并处罚金;数额巨大或者有其他严重情节的,处三年以上七年以下有期徒刑,并处罚金;数额特别巨大或者有其他特别严重情节的,处七年以上有期徒刑,并处罚金或者没收财产。

"离职的国家工作人员或者其近亲属以及其他与其关系密切的人,利用该离职的国家工作人员原职权或者地位形成的便利条件实施前款行为的,依照前款的规定定罪处罚。"

十四、将刑法第三百九十五条第一款修改为:"国家工作人员的财产、支出明显超过合法收入,差额巨大的,可以责令该国家工作人员说明来源。本人不能说明来源的,差额部分以非法所得论,处五年以下有期徒刑或者拘役;差额特别巨大的,处五年以上十年以下有期徒刑。财产的差额部分予以追缴。"

十五、本修正案自公布之日起施行。

4. 全国人民代表大会法律委员会关于《中华人民共和国刑法修正案(七)(草案)》修改情况的汇报

(2008年12月22日)

全国人民代表大会常务委员会:

常委会第四次会议对刑法修正案(七)(草案)进行了初次审议。会后,法制工作委员会将草案印发各省(区、市)和中央有关部门等单位征求意见。中国人大网站全文公布草案向社会征求意见。法律委员会、法制工作委员会召开座谈会,听取意见,还到一些地方进行调研,并就有关问题同有关部门交换意见,共同研究。法律委员会于12月1日召开会议,根据常委会组成人员的审议意见和各方面的意见,对草案进行了逐条审议。内务司法委员会和国务院法制办负责同志列席了会议。12月16日,法律委员会召开会议,再次进行了审议。现就主要问题修改情况汇报如下:

一、草案第四条规定:组织、领导实施传销行为的组织,情节严重的,追究刑事责任;传销行为依照法律、行政法规的规定确定。有些常委委员和地方、部门、群众提出,草案对传销犯罪的规定比较笼统;将组织传销行为作为犯罪,其构成要件应由法律规定,不宜规定按行政法规的规定确定。法律委员会经同有关部门研究,建议对这一条作相应修改,对传销犯罪的行为方式和本质特征在刑法中作出明确规定。(草案二次审议稿第四条)

二、国务院法制办、公安部提出,当前,一些不法分子从事"地下钱庄"非法经营活动较为猖獗,严重扰乱金融秩序,危害金融安全,应当依法严惩,建议对"地下钱庄"逃避金融监管,非法为他人办理大额资金转移等资金支付结算业务的行为,在刑法关于非法经营罪的规定中单独列举,以适应打击这类犯罪的需要。法律委员会经同有关部门研究,建议在刑法第二百二十五条中增加规定:非法从事资金支付结算业务,数额较大的,追究刑事责任。(草案二次审议稿第五条)

三、刑法第二百八十五条对非法侵入国家事务、国防建设、尖端科学技术领域的计算机信息系统的犯罪作了规定。公安部提出,当前,一些不法分子利用技术手段等非法侵入上述规定以外的计算机信息系统,窃取他人账号、密码等信息,或者对大范围的他人计算机实施非法控制,严重危及网络安全。对这类严重违法行为应当追究刑事责任。法律委员会经同有关部门研究,建议在刑法中增加规定,对实施这类行为以及为他人实施这类行为提供程序、工具,情节严重的,追究刑事责任。(草案二次审议稿第九条)

四、草案第十条对刑法第三百七十五条的规定作了修改,增加了对盗窃、非法提供、非法使用武装部队车辆号牌的行为追究刑事责任的规定。有些委员提出,草案规定对这类行为的法定最高刑为三年有期徒刑,处罚偏轻,建议适当提高。法律委员会经同有关部门研究,建议将最高刑提高到七年有期徒刑。(草案二次审议第十条)

此外,还对草案作了一些文字修改。

草案二次审议稿已按上述意见作了修改,法律委员会建议本次常委会会议继续审议。

草案二次审议稿和以上汇报是否妥当，请审议。

全国人民代表大会法律委员会
2008 年 12 月 22 日

5.中华人民共和国刑法修正案(七)(草案)

(2009 年 2 月 17 日委员长会议审议稿)

一、将刑法第一百五十一条第三款修改为："走私珍稀植物及其制品等国家禁止进出口的其他货物、物品的，处五年以下有期徒刑或者拘役，并处或者单处罚金；情节严重的，处五年以上有期徒刑，并处罚金。"

二、将刑法第一百八十条第一款修改为："证券、期货交易内幕信息的知情人员或者非法获取证券、期货交易内幕信息的人员，在涉及证券的发行，证券、期货交易或者其他对证券、期货交易价格有重大影响的信息尚未公开前，买入或者卖出该证券，或者从事与该内幕信息有关的期货交易，或者泄露该信息，或者明示、暗示他人从事上述交易活动，情节严重的，处五年以下有期徒刑或者拘役，并处或者单处违法所得一倍以上五倍以下罚金；情节特别严重的，处五年以上十年以下有期徒刑，并处违法所得一倍以上五倍以下罚金。"

增加一款作为第四款："证券交易所、期货交易所、证券公司、期货经纪公司、基金管理公司、商业银行、保险公司等金融机构的从业人员以及有关监管部门或者行业协会的工作人员，利用因职务便利获取的内幕信息以外的其他未公开的信息，违反规定，从事与该信息相关的证券、期货交易活动，或者明示、暗示他人从事相关交易活动，情节严重的，依照第一款的规定处罚。"

三、将刑法第二百零一条修改为："纳税人采取欺骗、隐瞒手段进行虚假纳税申报或者不申报，逃避缴纳税款数额较大并且占应纳税额百分之十以上的，处三年以下有期徒刑或者拘役，并处罚金；数额巨大并且占应纳税额百分之三十以上的，处三年以上七年以下有期徒刑，并处罚金。

"扣缴义务人采取前款所列手段，不缴或者少缴已扣、已收税款，数额较大的，依照前款的规定处罚。

"对多次实施前两款行为，未经处理的，按照累计数额计算。

"有第一款行为,经税务机关依法下达追缴通知后,补缴应纳税款,缴纳滞纳金,已受行政处罚的,不予追究刑事责任;但是,五年内因逃避缴纳税款受过刑事处罚或者被税务机关给予二次以上行政处罚的除外。"

四、在刑法第二百二十四条后增加一条,作为第二百二十四条之一:"组织、领导以推销商品、提供服务等经营活动为名,要求参与者以缴纳费用或者购买商品、服务等方式获得加入资格,并按照一定顺序组成层级,直接或者间接以发展人员的数量作为计酬或者返利依据,引诱、胁迫参与者不断发展他人参加,骗取财物,扰乱经济社会秩序的传销活动的,处五年以下有期徒刑或者拘役,并处罚金;情节严重的,处五年以上有期徒刑,并处罚金。"

五、将刑法第二百二十五条第三项修改为:"未经国家有关主管部门批准非法经营证券、期货、保险业务的,或者非法从事资金支付结算业务的;"

六、将刑法第二百三十九条修改为:"以勒索财物为目的绑架他人的,或者绑架他人作为人质的,处十年以上有期徒刑或者无期徒刑,并处罚金或者没收财产;情节较轻的,处五年以上十年以下有期徒刑,并处罚金。

"犯前款罪,致使被绑架人死亡或者杀害被绑架人的,处死刑,并处没收财产。

"以勒索财物为目的偷盗婴幼儿的,依照前两款的规定处罚。"

七、在刑法第二百五十三条后增加一条,作为第二百五十三条之一:"国家机关或者金融、电信、交通、教育、医疗等单位的工作人员,违反国家规定,将本单位在履行职责或者提供服务过程中获得的公民个人信息,出售或者非法提供给他人,情节严重的,处三年以下有期徒刑或者拘役,并处或者单处罚金。

"窃取或者以其他方法非法获取上述信息,情节严重的,依照前款的规定处罚。

"单位犯前两款罪的,对单位判处罚金,并对其直接负责的主管人员和其他直接责任人员,依照各该款的规定处罚。"

八、在刑法第二百六十二条之一后增加一条,作为第二百六十二条之二:"组织未成年人进行盗窃、诈骗、抢夺、敲诈勒索等违反治安管理活动的,处三年以下有期徒刑或者拘役,并处罚金;情节严重的,处三年以上七年以下有期徒刑,并处罚金。"

九、在刑法第二百八十五条中增加两款作为第二款、第三款:"违反国家规定,侵入前款规定以外的计算机信息系统或者采用其他技术手段，获取该计算机信息系统中存储、处理或者传输的数据，或者对该计算机信息系统实施非法控制，情节严重的，处三年以下有期徒刑或者拘役，并处或者单处罚金；情节特别严重的，处三年以上七年以下有期徒刑，并处罚金。

"提供专门用于侵入、非法控制计算机信息系统的程序、工具，或者明知他人实施侵入、非法控制计算机信息系统的违法犯罪行为而为其提供程序、工具，情节严重的，依照前款的规定处罚。"

十、在刑法第三百一十二条中增加一款作为第二款："单位犯前款罪的，对单位判处罚金，并对其直接负责的主管人员和其他直接责任人员，依照前款的规定处罚。"

十一、将刑法第三百三十七条第一款修改为："违反有关动植物防疫、检疫的国家规定，引起重大动植物疫情的，或者有引起重大动植物疫情危险，情节严重的，处三年以下有期徒刑或者拘役，并处或者单处罚金。"

十二、将刑法第三百七十五条第二款修改为："非法生产、买卖武装部队制式服装，情节严重的，处三年以下有期徒刑、拘役或者管制，并处或者单处罚金。"

增加一款作为第三款："伪造、盗窃、买卖或者非法提供、使用武装部队车辆号牌等专用标志，情节严重的，处三年以下有期徒刑、拘役或者管制，并处或者单处罚金；情节特别严重的，处三年以上七年以下有期徒刑，并处罚金。"

原第三款作为第四款，修改为："单位犯第二款、第三款罪的，对单位判处罚金，并对其直接负责的主管人员和其他直接责任人员，依照各该款的规定处罚。"

十三、在刑法第三百八十八条后增加一条作为第三百八十八条之一："国家工作人员的近亲属或者其他与该国家工作人员关系密切的人，通过该国家工作人员职务上的行为，或者利用该国家工作人员职权或者地位形成的便利条件，通过其他国家工作人员职务上的行为，为请托人谋取不正当利益，索取请托人财物或者收受请托人财物，数额较大或者有其他较重情节的，处三年以下有期徒刑或者拘役，并处罚金；数额巨大或者有其他严重情节的，处三年以上七年以下有期徒刑，并处罚金；数额特别巨大或者有其他特别严重情节的，处七年以上有期徒刑，并处罚金或者没收财产。

"离职的国家工作人员或者其近亲属以及其他与其关系密切的人，利用该离职的国家工作人员原职权或者地位形成的便利条件实施前款行为的，依照前款的规定定罪处罚。"

十四、将刑法第三百九十五条第一款修改为："国家工作人员的财产、支出明显超过合法收入，差额巨大的，可以责令该国家工作人员说明来源，不能说明来源的，差额部分以非法所得论，处五年以下有期徒刑或者拘役；差额特别巨大的，处五年以上十年以下有期徒刑。财产的差额部分予以追缴。"

十五、本修正案自公布之日起施行。

6. 全国人民代表大会法律委员会关于《中华人民共和国刑法修正案(七)(草案二次审议稿)》主要问题修改情况的汇报

（2009 年 2 月 17 日）

委员长会议：

常委会第六次会议对刑法修正案（七）（草案二次审议稿）进行了审议。会后，法律委、法工委对有关问题进一步作了调研，就草案的修改与有关部门交换了意见，并召开了有关部门、法律专家参加的座谈会，听取意见。法律委于 2 月 4 日召开会议，根据常委会组成人员的审议意见和有关方面的意见，对草案进行了逐条审议。内司委和国务院法制办负责同志列席了会议。现就主要修改情况汇报如下：

一、草案二次审议稿第六条对刑法第二百三十九条绑架罪的规定作了修改，增加了犯绑架罪，"情节较轻的，处三年以上十年以下有期徒刑"的规定。有的常委委员提出，为防止司法实践中对这类严重犯罪量刑过轻，建议将起刑点由三年有期徒刑提高到五年有期徒刑。经同最高人民法院、最高人民检察院、公安部研究，法律委建议将"情节较轻"的绑架行为的法定刑起刑点修改为五年有期徒刑。（委员长会议审议稿第六条）

二、草案二次审议稿第七条对国家机关或者金融、电信、交通、教育、医疗等单位的工作人员，违反国家规定，出售、非法提供公民个人信息的行为作了规定。一些常委委员和部门提出，单位从事上述行为的情况也比较严重，应增加单位犯罪的规定。法律委经同有关部门研究，建议采纳这一意见。（委员长会议审议稿第七条）

三、草案二次审议稿第十三条在刑法第三百八十八条国家工作人员斡旋贿赂犯罪的规定中增加了两款规定，对国家工作人员的近亲属或者其他关系密切的人，利用国家工作人员职务上的影响力索贿受贿的行为追究刑事责任；对离职的国家工作人员或者其近亲属以及其他关系密切的人的这类行为也作了相应规定。有的常委委员和部门、专家提出，刑法第三百八十八条规定的犯罪主体是国家工作人员，草案增加规定的犯罪主体是非国家工作人员，建议将新增加的内容作为一条单独规定。法律委建议采纳这一意见。（委员长会议审议稿第十三条）

这里还有两个问题需要说明。一是草案二次审议稿第三条关于不履行纳税义务定罪量刑的标准，规定为既要达到一定数额，又要达到一定偷税比例。有的常委委员在审议中对这一规定提出意见，建议规定只要达到一定数额或者一定比例的，就可以构成犯罪。法律委经认真研究，并听取了最高人民法院、最高人民检察院、国家税务总局等有关部门的意见，考虑到纳税人不履行纳税义务的情况比较复杂，不同的纳税企业，其规模、应纳税额等情况差别很大，草案关于以偷税数额和偷税数量占应纳税额的比例作为定罪标准的作法，是延续现行刑法的规定，多年来司法实践中也一直是这样做的。是否对此作出修改，如何修改，尚需认真研究论证。本修正案以不修改为宜。二是有的常委委员建议对草案二次审议稿中"情节较轻的"、"关系密切的人"的含义作出界定，法律委经研究认为，实践中情况比较复杂，可由最高人民法院根据实际情况研究论证，通过制定司法解释解决为宜。

此外，还对草案二次审议稿有关条文作了一些文字修改。

委员长会议审议稿已按上述意见作了修改，法律委建议提请常委会第七次会议审议通过。

委员长会议审议稿和以上汇报是否妥当，请审议。

全国人民代表大会法律委员会
2009 年 2 月 17 日

7. 中华人民共和国刑法修正案(七)(草案)
(三次审议稿)

一、将刑法第一百五十一条第三款修改为："走私珍稀植物及其制品等国家禁止进出口的其他货物、物品的，处五年以下有期徒刑或者拘役，并处或者单处罚金；情节严重的，处五年以上有期徒刑，并处罚金。"

二、将刑法第一百八十条第一款修改为："证券、期货交易内幕信息的知情人员或者非法获取证券、期货交易内幕信息的人员，在涉及证券的发行，证券、期货交易或者其他对证券、期货交易价格有重大影响的信息尚未公开前，买入或者卖出该证券，或者从事与该内幕信息有关的期货交易，或者泄露该信息，或者明示、暗示他人从事上述交易活动，情节严重的，处五年以下有期徒刑或者拘役，并处或者单处违法所得一倍以上五倍以下罚金；情节特别严重的，处五年以上十年以下有期徒刑，并处违法所得一倍以上五倍以下罚金。"

增加一款作为第四款："证券交易所、期货交易所、证券公司、期货经纪公司、基金管理公司、商业银行、保险公司等金融机构的从业人员以及有关监管部门或者行业协会的工作人员，利用因职务便利获取的内幕信息以外的其他未公开的信息，违反规定，从事与该信息相关的证券、期货交易活动，或者明示、暗示他人从事相关交易活动，情节严重的，依照第一款的规定处罚。"

三、将刑法第二百零一条修改为："纳税人采取欺骗、隐瞒手段进行虚假纳税申报或者不申报，逃避缴纳税款数额较大并且占应纳税额百分之十以上的，处三年以下有期徒刑或者拘役，并处罚金；数额巨大并且占应纳税额百分之三十以上的，处三年以上七年以下有期徒刑，并处罚金。

"扣缴义务人采取前款所列手段，不缴或者少缴已扣、已收税款，数额较大的，依照前款的规定处罚。

"对多次实施前两款行为，未经处理的，按照累计数额计算。

"有第一款行为，经税务机关依法下达追缴通知后，补缴应纳税款，缴纳滞纳金，已受行政处罚的，不予追究刑事责任；但是，五年内因逃避缴纳税款受过刑事处罚或者被税务机关给予二次以上行政处罚的除外。"

四、在刑法第二百二十四条后增加一条，作为第二百二十四条之一："组织、领导以推销商品、提供服务等经营活动为名，要求参与者以缴纳费用或者购买商品、服务等方式获得加入资格，并按照一定顺序组成层级，直接或者间接以发展人员的数量作为计酬或者返利依据，引诱、胁迫参与者继续发展他人参加，骗取财物，扰乱经济社会秩序的传销活动的，处五年以下有期徒刑或者拘役，并处罚金；情节严重的，处五年以上有期徒刑，并处罚金。"

五、将刑法第二百二十五条第三项修改为："未经国家有关主管部门批准非法经营证券、期货、保险业务的，或者非法从事资金支付结算业务的；"

六、将刑法第二百三十九条修改为："以勒索财物为目的绑架他人的，或者绑架他人作为人质的，处十年以上有期徒刑或者无期徒刑，并处罚金或者没收财产；情节较轻的，处五年以上十年以下有期徒刑，并处罚金。

"犯前款罪，致使被绑架人死亡或者杀害被绑架人的，处死刑，并处没收财产。

"以勒索财物为目的偷盗婴幼儿的，依照前两款的规定处罚。"

七、在刑法第二百五十三条后增加一条，作为第二百五十三条之一："国家机关或者金融、电信、交通、教育、医疗等单位的工作人员，违反国家规定，将本单位在履行职责或者提供服务过程中获得的公民个人信息，出售或者非法提供给他人，情节严重的，处三年以下有期徒刑或者拘役，并处或者单处罚金。

"窃取或者以其他方法非法获取上述信息，情节严重的，依照前款的规定处罚。

"单位犯前两款罪的，对单位判处罚金，并对其直接负责的主管人员和其他直接责任人员，依照各该款的规定处罚。"

八、在刑法第二百六十二条之一后增加一条，作为第二百六十二条之二："组织未成年人进行盗窃、诈骗、抢夺、敲诈勒索等违反治安管理活动的，处三年以下有期徒刑或者拘役，并处罚金；情节严重的，处三年以上七年以下有期徒刑，并处罚金。"

九、在刑法第二百八十五条中增加两款作为第二款、第三款："违反国家规定，侵入前款规定以外的计算机信息系统或者采用其他技术手段，获取该计算机信息系统中存储、处理或者传输的数据，或者对该计算机信息系统实施非法控制，情节严重的，处三年以下有期徒刑或者拘役，并处或者单处罚金；情节特别严重的，处三年以上七年以下有期徒刑，并处罚金。

"提供专门用于侵入、非法控制计算机信息系统的程序、工具，或者明知他人实施侵入、非法控制计算机信息系统的违法犯罪行为而为其提供程序、工具，情节严重的，依照前款的规定处罚。"

十、在刑法第三百一十二条中增加一款作为第二款："单位犯前款罪的，对单位判处罚金，并对其直接负责的主管人员和其他直接责任人员，依照前款的规定处罚。"

十一、将刑法第三百三十七条第一款修改为："违反有关动植物防疫、检疫的国家规定，引起重大动植物疫情的，或者有引起重大动植物疫情危险，情节严重的，处三年以下有期徒刑或者拘役，并处或者单处罚金。"

十二、将刑法第三百七十五条第二款修改为："非法生产、买卖武装部队制式服装,情节严重的,处三年以下有期徒刑、拘役或者管制,并处或者单处罚金。"

增加一款作为第三款:"伪造、盗窃、买卖或者非法提供、使用武装部队车辆号牌等专用标志,情节严重的,处三年以下有期徒刑、拘役或者管制,并处或者单处罚金;情节特别严重的,处三年以上七年以下有期徒刑,并处罚金。"

原第三款作为第四款,修改为:"单位犯第二款、第三款罪的,对单位判处罚金,并对其直接负责的主管人员和其他直接责任人员,依照各该款的规定处罚。"

十三、在刑法第三百八十八条后增加一条作为第三百八十八条之一:"国家工作人员的近亲属或者其他与该国家工作人员关系密切的人,通过该国家工作人员职务上的行为,或者利用该国家工作人员职权或者地位形成的便利条件,通过其他国家工作人员职务上的行为,为请托人谋取不正当利益,索取请托人财物或者收受请托人财物,数额较大或者有其他较重情节的,处三年以下有期徒刑或者拘役,并处罚金;数额巨大或者有其他严重情节的,处三年以上七年以下有期徒刑,并处罚金;数额特别巨大或者有其他特别严重情节的,处七年以上有期徒刑,并处罚金或者没收财产。

"离职的国家工作人员或者其近亲属以及其他与其关系密切的人,利用该离职的国家工作人员原职权或者地位形成的便利条件实施前款行为的,依照前款的规定定罪处罚。"

十四、将刑法第三百九十五条第一款修改为:"国家工作人员的财产、支出明显超过合法收入,差额巨大的,可以责令该国家工作人员说明来源,不能说明来源的,差额部分以非法所得论,处五年以下有期徒刑或者拘役;差额特别巨大的,处五年以上十年以下有期徒刑。财产的差额部分予以追缴。"

十五、本修正案自公布之日起施行。

8. 全国人民代表大会法律委员会关于《中华人民共和国刑法修正案(七)(草案)》审议结果的报告

全国人大代表常务委员会:

常委会第六次会议对刑法修正案(七)(草案二次审议稿)进行了审议。会后,法律委员会、法制工作委员会对有关问题进一步作了调研,就草案的修改与有关部门交换了意见,并召开了有关部门、法律专家参加的座谈会，听取意见。法律委员会于2月4日召开会议，根据常委会组成人员的审议意见和有关方面的意见，对草案进行了逐条审议。内务司法委员会和国务院法制办负责通知列席了会议。2月18日，法律委员会召开会议，再次进行了审议。法律委员会认为，草案经过常委会两次审议修改，已经比较成熟；同时，提出以下主要修改意见：

一、草案二次审议稿第六条对刑法第二百三十九条绑架罪的规定作了修改，增加了犯绑架罪，"情节较轻的，处三年以上十年以下有期徒刑"的规定。有的常委委员提出，为防止司法实践中对这类严重犯罪量刑过轻，建议将起刑点由三年有期徒刑提高到五年有期徒刑。经同最高人民法院、最高人民检察院、公安部研究，法律委员会建议将"情节较轻"的绑架行为的法定刑起刑点修改为五年有期徒刑。（草案三次审议稿第六条）

二、草案二次审议稿第七条对国家机关或者金融、电信、交通、教育、医疗等单位的工作人员，违反国家规定，出售、非法提供公民个人信息的行为作了规定。一些常委委员和部门提出，单位从事上述行为的情况也比较严重，应增加单位犯罪的规定。法律委员会经同有关部门研究，建议采纳这一意见。（草案三次审议稿第七条）

三、草案二次审议稿第十三条在刑法第三百八十八条国家工作人员斡旋贿赂犯罪的规定中增加了两款规定，对国家工作人员的近亲属或者其他关系密切的人，利用国家工作人员职务上的影响力索贿受贿的行为追究刑事责任；对离职的国家工作人员或者其近亲属以及其他关系密切的人的这类行为也作了相应规定。有的常委委员和部门、专家提出，刑法第三百八十八条规定的犯罪主体是国家工作人员，草案增加规定的犯罪主体是非国家工作人员，建议将新增加的内容作为一条单独规定。法律委员会建议采纳这一意见。（草案三次审议稿第十三条）

这里还有两个问题需要说明。一是草案二次审议稿第三条关于不履行纳税义务定罪量刑的标准，规定为既要达到一定数额，又要达到一定偷税比例。有的常委委员在审议中对这一规定提出意见，建议规定只要达到一定数额或者一定比例的，就可以构成犯罪。法律委员会经认真研究，并听取了最高人民法院、最高人民检察院、国家税务总局等有关部门的意见，考虑到纳税人不履行纳税义务的情况比较复杂，不同的纳税企业，其规模、应纳税额等情况差别很大，草案关于以偷税数额和偷税数量占应纳税额的比例作为定罪标准的作法，是延续现行刑法的规定，多年来司法实践中也一直是这样做的。是否对此作出修改，如何修改，尚需认真研究论证。本修正案以不修改为宜。二是有的常委委员建议对草案二次审议稿中"情节较轻的"、"关系密切的人"的含义作出界定,法律委员会经研究认为,实践中情况比较复杂,可由最高人民法院根据实际情况研究论证,通过制定司法解释解决为宜。

此外,还对草案二次审议稿有关条文作了一些文字修改。

草案三次审议稿已按上述意见作了修改,法律委员会建议本次常委会会议审议通过。

草案三次审议稿和以上报告是否妥当,请审议。

全国人民代表大会常务委员会

2009 年 2 月 25 日

9. 中华人民共和国刑法修正案(七)(草案)
(表决稿)

一、将刑法第一百五十一条第三款修改为:"走私珍稀植物及其制品等国家禁止进出口的其他货物、物品的,处五年以下有期徒刑或者拘役,并处或者单处罚金;情节严重的,处五年以上有期徒刑,并处罚金。"

二、将刑法第一百八十条第一款修改为:"证券、期货交易内幕信息的知情人员或者非法获取证券、期货交易内幕信息的人员,在涉及证券的发行,证券、期货交易或者其他对证券、期货交易价格有重大影响的信息尚未公开前,买入或者卖出该证券,或者从事与该内幕信息有关的期货交易,或者泄露该信息,或者明示、暗示他人从事上述交易活动,情节严重的,处五年以下有期徒刑或者拘役,并处或者单处违法所得一倍以上五倍以下罚金;情节特别严重的,处五年以上十年以下有期徒刑,并处违法所得一倍以上五倍以下罚金。"

增加一款作为第四款:"证券交易所、期货交易所、证券公司、期货经纪公司、基金管理公司、商业银行、保险公司等金融机构的从业人员以及有关监管部门或者行业协会的工作人员,利用因职务便利获取的内幕信息以外的其他未公开的信息,违反规定,从事与该信息相关的证券、期货交易活动,或者明示、暗示他人从事相关交易活动,情节严重的,依照第一款的规定处罚。"

三、将刑法第二百零一条修改为:"纳税人采取欺骗、隐瞒手段进行虚假纳税申报或者不申报,逃避缴纳税款数额较大并且占应纳税额百分之十以上的，处三年以下有期徒刑或者拘役，并处罚金；数额巨大并且占应纳税额百分之三十以上的，处三年以上七年以下有期徒刑，并处罚金。

"扣缴义务人采取前款所列手段，不缴或者少缴已扣、已收税款，数额较大的，依照前款的规定处罚。

"对多次实施前两款行为，未经处理的，按照累计数额计算。

"有第一款行为，经税务机关依法下达追缴通知后，补缴应纳税款，缴纳滞纳金，已受行政处罚的，不予追究刑事责任；但是，五年内因逃避缴纳税款受过刑事处罚或者被税务机关给予二次以上行政处罚的除外。"

四、在刑法第二百二十四条后增加一条，作为第二百二十四条之一："组织、领导以推销商品、提供服务等经营活动为名，要求参与者以缴纳费用或者购买商品、服务等方式获得加入资格，并按照一定顺序组成层级，直接或者间接以发展人员的数量作为计酬或者返利依据，引诱、胁迫参与者继续发展他人参加，骗取财物，扰乱经济社会秩序的传销活动的，处五年以下有期徒刑或者拘役，并处罚金；情节严重的，处五年以上有期徒刑，并处罚金。"

五、将刑法第二百二十五条第三项修改为："未经国家有关主管部门批准非法经营证券、期货、保险业务的，或者非法从事资金支付结算业务的；"

六、将刑法第二百三十九条修改为："以勒索财物为目的绑架他人的，或者绑架他人作为人质的，处十年以上有期徒刑或者无期徒刑，并处罚金或者没收财产；情节较轻的，处五年以上十年以下有期徒刑，并处罚金。

"犯前款罪，致使被绑架人死亡或者杀害被绑架人的，处死刑，并处没收财产。

"以勒索财物为目的偷盗婴幼儿的，依照前两款的规定处罚。"

七、在刑法第二百五十三条后增加一条，作为第二百五十三条之一："国家机关或者金融、电信、交通、教育、医疗等单位的工作人员，违反国家规定，将本单位在履行职责或者提供服务过程中获得的公民个人信息，出售或者非法提供给他人，情节严重的，处三年以下有期徒刑或者拘役，并处或者单处罚金。

"窃取或者以其他方法非法获取上述信息，情节严重的，依照前款的规定处罚。

"单位犯前两款罪的，对单位判处罚金，并对其直接负责的主管人员和其他直接责任人员，依照各该款的规定处罚。"

八、在刑法第二百六十二条之一后增加一条，作为第二百六十二条之二："组织未成年人进行盗窃、诈骗、抢夺、敲诈勒索等违反治安管理活动的，处三年以下有期徒刑或者拘役，并处罚金；情节严重的，处三年以上七年以下有期徒刑，并处罚金。"

九、在刑法第二百八十五条中增加两款作为第二款、第三款："违反国家规定，侵入前款规定以外的计算机信息系统或者采用其他技术手段，获取该计算机信息系统中存储、处理或者传输的数据，或者对该计算机信息系统实施非法控制，情节严重的，处三年以下有期徒刑或者拘役，并处或者单处罚金；情节特别严重的，处三年以上七年以下有期徒刑，并处罚金。

"提供专门用于侵入、非法控制计算机信息系统的程序、工具，或者明知他人实施侵入、非法控制计算机信息系统的违法犯罪行为而为其提供程序、工具，情节严重的，依照前款的规定处罚。"

十、在刑法第三百一十二条中增加一款作为第二款："单位犯前款罪的，对单位判处罚金，并对其直接负责的主管人员和其他直接责任人员，依照前款的规定处罚。"

十一、将刑法第三百三十七条第一款修改为："违反有关动植物防疫、检疫的国家规定，引起重大动植物疫情的，或者有引起重大动植物疫情危险，情节严重的，处三年以下有期徒刑或者拘役，并处或者单处罚金。"

十二、将刑法第三百七十五条第二款修改为："非法生产、买卖武装部队制式服装，情节严重的，处三年以下有期徒刑、拘役或者管制，并处或者单处罚金。"

增加一款作为第三款："伪造、盗窃、买卖或者非法提供、使用武装部队车辆号牌等专用标志，情节严重的，处三年以下有期徒刑、拘役或者管制，并处或者单处罚金；情节特别严重的，处三年以上七年以下有期徒刑，并处罚金。"

原第三款作为第四款，修改为："单位犯第二款、第三款罪的，对单位判处罚金，并对其直接负责的主管人员和其他直接责任人员，依照各该款的规定处罚。"

十三、在刑法第三百八十八条后增加一条作为第三百八十八条之一："国家工作人员的近亲属或者其他与该国家工作人员关系密切的人，通过该国家工作人员职务上的行为，或者利用该国家工作人员职权或者地位形成的便利条件，通过其他国家工作人员职务上的行为，为请托人谋取不正当利益，索取请托人财物或者收受请托人财物，数额较大或者有其他较重情节的，处三年以下有期徒刑或者拘役，并处罚金；数额巨大或者有其他严重情节的，处三年以上七年以下有期徒刑，并处罚金；数额特别巨大或者有其他特别严重情节的，处七年以上有期徒刑，并处罚金或者没收财产。

"离职的国家工作人员或者其近亲属以及其他与其关系密切的人，利用该离职的国家工作人员原职权或者地位形成的便利条件实施前款行为的，依照前款的规定定罪处罚。"

十四、将刑法第三百九十五条第一款修改为："国家工作人员的财产、支出明显超过合法收入，差额巨大的，可以责令该国家工作人员说明来源，不能说明来源的，差额部分以非法所得论，处五年以下有期徒刑或者拘役；差额特别巨大的，处五年以上十年以下有期徒刑。财产的差额部分予以追缴。"

十五、本修正案自公布之日起施行。

10. 全国人民代表大会法律委员会关于《中华人民共和国刑法修正案(七)(草案三次审议稿)》修改意见的报告

全国人民代表大会常务委员会：

本次常委会会议于 2 月 26 日上午对刑法修正案(七)(草案三次审议稿)进行了分组审议。普遍认为，草案经过常委会两次审议修改，已经比较成熟，建议提请本次会议表决通过。同时，有的常委委员又提出了一些修改意见。法律委员会于 2 月 26 日下午召开会议，逐条研究了常委委员的审议意见，对草案进行了审议，内务司法委员会和国务院法制办的负责同志列席了会议。法律委员会认为，草案是可行的，建议本次常委会会议审议通过。常委委员提出的一些意见，有的可在司法解释中作出具体规定，有的可在以后修改刑法时一并研究。

草案建议表决稿和以上报告是否妥当，请审议。

全国人民代表大会法律委员会
2009 年 2 月 27 日